D0506834

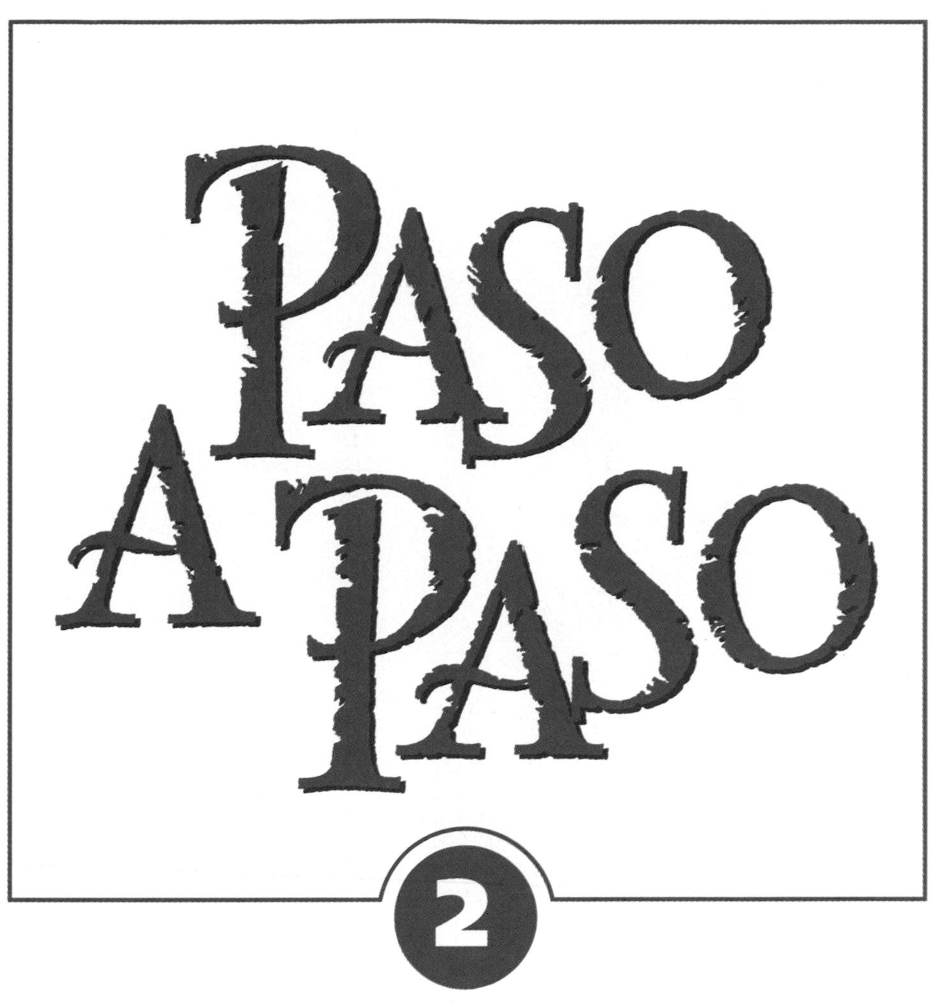

Myriam Met
Coordinator of Foreign Languages
Montgomery County Public Schools
Rockville, MD

Richard S. Sayers
Longmont, CO

Carol Eubanks Wargin
Glen Crest Junior High School
Glen Ellyn, IL

Prentice Hall

Glenview, Illinois
Needham, Massachusetts
Upper Saddle River, New Jersey

Visit our Web site at http://www.pasoapaso.com

En el Parc Güell, Barcelona

ISBN: 0-673-58923-4

3 4 5 6 7 8 9 10 DOC 03 02 01 00

Prentice Hall
Upper Saddle River, New Jersey 07458

Acknowledgments

Chapter 4, p. 144: Biographies of Gloria Estefan and Jon Secada. Reprinted by permission of Foreign Imported Productions & Publishing, Inc.

Chapter 8, pp. 286–287: *¿De qué país es esta bandera?*, map and flags. Adapted from MATERIALES QUINTO CENTENARIO, NOVIEMBRE-DICIEMBRE 1992, page 22. Text, p. 287, adapted from "Tarjetas de Información" from MATERIALES QUINTO CENTENARIO, NOVIEMBRE-DICIEMBRE 1992. Copyright © 1992 Consejería de Educación - Embajada de España. Reprinted by permission.

Chapter 9, p. 320: "Chana y su rana" from CHANA Y SU RANA by Cecilia Ávalos. Text copyright © 1992 Scholastic Inc. Reprinted by permission of Scholastic Inc.

Chapter 13, p. 450: From "El aceite de oliva" from DA QUE HABLAR, Número 14, Octubre-Noviembre 1993, page 13. Reprinted by permission of Consejería de Educación - Embajada de España.

Contributing Writers

Eduardo Aparicio
Miami, FL

Margaret Juanita Azevedo
Stanford University
Palo Alto, CA

Louis Carrillo
Miami, FL

Madela Ezcurra
New York, NY

Thomasina Pagán Hannum
Albuquerque, NM

Mary de López
Río Rancho Public Schools
Río Rancho, NM

Reader Consultants

The authors and editors would like to express our heartfelt thanks to the following team of reader consultants. Each of them read the manuscript, chapter by chapter, offering suggestions and providing encouragement. Their contribution has been invaluable.

Rosario Martínez-Cantú
Northside Health Careers High School
San Antonio, TX

Kelley Domínguez
Ledford Senior High School
Thomasville, NC

Greg Duncan
InterPrep
Marietta, GA

Walter Kleinmann
Sewanhaka Central High School District
New Hyde Park, NY

Joanna Lowe
Apopka High School
Apopka, FL

Bernadette M. Reynolds
Parker, CO

Rudolf L. Schonfeld, Ph.D.
Parsippany-Troy Hills School District
Parsippany, NJ

Connie Johnson Vargas
Apple Valley High School
Apple Valley, CA

Marcia Payne Wooten
Starmount High School
Boonville, NC

Tabla de materias

Mapas xii

PASODOBLE

Una revista escolar para los jóvenes

¿Qué tiempo hace?	2
El mundo hispano	4
Tenis y más	5
Dos amigos de Puerto Rico	7
¿Qué les gusta hacer?	8
A ti, ¿qué te gusta hacer?	10
¿Bueno o malo para la salud?	12
¿Qué hay en la tele esta noche?	14
¡Hola, Andy!	16
¡Sí, puedo! ¡Soy joven!	17
Caricaturas	18
¿Qué quiere decir "casa"?	20
Vacaciones mágicas	22
Ana Laura	24

CAPÍTULO 1 ¿Cómo es tu escuela? 27

Theme

- **School**

Objectives

- Talk about your classes and homework
- Describe your school and your school day
- Compare the subjects you like the most and the least
- Talk about similarities and differences between your schooling and that of a student in Mexico City

¡Piensa en la cultura! 28

Vocabulario para conversar

¿Cuándo tienes geografía? 30

¿Conoces a todos los profesores? 34

¡Comuniquemos! 38

Perspectiva cultural 40

Gramática en contexto 42

El verbo salir 43

La forma comparativa: tan . . . como 44

Repaso: La forma superlativa 45

Repaso: El complemento directo: Los pronombres lo, la, los, las 46

Repaso: Los verbos tener *y* traer 47

El verbo conocer 47

Todo junto: *Actividades y Conexiones* 50

¡Vamos a leer! *El extraño caso del mosquito* 52

¡Vamos a escribir! 54

Repaso: ¿Lo sabes bien? 56

Resumen del vocabulario 57

CAPÍTULO 2 ¿Qué haces todos los días? 59

Theme

- **Daily Routine**

Objectives

- Describe your day before and after school
- Talk about which extracurricular activities you prefer
- Compare your extracurricular activities with those of another student
- Compare students' extracurricular activities in Guatemala and the United States

¡Piensa en la cultura! 60

Vocabulario para conversar

¿Te despiertas temprano? 62

¿Qué haces después de las clases? 66

¡Comuniquemos! 70

Perspectiva cultural 72

Gramática en contexto 74

Los verbos reflexivos 75

Repaso: Verbos con los cambios o → ue, e → ie *y* e → i 78

Antes de/después de + *infinitivo* 80

Todo junto: *Actividades y Conexiones* 82

¡Vamos a leer! *¿De acuerdo?* 84

¡Vamos a escribir! 86

Repaso: ¿Lo sabes bien? 88

Resumen del vocabulario 89

CAPÍTULO 3 ¿Qué ropa está de moda? 91

Theme

- Clothing

Objectives

- Describe clothing in detail
- Indicate clothing preferences and make comparisons
- Say how you paid for purchases
- Talk about the currency in Spain and in various Latin American countries

¡Piensa en la cultura! 92

Vocabulario para conversar
¿Qué va bien con este chaleco? 94
¿Qué talla usas? 98

¡Comuniquemos! 104

Perspectiva cultural 106

Gramática en contexto 108
Repaso: El pretérito de los verbos regulares 109
Adjetivos y pronombres demostrativos 112
Los comparativos: tanto(a) . . . como 114

Todo junto: *Actividades y Conexiones* 116

¡Vamos a leer! *Querida Aurora* 118

¡Vamos a escribir! 120

Repaso: ¿Lo sabes bien? 122

Resumen del vocabulario 123

CAPÍTULO 4 ¿Cómo te diviertes? 125

Theme

- Leisure-Time Activities

Objectives

- Talk about past and present activities
- Extend, accept, or reject an invitation
- Discuss and evaluate a leisure-time activity
- Talk about the paintings of two Mexican artists and what their work tells us about them and their culture

¡Piensa en la cultura! 126

Vocabulario para conversar
¿Me prestas tu raqueta? 128
¿Cómo estuvo el concierto? 134

¡Comuniquemos! 140

Perspectiva cultural 142

Gramática en contexto 144
El pretérito del verbo ser 145
El pretérito de los verbos hacer, poder *y* tener 146
Repaso: El verbo saber 148
El pretérito de los verbos reflexivos 149

Todo junto: *Actividades y Conexiones* 150

¡Vamos a leer! *Una fiesta curiosa* 152

¡Vamos a escribir! 154

Repaso: ¿Lo sabes bien? 156

Resumen del vocabulario 157

CAPÍTULO 5 ¿Qúe te gustaba hacer de pequeño? 159

Theme

- Childhood

Objectives

- Tell what you were like as a child
- Tell what you used to like to do
- Talk about what you learned to do
- Understand how experiences in José Martí's early life affected his later life

¡Piensa en la cultura! 160

Vocabulario para conversar

¿Eras obediente o no? 162

¿Cómo te portabas cuando eras pequeño(a)? 166

¡Comuniquemos! 170

Perspectiva cultural 172

Gramática en contexto 174

El imperfecto de los verbos que terminan en -ar 175

El imperfecto de los verbos que terminan en -er *e* -ir 177

El imperfecto de los verbos ir *y* ser 179

Todo junto: *Actividades y Conexiones* 182

¡Vamos a leer! *El campeón* 184

¡Vamos a escribir! 186

Repaso: ¿Lo sabes bien? 188

Resumen del vocabulario 189

CAPÍTULO 6 ¡Celebremos! 191

Theme

- Special Occasions

Objectives

- Name and describe members of an extended family
- Describe special family occasions, holidays, and other celebrations
- Greet people in several different ways
- Discuss how one culture can influence another

¡Piensa en la cultura! 192

Vocabulario para conversar

¿Cómo celebras tu cumpleaños? 194

¿Cómo celebras los días de fiesta? 198

¡Comuniquemos! 204

Perspectiva cultural 206

Gramática en contexto 208

El pretérito de los verbos con el cambio e → i 209

El pretérito del verbo dar 211

Otros usos del imperfecto 212

Los verbos reflexivos recíprocos 213

Todo junto: *Actividades y Conexiones* 214

¡Vamos a leer! *La piñata* 216

¡Vamos a escribir! 218

Repaso: ¿Lo sabes bien? 220

Resumen del vocabulario 221

CAPÍTULO 7 ¿Es un lujo o una necesidad? 223

Theme

► Luxuries and Necessities

Objectives

► Name and describe personal possessions
► Tell to whom something belongs
► State and defend opinions regarding necessities and luxuries
► Discuss aspects of early American civilizations

¡Piensa en la cultura! 224
Vocabulario para conversar
¿Siempre llevas carnet de identidad? 226
¿Es necesario tener un detector de humo? 230
¡Comuniquemos! 236
Perspectiva cultural 238
Gramática en contexto 240
Los adjetivos posesivos 241
Los pronombres posesivos 243
Repaso: Los usos del verbo ser 246
Todo junto: *Actividades y Conexiones* 248
¡Vamos a leer! *La magia del diseño* 250
¡Vamos a escribir! 252
Repaso: ¿Lo sabes bien? 254
Resumen del vocabulario 255

CAPÍTULO 8 ¿Dónde sueles hacer tus compras? 257

Theme

► Shopping

Objectives

► Name and describe the location of places in a community
► Ask for and give directions
► Locate items in a drugstore or department store
► Describe bargaining procedures in a Latin American market

¡Piensa en la cultura! 258
Vocabulario para conversar
¿Podría indicarme dónde queda una floristería? 260
¿Los ascensores están al fondo? 266
¡Comuniquemos! 272
Perspectiva cultural 274
Gramática en contexto 276
Repaso: Los usos de estar 277
Repaso: El presente progresivo 278
Construcciones negativas 280
El se *impersonal* 282
Todo junto: *Actividades y Conexiones* 284
¡Vamos a leer! *¿De qué país es esta bandera?* 286
¡Vamos a escribir! 288
Repaso: ¿Lo sabes bien? 290
Resumen del vocabulario 291

CAPÍTULO 9 ¿Tuviste un accidente? 293

Theme

- Accidents and Illness

Objectives

- Describe how an accident occurred
- Discuss an injury or illness
- Describe treatment for an injury or illness
- Compare pharmacies in Latin America and the United States

¡Piensa en la cultura! 294

Vocabulario para conversar
¿Te rompiste el tobillo? 296
¿Eres alérgico a los antibióticos? 300

¡Comuniquemos! 306

Perspectiva cultural 308

Gramática en contexto 310
El imperfecto progresivo 311
El uso del pretérito y del imperfecto progresivo 313
El pretérito de caerse, creer *y* leer 314
El pretérito del verbo poner 316

Todo junto: *Actividades y Conexiones* 318

¡Vamos a leer! *Chana y su rana* 320

¡Vamos a escribir! 322

Repaso: ¿Lo sabes bien? 324

Resumen del vocabulario 325

CAPÍTULO 10 ¿De qué se trataba la película? 327

Theme

- Movies and Television

Objectives

- Summarize the plot of a movie or television program
- Describe the characters and settings of a movie or television program
- Describe conditions when something happened
- Compare soap operas in Latin America and the United States

¡Piensa en la cultura! 328

Vocabulario para conversar
¿De qué se trata tu película favorita? 330
¿No te parecen exageradas las telenovelas? 336

¡Comuniquemos! 340

Perspectiva cultural 342

Gramática en contexto 344
El pretérito y el imperfecto 345
El pretérito y el imperfecto (2) 346
El pretérito y el imperfecto (3) 348
El pretérito del verbo decir 350

Todo junto: *Actividades y Conexiones* 352

¡Vamos a leer! *Cómo escribir una telenovela* 354

¡Vamos a escribir! 356

Repaso: ¿Lo sabes bien? 358

Resumen del vocabulario 359

CAPÍTULO 11 ¿Cómo será el futuro? 361

Theme

- The Future

Objectives

- Discuss various professions
- Say what you think the world will be like in the future
- Discuss how to protect the environment
- Compare attitudes toward the future in Latin America and the United States

¡Piensa en la cultura! **362**

Vocabulario para conversar

¿A qué vas a dedicarte? 364

¿Qué cambios habrá en el futuro? 370

¡Comuniquemos! **374**

Perspectiva cultural **376**

Gramática en contexto **378**

El futuro 379

El futuro: continuación 381

Todo junto: *Actividades y Conexiones* **384**

¡Vamos a leer! *Tonatiuh: Automóvil solar* **386**

¡Vamos a escribir! **388**

Repaso: ¿Lo sabes bien? **390**

Resumen del vocabulario **391**

CAPÍTULO 12 ¡El pasaporte, por favor! 393

Theme

- Travel

Objectives

- Give advice
- Discuss travel arrangements
- Make recommendations about what to do and see in your community
- Discuss the variety of travel accommodations in Spain

¡Piensa en la cultura! **394**

Vocabulario para conversar

¿Compraste un boleto de ida y vuelta? 396

¿Dónde puedo cambiar cheques de viajero? 402

¡Comuniquemos! **406**

Perspectiva cultural **408**

Gramática en contexto **410**

Repaso: Mandatos afirmativos con tú 411

Los mandatos negativos con tú 412

Los mandatos negativos: continuación 414

Todo junto: *Actividades y Conexiones* **416**

¡Vamos a leer! *Acostumbre a su casa a quedarse sola* **418**

¡Vamos a escribir! **420**

Repaso: ¿Lo sabes bien? **422**

Resumen del vocabulario **423**

CAPÍTULO 13 ¿Qué sugieres que pida? 425

Theme

- Meals

Objectives

- Describe different types of foods and dishes
- Recommend and suggest various foods and dishes
- Talk about nutrition
- Discuss food preparation customs in Spanish-speaking cultures

¡Piensa en la cultura! 426

Vocabulario para conversar

¿Quieres probar los camarones? 428

¿De qué está hecha una empanada? 434

¡Comuniquemos! 439

Perspectiva cultural 440

Gramática en contexto 442

Repaso: Mandatos negativos 443

El subjuntivo 443

Todo junto: *Actividades y Conexiones* 448

¡Vamos a leer! *El aceite de oliva* 450

¡Vamos a escribir! 452

Repaso: ¿Lo sabes bien? 454

Resumen del vocabulario 455

CAPÍTULO 14 ¡Me encanta la naturaleza! 457

Theme

- The Outdoors

Objectives

- Discuss popular outdoor activities
- Describe the natural environment
- Express attitudes and opinions about the environment
- Explain why it may be unwise to drink the water in unfamiliar places

¡Piensa en la cultura! 458

Vocabulario para conversar

¿Das caminatas a menudo? 460

¿Qué ves en el desierto? 466

¡Comuniquemos! 471

Perspectiva cultural 472

Gramática en contexto 474

El subjuntivo de ciertos verbos irregulares 475

El subjuntivo de los verbos ir *y* ser 476

El subjuntivo con expresiones impersonales 477

Todo junto: *Actividades y Conexiones* 480

¡Vamos a leer! *Ecuador: ¡Bienvenido a la experiencia!* 482

¡Vamos a escribir! 484

Repaso: ¿Lo sabes bien? 486

Resumen del vocabulario 487

Verbos 488

Vocabulario español-inglés 495

English-Spanish Vocabulary 509

Más práctica y tarea 525

Examen cumulativo 568

Índice 573

Acknowledgments 575

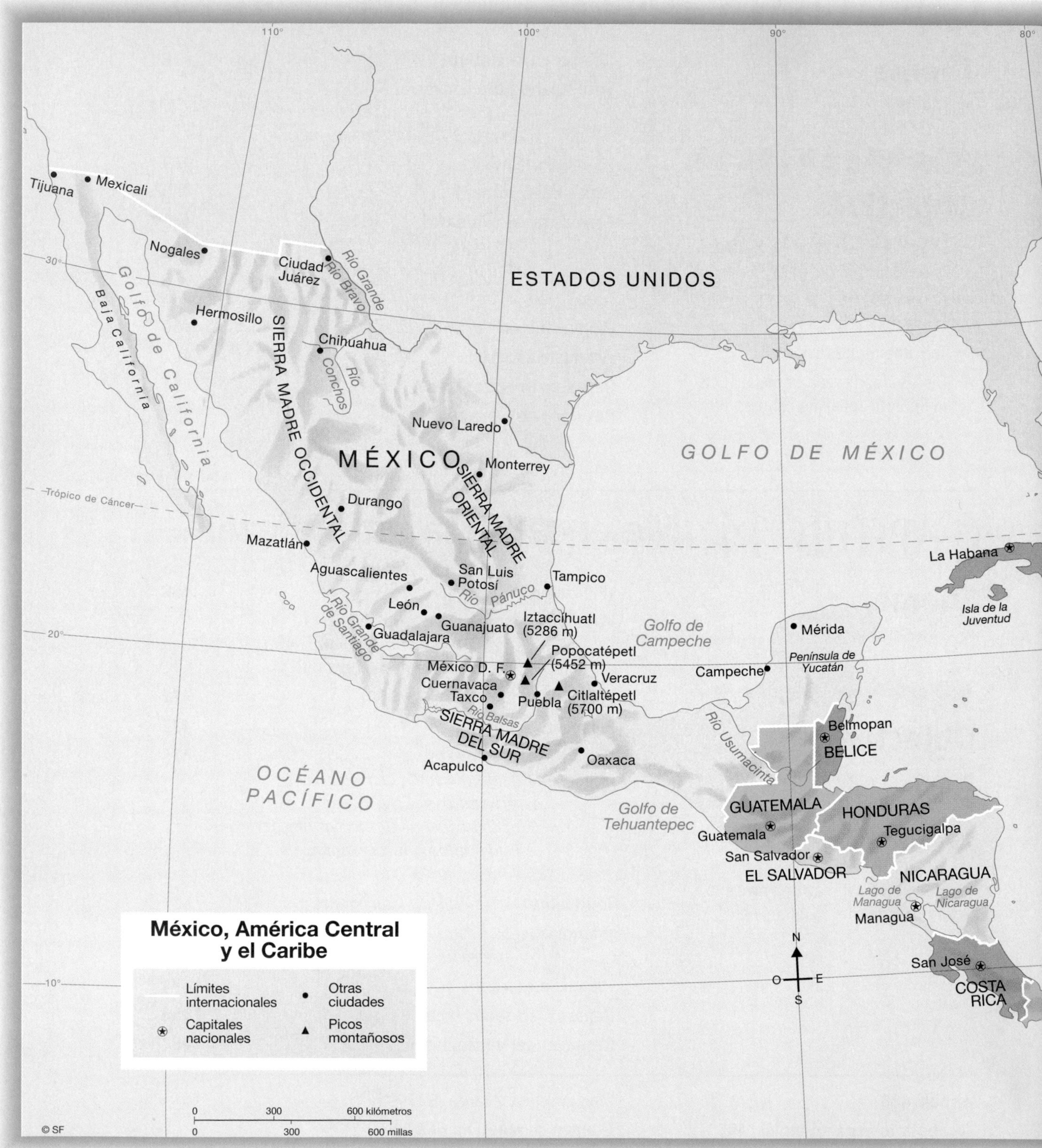
México, América Central y el Caribe
Límites internacionales
Otras ciudades
Capitales nacionales
Picos montañosos
ESTADOS UNIDOS
MÉXICO
GOLFO DE MÉXICO
OCÉANO PACÍFICO
Golfo de California
Baja California
SIERRA MADRE OCCIDENTAL
SIERRA MADRE ORIENTAL
SIERRA MADRE DEL SUR
Tropico de Cáncer
Tijuana
Mexicali
Nogales
Ciudad Juárez
Río Grande
Río Bravo
Hermosillo
Chihuahua
Río Conchos
Nuevo Laredo
Monterrey
Durango
Mazatlán
Aguascalientes
San Luis Potosí
Río Pánuco
Tampico
León
Guanajuato
Guadalajara
Río Grande de Santiago
Iztaccíhuatl (5286 m)
Popocatépetl (5452 m)
Citlaltépetl (5700 m)
México D. F.
Cuernavaca
Taxco
Puebla
Veracruz
Río Balsas
Acapulco
Oaxaca
Golfo de Campeche
Mérida
Campeche
Península de Yucatán
Río Usumacinta
Golfo de Tehuantepec
La Habana
Isla de la Juventud
Belmopan
BELICE
GUATEMALA
Guatemala
HONDURAS
Tegucigalpa
San Salvador
EL SALVADOR
NICARAGUA
Lago de Managua
Lago de Nicaragua
Managua
San José
COSTA RICA
N
O
E
S
110°
100°
90°
80°
30°
20°
10°
0
300
600 kilómetros
0
300
600 millas
© SF

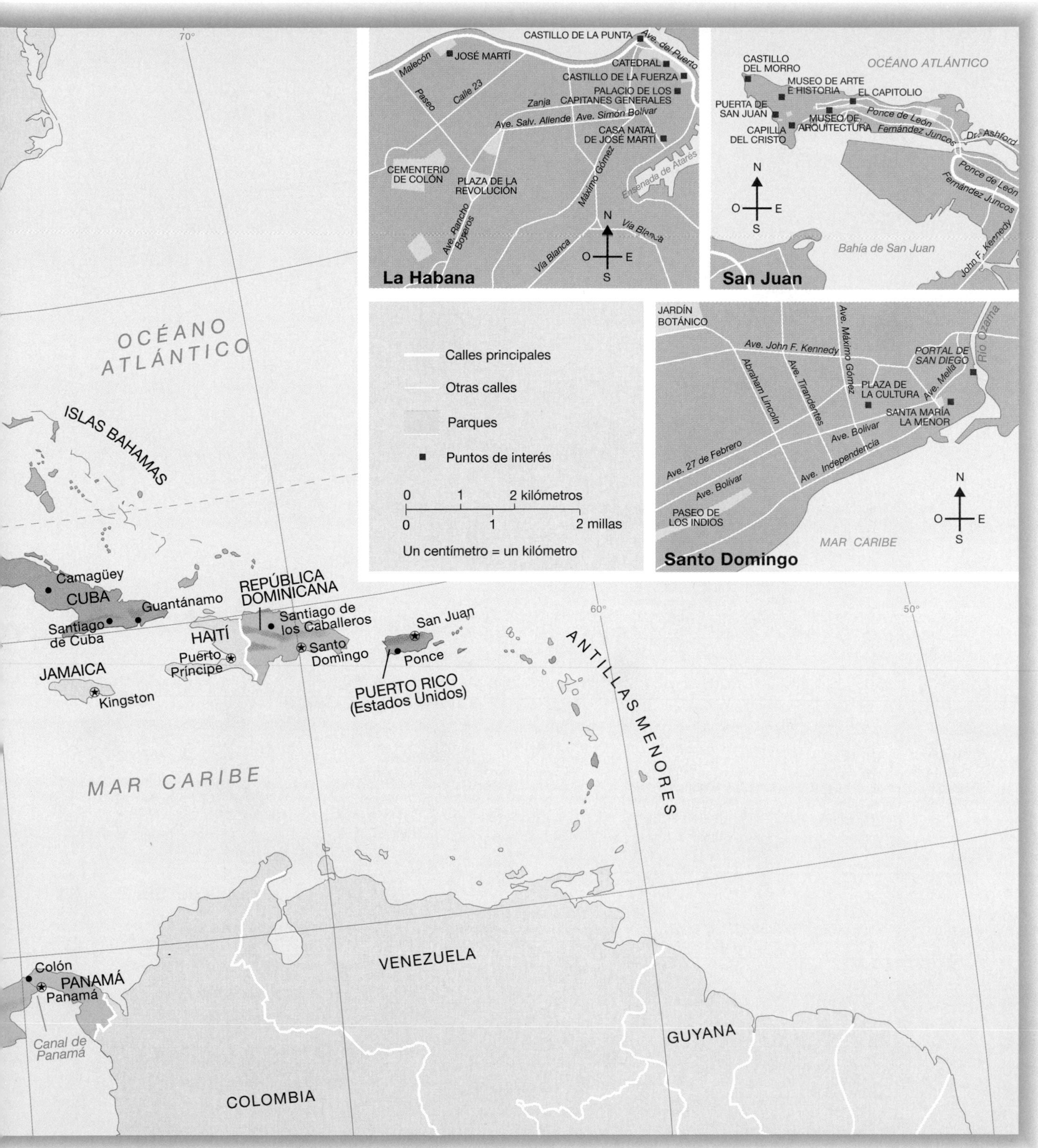

La Habana
CASTILLO DE LA PUNTA
Ave. del Puerto
JOSÉ MARTÍ
Malecón
CATEDRAL
CASTILLO DE LA FUERZA
PALACIO DE LOS CAPITANES GENERALES
Paseo
Calle 23
Zanja
Ave. Salv. Allende
Ave. Simón Bolívar
CASA NATAL DE JOSÉ MARTÍ
CEMENTERIO DE COLÓN
PLAZA DE LA REVOLUCIÓN
Máximo Gómez
Ensenada de Atarés
Ave. Rancho Boyeros
Vía Blanca
N
O
E
S
San Juan
CASTILLO DEL MORRO
OCÉANO ATLÁNTICO
MUSEO DE ARTE E HISTORIA
EL CAPITOLIO
PUERTA DE SAN JUAN
MUSEO DE ARQUITECTURA
Ponce de León
CAPILLA DEL CRISTO
Fernández Juncos
Dr. Ashford
John F. Kennedy
Bahía de San Juan
Calles principales
Otras calles
Parques
Puntos de interés
0
1
2 kilómetros
0
1
2 millas
Un centímetro = un kilómetro
Santo Domingo
JARDÍN BOTÁNICO
Ave. John F. Kennedy
Ave. Máximo Gómez
Abraham Lincoln
Ave. Tirandentes
PORTAL DE SAN DIEGO
Río Ozama
PLAZA DE LA CULTURA
Ave. Mella
SANTA MARÍA LA MENOR
Ave. Bolívar
Ave. 27 de Febrero
Ave. Independencia
PASEO DE LOS INDIOS
MAR CARIBE
70°
60°
50°
OCÉANO ATLÁNTICO
ISLAS BAHAMAS
Camagüey
CUBA
Guantánamo
Santiago de Cuba
REPÚBLICA DOMINICANA
Santiago de los Caballeros
HAITÍ
Puerto Príncipe
Santo Domingo
San Juan
Ponce
PUERTO RICO (Estados Unidos)
JAMAICA
Kingston
ANTILLAS MENORES
MAR CARIBE
VENEZUELA
Colón
PANAMÁ
Panamá
Canal de Panamá
GUYANA
COLOMBIA

América del Sur
Límites internacionales
Capitales nacionales
Otras ciudades
Picos montañosos
MAR CARIBE
OCÉANO ATLÁNTICO
OCÉANO PACÍFICO
NICARAGUA
COSTA RICA
PANAMÁ
Barranquilla
Maracaibo
Lago de Maracaibo
Caracas
Río Orinoco
Puerto España
TRINIDAD Y TOBAGO
Medellín
Bogotá
VENEZUELA
Salto del Ángel
LLANOS
Georgetown
GUYANA
Paramaribo
Cayena
SURINAM
GUAYANA FRANCESA (Fr.)
MACIZO DE LAS GUAYANAS
Cali
COLOMBIA
Quito
ECUADOR
0° Ecuador
Islas Galápagos (Ecuador)
Guayaquil
Iquitos
Marañón
Río Ucayali
CORDILLERA DE LOS ANDES
Manaus
Río Amazonas
Belém
Río Madeira
SELVAS
BRASIL
Recife
Trujillo
Huascarán (6768 m)
PERÚ
Lima
Cuzco
MESETA DE MATO GROSSO
Río Mamoré
Salvador
MESETA BRASILEÑA
Illampu (6550 m)
Arequipa
Lago Titicaca
La Paz
BOLIVIA
Río Paraguay
PANTANAL
Brasilia
Sucre
Río Paraná
Belo Horizonte
N
O
E
S
Río Pilcomayo
PARAGUAY
DESIERTO DE ATACAMA
20°
São Paulo
Río de Janeiro
Santos
Asunción
Trópico de Capricornio
Cataratas del Iguazú
San Miguel de Tucumán
GRAN CHACO
CHILE
Córdoba
Porto Alegre
Aconcagua (6959 m)
Valparaíso
Santiago
Río Salado
Rosario
URUGUAY
Buenos Aires
Montevideo
PAMPA
Río de la Plata
Concepción
ARGENTINA
Mar del Plata
PATAGONIA
40°
Islas Malvinas (Reino Unido)
Estrecho de Magallanes
Tierra del Fuego
Cabo de Hornos
0 300 600 kilómetros
0 300 600 millas
© SF

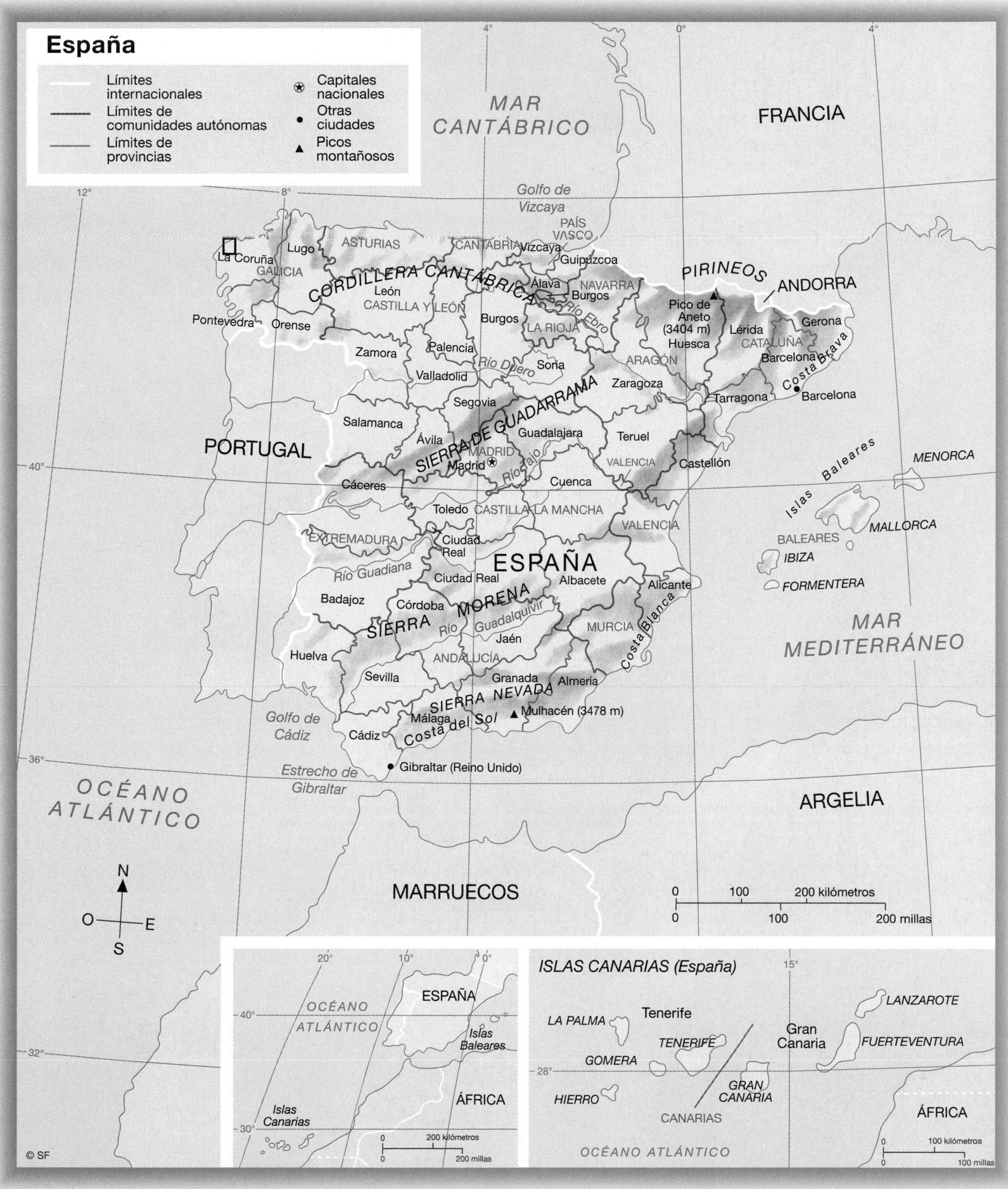
España
Límites internacionales
Límites de comunidades autónomas
Límites de provincias
Capitales nacionales
Otras ciudades
Picos montañosos
MAR CANTÁBRICO
FRANCIA
Golfo de Vizcaya
PAÍS VASCO
ASTURIAS
CANTABRIA
Vizcaya
Guipúzcoa
Lugo
La Coruña
GALICIA
CORDILLERA CANTÁBRICA
León
CASTILLA Y LEÓN
Álava
NAVARRA
Burgos
PIRINEOS
ANDORRA
Pico de Aneto (3404 m)
Huesca
Lérida
Gerona
CATALUÑA
Barcelona
Costa Brava
Pontevedra
Orense
Burgos
LA RIOJA
Río Ebro
Zamora
Palencia
Río Duero
Soria
ARAGÓN
Valladolid
Zaragoza
Segovia
SIERRA DE GUADARRAMA
Tarragona
Barcelona
Salamanca
Guadalajara
Teruel
PORTUGAL
Ávila
MADRID
Madrid
Río Tajo
VALENCIA
Castellón
Islas Baleares
MENORCA
Cáceres
Cuenca
Toledo
CASTILLA-LA MANCHA
VALENCIA
MALLORCA
EXTREMADURA
Ciudad Real
BALEARES
IBIZA
FORMENTERA
ESPAÑA
Río Guadiana
Ciudad Real
Albacete
Alicante
Badajoz
Córdoba
SIERRA MORENA
Río Guadalquivir
MURCIA
MAR MEDITERRÁNEO
Jaén
Costa Blanca
Huelva
ANDALUCÍA
Sevilla
Granada
Almería
SIERRA NEVADA
Mulhacén (3478 m)
Golfo de Cádiz
Málaga
Costa del Sol
Cádiz
Gibraltar (Reino Unido)
Estrecho de Gibraltar
OCÉANO ATLÁNTICO
ARGELIA
MARRUECOS
N
O
E
S
0 100 200 kilómetros
0 100 200 millas
OCÉANO ATLÁNTICO
ESPAÑA
Islas Baleares
ÁFRICA
Islas Canarias
200 kilómetros
200 millas
ISLAS CANARIAS (España)
LANZAROTE
LA PALMA
Tenerife
Gran Canaria
TENERIFE
FUERTEVENTURA
GOMERA
HIERRO
GRAN CANARIA
CANARIAS
ÁFRICA
OCÉANO ATLÁNTICO
100 kilómetros
100 millas
© SF

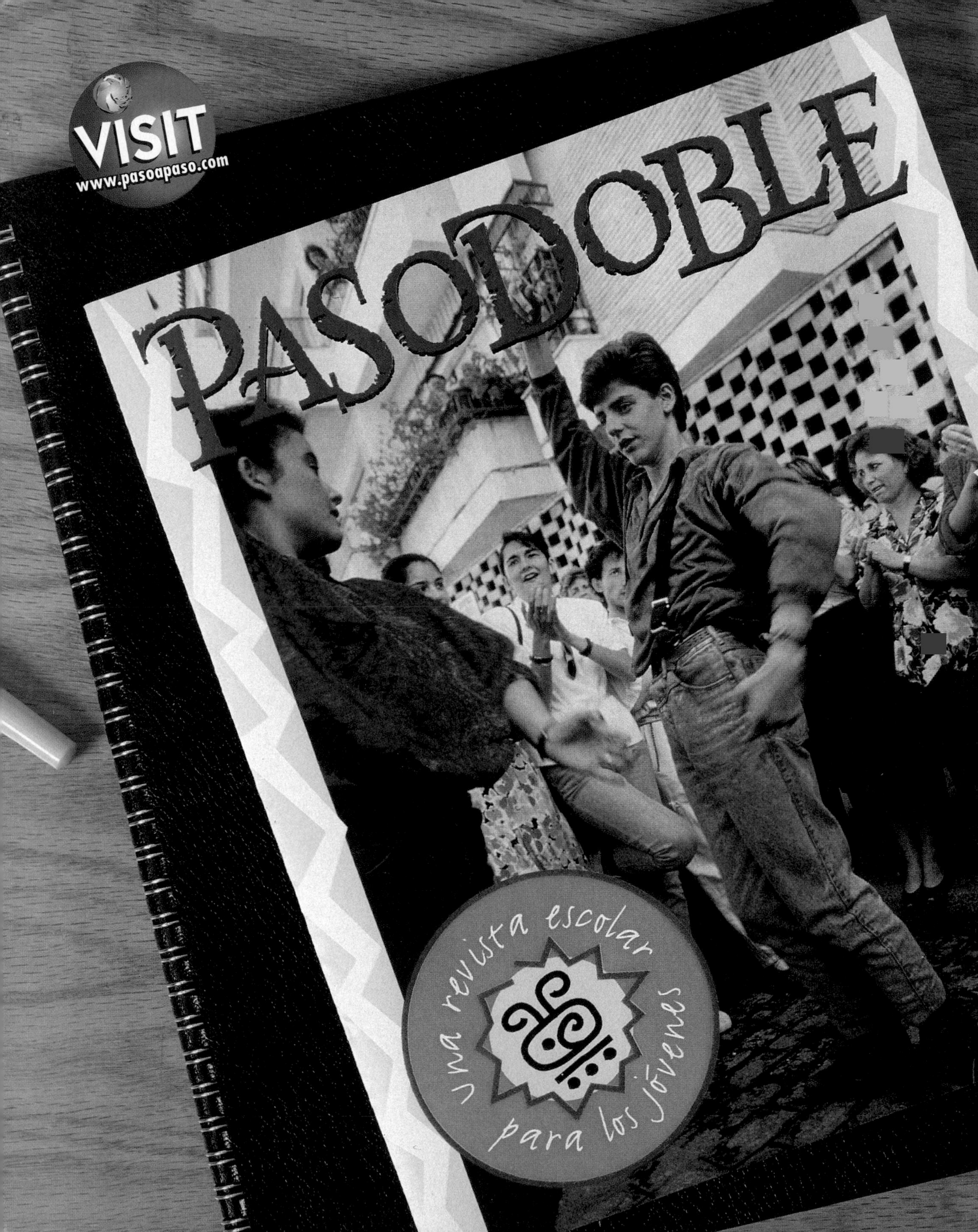
VISIT
www.pasoapaso.com
PASODOBLE
una revista escolar para los jóvenes

Queridos Lectores: Aquí tienen varias páginas de nuestra revista del año pasado. Uds. nos dicen que éstas fueron sus favoritas. Esperamos que les gusten una vez más.

PASODOBLE

¿Qué tiempo hace?	2
El mundo hispano	4
Tenis y más	5
Dos amigas de Puerto Rico	7
¿Qué les gusta hacer?	8
A ti, ¿qué te gusta hacer?	10
¿Bueno o malo para la salud?	12
¿Qué hay en la tele esta noche?	14
¡Hola, Andy!	16
¡Sí, puedo! ¡Soy joven!	17
Caricaturas	18
¿Qué quiere decir *casa*?	20
Vacaciones mágicas	22
Ana Laura	24

de la edición de enero

¿Qué tiempo hace?

Maricao, Puerto Rico

La Parva, Chile

Una playa chilena

Pronto vas a planear tus vacaciones del verano. A menudo nuestros lectores nos preguntan qué tiempo hace en los meses de julio y agosto en varios países de habla española y en ciudades donde hay mucha gente de origen hispano. Este mapa puede ayudarte a planear tus vacaciones.

En el mes de julio, la temperatura promedio de estas ciudades es diferente. ¿Puedes decir por qué? ¿Por qué hay dos temperaturas para cada ciudad? (El símbolo ° se dice "grado.")

Bariloche: 3° (38°)

Buenos Aires: 11° (51°)

Caracas: 22° (72°)

Ciudad de México: 18° (64°)

Houston: 34° (93°)

La Paz: 9° (48°)

Los Ángeles: 21° (70°)

Madrid: 24° (75°)

Miami: 32° (89°)

Montevideo: 10° (50°)

Nueva York: 25° (77°)

Quito: 14° (67°)

San Juan: 27° (80°)

Aguadilla, Puerto Rico

1. ¿Puedes decir en qué país o estado está cada una de las ciudades mencionadas?
2. ¿Cuántos países de habla española pueden nombrar tú y un(a) compañero(a)? ¿Cuántos pueden indicar en el mapa?
3. ¿Qué tiempo hace en tu ciudad en el verano? ¿Y en el invierno? ¿Nieva mucho? ¿Hay meses en que llueve mucho? ¿Cuáles?
4. Si pensamos ir de vacaciones a tu ciudad, ¿en qué estación debemos ir: en la primavera, en el verano, en el otoño o en el invierno? Trabaja con un(a) compañero(a) para escribir una tarjeta postal en que describes la estación más bonita del lugar donde vives.

de la edición de febrero

El mundo hispano

1 ¿Cuál de estos países no está en América Central?

a. Costa Rica
b. El Salvador
c. Honduras
d. México

2 Tres capitales tienen el nombre de un santo: San José, San Juan y Santiago. Son las capitales de:

a. Honduras, El Salvador y Uruguay
b. Colombia, Bolivia y Ecuador
c. Costa Rica, Puerto Rico y Chile
d. Nicaragua, Paraguay y Perú

3 Montevideo es:

a. la montaña más alta de América del Sur
b. un videojuego muy popular
c. la capital y la ciudad más grande de un país
d. el país más pequeño de las Américas

4 Hay más de veinte países donde el español es la lengua oficial. En área, ¿cuál es el más grande?

a. Argentina
b. Brasil
c. España
d. México

5 Managua es:

a. el nombre de la selva en Ecuador
b. una ciudad y capital centroamericana
c. una isla en el Caribe
d. una pirámide azteca en México

6 La República Dominicana queda en una isla. ¿Qué otro país está en esa isla?

a. Cuba
b. Haití
c. Panamá
d. Puerto Rico

7 ¿Cuál de estos países no está al lado de Perú?

a. Argentina
b. Bolivia
c. Chile
d. Colombia

8 La capital de Colombia es:

a. Asunción
b. Bogotá
c. La Paz
d. Lima

9 ¿Cuál de estos países es una isla?

a. Cuba
b. Guatemala
c. Paraguay
d. Uruguay

10 El país de habla española que está más cerca de los Estados Unidos es:

a. Colombia
b. Cuba
c. México
d. Puerto Rico

MORE PRACTICE

Más práctica y tarea, p. 525
Practice Workbook PD–1, PD–2

TENIS y más

de la edición de marzo

Conchita Martínez juega tenis profesional desde los dieciséis años. En 1994 ganó el torneo internacional de Wimbledon.

Nació en: *España, el 18 de abril de 1972*

Vive en: *Barcelona*

Colores favoritos: *el negro y el blanco*

Actor favorito: *Patrick Swayze*

Pasatiempo favorito: *ir al cine*

Le gusta: *jugar golf y fútbol, montar a caballo, escuchar toda clase de música, estar con sus amigos y su familia y trabajar como voluntaria*

No le gusta: *la guerra*

Admira a: *la gente que ayuda a otros*

Característica principal: *es perfeccionista*

Le interesa: *la psicología y la literatura*

Mejor momento en la cancha de tenis: *cuando venció a Gabriela Sabatini 7-5, 6-1 en Roma en mayo de 1994.*

Entrevista a un(a) compañero(a). Puedes usar estas preguntas u otras:

1 ¿Cuándo es tu cumpleaños?

2 ¿Cuál es tu dirección?

3 ¿Cuál es tu color favorito?

4 ¿Quiénes son tu actor y actriz favoritos?

5 ¿Cuáles son tus pasatiempos favoritos?

6 ¿Qué no te gusta hacer?

7 ¿A quién o a quiénes admiras?

8 ¿Cómo eres?
¿paciente o impaciente?
¿atrevido(a) o prudente?
¿ordenado(a) o desordenado(a)?
¿perezoso(a) o trabajador(a)?
¿gracioso(a) o serio(a)?
¿Eres artístico(a)? ¿deportista?
¿callado(a)? ¿amable?

Querido *Pasodoble*.

¡Hola! Somos seis amigos de la clase de español de segundo año de El Toro High School, en El Toro, California. Nos encanta *Pasodoble*. Todos los artículos de su revista son interesantes y originales.

Queremos leer más sobre los jóvenes de diferentes países de América Latina: qué ropa llevan, qué música les gusta, qué hacen para divertirse y si tienen algunos intereses especiales, como la ecología.

Saludos a todos los lectores de *Pasodoble*.

¡Y muchas gracias por una revista fantástica!

DOS AMIGAS de Puerto Rico

Gretel Cathiard es una joven de quince años. Su amiga Magda Ramos tiene dieciséis años. Las dos viven en San Juan, la capital de Puerto Rico. A Gretel le encantan las ciencias, y a Magda el inglés y las ciencias sociales. Lo que más les gusta es ir a la playa, tomar el sol, nadar y jugar vóleibol. **Pasodoble** habla con las dos amigas.

PD: ¿Qué les gusta hacer los fines de semana?

Gretel: Nos gusta estar con nuestros amigos. Vamos al cine o a la playa donde jugamos vóleibol, nadamos y paseamos en bote.
Magda: Y cuando no podemos estar juntos, hablamos por teléfono.

PD: ¿Adónde van Uds. con sus familias?

Magda: A veces vamos a pasear al parque. Y por supuesto vamos juntos a la iglesia los domingos. También vamos al centro comercial, pero sólo cuando necesito ir de compras. Cuando no tengo que comprar cosas, voy allí con amigos.

PD: ¿Qué piensan hacer después de terminar la escuela secundaria?

Gretel: Todavía no sé, pero me interesa mucho la medicina.
Magda: Quiero ser psicóloga. Quisiera ayudar a otros, y creo que tengo el potencial para hacerlo.

PD: ¿Qué no les gusta hacer?

Gretel: No me gustan nada los quehaceres de la casa: pasar la aspiradora, sacudir los muebles, lavar platos . . . ¡Bah!
Magda: A mí no me gusta hacer mi tarea de matemáticas. Afortunadamente, Gretel me ayuda a hacerla.

PD: ¿Qué diferencias ven Uds. entre los jóvenes de los Estados Unidos y los de Puerto Rico?

Gretel: Creo que los puertorriqueños somos menos nerviosos.
Magda: En los Estados Unidos un muchacho y una muchacha pueden ser novios a los doce años. Aquí no es común tener novio antes de los catorce.

PD: ¿Qué es lo que más les gusta de la vida en Puerto Rico?

Gretel: ¡El tiempo y el campo! Es un lugar muy bonito, ¿no?
Magda: A mí lo que más me gusta es la gente de mi país. Los puertorriqueños son generosos y simpáticos. De veras comprenden lo que es importante en la vida.

de la edición de mayo

¿QUÉ LES GUSTA HACER?

Unos jóvenes de Caracas, Venezuela, nos envían una lista de sus actividades favoritas. ¿Cuáles son?

1. Escuchar música
2. Ir al cine
3. Ver la televisión
4. Practicar deportes
5. Ir de compras
6. Hablar por teléfono
7. Leer
8. Dormir

Y tú, ¿estás de acuerdo con ellos? ¿Cuáles de sus actividades favoritas te gustan también a ti? ¿Hay actividades en la lista que a ti no te gustan?

¿Y qué no les gusta hacer a nuestros amlgos venezolanos?

No les gustan:

1. **Ir a la escuela**
2. **Estudiar**
3. **Hacer la tarea**
4. **Cocinar**
5. **Ayudar en casa**

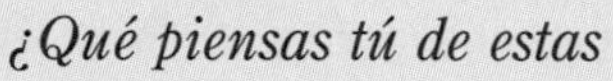

¿Qué piensas tú de estas actividades? ¿A ti te gustan o no te gustan nada?

de la edición de junio

A ti, ¿qué te gusta hacer?

El mes pasado un grupo de jóvenes venezolanos nos enviaron una lista de sus actividades favoritas. Este mes tú puedes hacer una lista similar.

Aquí tienes varias actividades. ¿Qué piensas de ellas?

- ayudar en casa (sacar la basura, lavar platos, hacer la cama, sacudir los muebles, pasar la aspiradora, etc.)
- cocinar
- comer
- comprar cosas (ropa, libros, etc.)
- cortar el césped
- dibujar
- dormir
- escuchar música
- estudiar/hacer la tarea
- hablar por teléfono
- hacer ejercicio
- ir al centro comercial
- ir al cine
- ir al parque de diversiones
- ir al museo
- ir de pesca
- jugar videojuegos
- practicar deportes
- sacar fotos
- ver la televisión

1. ¿Cuáles de estas actividades te gustan más? ¿Cuáles no te gustan nada? ¿Cuáles son pasatiempos y cuáles son quehaceres? Haz dos listas: ***Me gusta mucho*** y ***No me gusta nada.*** Escribe por lo menos cinco actividades en cada lista.

2. Con un(a) compañero(a), hablen de las actividades que sí les gustan y de las que no les gustan. ¿Cuáles no les gustan ni a él (ella) ni a ti?

3. Haz una encuesta (*poll*) para decidir cuáles son las actividades favoritas y las menos favoritas de la clase.

¿Bueno o malo para la salud?

¿Qué debes comer y qué debes hacer para tener buena salud? Y, lo que es más importante, ¿comes esa comida y haces esas actividades?

¿Haces ejercicio cada día? ¿Nadas o patinas? ¿Juegas básquetbol, vóleibol, fútbol o béisbol? ¿Esquías en el invierno?

¿Cuántas frutas (manzanas, naranjas, plátanos, uvas, etc.) comes al día?

¿Cuántas clases de verduras comes (guisantes, judías verdes, lechuga, tomates, zanahorias)? ¿Te gustan las ensaladas?

¿Comes pan, arroz o papas más o menos tres veces al día?

Cuando tienes sed, ¿tomas agua, leche o jugo de naranja o de manzana? ¿O bebes siempre un refresco, café o té?

Compara lo que comes en el desayuno con lo que come un(a) compañero(a).

1. Haz una encuesta para decidir quién come el mejor desayuno. ¿Por qué creen Uds. que ese desayuno es el mejor?
2. Mira el menú. En tu opinión, ¿cuál de estas pizzas es mejor para la salud?
3. Para comprar la pizza más saludable, ¿qué tienes que hacer?

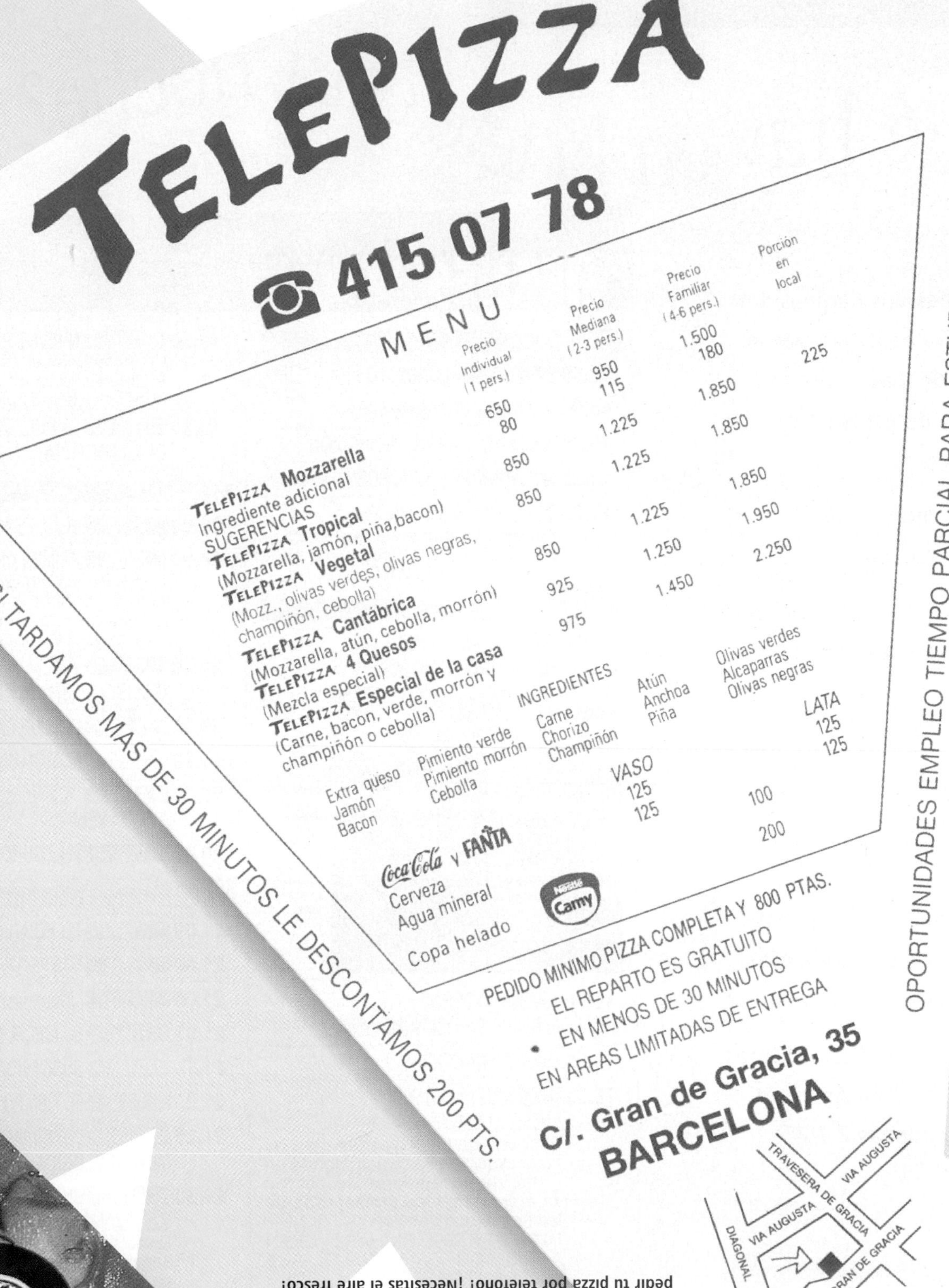

Para comprar la pizza más saludable, tienes que ir a pie a la pizzería. No debes ir ni en coche ni en autobús. ¡Y no debes pedir tu pizza por teléfono! ¡Necesitas el aire fresco!

¿Qué hay en la tele esta noche?

Aquí tienes dos páginas del *Teleprograma* de Barcelona del mes de mayo pasado. ¿Cuántos de estos programas reconoces?

¿Eres buen lector? Vamos a ver . . .

1. **No hay que leer nada para saber cuántos programas deportivos hay esta noche. ¿Cuántos hay?**
2. **¿Y cuántos programas hay en que las personas pueden ganar dinero?**
3. **¿Por qué crees que hay símbolos sólo para esas dos clases de programas?**
4. **¿Qué piensan los editores de la película *Agárralo como puedas 2 1/2*?**

VIERNES 14 MAYO

18.00

18.00 2-TVE BALONCESTO NBA

18.00 ANTENA-3 COSAS DE CASA

18.20 CANAL + AVANCE. REDACCIÓN

18.25 CANAL + PREVIO TOROS

18.30 ANTENA-3 LA MERIENDA
Espacio infantil en el que se ofrecen varios concursos y la serie CHICHO TERREMOTO.

19.00

19.00 TELE-5 HABLANDO SE ENTIENDE LA BASCA

Jesús Vázquez entabla cada tarde una interesante conversación con sus jóvenes invitados.

19.00 CANAL + TOROS. FERIA DE SAN ISIDRO (Codificado)

19.25 TVE-1 NOTICIAS

19.30 TVE-1 MacGYVER: "COSECHA AMARGA"
El coche de MacGyver se para en la localidad de Kasabian, donde un grupo de trabajadores del campo se enfrentan a los propietarios de las tierras que trabajan.
INTÉRPRETES: RICHARD DEAN ANDERSON, DANA ELCAR, ABE VIGODA, DICK BUTKUS.

19.30 2-TVE JARA Y SEDAL

19.30 ANTENA-3 NUEVOS POLICÍAS
El oficial Penhall y Hoffs investiga la muerte de un atleta olímpico po consumo de anabolizantes.

19.30 TELE-5 LA RULETA DE LA FORTUNA

20.00

20.00 2-TVE EL INFORME DEL DÍA

20.00 TELE-5 PRIMER AMOR (Cap. 71)
Armando da su aprobación a l adopción de la niña de Rosaric Rossana visita al médico y éste l dice que está embarazada.

20.30 TVE-1 VUELTA CICLISTA A ESPAÑA (Resumen)

20.30 2-TVE DÍAS DE CINE

20.30 ANTENA-3 NOTICIAS

20.30 2-TVE (Canarias) A TODA VELA

20.45 TELE-5 TELECUPÓN

21.00

21.00 TVE-1 TELEDIARIO-2

21.00 2-TVE LOS PRIMEROS

21.00 2-TVE (Canarias) CAMPUS

21.05 TELE-5 SU MEDIA NARANJA

21.15 ANTENA-3 BUSCAVIDAS

21.25 TVE-1 EL TIEMPO

21.25 CANAL + INFORMACIÓN METEOROLÓGICA

21.30 TVE-1 UN, DOS, TRES...: "EL LEJANO OESTE"
En esta ocasión se cuenta con la pre sencia de Cher, La Frontera, Dinamit pa los pollos y Abuelo Jones.

21.30 2-TVE TAL CUAL

86

OOOO EXCELENTE OOO MUY BUENA OO BUENA O REGULA

14 MAYO **VIERNES**

21.30 CANAL+ **REDACCIÓN. NOTICIAS**

21.30 2-TVE (Canarias) **CANARIOS EN SU RINCÓN**

21.45 ANTENA-3 **CINE**
LOS JACKSON (Cap. 2 y último)

21.55 CANAL+ **INFORMACIÓN DEPORTIVA**

22.00

22.00 TELE-5 **SENSACIÓN DE VIVIR:**
"PERFECTAMENTE PERFECTO"
Serie estadounidense. Mientras Kelly sigue obsesionada con su exceso de peso, sus amigos están preparando para ella una gran fiesta de cumpleaños.
(Reportaje en páginas 8 a 11)

22.00 CANAL+ **AGÁRRALO COMO PUEDAS 2 1/2**
ESTRENO (Codificado)
Producción estadounidense de 1990. Título original: "Nacked gun 2/2: the smell of fear". Duración: 82 minutos. Color. Comedia.
INTÉRPRETES: LESLIE NIELSEN, PRISCILLA PRESLEY, GEORGE KENNEDY. Director: D. ZUCKER.

22.55 TELE-5 **MELROSE PLACE** (Cap.30)
Serie estadounidense. Billy y Allison quieren que su relación se mantenga en secreto.

Los chicos de Melrose Place tienen multitud de problemas sentimentales.

23.00

23.00 2-TVE **PAVAROTTI Y SUS AMIGOS**
Gran gala concierto, celebrada en Modena (Italia), en la que intervienen intérpretes de los más diversos estilos musicales: Pavarotti, Sting, Zucchero, Lucio Dalla, Neville Brothers, Aaron Neville, Suzanne Vega, Mike Oldfield, Brian May, Bob Geldof y Patricia Kaas.

23.20 CANAL+ **SOLO EN CASA**
CINE (Codificado) (Repetición)

23.30 ANTENA-3 **CON USTEDES... PEDRO RUIZ**

23.50 TELE-5 **CONTACTO, CON TACTO**

24.00

24.00 TVE-1 **PARA ELISA** (Capítulo 14)
Vicente consigue que Laura acceda a encontrarse con él fuera de Madrid. Por otro lado, Óscar y Natalia siguen con su romance sin que Claudio sepa nada. Se va a celebrar en Madrid el premio "la señorita España" y Jana está segura de que será nominada.
INTÉRPRETES: ASSUMPTA SERNA, XABIER ELORRIAGA, FERNANDO VALVERDE.

24.00 2-TVE **DOCTOR EN ALASKA** (3)
Serie estadounidense que comenzó a emitirse el pasado 30 de Abril sin previo aviso. Shelly se queda embarazada y Holling se ve obligado a casarse con ella. En el pueblo todos preparan la ceremonia y en el último momento Holly no se presenta. Pese a todo, Shelley vuelve a aceptar la propuesta de matrimonio.
INTÉRPRETES: ROB MORROW, BARRY CORBIN, JOHN CORBETT, JANINE TURNER.

00.35 TELE-5 **ENTRE HOY Y MAÑANA**

00.45 ANTENA-3 **NOTICIAS**

87

5. ¿Cómo se llama el programa "Wheel of Fortune" en España?
6. ¿Cómo se llama "Doctor en Alaska" en los Estados Unidos?
7. ¿Cómo se dice "básquetbol" en España?
8. Jesús Vázquez entrevista a jóvenes invitados a su programa. ¿Cómo se llama su programa? ¿A qué hora pueden verlo los barceloneses?
9. ¿A qué hora hay que ver la televisión para saber qué tiempo va a hacer mañana? ¿En qué canales puedes ver esos programas?
10. Imagina que la fecha de hoy es el 14 de mayo. Con un(a) compañero(a), hablen de los programas que quieren ver. Después, hablen con otro grupo y decidan qué van a ver esta noche.

¡HOLA, Andy!

¿Quién es Andy García? Es un actor del cine norteamericano, famoso por su talento y por su amabilidad natural. Pero, ¿quién es en la vida real?

Nació en La Habana, Cuba, el 12 de abril de 1956. Cinco años más tarde, llegó a los Estados Unidos con sus padres. Vivieron en Miami, donde reside la comunidad cubana más grande de este país. Cuando decidió ser actor, fue a Los Ángeles.

Cuando no trabaja, Andy se dedica a su familia—su esposa, que también es cubana, y sus tres hijas. Para Andy, la familia es lo más importante. En su casa se habla español y él quiere educar a sus hijas en la tradición en que le enseñaron sus padres a él—con mucha dedicación y disciplina.

MORE PRACTICE

Más práctica y tarea, p. 525–527
Practice Workbook PD-3, PD-8

¡Sí, puedo! ¡Soy joven!

Puedo ser lo que quiero ser.
¡Soy joven!
Soy trabajador.
No hay nadie mejor.
¡Sí, puedo!

Quiero hacer lo que puedo hacer.
¡Soy joven!
Soy atrevido.
Nada me da miedo.
¡Sí, puedo!

Mi cabeza guarda fotos,
fotos del futuro,
fotos en que yo curo
los dolores, las enfermedades.
Quiero construir ciudades,
ciudades con casas felices
donde puedo vivir y construir un país
que será el más grande de todos.

¿Qué voy a ser?
¿Qué voy a hacer?
No sé.
Pero sí, yo sé quién será
el héroe de mi vida.
Seré yo—
yo que puedo,
yo el joven.

CARICATURAS

Aquí tienes algunas de las caricaturas que más nos gustaron el año pasado.

—Ahora que he terminado el retrato debo encontrar a alguien que se le parezca.

¡Mira qué contento está de ver el mar!

—Ahora, las últimas noticias.

—¡Me aburro! ¡No hay nada interesante en la tele!

¿Qué quiere decir "casa"?

Una casa no es *a house.* La imagen que tiene una persona española cuando dice "mi casa" normalmente no incluye ni césped grande ni garaje ni sótano con lavadero y sala de estar. Pero sí puede incluir un patio bonito (muchas veces en el centro de la casa) con flores y sillas. El patio es un "cuarto" muy importante en una casa española o latinoamericana.

¿Qué ves tú cuando dices *house*?

Maracaibo, Venezuela

San Cristóbal de las Casas, México

Córdoba, España

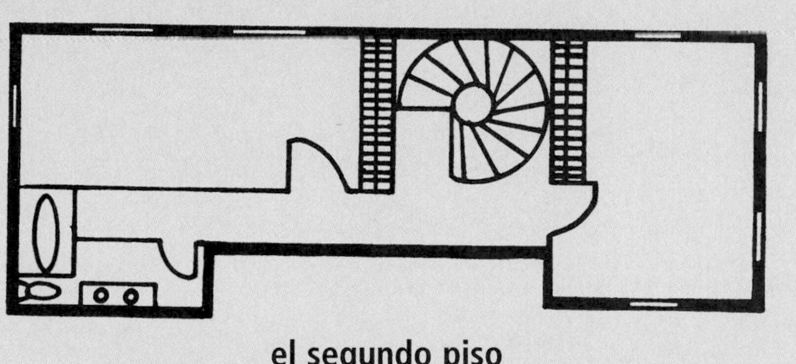
el segundo piso

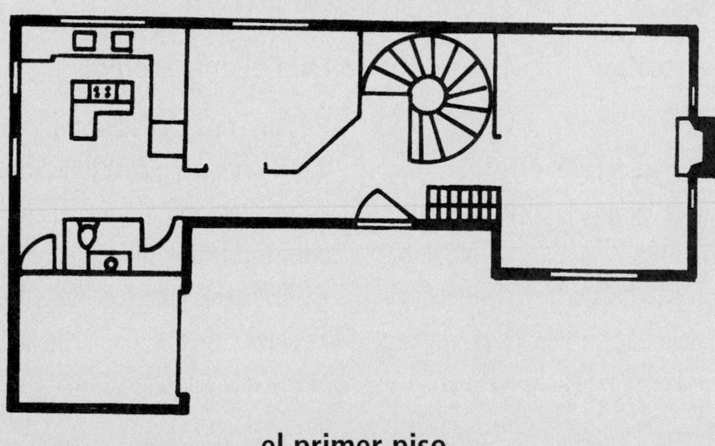
el primer piso

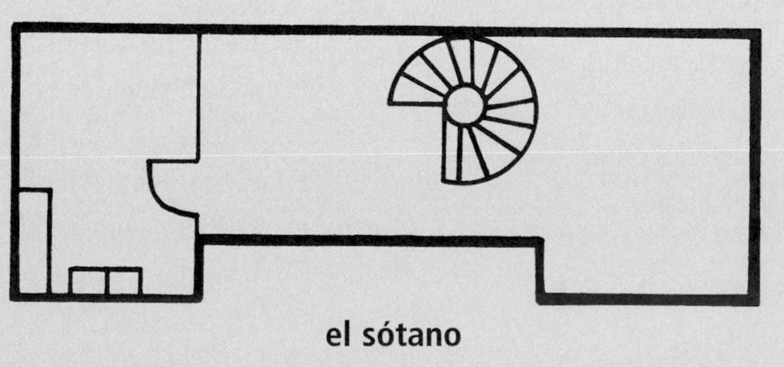
el sótano

Mira las fotos de las casas y patios. Mira también el plano de una casa típica de los Estados Unidos. Trabaja con dos o tres compañeros(as) para diseñar la casa ideal. Pueden combinar aspectos de los dos tipos de casas.

Uno de ustedes debe dibujar la casa. Después, descríbanla. ¿Dónde están las puertas y ventanas? Una persona puede describir los muebles de la sala o de la sala de estar (sofás, sillones, sillas, mesas, lámparas). Otra persona debe describir los dormitorios (camas, cómodas, guardarropas, etc.). ¿Hay escritorio? ¿Equipos de sonido? ¿Videocaseteras? ¿Dónde hay espejos o carteles o fotos?

Con otro grupo hablen de los dos diseños.

Cuando una persona hispanohablante dice, "Mi casa es su casa," ¿qué quiere decir? ¿Hay una expresión de hospitalidad similar en inglés?

Vacaciones mágicas

¿Adónde piensas ir de vacaciones? ¿Qué tipos de lugares y qué actividades prefieres? En América Latina hay una gran variedad de lugares interesantes y divertidos.

Para el deportista

¿Te gustaría esquiar en verano? Puedes ir a Chile o a Argentina, donde es invierno cuando es verano en los Estados Unidos. El mes de agosto es cuando hay mejor nieve para esquiar. El lugar más popular para esquiar está en Bariloche, un centro turístico en el sur de Argentina. Es similar a Suiza por su arquitectura y su belleza natural. Sólo necesitas llevar la ropa apropiada. Los esquís, las botas . . . puedes alquilar allí todo lo que necesitas.

Para el ecólogo

Si prefieres el clima tropical y la ecología, puedes pasar unas vacaciones ideales en Costa Rica. Muchos turistas van para tomar el sol en sus playas del Caribe y del Pacífico, para pasear en bote por sus ríos o para explorar la selva. Si te interesa la ecología, puedes ir a la provincia de Guanacaste para ver la gran variedad de animales y plantas en los parques nacionales.

Y para los más aventureros, hay programas donde pueden trabajar como voluntarios ayudando a proteger el medio ambiente.

Para el antropólogo

Imagina una ciudad muy moderna, donde también hay arquitectura colonial y ruinas de ciudades de hace quinientos años. Si te interesan las civilizaciones precolombinas, el lugar ideal para ti es la Ciudad de México. Tienes que visitar el Museo Nacional de Antropología para ver los antiguos artefactos de esas civilizaciones indígenas. Cerca de la plaza del Zócalo, puedes ver las ruinas del Templo Mayor de Tenochtitlán, la ciudad más importante de los aztecas, que descubrieron unos trabajadores en 1978. ¿Hay más ruinas debajo de esta ciudad moderna? ¡Claro que sí! Pero qué son y cuándo las vamos a descubrir es todavía un misterio.

1. ¿Cuál de estos lugares te gustaría visitar? ¿Por qué?
2. ¿Cuál no te gustaría visitar? ¿Por qué?
3. Con un(a) compañero(a), hablen del país de América Latina que más les gustaría visitar y digan por qué.

Éste es un bio-poema. El poeta (la poetisa) describe su personalidad y sus emociones. Aquí tienes la estructura de un bio-poema. Síguela y ¡tú también puedes ser poeta!

Escribe tu nombre: ___ .

Escribe 4 adjetivos que te describen: ___ .

Escribe el nombre de uno de tus padres: ___ .

Escribe: A quien le encantan: ___ , ___ y ___ .

Escribe: Quien se siente: ___ , y ___ .

Escribe: Quien necesita: ___ , ___ y ___ .

Escribe: Quien ofrece *(offers):* ___ y ___ .

Escribe: Quien teme a *(fears):* ___ , ___ y ___

Escribe: Quien quisiera tener: ___ , ___ y ___ .

Escribe: Quien quisiera ver: ___ y ___ .

Escribe: Quien vive en: ___
(tu ciudad), ___ (tu dirección).

Escribe tu apellido: ___ .

MORE PRACTICE

- Más práctica y tarea, p. 527
- Practice Workbook PD–9, PD–10

Ana Laura

Alta, impaciente, cariñosa y callada.
Hija de Adriana.

A quien le encantan:
los elefantes, la lluvia y los ojos de Daniel.

Quien se siente:
emocionada por la generosidad, y triste por los
que tienen hambre.

Quien necesita:
la música, el océano y a su amiga Raquel.

Quien ofrece:
puerta abierta a los amigos
y hamburguesas sabrosas.

Quien teme a:
la ignorancia, la tacañería
y la contaminación de la Tierra.

Quien quisiera tener:
la visión del poeta, la vida de un rockero
y un perro labrador de color chocolate.

Quien quisiera ver:
cómo se hace una película
y a Paula lavar los platos.

Quien vive en:
Gilboa, calle Blossom.
Cáceres, León.

CAPÍTULO 1

¿Cómo es tu escuela?

Objectives

At the end of this chapter, you will be able to:

- talk about your classes and homework
- describe your school and your school day
- compare the subjects you like the most and the least
- talk about similarities and differences between your schooling and that of a student in Mexico City

PASO CULTURAL Izcuchaca es un pueblo pequeño cerca de las ruinas de la gran ciudad inca de Machu Picchu. Uno de los métodos que el Ministerio de Educación peruano usa para llevar la educación a lugares remotos como éste es "la educación a distancia," que—donde es posible—usa la tecnología (televisión, radio, computadoras) para enseñar de lejos. ¿Por qué crees que la educación a distancia puede ser importante para un país como Perú?

Una escuela en Izcuchaca, Perú

¡Piensa en la CULTURA!

Escuelas en California y Argentina

Mira las fotos. Los estudiantes que vemos están hablando de su escuela, de sus clases y de sus tareas.

"¿Cuál es el número de tu armario?"

¿Tienes un armario en tu escuela? ¿Qué contiene? ¿Cómo te gustaría decorarlo?

Novato, California

PASO CULTURAL Una de las novelas más importantes de la literatura española es *El ingenioso hidalgo Don Quijote de la Mancha,* de Miguel de Cervantes (1547–1616). Esta representación popular de los personajes principales de la novela, Don Quijote y Sancho Panza, es del artista español Pablo Picasso (1881–1973). ¿Cómo pintó Picasso a Don Quijote y Sancho? ¿Por qué crees que los escogió para pintar?

Don Quixote (1955), Pablo Picasso

"Esta semana vamos a empezar a leer <u>Don Quijote</u>."

¿Qué sabes de la literatura española o latinoamericana?

"Mi materia favorita es la química."

¿Tomas alguna clase de ciencias este año? ¿Te gustan las ciencias?

En un laboratorio de química en Argentina.

"¿Cuál es la tarea de español para mañana?"

¿Qué clase es la más fácil para ti? ¿Cuál es la más difícil? ¿La más interesante? ¿La más aburrida? ¿Por qué?

Vocabulario para conversar

¿Cuándo tienes geografía?

Vas a necesitar estas palabras y expresiones para hablar sobre tus clases. Después de leerlas varias veces, practícalas con un(a) compañero(a).

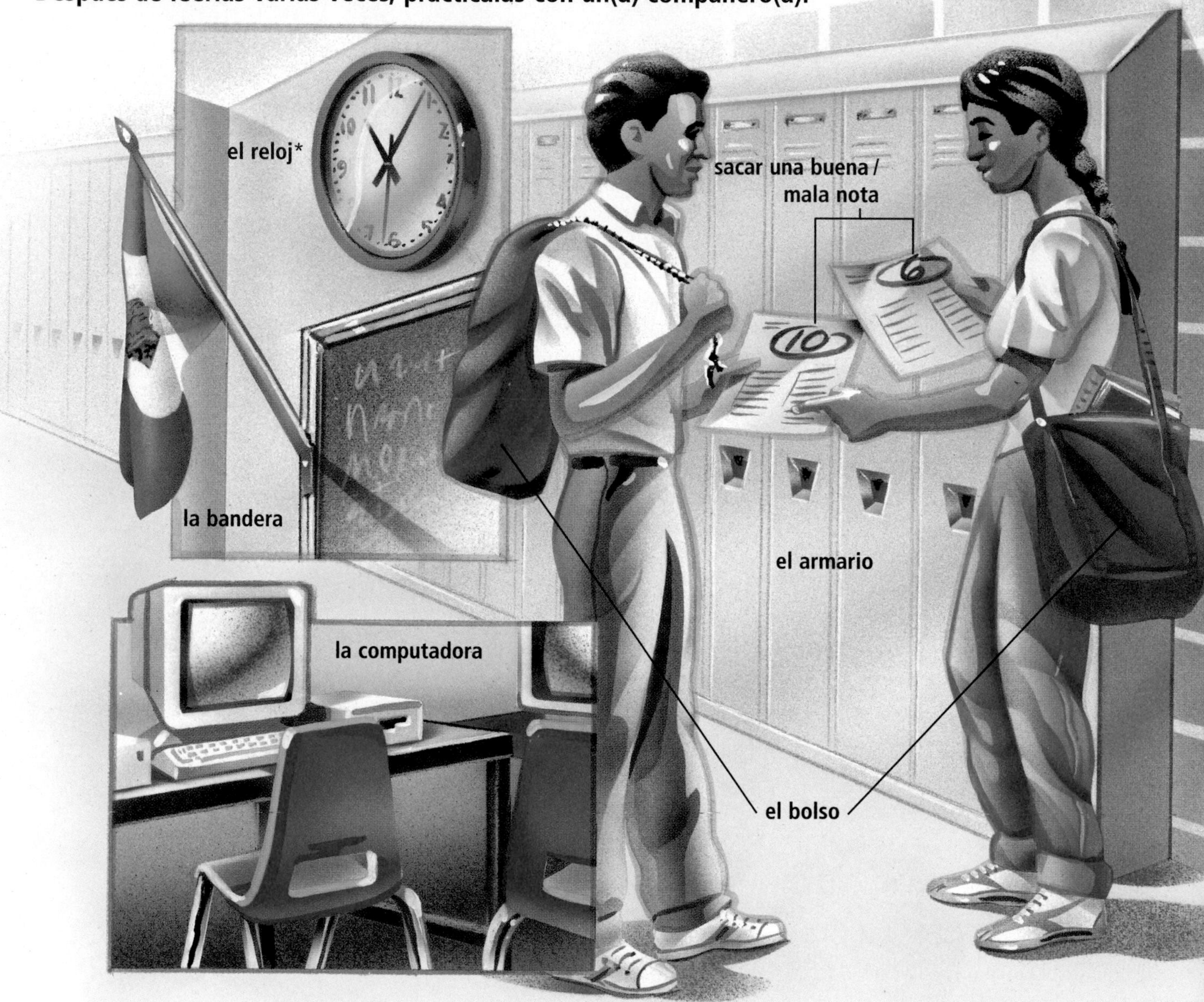

* We also use the word *el reloj* or *el reloj pulsera* for "wristwatch."

¡NO OLVIDES!

Hacer ejercicio means "to exercise." *Hacer unos ejercicios* means "to do exercises," as for a homework assignment.

También necesitas . . .

el idioma[†]	*language*
la materia	*school subject*
el informe	*report*
próximo, -a	*next*
alguno (algún), -a	*some*
repasar	*to review*
por suerte	*luckily*
tan + *adj.* + como	*as* + adj. + *as*

¿Y qué quiere decir . . . ?

escribir	el examen
el capítulo	la lección
la composición	el problema[†]
el ejercicio	la prueba

* Note that *álgebra* is a feminine noun. However, we use the article *el* with feminine nouns beginning with stressed *a* or *ha*.
† Note that *el idioma* and *el problema* are masculine nouns although they end in *a*.

Empecemos a conversar

Túrnate con un(a) compañero(a) para ser *Estudiante A* y *Estudiante B*. Reemplacen las palabras subrayadas en el modelo con las palabras representadas o escritas en los recuadros. Si ven 💡 pueden dar su propia respuesta.

1 

A —*¿Cuál es la tarea de geometría?*
B —*Tenemos que hacer los problemas 20 y 21 de la página 10.*
o: *Por suerte no tenemos tarea.*

Estudiante A

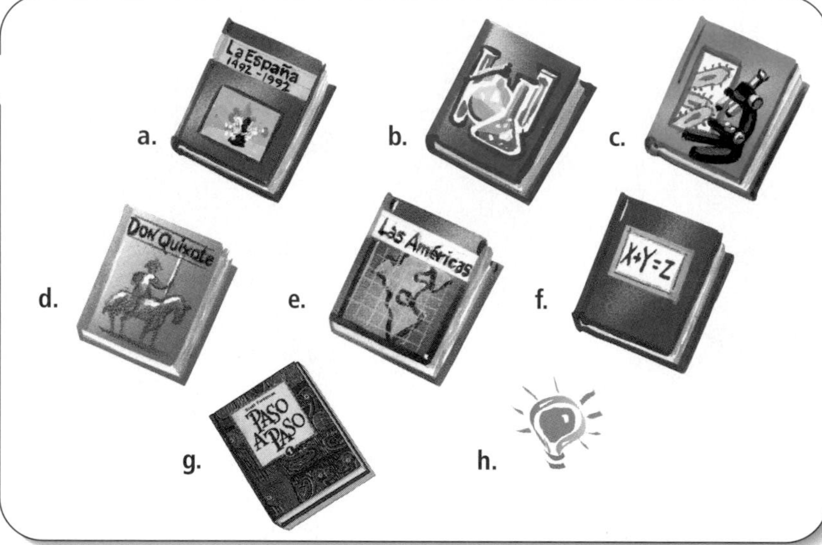

Estudiante B

hacer los problemas 20 y 21 de la página 10
escribir una composición
hacer un informe
repasar la lección
leer un capítulo
estudiar dos páginas
hacer algunos ejercicios

2 interesante

A —*Para ti, ¿qué materia es la más interesante?*
B —*Para mí, la química.*

Estudiante A

a. fácil
b. difícil
c. aburrida
d. divertida
e. importante
f. 

Estudiante B

3 A —*¿Hay* *__bandera__* *en la sala de historia?*
B —*Claro que sí. En (casi) todas las salas hay* *__una bandera__*.
o: *No, en esa sala no hay* *__bandera__*.

¡NO OLVIDES!

Este, esta; estos, estos = this; these
Ese, esa; esos, esas = that; those

Estudiante A **Estudiante B**

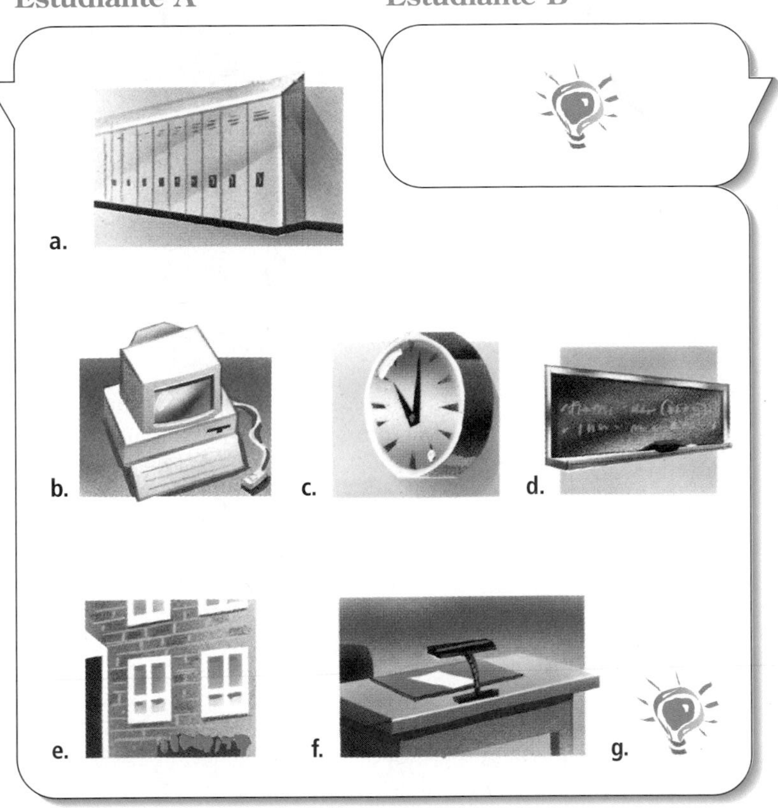

Empecemos a escribir

Escribe tus respuestas en español.

4 ¿Qué materia te gusta más? ¿Y cuál te gusta menos? ¿Por qué?

5 ¿En qué materias sacas buena nota? ¿Y en cuáles sacas mala nota? ¿Por qué?

6 ¿Hay clases de alemán y francés en tu escuela? ¿Crees que es importante aprender otro idioma? ¿Por qué?

7 ¿Usas una mochila o un bolso para llevar tus cosas? ¿Cómo es? ¿Cuántos compartimientos tiene? Generalmente, ¿qué llevas allí?

MORE PRACTICE

Más práctica y tarea, p. 528
Practice Workbook 1–1, 1–2

También se dice

Con frecuencia, en los países donde se habla español, se usan palabras diferentes para decir lo mismo. En esta sección puedes ver algunas de esas palabras.

el computador
el ordenador

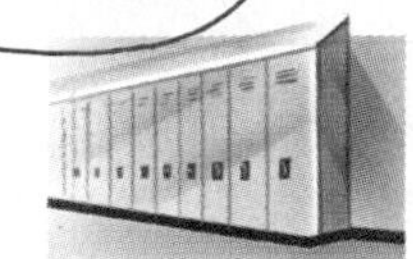

el guardarropa
el guardalibros
el casillero
el ropero

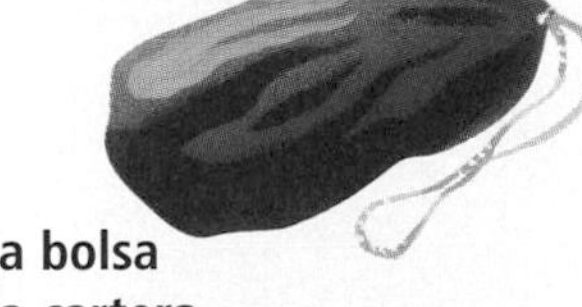

la bolsa
la cartera

For *la materia,* we can also say *la asignatura.*

For *el informe,* we can also say *la presentación* or *el reporte.*

Vocabulario para conversar

¿Conoces a todos los profesores?

Aquí tienes el resto del vocabulario que necesitas en este capítulo para hablar sobre tus clases.

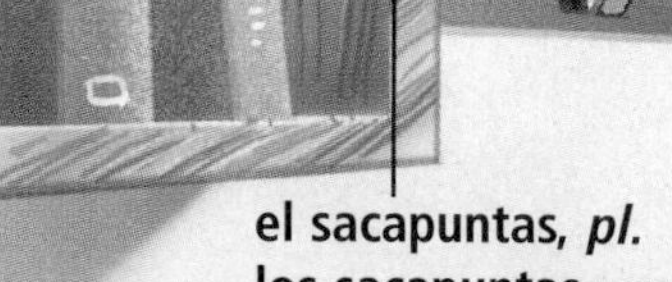

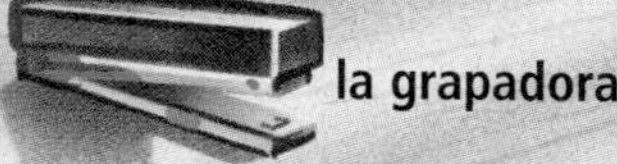

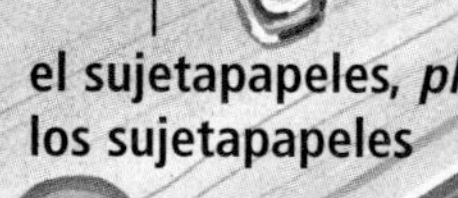

el auditorio

el escenario
el asiento

el proyector
la diapositiva

el mapa
el sacapuntas, *pl.* los sacapuntas
la grapadora
el sujetapapeles, *pl.* los sujetapapeles

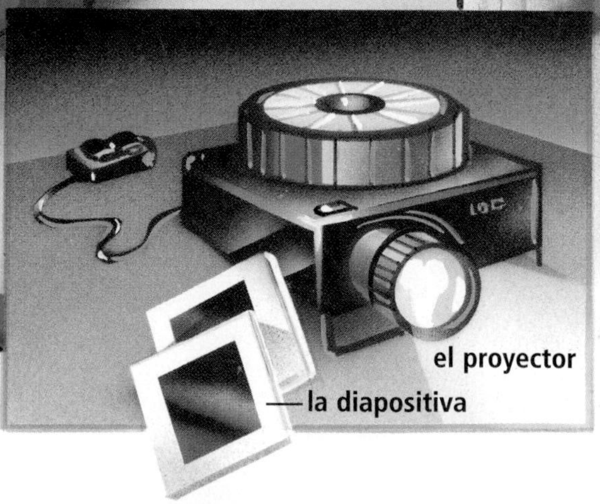

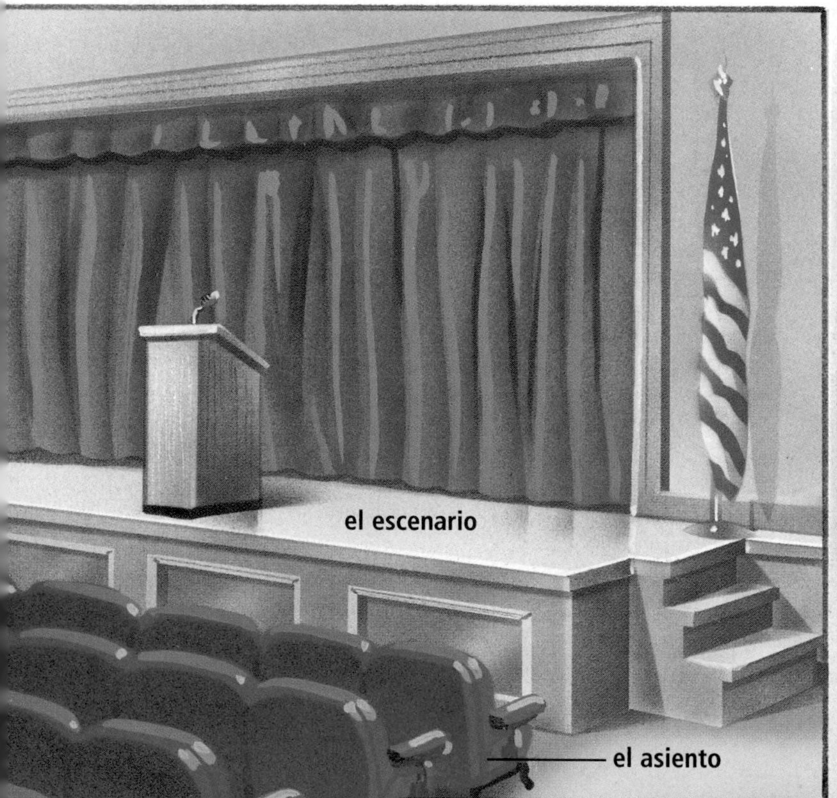

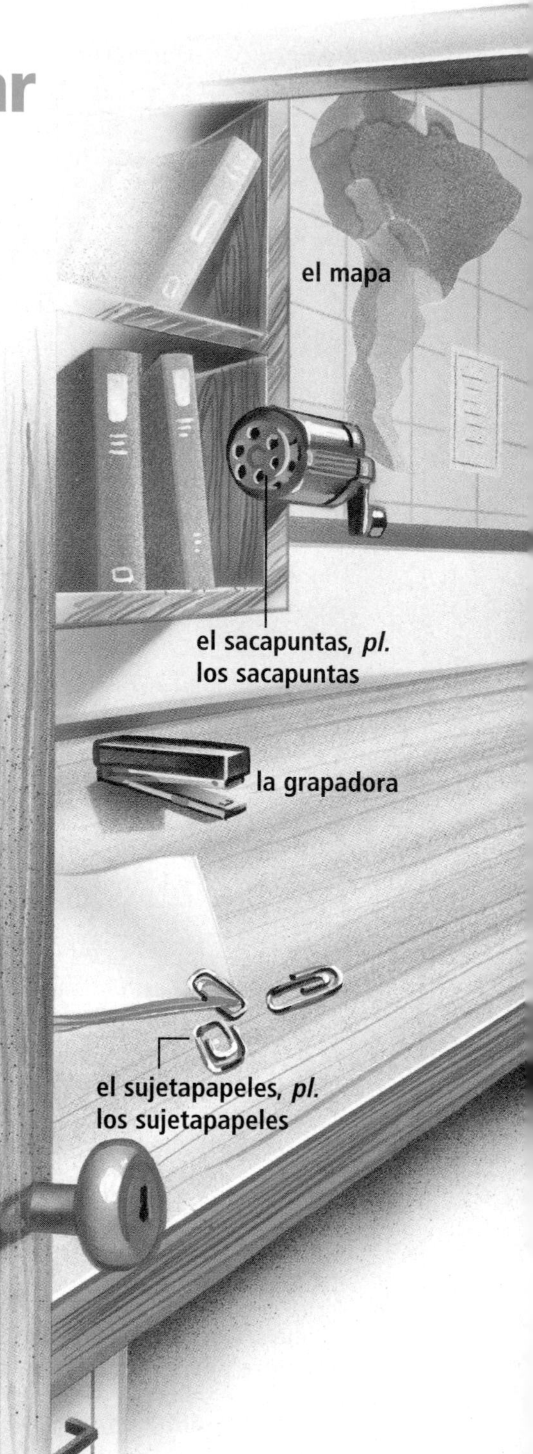

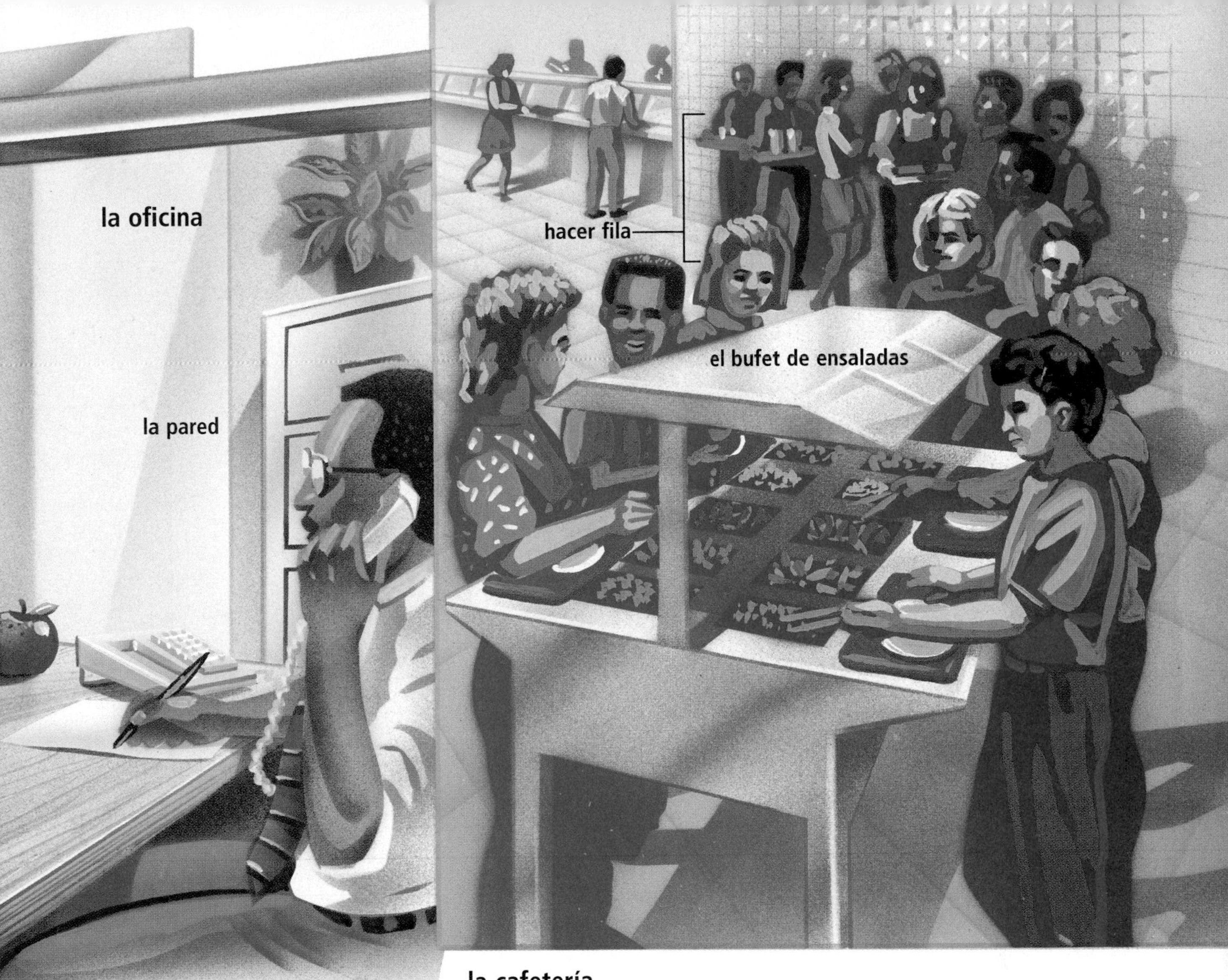

También necesitas . . .

escolar	*school* (adj.)	se prohibe	*it's prohibited*
entregar	here: *to hand in*	la respuesta	*answer*
hacer una pregunta	*to ask a question*	el consejero, la consejera	*counselor*
contestar	*to answer*	el director, la directora	*principal*
explicar	*to explain*		
conocer *(c → zc)*:	*to know, to be acquainted with:*		
(yo) conozco	*I know*		
(tú) conoces	*you know*		
se permite	*it's allowed*		

¿Y qué quiere decir . . . ?

usar	preguntar
la pregunta	el edificio

Empecemos a conversar

8 

A —*¿Qué hay en el auditorio?*
B —*Muchos asientos y un escenario grande.*

Estudiante A

a. 
b. 
c. 
d. 
e. 
f. 

Estudiante B

9 

A —*Necesito un sacapuntas. ¿Dónde hay uno?*
B —*Hay uno en la sala de arte.*
o: *No sé. Lo siento.*

Estudiante A

a. 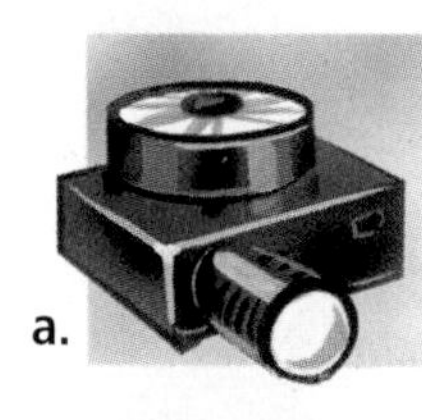
b. 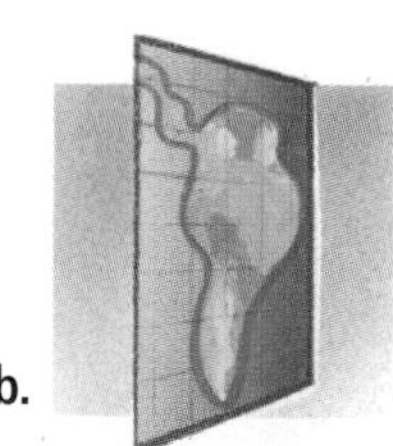
c. 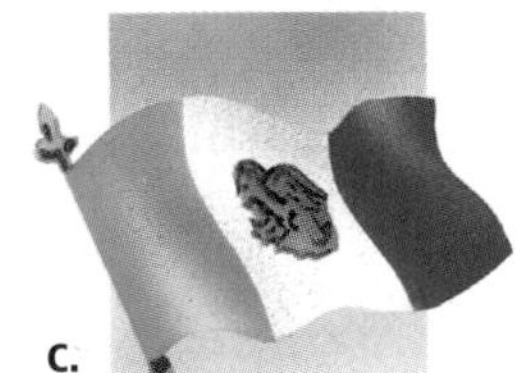
d. 

e. 
f. 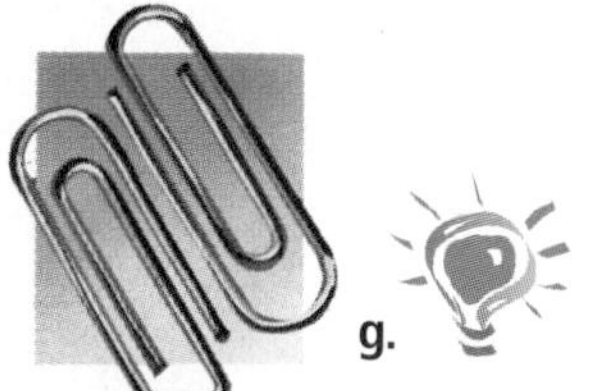
g. 

Estudiante B

en la sala de ___
en la oficina de ___
en el escritorio de ___

10 entregar la tarea tarde

A —*¿Se permite entregar la tarea tarde?*
B —*No. Debemos entregar la tarea a tiempo.*
o: *Sí, se permite.*

Estudiante A

a. usar las computadoras después de las clases
b. llevar pantalones cortos
c. hacer preguntas en un examen
d. escuchar música en clase
e. contestar en inglés en la clase de español
f. 

Estudiante B

Empecemos a escribir y a leer

Escribe tus respuestas en español.

11 ¿Qué se prohibe en la escuela? ¿Y en la clase de español?

12 En tu escuela, ¿tienes que hacer fila en la cafetería? ¿Para qué más debes hacer fila?

13 ¿A qué hora empieza el día escolar? ¿A qué hora termina? ¿Cuántas horas estás en la escuela?

14 ¿Dónde queda la oficina del director (de la directora)? ¿Y la oficina de los consejeros? ¿Cómo se llama el director (la directora)? ¿Conoces a los consejeros? ¿Cómo son?

15 ¿Qué clase es? Lee las frases y escribe la respuesta.

a. Hay diccionarios en dos idiomas sobre el escritorio del profesor y un mapa de América Central en la pared. Las preguntas del profesor y las respuestas de los estudiantes son en otro idioma.
b. Hay una regla en el escritorio de la profesora. La profesora explica un problema. Algunos estudiantes usan sus calculadoras. Estudian círculos y triángulos.
c. Hay mapas de todos los países en las paredes. El profesor tiene diapositivas de océanos y montañas. Los estudiantes van a la biblioteca a menudo. Deben hacer muchos informes.

Vocabulary Practice www.pasoapaso.com

También se dice

el tajador
el sacaminas

formar fila
hacer cola

el salón de actos

la butaca

el comedor

el foro

MORE PRACTICE

Más práctica y tarea, p. 529
Practice Workbook 1–3, 1–4

¡Comuniquemos!

Aquí tienes otra oportunidad para usar el vocabulario de este capítulo.

1 Haz una lista de las tres materias que te gustan más. Compárala con la lista de un(a) compañero(a). Hablen de:

- por qué les gustan más esas tres clases
- quiénes son los profesores y cómo son
- cuánta tarea tienen que hacer

2 Compara tu horario con el de un(a) compañero(a). Hablen de:

- a qué hora empieza y a qué hora termina el día escolar
- qué clases toman juntos *(together)* y cuáles no
- qué les gustaría cambiar *(change)* en sus horarios para tener un horario ideal

Pueden escribir su horario ideal y compararlo con los horarios de otros compañeros.

3 Con un(a) compañero(a) discutan sobre algunas salas de la escuela, por ejemplo: el auditorio, la biblioteca, la cafetería, la oficina de los consejeros. Hablen de:

- cómo es la sala
- qué hay en esa sala
- qué hacen las personas allí

Dos muchachas mexicanas se preparan para un examen de inglés.

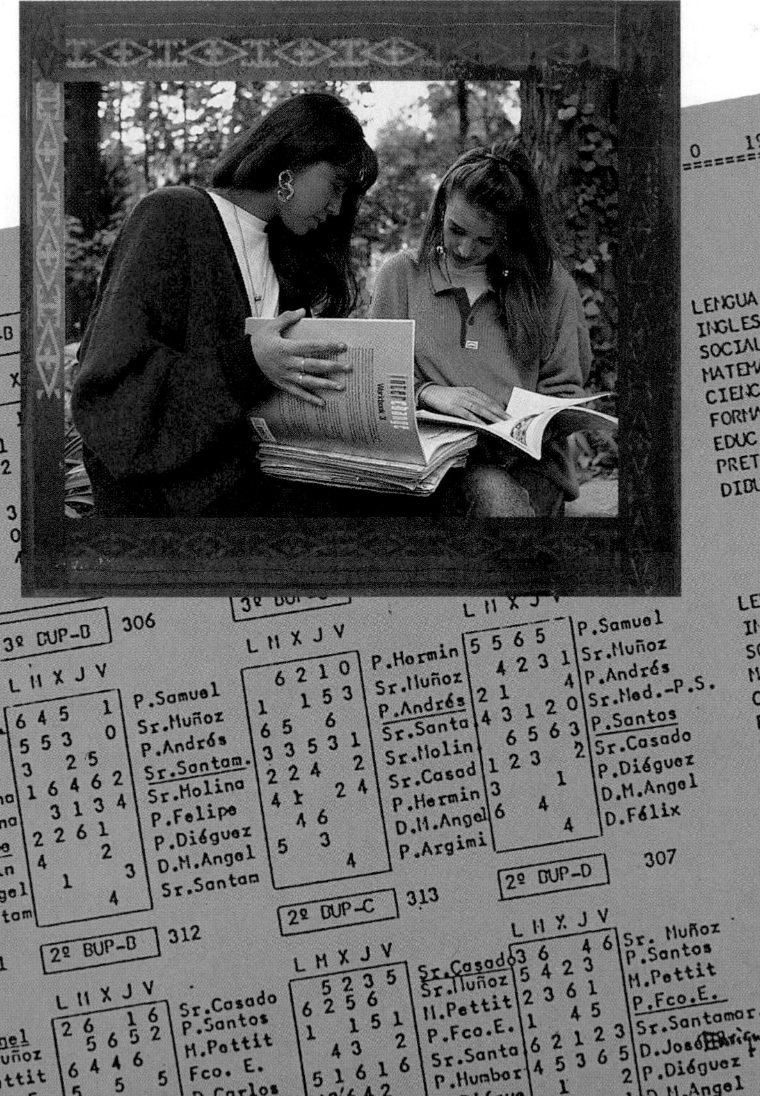

Horario de un estudiante en Madrid

ENGLISH SUMMER S.A.
SCHOOLS

UN VERANO "EXCLUSIVO" PARA SUS HIJOS

COLEGIOS RESIDENCIALES DE INGLES EN VERANO
(ESPAÑA)

- Empresa familiar, dirigida por Mrs. Margaret Wright.
- 14 años de Experiencia.
- 6.000 familias de toda España nos avalan.
- INGLES, deporte, diversión, formación humana y convivencia.
- Centros de propiedad en la provincia de Tarragona.
- Antiguo Hotel-Balneario "La Capella" (a 200 m. Monasterio de Poblet).
- Casa Señorial de Vallclara.
- Estancias de 4 o 3 semanas.
- Edades: De 6 a 13 y de 14 a 18 años.

PARA MAS INFORMACION: Solicite nuestro folleto

Oficinas centrales:
ENGLISH SUMMER, S.A.
Rambla vella 2. Edif. Hotel Imperial Tárraco - 43003 TARRAGONA.

Tfno. 977/ 23.45.08. Fax: 977/ 23.45.19

ACADEMIAS DE LENGUA INGLESA - CURSOS DE IDIOMAS EN EL EXTRANJERO - COLEGIOS DE INGLES EN VERANO

¿Qué sabes ahora?

Can you:

- talk about your classes and homework?
  —Para la clase de ____ tengo que ____.
- express your opinion about your subjects?
  —Para ti, ¿qué materia es la más ____?
  —Para mí, ____.
- talk about rules and regulations in your Spanish class?
  —En mi clase de español se permite ____ y se prohibe ____.

Perspectiva cultural

¿A qué hora llegas a la escuela? Imagina un día escolar en que los estudiantes llegan a las dos de la tarde. ¿Cómo es su día? ¿A qué hora regresan a la casa?

Gilda va a la escuela por la tarde. Sus clases empiezan a las dos de la tarde y terminan a las ocho de la noche. Hay tantos estudiantes en la Ciudad de México que la mayoría de las escuelas tienen que ofrecer dos sesiones. La sesión de la mañana, el turno matutino, es para estudiantes menores de once años. La sesión de la tarde, el turno vespertino, es para estudiantes mayores de once años.

"Me encanta ir a la escuela por la tarde," dice Gilda. "Puedo levantarme tarde."

Gilda toma doce clases y pasa 30 horas por semana en la escuela. Sus clases incluyen español, historia, geografía de México, educación cívica, biología, química, física, inglés, arte y educación física. Las clases de computadoras y de matemáticas son sus clases favoritas. Gilda estudia las mismas materias durante todo el año.

La escuela de Gilda tiene reglas muy estrictas. Por ejemplo, las muchachas pueden llevar pantalones sólo cuando hace frío. Y nunca pueden llevar maquillaje ni tacones altos. Los muchachos no pueden llevar ni gorras ni aretes.

Gilda siempre sale de la escuela con Sonia y Enrique, que son hermanos y viven cerca de su casa. Inmediatamente después de salir de la escuela, Gilda y Sonia se maquillan y Enrique se pone su gorra de béisbol.

La cultura desde tu perspectiva

1 Para ti, ¿quiénes tienen un horario más difícil, los estudiantes mexicanos o tú y tus compañeros? ¿Por qué?

2 ¿Te gustaría tomar clases por la tarde y por la noche? ¿Por qué? ¿Cuáles crees que son las ventajas *(advantages)* y las desventajas de un sistema de dos sesiones al día?

Jóvenes colombianos escuchando cintas en un laboratorio de idiomas en Cali

Jóvenes ecuatorianas en camino a la escuela

Un grupo de muchachas van a la escuela en la Ciudad de México.

Gramática en contexto

Marianela

¿Qué va a hacer Pablo? ¿Va a salir con Marianela o con la empleada nueva? ¡Vea el próximo capítulo de *Marianela* mañana, a la misma hora y en el mismo canal!

A As you know, *salir* means "to leave, to go out." How many forms of *salir* can you find in the scenes of this *telenovela?* Which is the *yo* form? What other verbs do you know that have a similar *yo* form?

B One way to make comparisons is by using *más / menos* + adjective + *que*. We can also make other kinds of comparisons. Find the sentence in Frame 4 in which Pablo compares Marianela to the new employee. What word comes before *bonita?* And after? What do you think Pablo is saying?

El verbo *salir*

Salir follows the pattern of regular *-ir* verbs except in the *yo* form, *salgo*. Here are all its present-tense forms:

(yo)	sal**go**	(nosotros) (nosotras)	sal**imos**
(tú)	sal**es**	(vosotros) (vosotras)	sal**ís**
Ud. (él) (ella)	sal**e**	Uds. (ellos) (ellas)	sal**en**

1 Habla de un sábado típico con un(a) compañero(a). Imagina que todas estas personas viven contigo. ¿A qué hora sale de la casa cada *(each)* persona y qué hace cuando sale?

tu hermano
A —*¿A qué hora sale de la casa tu hermano?*
B —*Sale a las nueve de la mañana para practicar deportes.*

a. tu padre / tu madre
b. tus abuelos
c. tu hermano(a) mayor / menor
d. tú
e. tú y tu hermano(a)

2 Ahora pregunta a tres personas a qué hora salen de su casa por la mañana en un día escolar. ¿Cuánto tiempo necesitan para llegar a la escuela?

La forma comparativa: *tan . . . como*

To compare things that are the same, we use *tan* + adjective + *como*. In English we use "as . . . as."

Elena es **tan** alta **como** su madre, pero no es **tan** deportista **como** ella.

¡NO OLVIDES!
- To make unequal comparisons, we use *más / menos* + adj. + *que*. *El álgebra es* ***más*** *fácil* ***que*** *la química.*
- We do not use *más / menos* with the words *mayor / menor* and *mejor / peor*. *Juan es* ***menor que*** *su hermano Luis.*

3 Con un(a) compañero(a), comparen a los estudiantes de su clase. Usen los dibujos.

A —*(Patricia) es tan trabajadora como (Daniel), ¿no?*
B —*Sí, tienes razón.*
o: *No, no tienes razón. (Patricia) es más / menos trabajadora que (Daniel).*

a.

b.

c.

d.

e.

f.

g.

h.

i.

Repaso: La forma superlativa

Remember that to say something is the "most" or the "least," we use:

el / la / los / las + noun + *más / menos* + adjective

la prueba **más** difícil
el informe **menos** interesante

¡NO OLVIDES!

We also use the irregular forms *mejor* and *peor*, *mayor* and *menor* in the superlative.

Pepe es ***el mejor*** *estudiante* ***de*** *la clase.*
Pepe es ***el menor de*** *la familia.*

- To say something is the "most" or the "least" in a group or category, we use *de* after the adjective. For example:

  Esta prueba es **la más** difícil **de** todas.
  Estos informes son **los menos** interesantes **del** día.

4 Túrnate con un(a) compañero(a) para combinar palabras de las tres listas y expresar tu opinión. Por ejemplo:

Central Park es el parque más grande de la ciudad de Nueva York.

a. el profesor / la profesora	alto, -a	los Estados Unidos
b. el edificio	bonito, -a	la escuela
c. la persona	viejo, -a	(nombre de un país)
d. la escuela	grande	(nombre de una comunidad)
e. el almacén	simpático, -a	(nombre de una ciudad)
f. el actor / la actriz	guapo, -a	
g. 💡	pequeño, -a	
	💡	

Repaso: El complemento directo: los pronombres *lo, la, los, las*

Remember that a direct object tells who or what receives the action of the verb. Here are the direct object pronouns in Spanish:

lo	*him, it, you* (formal)	**los**	*them, you* (m. pl.)
la	*her, it, you* (formal)	**las**	*them, you* (f. pl.)

- Direct object pronouns agree in number and gender with the nouns they replace. They usually come right before the verb.

—¿Tomaste **la prueba** la semana pasada?
—Sí, **la** tomé el viernes.

- When a pronoun replaces both a masculine and a feminine noun, we use *los*.

—¿Tomaste **la prueba** y **el examen**?
—Sí, **los** tomé.

5 Admira algo que tiene uno(a) de tus compañeros(as). Luego pregúntale dónde lo compró. Usa los dibujos.

A —*¡Qué (bonitos) son tus zapatos!*
B —*Gracias.*
A —*¿Dónde los compraste?*
B —*Los compré en el almacén Rogers.*

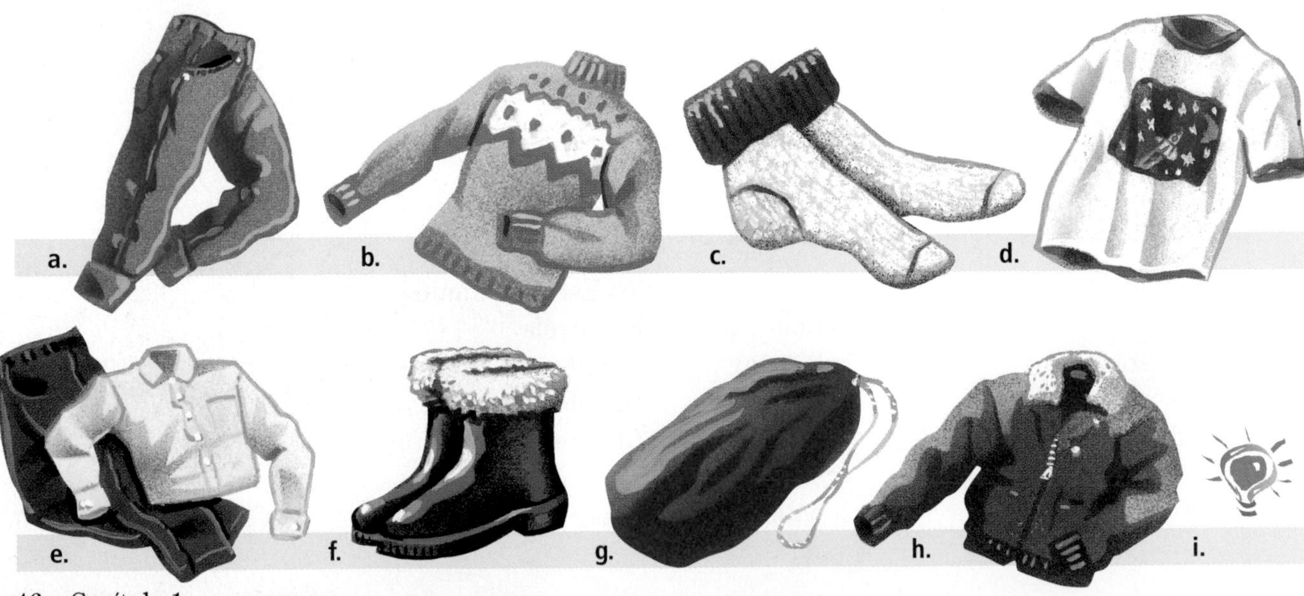

Repaso: Los verbos *tener* y *traer*
El verbo *conocer*

Review the present-tense forms of *tener.*

(yo)	**tengo**	(nosotros) (nosotras)	**tenemos**
(tú)	**tienes**	(vosotros) (vosotras)	**tenéis**
Ud. (él) (ella)	**tiene**	Uds. (ellos) (ellas)	**tienen**

- Remember that we use *tener* in many different expressions:

—¿Cuántos años **tienes**?
—Dieciséis.

—**Tengo** hambre / sed.
—Pues **tienes que** comer / beber algo.

Review the present-tense forms of *traer.*

(yo)	**traigo**	(nosotros) (nosotras)	**traemos**
(tú)	**traes**	(vosotros) (vosotras)	**traéis**
Ud. (él) (ella)	**trae**	Uds. (ellos) (ellas)	**traen**

—¿Qué **traes** en la mochila?
—**Traigo** libros, lápices, bolígrafos y un sacapuntas.

En un restaurante mexicano, Novato, California

Here are the present-tense forms of *conocer* ("to know, to be acquainted with").

(yo)	**conozco**	(nosotros) (nosotras)	**conocemos**
(tú)	**conoces**	(vosotros) (vosotras)	**conocéis**
Ud. (él) (ella)	**conoce**	Uds. (ellos) (ellas)	**conocen**

- Remember that we use *a* before the direct object if it refers to a person or an animal (especially a pet).

  Conozco a María Teresa. *but:* **Conozco** Madrid.

6 Pregúntale a un(a) compañero(a) si conoce algún lugar que quede cerca. Usa los dibujos.

A —*Tengo que comprar un regalo. ¿Adónde puedo ir?*
B —*Yo conozco una tienda (de regalos) por aquí.*

7 La clase planea un picnic. Túrnate con tu compañero(a) para decir qué va a traer cada persona.

(dos nombres)

A —*¿Quién trae el jamón?*
B —*Pedro y Sara lo traen.*

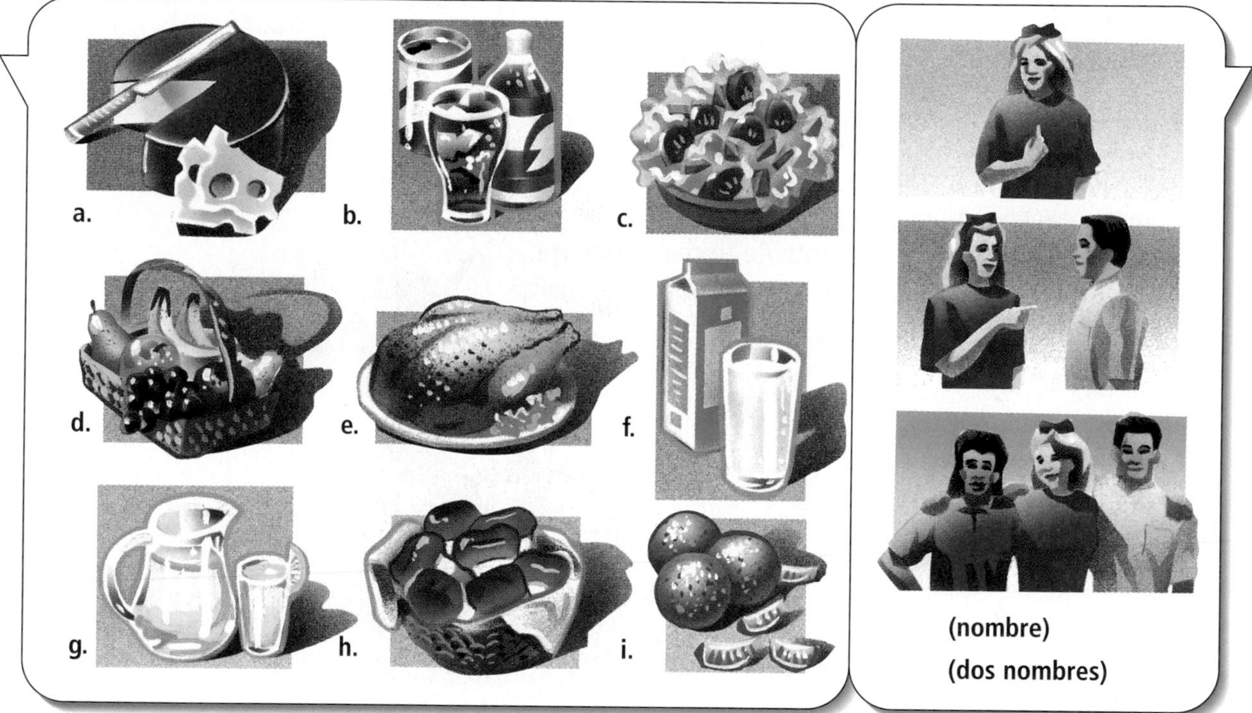

Ahora lo sabes

Can you:

- talk about the time you leave a place?
  —Nosotros ____ de la escuela a las tres de la tarde.
- make equal comparisons of people or things?
  —Margarita está ____ cansada ____ Pablo.
- talk about the most or the least in a certain category?
  —Este libro es ____ interesante ____ la biblioteca.

Actividades

1 ¡Tu mascota—perro, gato, etc.—va a participar en un concurso *(contest)!* Trae una foto de tu mascota para exhibir en clase. Luego, la clase va a votar y a preparar medallas. Por ejemplo:

el / la más feo (a)
el / la más grande
el / la más pequeño (a)
el / la más perezoso (a)
el / la más inteligente
el / la más . . .

La gata más bonita de la clase

En Santiago, Chile, unos jóvenes deportistas celebran una victoria.

2 La clase va a preparar un "Guinness Book of Class Records." El libro debe tener un nombre en español. Puedes usar estas categorías. Piensa también en otras.

¿Quién es el (la) estudiante más / menos atrevido (a)?
¿Quién tiene el pelo más largo / más corto?
¿Quién escribe más rápido en la computadora?
¿Quién dibuja mejor?
¿Quién saca las mejores notas?

Cada estudiante debe traer una foto. Todos deben comparar las fotos y decidir qué información van a escribir debajo de cada una. Pueden exhibir el libro en la sala de clases o en la biblioteca escolar.

Un día escolar

Esta gráfica indica cuántos estudiantes hay en una escuela durante un día escolar. Mírala con un(a) compañero(a). Decidan:

- cuánto tiempo indica cada cuadrado
- las horas del almuerzo
- más o menos cuántos estudiantes almuerzan en la escuela
- qué indican los puntos A, B, C, D y E

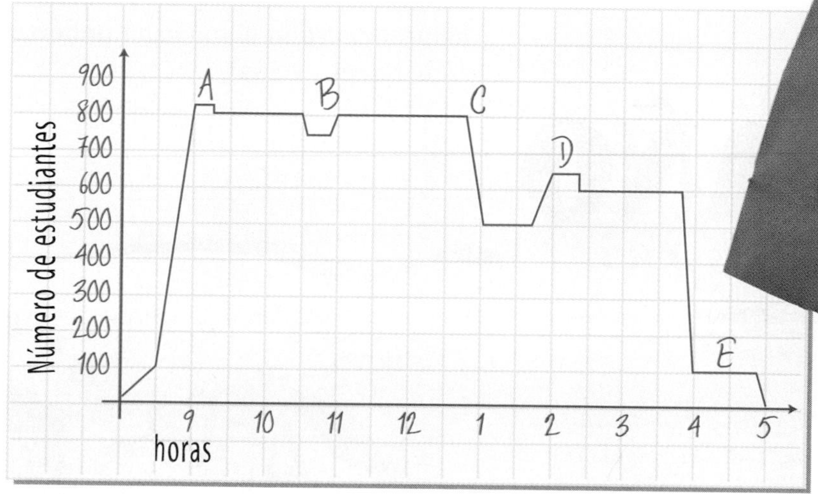

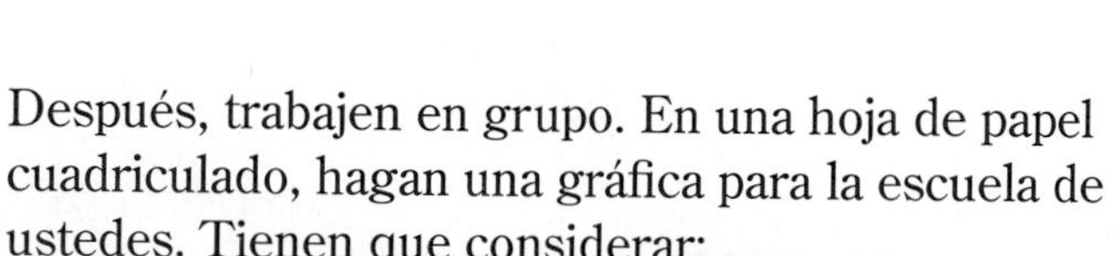

Después, trabajen en grupo. En una hoja de papel cuadriculado, hagan una gráfica para la escuela de ustedes. Tienen que considerar:

- el número total de estudiantes de la escuela
- las horas de clase
- las horas en que los estudiantes entran y salen de la escuela

Marquen los puntos críticos e indíquenlos con letras.

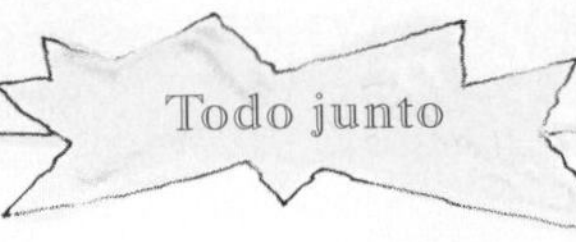

¡Vamos a leer!

Antes de leer

STRATEGY ➤ Using prior knowledge

This is a play about an unusual mosquito. How do you feel about insects? How do you react when you see one?

Mira la lectura

STRATEGY ➤ Using the title and illustrations as context clues

Read the title and look at the illustrations. What do you think the play will be like?

Infórmate

STRATEGY ➤ Using context clues

Now read the play. When you come to something you don't know, use the words you do know and your knowledge of the situation to help you figure it out. For example, toward the end of the play, the word *grita* occurs twice in stage directions. Both times it comes before something Eduardo says. And what Eduardo says begins and ends with exclamation marks, which tells you that he is speaking louder than normal. Read the stage directions to see what word makes sense. Is your answer confirmed when Alfonso asks, "*¿Por qué gritas?*" That is a natural question if you can't understand why someone is excited.

El EXTRAÑO caso del mosquito

EDUARDO ROBLES BOZA (TÍO PATOTA)

Acto I

(Eduardo está en su dormitorio escuchando música. Lleva un libro en la mano mientras da vueltas por el cuarto. Abre, repasa y cierra el libro continuamente. Está nervioso. Es de noche.)

EDUARDO: Mañana tengo examen y no sé nada.

(Eduardo da vueltas otra vez; trata de leer y memorizar. Ve un mosquito. Pone el libro en la cama, recoge un periódico y va a la pared a matar el mosquito. Pero el mosquito empieza a hablar.)

MOSQUITO: ¡No me mates, por favor!

EDUARDO: ¿Tú hablas?

MOSQUITO: Sí, y en dos idiomas. Soy bilingüe.

EDUARDO: ¡Caramba! No lo puedo creer . . . Pues, tengo que matarte. *(Levanta el periódico.)*

MOSQUITO: ¡No! ¡No! Puedo ayudarte.

EDUARDO: ¿Ayudarme? ¿Tú? ¿A qué?

MOSQUITO: A estudiar. Tengo memoria y sé leer también.

(Eduardo coloca el mosquito, con cuidado, en la palma de su mano. Lo lleva y lo pone sobre el libro abierto que está en la cama.)

EDUARDO: Bueno, lee lo que hay en esa página.

MOSQUITO: Aquí dice que Cristóbal Colón fue un navegante español que . . .

EDUARDO: ¡Está bien, está bien! Eres un mosquito muy preparado.

MOSQUITO: ¿No me vas a matar?

EDUARDO: No sé. ¿Cómo vas a ayudarme?

MOSQUITO: Muy fácil. Yo estudio esta noche. Tú duermes y mañana me escondo en tu oreja, . . . y te explico todo. *(Eduardo no contesta.)* Bueno, ¿cuándo empiezo?

EDUARDO: *(Recoge el libro, lo pone sobre el escritorio y lo abre en una página.)* Puedes empezar ahora. Tienes que estudiar desde esta página y hasta terminar el libro . . . y yo me voy a dormir. ¡Hasta mañana, compañero!

Acto II

(Es de día. Eduardo duerme. La luz del escritorio todavía está encendida. Entra un muchacho.)

ALFONSO: ¡Eduardo! ¡Hoy tenemos examen! ¿Estudiaste?

EDUARDO: ¿Cómo dices? ¡Sí, sí, claro que estudié!

(Eduardo se levanta, recoge su ropa y entra en el baño. Alfonso da vueltas por el cuarto.)

ALFONSO: Veo que estudiaste mucho porque la luz todavía está encendida y el libro abierto.

EDUARDO: *(Grita desde el baño.)* ¡Sí, hoy sé todo!

(Alfonso recoge el libro y lo cierra. Eduardo sale del baño y ve lo que está haciendo Alfonso. Se pone las manos en la cara y le grita.)

EDUARDO: ¡Qué horror! ¿Qué haces, Alfonso?

ALFONSO: ¿Por qué gritas? Sólo cerré tu libro.

EDUARDO: *(Corre rápido adonde está Alfonso y toma el libro, busca nerviosamente en las páginas y ve que el mosquito está aplastado.)* Creo que no voy a poder tomar el examen . . . ¡Ya olvidé todo!

Aplicación

Make a list of three to five new words you figured out from the context. Discuss them with a classmate to see if he or she agrees. Then look them up in a dictionary to see if you were right.

If you were Eduardo at the end of the play, what would you do? In a small group, decide on some suggestions for him.

¡Vamos a escribir!

Con un(a) compañero(a), prepara un folleto *(pamphlet)* en español sobre tu escuela. El folleto va a servirles a los estudiantes que sólo hablan español.

1 Primero, contesta estas preguntas con un(a) compañero(a).

- El horario
  ¿A qué hora empieza el día escolar? ¿A qué hora termina? ¿Cuánto dura cada clase?
- Las salas
  ¿Hay cafetería, auditorio, gimnasio, piscina? ¿Cómo son? ¿Dónde quedan?
- Las materias
  ¿Qué materias toman los estudiantes de tu año?
- Las actividades
  ¿Qué deportes pueden practicar? ¿En qué otras actividades pueden participar?
- El personal
  ¿Cómo se llaman el (la) director(a) y los consejeros? ¿Dónde están sus oficinas? ¿Cuáles son sus números de teléfono? ¿Cómo se llama el (la) enfermero(a)? ¿Dónde está la enfermería?
- Las reglas
  ¿Qué se prohibe hacer? ¿Hay ropa que se prohibe llevar? ¿Qué debes hacer si te sientes mal y no puedes ir a la escuela? ¿Y si te sientes mal en la escuela?

Usa tus respuestas para preparar el folleto. Si quieres, puedes hacer un dibujo de la mascota u otra insignia de tu escuela.

¡NO OLVIDES!

Hay cinco pasos.

1. Primero, piensa en el tema *(topic)* y escribe tus ideas.
2. Luego, escribe el primer borrador *(draft)*.
3. Comparte *(share)* tu borrador con un(a) compañero(a) y pídele recomendaciones o ideas. Escribe el segundo borrador.
4. Revisa tu trabajo para corregir los errores de ortografía y puntuación.
5. Ahora, distribuye tu trabajo entre las personas a quienes pueda interesar, y guarda otra copia en tu portafolio.

2 Ahora, tú y tu compañero(a) deben preparar una carta para enviarles con el folleto a las familias que hablan español. En la carta pueden incluir:

- una bienvenida a la escuela
- quién escribió el folleto
- para quién es el folleto
- una invitación a visitar la escuela

La carta debe empezar con la fecha y un saludo formal. Al final, escriban una despedida (Cordialmente o Atentamente).

_______ de septiembre de 200__

Estimada familia,

¡Bienvenidos a la escuela _______ !
xxxxxxxxxxxxxxxxxxxxxxxxxx
xxxxxxxxxxxxxxxxxxxxxxxxxx
xxxxxxxxxxxxxxxxxxxxxxxxxx
xxxxxxxxxxxxxxxxxxxxxxxxxx

Atentamente,

____
(firma)

Estudiantes en Ambato, Ecuador, se preparan para los Juegos Nacionales.

PASO CULTURAL Cada cuatro años, deportistas en todo Ecuador participan en los Juegos Nacionales, que son administrados por los gobiernos provinciales y el gobierno nacional. Los estudiantes de secundaria, como éstos, participan cada año en campeonatos provinciales y nacionales en varios juegos, entre ellos básquetbol, fútbol, ajedrez y tae kwon do. ¿Qué sabes de estos juegos? ¿En qué continentes tuvieron su origen?

Ahora pueden:

- darles folletos a los estudiantes nuevos de la escuela que hablan español
- enviarles folletos a los estudiantes de la escuela media *(middle)* que hablan español
- exhibir los folletos en la sala de clases
- incluirlos en su portafolio

Repaso ¿Lo sabes bien?

Esta sección te ayudará a prepararte para el examen de habilidades, donde tendrás que hacer tareas semejantes. Recuerda, sin embargo, que en el examen no habrá *(there won't be)* modelos.

Listening

Can you understand when people talk about their classes and assignments? Listen as your teacher reads a sample similar to what you will hear on the test. According to this student, which subject is the easiest? In which subject does the student expect a weekly test?

Reading

Can you understand a written description in which a student compares one school with others? Which picture does not agree with this student's note to a friend?

Me gusta mucho mi escuela. No es tan grande como otras, pero es muy moderna. Tenemos computadoras en todas las salas de clase. Tomamos las mismas materias que en otras escuelas. Pero también podemos estudiar varios idiomas y ciencias avanzadas. ¡Y el equipo de fútbol está en el primer lugar de la liga!

Writing

Can you write a letter in which you describe your school to someone else? Here is a sample.

Querida Toña,

Hay muchas cosas que me gustan de esta escuela nueva. Primero, no está tan lejos de mi casa y salgo casi media hora más tarde por la mañana. Hay armarios también, y no tengo que llevar todo en mi bolso. ¡Y se permite salir a comer al mediodía! Ya conozco a muchos de los profesores. Creo que son mejores que los del año pasado, pero ninguno de ellos es tan divertido como el Sr. Gómez.

Tu amiga,

María

Culture

Can you explain how the school day of a Mexican student might differ from yours?

Speaking

Can you talk about your school and your classes? With a partner, create a dialogue between an old student and a new one. What are some questions a new student might ask about your school? Here is a sample dialogue:

A —*¿Cómo es la clase de matemáticas?*
B —*No es mi clase favorita, pero la profesora explica bien y se permite hacerle preguntas.*
A —*Y los exámenes, ¿son muy difíciles?*
B —*No mucho. Por suerte, a la profesora le encanta repasar.*
A —*¿Y hay mucha tarea?*
B —*Ah, eso sí. Todos los días tenemos que hacer tres páginas de ejercicios.*

Self Test www.pasoapaso.com

Resumen del vocabulario

Usa el vocabulario de este capítulo para:

- **talk about your classes and homework**
- **describe your school and your school day**
- **compare the subjects you like the most and the least**

to name school subjects
el alemán
el álgebra (*f.*)
la biología
el francés
la geografía
la geometría
la historia
el idioma
la literatura
la materia
la química

to name people who work at a school
el consejero, la consejera
el director, la directora

to name places in a school
el auditorio
el bufet de ensaladas
la cafetería
el escenario
el laboratorio
la oficina

to describe school equipment
el armario
el asiento
la bandera
el bolso
la computadora

la diapositiva
la grapadora
el mapa
la pared
el proyector
el reloj
el sacapuntas,
  pl. los sacapuntas
el sujetapapeles,
  pl. los sujetapapeles
el edificio

to talk about activities associated with school
conocer *(c → zc):*
  (yo) conozco
  (tú) conoces
contestar
escribir
explicar
hacer fila
hacer una pregunta
preguntar
repasar
sacar una buena / mala nota
la pregunta
la respuesta
se permite
se prohibe
usar
escolar

to talk about homework
entregar
el capítulo
la composición
el ejercicio
el examen
el informe
la lección
la página
el problema
la prueba

to make comparisons
tan + *adj.* + como

other useful words and expressions
alguno (algún), -a
por suerte
próximo, -a

CAPÍTULO 2

¿Qué haces todos los días?

Objectives

At the end of this chapter, you will be able to:

- describe your day before and after school
- talk about which extracurricular activities you prefer
- compare your extracurricular activities with those of another student
- compare students' extracurricular activities in Guatemala and the United States

PASO CULTURAL El arte es parte de la vida de todos los días en los países hispanos. Pero durante las celebraciones, la contribución artística es muy especial. Estos muchachos guatemaltecos necesitan terminar esta alfombra de serrín *(sawdust)* en la calle para la celebración de Viernes Santo. La alfombra es sólo para una procesión con la imagen de Jesucristo—nadie más puede caminar sobre ella. ¿Qué proyectos hace tu comunidad para las celebraciones? ¿Son similares a este proyecto en Guatemala?

Haciendo preparaciones para una celebración en Antigua, Guatemala

¡Piensa en la CULTURA!

Actividades fuera de la escuela en México, California y España

Mira las fotos. Los estudiantes que vemos aquí están hablando de lo que hacen antes y después de las clases. ¿Qué haces tú?

Torreón, México

"Cada semana mi tutora, Anita, me ayuda. Ella es muy simpática."

¿Te gustaría ser tutor(a)? ¿En qué materias?

Fullerton, California

"Siempre tengo que hacer mi cama antes de salir para la escuela."

¿Hay quehaceres de la casa que tú tienes que hacer por la mañana? ¿Cuáles?

Picasso pintó muchos cuadros en el estilo del cubismo, que ves aquí y que él ayudó a inventar. El cubismo manipula el espacio y las formas para demoler las ideas tradicionales realistas de cómo representar los objetos. En este cuadro, Picasso usa formas geométricas para representar a los músicos y sus instrumentos. ¿Qué otros estilos de arte presentan los objetos de una perspectiva no realista?

Tres músicos (Three Musicians) (1921), Pablo Picasso

"¡Nos encanta tocar en la banda!"

A estos jóvenes en San Sebastián, España, les gusta mucho esta actividad extracurricular. ¿Hay banda en tu escuela? ¿Tocas tú algún instrumento musical?

San Sebastián, España

Cultural Exploration www.pasoapaso.com Visit these countries on-line

Vocabulario para conversar

¿Te despiertas temprano?

Vas a necesitar estas palabras y expresiones para hablar sobre lo que haces antes y después de la escuela. Después de leerlas varias veces, practícalas con un(a) compañero(a).

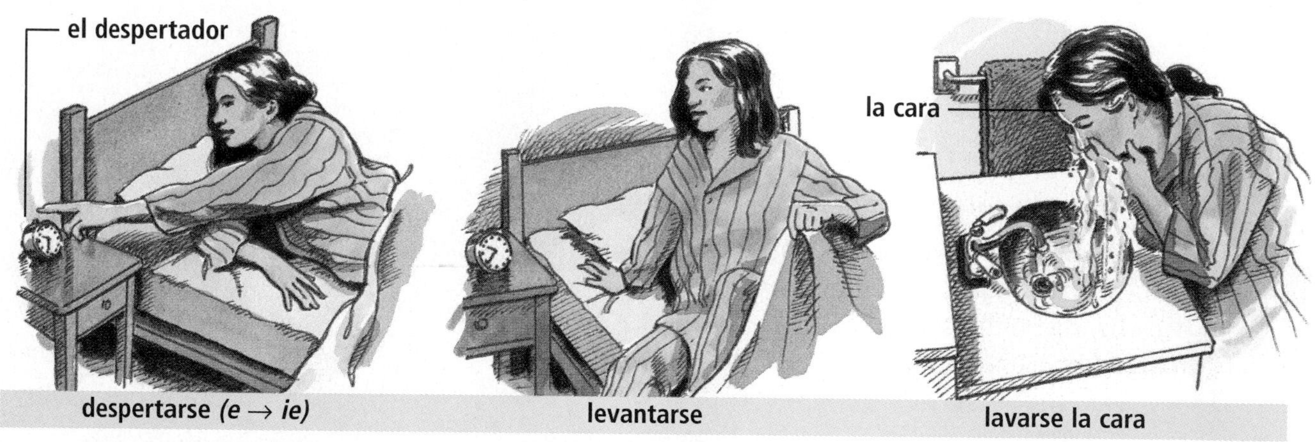

despertarse *(e → ie)* — levantarse — lavarse la cara

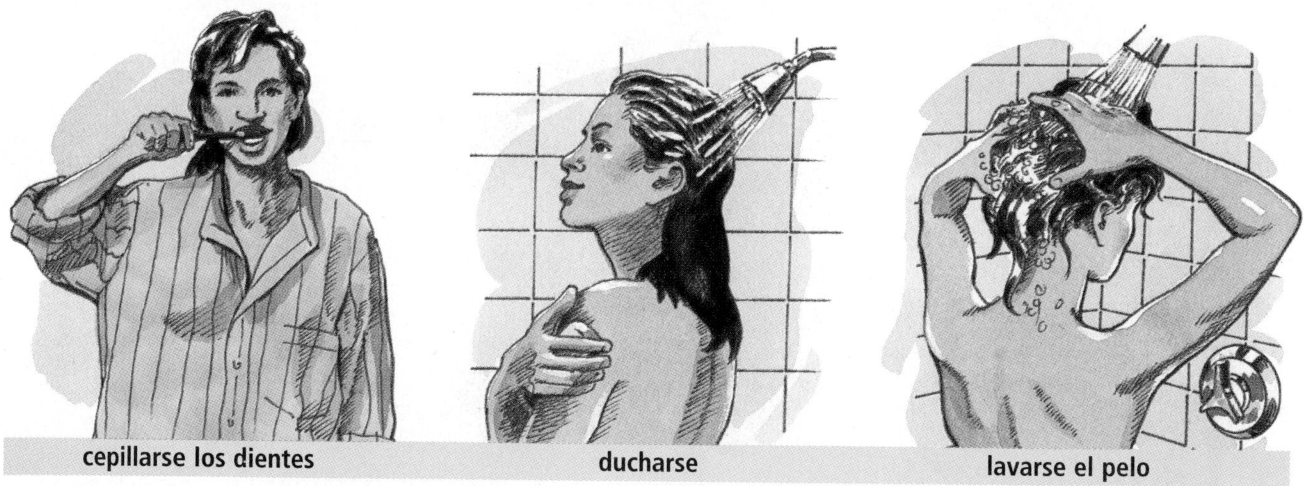

cepillarse los dientes — ducharse — lavarse el pelo

También necesitas . . .

hay que + *inf.*	*It's necessary to ___.*	antes de + *inf.*	*before* + verb + *-ing*
(yo) me despierto	*I wake up*	después de + *inf.*	*after* + verb + *-ing*
(tú) te despiertas	*you wake up*	de buen / mal humor	*in a good / bad mood*
(yo) me levanto	*I get up*	mismo, -a	*same*
(tú) te levantas	*you get up*	soler *(o → ue)* + *inf.*	*to be in the habit of*
uno	here: *one, a person*		
sin	*without*		
según	*according to*		
por lo menos	*at least*		

¿Y qué quiere decir . . . ?

depender	es necesario
desayunar	fácilmente

Empecemos a conversar

Túrnate con un(a) compañero(a) para ser *Estudiante A* y *Estudiante B*. Reemplacen las palabras subrayadas en el modelo con palabras representadas o escritas en los recuadros. Si ven 💡 pueden dar su propia respuesta.

1 **los fines de semana**

A —*¿A qué hora te levantas los fines de semana?*
B — *Depende. Algunas veces me levanto a las 8:00, otras a las 9:00.*

Estudiante A

a. los días de semana
b. en el verano
c. en las vacaciones
d. el sábado
e. el domingo

Estudiante B

2 **temprano**

A —*¿Te despiertas temprano?*
B —*Sí, me despierto temprano.*
o: *No, no me despierto temprano.*
o: *No, me despierto tarde.*

Estudiante A

a. de buen humor
b. fácilmente
c. sin despertador
d. siempre a la misma hora
e. 

Estudiante B

3 

A —*¿Cuánto tiempo necesita uno para vestirse?*
B —*Pues, por lo menos veinte minutos.*

Estudiante A

Estudiante B

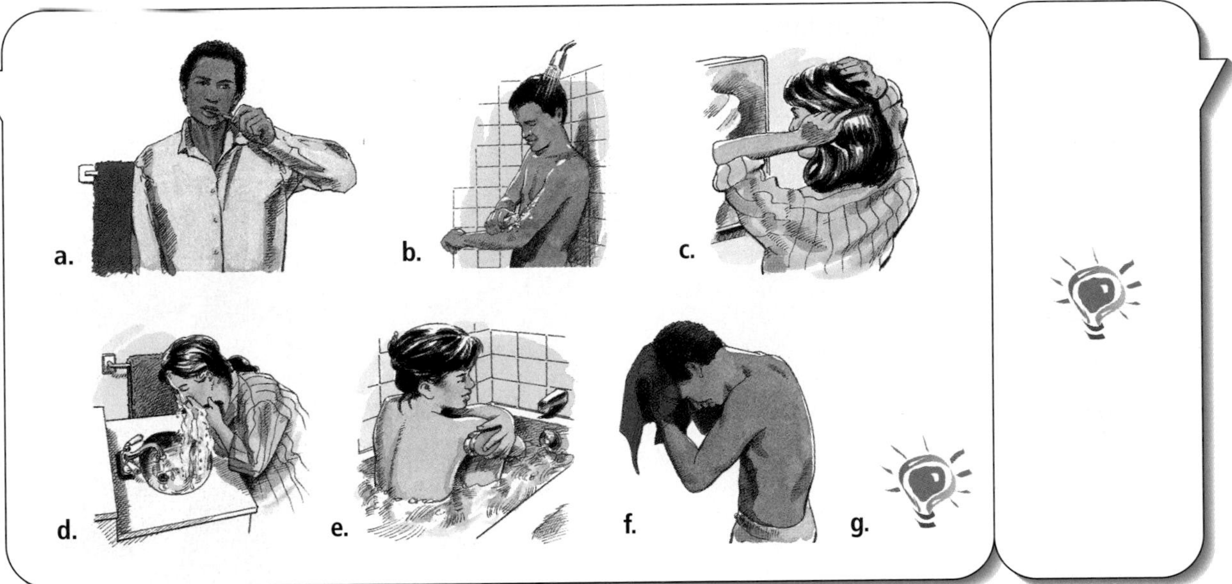

Empecemos a escribir

Escribe tus respuestas en español.

4 ¿Te despiertas de buen humor? ¿Es fácil o difícil despertarse temprano? ¿Crees que es importante levantarse temprano? ¿Y acostarse temprano? ¿Por qué?

5 ¿Cuántas personas de tu clase suelen bañarse por la mañana? ¿Y antes de acostarse?

6 ¿Es necesario cepillarse los dientes por lo menos tres veces al día? Según los dentistas, ¿cuándo hay que cepillarse los dientes? ¿Y hay que lavarse las manos antes de comer? ¿Por qué?

7 ¿Desayunas siempre a la misma hora? ¿Sueles desayunar antes de salir de casa? ¿Con quién? Si no, ¿cuándo y dónde desayunas?

MORE PRACTICE

Más práctica y tarea, p. 531
Practice Workbook 2–1, 2–2

También se dice

lavarse los dientes

tomar un baño / una ducha
darse un baño / una ducha

Vocabulario para conversar

¿Qué haces después de las clases?

Aquí tienes el resto del vocabulario que necesitas en este capítulo para hablar sobre lo que haces antes y después de las clases.

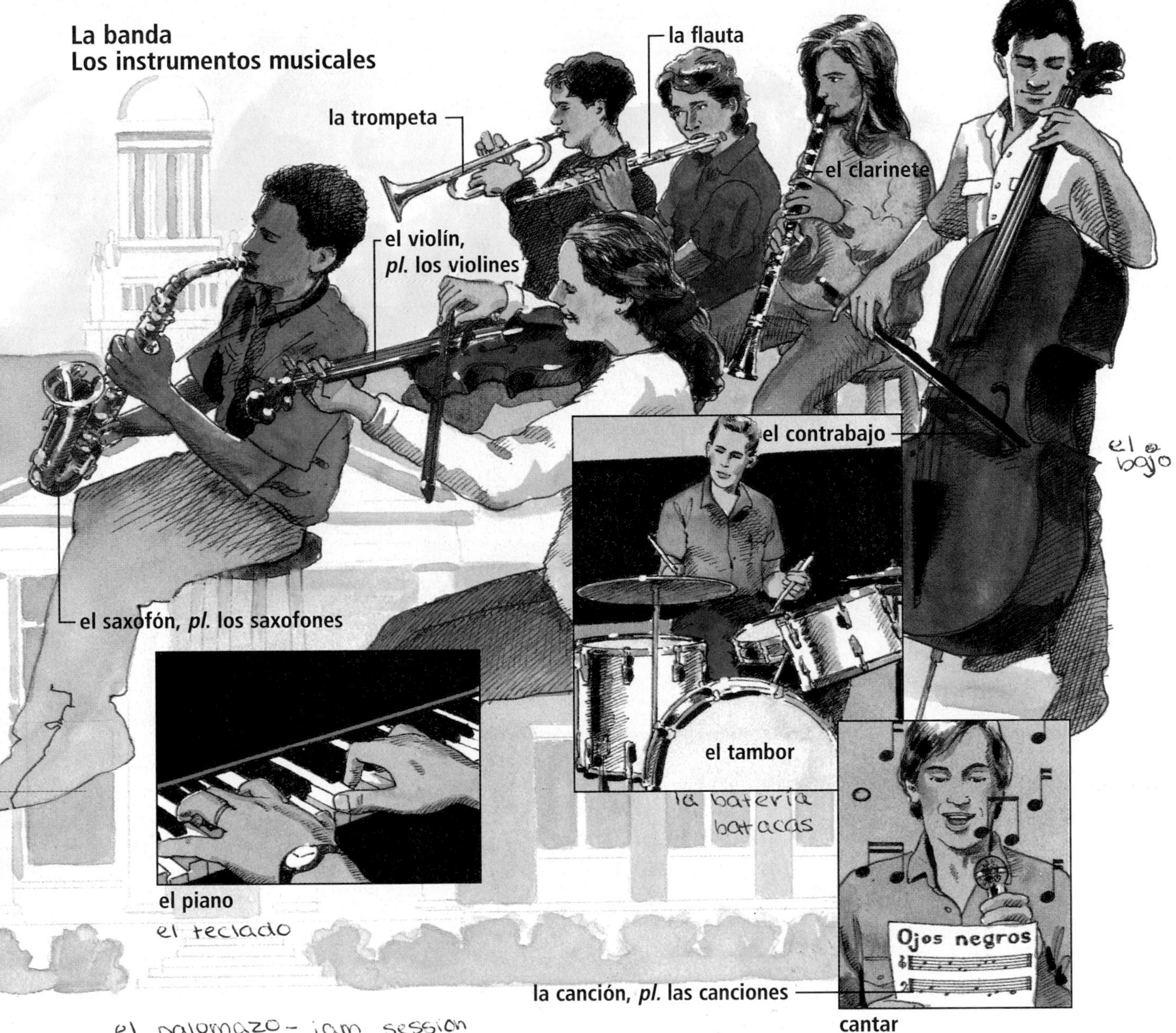

También necesitas . . .

ganar	here: *to earn (money)*
cuidar niños	*to baby-sit*
repartir	here: *to deliver*
el equipo	*team*
el miembro	*member*

¿Y qué quiere decir . . . ?

el club, *pl.* los clubes
el consejo estudiantil
la orquesta
el tutor, la tutora
literario, -a
participar (en)
ser miembro de
trabajar como voluntario(a)

Empecemos a conversar

8 después de las clases

A —*¿Qué haces <u>después de las clases</u>?*
B —*<u>Practico artes marciales todos los miércoles</u>.*

Estudiante A

a. de pasatiempo
b. como voluntario(a)
c. después de las clases

Estudiante B

practicar

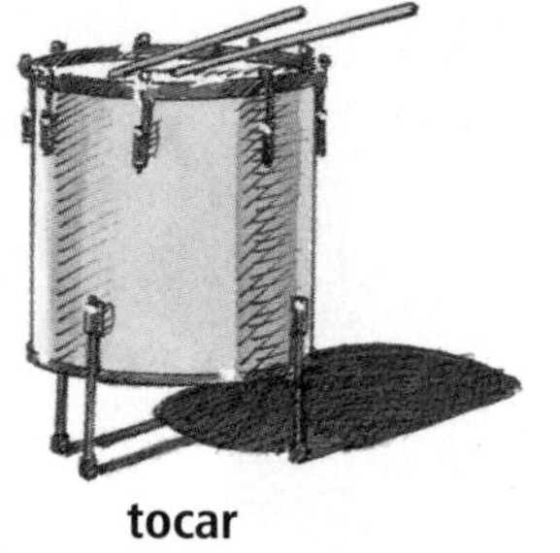
tocar

participar en

trabajar en

cantar en

9 
actividades extracurriculares

A —*¿Qué <u>actividades extracurriculares</u> son <u>las</u> más populares de la escuela?*
B —*Creo que <u>son la revista literaria y la banda</u>.*

Estudiante A

a. clases
b. deportes
c. profesores
d. pasatiempos
e. clubes
f. 

Estudiante B

10 cuidar niños — A —¿Cuidas niños para ganar dinero?
B —No. Trabajo en un supermercado.
o: No. No hago nada para ganar dinero.

Estudiante A **Estudiante B**

a. ayudar en casa
b. trabajar en ____
c. repartir periódicos
d. trabajar de tutor(a)
e. tocar un instrumento
f. cortar céspedes

También se dice

la memoria

PASO CULTURAL La calidad de las figuras de porcelana de Lladró es el resultado de un proceso especial inventado en los años 1950 por tres hermanos, Juan, José y Vicente Lladró, en Almacera, un pueblo pequeño en el noreste de España. ¿Qué otros objetos de artesanía española conoces? ¿Te gustaría coleccionarlos o no? ¿Por qué?

Empecemos a escribir y a leer

Escribe tus respuestas en español.

11 ¿Qué actividades extracurriculares te gustan más? ¿En cuál(es) no participas? ¿Por qué? ¿Haces algo para ganar dinero? ¿Qué?

12 En tu comunidad, ¿dónde puede uno trabajar como voluntario?

13 ¿Hay banda u orquesta en tu escuela? ¿Tocas algún instrumento musical o te gustaría tocar alguno? ¿Cuál? ¿Te gusta cantar? ¿Qué canciones sabes cantar o tocar?

14 ¿Qué día de la semana estás más ocupado(a)? ¿Por qué? ¿Estás de buen o de mal humor cuando estás ocupado(a)? ¿Por qué?

15 Lee las frases siguientes con un(a) compañero(a). ¿Con cuáles están de acuerdo? ¿Con cuáles no?

- A los estudiantes de hoy no les gusta trabajar.
- Las actividades extracurriculares ayudan a formar líderes *(leaders)*.
- El consejo estudiantil es la actividad más importante de la escuela.
- Los estudiantes de hoy deben jugar menos y estudiar más.
- Una persona ocupada es una persona contenta.
- Los deportes son buenos para la salud.

Si no están de acuerdo con estas frases, cámbienlas *(change them)* y escriban otras.

MORE PRACTICE

Más práctica y tarea, p. 532
Practice Workbook 2-3, 2-4

¡Comuniquemos!

Aquí tienes otra oportunidad para usar el vocabulario de este capítulo.

1 El día escolar empieza a las 8 de la mañana y Luz suele llegar tarde todos los días. Con un(a) compañero(a), digan qué puede hacer Luz para llegar a tiempo a la escuela. Usen las palabras y expresiones de las dos columnas para formar frases.

acostarse	por la noche
despertarse	a las (6:45)
levantarse	en (5) minutos
ducharse	antes de . . .
lavarse el pelo	temprano
secarse el pelo	en seguida
cepillarse los dientes	después de . . .
peinarse	a la misma hora
vestirse	puntualmente
desayunar	
salir de su casa	
llegar a la escuela	

Luz puede despertarse a las seis y cuarenta y cinco y levantarse en seguida.
Puede ducharse por la noche . . .
Puede . . .

2 Con un(a) compañero(a), hablen de sus tareas escolares y de sus actividades extracurriculares.

A —*¿Cuándo haces tus tareas?*
B —*Creo que es mejor . . .*
A —*¿Por qué?*
B —*Porque . . .*
A —*Y después de las clases, ¿qué haces?*

3 Recoméndales a las siguientes personas alguna actividad extracurricular según sus características. Puedes usar las ideas del dibujo u otras.

serio(a) / escribir

A —*Soy serio y me gusta escribir. ¿Qué actividad crees que me gustaría?*

B —*La revista literaria.*

a. ordenado(a) / dibujar

b. deportista / hacer ejercicio

c. atrevido(a) / sacar fotos

d. paciente / tocar la flauta

e. trabajador(a) / leer

f. 

¿Qué sabes ahora?

Can you:

- describe typical morning routines?

  —Antes de ir a la escuela, es necesario ___, ___ y ___.

- talk about which extracurricular activities you prefer?

  —A mí me gusta(n) ___ y ___.

- tell what you do after school?

  —Después de las clases, hago la tarea, ___ y ___.

Perspectiva cultural

¿Hay muchos estudiantes que quieren estar en el consejo estudiantil de tu escuela? ¿Por qué? ¿Cómo puede un consejo estudiantil mejorar una escuela?

"Vamos a mejorar la escuela," dice Maya. "Por ejemplo," dice Javier, "el próximo año queremos tener un club de inglés." Éstas son las palabras de dos candidatos al consejo estudiantil del Colegio Interamericano, una escuela privada en la Ciudad de Guatemala. Es una escuela bilingüe donde todos los estudiantes toman unas clases en inglés y otras en español. Por eso, la idea de un club de inglés es muy popular.

Hay dos grupos rivales que esperan ganar el consejo estudiantil. El grupo de Maya y Javier es el más organizado. Su equipo tiene cuatro estudiantes: Maya es candidata a presidenta, Javier a vicepresidente, Luis Enrique a secretario y Margarita a tesorera.

En una biblioteca escolar, tres jóvenes mexicanos hablan de lo que debe hacer el consejo estudiantil.

En el Colegio Interamericano hay muchas actividades extracurriculares. La mayoría de los estudiantes participan en algún deporte. Muchos trabajan en el periódico escolar o en la nueva revista literaria. También hay un club de teatro. A veces los grupos hacen fiestas o venden dulces, pasteles o frutas para ganar dinero para algún proyecto.

"El próximo año voy a estar muy ocupada," dice Maya, "y no voy a poder participar en el club de teatro. Para mí el club es muy importante, pero ser presidenta del consejo estudiantil es todavía más importante."

La cultura desde tu perspectiva

1. ¿Qué actividades extracurriculares tiene tu escuela? ¿Hay actividades en el colegio de Maya que no hay en tu escuela? ¿Y viceversa? ¿Cuáles?
2. ¿Hay un programa bilingüe en tu escuela? ¿Quiénes participan en ese programa? ¿Cómo es el programa bilingüe en el Colegio Interamericano? ¿Qué piensas de él?

Después de las clases, un joven gana dinero trabajando en una librería en Mérida, México.

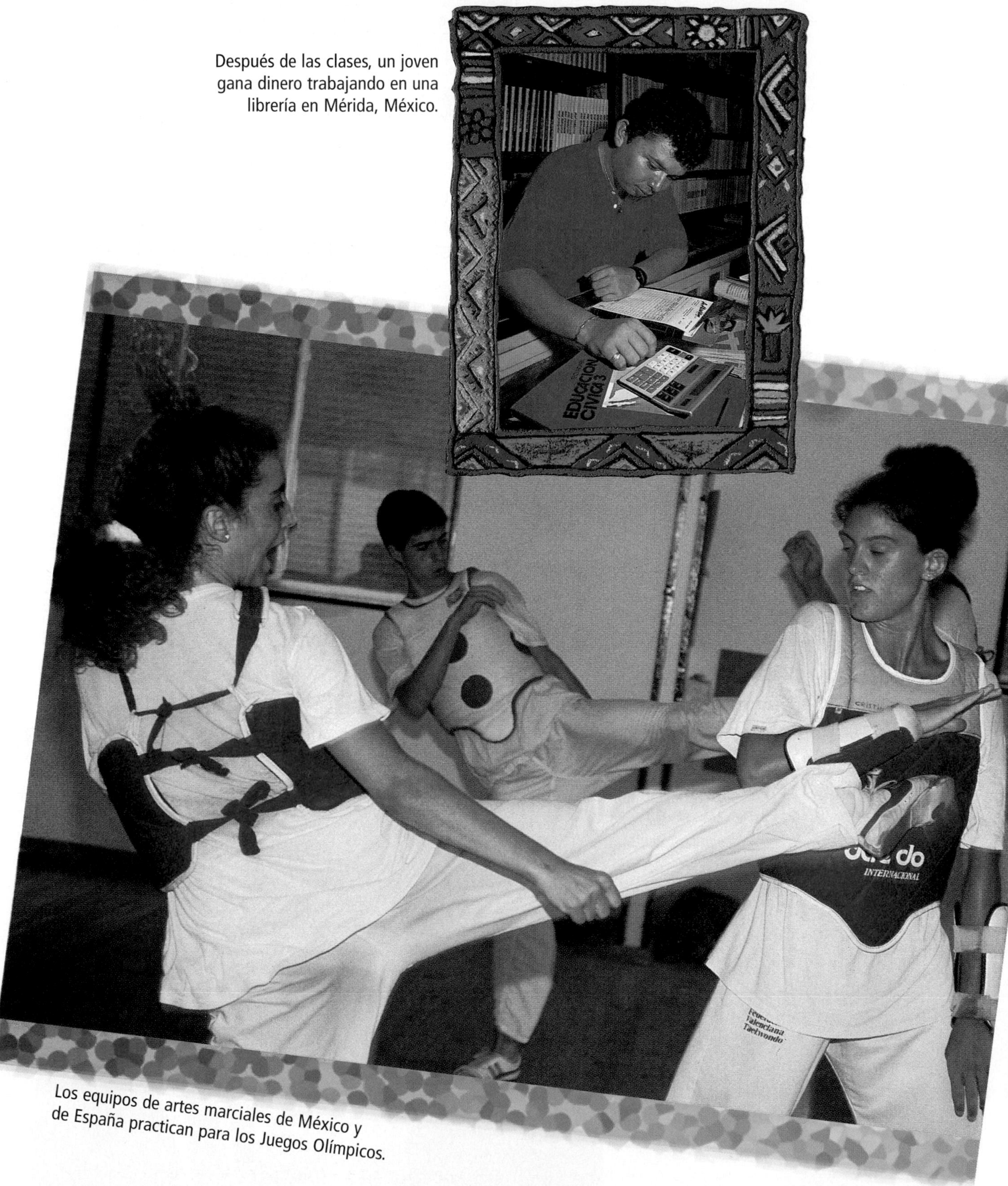

Los equipos de artes marciales de México y de España practican para los Juegos Olímpicos.

Gramática en contexto

Entrevista con un astronauta

REPORTERO Hoy está con nosotros un astronauta, el señor Montero. Señor Montero, ¿es muy difícil trabajar en el espacio?

ASTRONAUTA No tanto. Uno se acostumbra rápido.

REPORTERO ¿Duermen en camas?
ASTRONAUTA Bueno, dormimos en sacos de dormir atados a la pared.

REPORTERO ¿Cómo se despiertan?
ASTRONAUTA Nos despertamos con música.

REPORTERO ¿Y cómo se cepillan los dientes?
ASTRONAUTA Nos cepillamos los dientes con pasta dentífrica, como todo el mundo.

REPORTERO ¿Y cómo se bañan?
ASTRONAUTA Nos bañamos con una esponja y un poco de agua.

REPORTERO ¿Dónde se lavan las manos?
ASTRONAUTA En una fuente de agua que está debajo de una cúpula de plástico.

REPORTERO Bueno. Gracias por su visita, Sr. Montero. Y gracias a ustedes por ver este programa. Hasta la próxima semana.

A Can you find in the interview two other forms of each of these verbs: *despertarse, cepillarse,* and *bañarse?* What words precede those forms? What would be the *nosotros* form of *levantarse?* And the *Uds. / ellos / ellas* form?

B You know that *querer* is an *e* → *ie* stem-changing verb and *poder* is an *o* → *ue* stem-changing verb. Which verb in the interview is an *e* → *ie* verb? Which one is an *o* → *ue* verb? In which form do you not see the stem change?

Saturno

Los verbos reflexivos

Reflexive verbs are generally used to tell that a person does something to or for him- or herself. A reflexive verb has two parts: a reflexive pronoun *(me, te, se, nos, os)* and a verb form. Here are all the present-tense forms of *levantarse:*

(yo)	**me** levanto	(nosotros) (nosotras)	**nos** levantamos
(tú)	**te** levantas	(vosotros) (vosotras)	**os** levantáis
Ud. (él) (ella)	**se** levanta	Uds. (ellos) (ellas)	**se** levantan

- Except for *se*, the reflexive pronouns are the same as the indirect object pronouns. They usually come before the verb, but they may also be attached to an infinitive.

  Me voy a lavar el pelo.
  Voy a lavar**me** el pelo.

- When using reflexive verbs to talk about parts of the body, we usually use the definite article.

  Nos lavamos **el** pelo. — *We're washing our hair.*
  ¿Te cepillas **los** dientes? — *Are you brushing your teeth?*

¡NO OLVIDES!

Do you remember the expression *debes quedarte en la cama?* It uses the reflexive verb *quedarse*, "to remain, to stay."

¡NO OLVIDES!

You know the indirect object pronouns.

me *(to / for) me*
te *(to / for) you*
le *(to / for) him, her, it, you (formal)*
nos *(to / for) us*
os *(to / for) you (pl.)*
les *(to / for) them, you (pl.)*

1 Dile a tu compañero(a) qué haces por la mañana.
Puedes usar *a las (6:00), primero, segundo, después, luego.*

Me despierto a las 6:00.

a.

b.

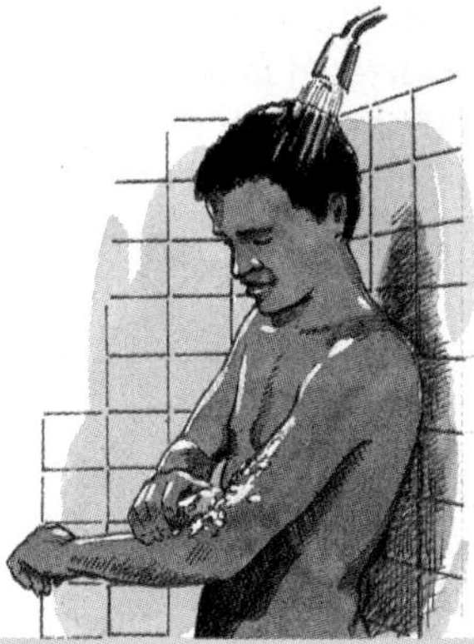

c.

d.

e.

2 ¿Qué ocurre en estos dibujos? Usa los verbos de la lista para decirle a tu compañero(a) lo que pasa en cada uno.

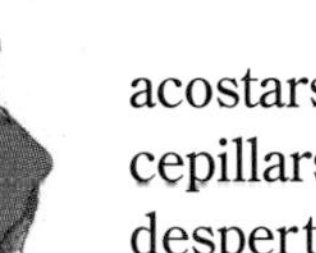
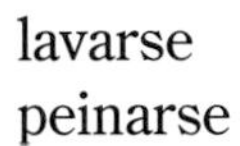

Rosario y Mónica

Rosario y Mónica se secan el pelo.

acostarse	lavarse	quedarse
cepillarse	peinarse	secarse
despertarse		

3 Túrnate con un(a) compañero(a) para hacer preguntas y respuestas.

a qué hora levantarse / tú y tus hermanos

A —*¿A qué hora se levantan tú y tus hermanos?*
B —*Nos levantamos temprano.*
o: *No tengo hermanos, pero yo me levanto temprano.*

a. con qué lavarse las manos / María
b. con qué lavarse el pelo / Manuel y Óscar
c. cuántas veces al día cepillarse los dientes / Uds.
d. cuándo ducharse / tú
e. en cuánto tiempo secarse el pelo / Silvia

a las 7:00
con champú
con jabón
media hora
temprano
tres veces al día

Repaso: Verbos con los cambios *o* → *ue*, *e* → *ie* y *e* → *i*

You know three kinds of stem-changing verbs:

o → ue *(poder)* e → ie *(pensar)* e → i *(pedir)*

Here are all the present-tense forms of *acostarse (o → ue)*, *despertarse (e → ie)*, and *vestirse (e → i)*.

(yo)	me ac**ue**sto	(nosotros) (nosotras)	nos ac**o**stamos
(tú)	te ac**ue**stas	(vosotros) (vosotras)	os ac**o**stáis
Ud. (él) (ella)	se ac**ue**sta	Uds. (ellos) (ellas)	se ac**ue**stan

(yo)	me desp**ie**rto	(nosotros) (nosotras)	nos desp**e**rtamos
(tú)	te desp**ie**rtas	(vosotros) (vosotras)	os desp**e**rtáis
Ud. (él) (ella)	se desp**ie**rta	Uds. (ellos) (ellas)	se desp**ie**rtan

(yo)	me v**i**sto	(nosotros) (nosotras)	nos v**e**stimos
(tú)	te v**i**stes	(vosotros) (vosotras)	os v**e**stís
Ud. (él) (ella)	se v**i**ste	Uds. (ellos) (ellas)	se v**i**sten

Después de jugar jai alai, hay que descansar.

Paso Cultural Jai alai es un juego muy antiguo, inventado por los vascos del norte de España y el suroeste de Francia. En euskera, su idioma, "jai alai" significa "festival alegre." Pero el juego, que es algo como el tenis, puede ser bastante tenso. Es el deporte más rápido del mundo. ¡Las pelotas alcanzan velocidades de más de 180 millas por hora! ¿Qué otros deportes o ejercicios comunes en los Estados Unidos tienen nombres en idiomas extranjeros? ¿También son antiguos?

4 ¿A qué hora crees que se despiertan estas personas? Trabaja con un(a) compañero(a).

un(a) camarero(a)

A —*¿A qué hora crees que se despierta un(a) camarero(a)?*
B —*Creo que se despierta a las cinco de la mañana.*
o: *Depende. Puede despertarse a las seis o las siete de la mañana.*

a. un actor, una actriz
b. una persona muy trabajadora
c. una persona perezosa
d. un(a) profesor(a)
e. un(a) médico(a)
f. mi familia y yo los fines de semana

5 Ahora, trabaja con un(a) compañero(a) para decir a qué hora se acuestan las personas del Ejercicio 4.

un(a) camarero(a)

A —*¿A qué hora crees que se acuesta un(a) camarero(a)?*
B —*Creo que se acuesta a las diez y media de la noche.*
o: *Depende. Puede acostarse a medianoche.*

6 Túrnate con un(a) compañero(a). Digan para qué se visten estas personas. Usen expresiones de las dos columnas.

a. yo	**para practicar ___**
b. mis compañeros y yo	**para cantar en ___**
c. (nombre)	**para ir a ___**
d. los miembros del (de la) ___	**para jugar ___**
e. tu profesor(a) de español	**para** 💡

Antes de / después de + infinitivo

When *antes de* or *después de* is followed by a verb, the verb is in the infinitive form.

Me gusta leer **antes de acostarme.**
Después de preparar la mochila, salgo de la casa.

7 Pregúntale a un(a) compañero(a) qué hace antes de hacer estas actividades.

ir al dentista
A —*¿Qué haces antes de ir al dentista?*
B —*Me cepillo los dientes.*

Estudiante A

a. pasar la aspiradora
b. nadar en la piscina
c. ir al centro comercial
d. salir para la escuela
e. acostarse
f. 

Estudiante B

A esta joven española le encanta cuidar niños.

8 Ahora pregúntale a tu compañero(a) qué hace después de hacer estas actividades.

levantarse A —*¿Qué haces después de levantarte?*
B —*Hago la cama.*

Estudiante A		**Estudiante B**	
a. ducharse	d. lavarse el pelo	hacer la cama	ducharse
b. practicar artes marciales	e. desayunar	comer algo	vestirse
c. poner la mesa	f. 	secarse el pelo	

9 Trabajen en grupo. Un miembro del grupo va a hacer estas preguntas. Escriban el nombre de los estudiantes que contestan cada pregunta.

a. ¿Quiénes se levantan antes de las 6:30?
b. ¿Quiénes se acuestan después de las 10:30 los días de semana?
c. ¿Quiénes hacen la tarea antes de la cena?
d. ¿Y quiénes la hacen después de la cena?
e. ¿Quiénes se visten antes de desayunar el sábado?
f. ¿Quiénes se cepillan los dientes después del desayuno?

10 Luego, compara las respuestas del Ejercicio 9 y dile a un(a) compañero(a) el nombre de un(a) estudiante que dio la misma respuesta que tú.

Pablo y yo nos levantamos antes de las 6:30.

Ahora lo sabes

Can you:

- **talk about your daily routine?**
  —Todas las mañanas ___ levanto temprano, me ___ y me ___ para ir a la escuela.
- **talk about people's habits?**
  —Mi hermanito nunca ___ los dientes ni ___ la cara.
- **talk about a sequence of events?**
  —Es necesario cepillarse los dientes ___ de comer.

MORE PRACTICE

Más práctica y tarea, pp. 532–533
Practice Workbook 2–5, 2–10

Actividades

El básquetbol es muy popular en los países hispanos.

1. En grupo, hagan una lista de las actividades extracurriculares que ofrece la escuela.

   - Hablen de las actividades más populares.
   - Digan por qué son tan populares.
   - Digan qué es necesario hacer para participar en estas actividades.
   - Díganles a otros estudiantes por qué deben participar.

2. En grupos pequeños, inventen una entrevista con una persona famosa. Pregúntenle sobre:

   - cuándo se levanta y se acuesta
   - sus actividades por la mañana
   - su familia
   - sus pasatiempos
   - sus planes para el futuro

   Escojan *(choose)* a dos personas del grupo para practicar la entrevista. Grábenla *(record it)* si es posible. Luego, preséntenla a la clase.

En Cali, Colombia, dos muchachos practican el tiro al arco.

Conexiones

Preparar se por la mañana

Vas a hacer un diagrama de flujo *(flow chart)* para organizarte por la mañana. Observa el diagrama que hizo un estudiante de Perú.

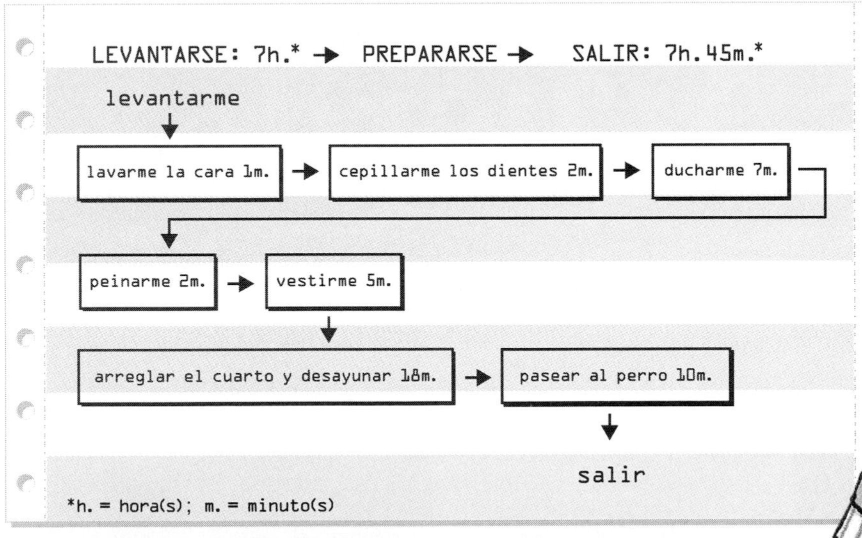

Haz tu propio diagrama de flujo como el modelo. Debes considerar:

- el tiempo que necesitas para prepararte
- todo lo que debes hacer antes de salir
- la duración de cada actividad (la suma del tiempo de cada actividad debe ser igual al tiempo total que necesitas para prepararte)

Compara tu diagrama con el de un(a) compañero(a). Hablen de las actividades que Uds. hacen por la mañana y de la diferencia en el orden en que las hacen.

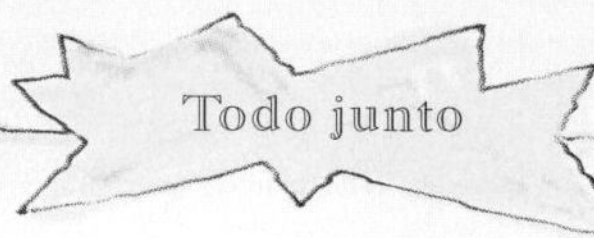

¡Vamos a leer!

Antes de leer

STRATEGY ➤ Using prior knowledge

Which sports are the most popular at your school? Are you on a sports team? How long do you practice each day?

Mira la lectura

STRATEGY ➤ Identifying the main idea

Skim this article to see if you can identify the main idea. Which of these would make the best title for the selection?

- Mi deporte favorito
- Me encanta nadar
- Menos práctica, por favor
- ¡Abajo los deportes!

¿De Acuerdo?

¿Cómo son los deportes en las escuelas secundarias de los Estados Unidos? Creo que tomamos los deportes demasiado en serio.

Soy nadadora. Me paso todo el día en mis clases y en la piscina, y el resto durmiendo. Tengo que levantarme a las seis de la mañana y acostarme a las nueve de la noche o antes. Mi equipo practica dos horas antes de entrar a clase y dos horas y media después de salir de la escuela. Las prácticas son muy duras. En una tarde, nadamos más de 9.000 yardas y tenemos sólo seis minutos para descansar. ¡Pero no estamos entrenando para las olimpiadas!

No comprendo por qué los deportes son tan importantes. Es posible que las escuelas quieran tener una buena reputación, pero el resultado es la tensión innecesaria y a veces los accidentes. Creo que se debe fijar un máximo de tiempo para el entrenamiento de los atletas. Si hay deportistas que quieren practicar más, pueden hacerlo en clubes fuera de la escuela.

Infórmate

STRATEGY ➤ Identifying the writer's attitude

A reading selection can not only tell us what the writer *thinks* about a subject, but also what he or she *feels* about it. However, the writer's attitude is often not stated directly. We have to figure it out from clues that might include choice of words, choice of details, and what is left out.

Read the article carefully. Which of these statements best expresses the writer's attitude toward sports?

1. Le gustan los deportes, pero no todos.
2. No le gustan los deportes escolares.
3. Le gustan los deportes. Sobre todo le gusta nadar.
4. Le gustan los deportes, pero quiere darles menos énfasis.

Aplicación

Take a poll of ten members of your school's athletic teams. Ask them if the amount of practice required is too much, too little, or just enough. Then report the results to the class.

For example:

Hay (número) personas que están de acuerdo con la autora.

Hay (número) personas que creen que no practican demasiado.

Hay (número) personas que creen que practican muy poco tiempo.

¡Vamos a escribir!

1 ¿Quieres ser jugador(a) de béisbol? ¿Conoces a algunos médicos? Piensa en el horario de una persona con una profesión interesante (policía, actor, actriz, etc.). Si puedes, entrevista a la persona. Contesta estas preguntas.

- ¿Cuándo se levanta?
- ¿Trabaja por la noche?
- ¿A qué hora sale para el trabajo?
- ¿Qué hace en el trabajo?
- ¿A qué hora regresa a casa?
- ¿Cómo se siente al final del día?

Luego escribe un informe con el título "Un día en la vida de . . ." Sigue los cinco pasos del proceso de escribir. (Si es necesario, mira la página 54.)

2 Lee el informe de otro estudiante y escribe tu reacción. Lo puedes titular "(No) me gustaría ser . . . ". Explica por qué te gustaría o no te gustaría ser piloto, por ejemplo. Sigue los cinco pasos del proceso de escribir. Puedes usar expresiones como éstas:

- porque soy (muy) . . .
- fácil / difícil
- prefiero . . .

3 Para distribuir tu trabajo, puedes:

- incluirlo en un libro titulado *Un día en la vida de . . .*
- enviarlo a la revista literaria de la escuela
- incluirlo en un boletín para los padres
- exhibirlo en la sala de clases
- incluirlo en tu portafolio

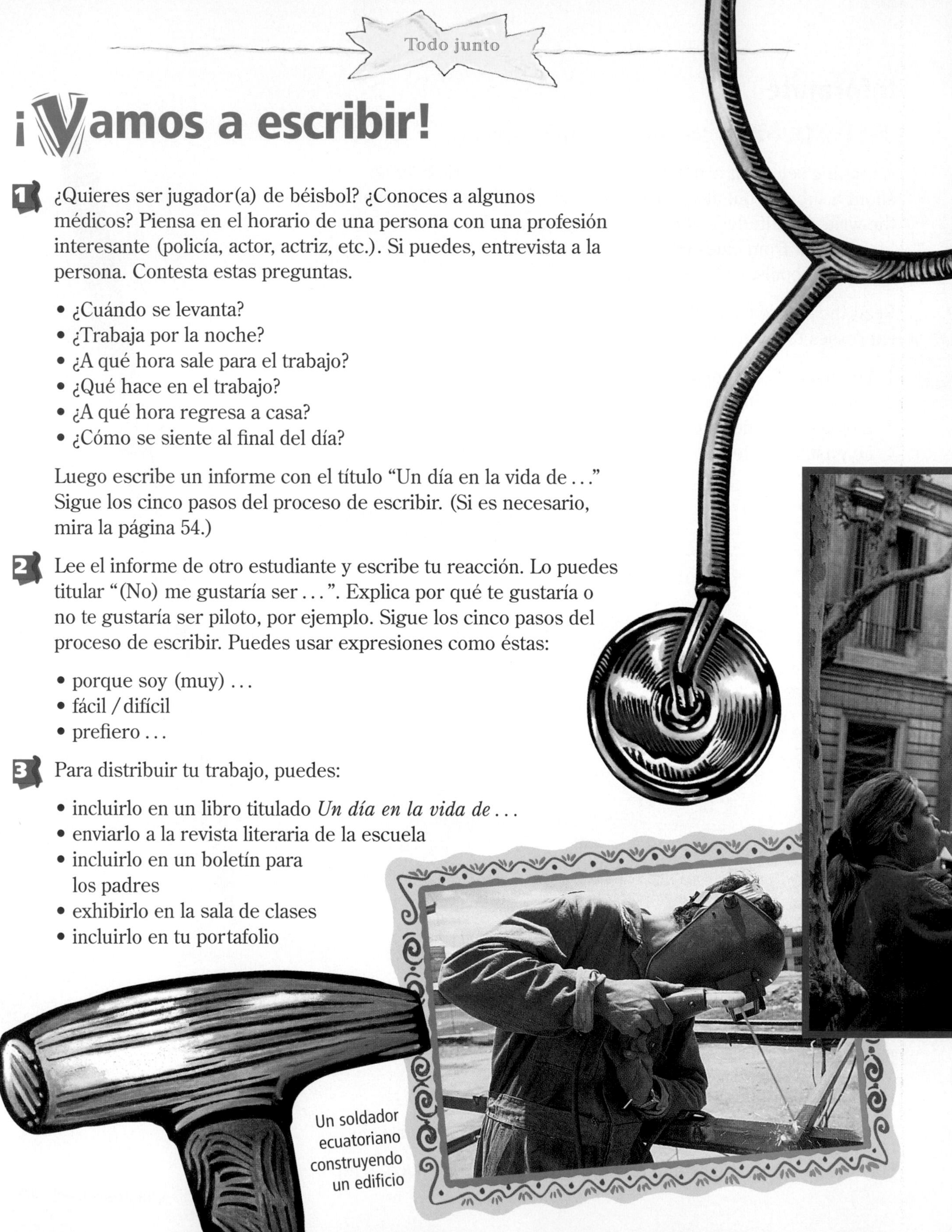

Un soldador ecuatoriano construyendo un edificio

Un policía mexicano contestando preguntas

Un astronauta explorando el espacio

Un camarógrafo filmando una película en Barcelona

Una ingeniera mexicana

CAPÍTULO 2

Repaso ¿Lo sabes bien?

Esta sección te ayudará a prepararte para el examen de habilidades, donde tendrás que hacer tareas semejantes. Recuerda, sin embargo, que en el examen no habrá *(there won't be)* modelos.

Listening

Can you understand when people talk about the things they do before and after school? Listen as your teacher reads a sample similar to what you will hear on the test. Is this student talking about extracurricular activities or outside-of-school activities? What is this student not able to do and why?

Reading

Can you understand a writer's attitude? Which of the two writers probably enjoys his or her morning routine?

1. Todos los días el despertador me despierta a la misma hora. Tengo que levantarme inmediatamente. Me ducho, me cepillo los dientes y me visto rápido porque mi hermana tiene que usar el baño después.

2. Todos los días el despertador me despierta a la misma hora. Me baño, me cepillo los dientes y me visto. Luego preparo el desayuno. Desayuno y repaso mis lecciones antes de salir para la escuela.

Writing

Can you write a letter to a friend describing what you do during the week? Here is a sample.

Querido Alonso,

Mi semana es bastante típica. Antes de regresar a casa practico con la banda los lunes, miércoles y viernes. Los martes y jueves trabajo como tutor voluntario. Enseño flauta y clarinete en una escuela que está cerca. Me gusta despertarme tan tarde como posible porque siempre me acuesto tarde.

Tu amigo,

Sebastián

Culture

Can you describe what teenagers in Guatemala might do as extracurricular activities? Which of these are similar to what you and your friends do?

Speaking

Can you talk with someone about your day before or after school? Create a dialogue with your partner. Here is a sample:

A —*¿A qué hora te despiertas de lunes a viernes?*
B —*Me despierto a las seis y media. Por suerte, los fines de semana puedo levantarme más tarde.*
A —*¿Qué haces por la mañana?*
B —*Antes de ir a la escuela me ducho y me visto. Después de desayunar salgo para la escuela.*
A —*¿Participas en alguna actividad extracurricular?*
B —*Sí, en la banda y también escribo para la revista literaria. ¿Y tú?*

Resumen del vocabulario

Usa el vocabulario de este capítulo para:

- describe your day before and after school
- talk about which extracurricular activities you prefer
- compare your extracurricular activities with those of another student

to indicate daily routine
acostarse *(o → ue)*
bañarse
la cara
cepillarse (los dientes / el pelo)
desayunar
el despertador
despertarse *(e → ie)*
ducharse
lavarse (la cara / el pelo)
levantarse
peinarse
secarse (el pelo)
soler *(o → ue) + inf.*
vestirse *(e → i)*

to indicate time
antes de + *inf.*
después de + *inf.*

to discuss extracurricular activities
la actividad extracurricular
el anuario
las artes marciales
el club, *pl.* los clubes
el consejo estudiantil
cuidar niños
el equipo
ganar
literario, -a
el miembro
participar (en)
el periódico (de la escuela)
repartir
la revista (literaria)
ser miembro de
trabajar como voluntario(a)
el tutor, la tutora

to discuss music
la banda
la canción, *pl.* las canciones
cantar
el coro
la orquesta
el instrumento musical
  el clarinete
  el contrabajo
  la flauta
  el piano
  el saxofón, *pl.* los saxofones
  el tambor
  la trompeta
  el violín, *pl.* los violines

other useful words and expressions
depender
de buen / mal humor
fácilmente
es necesario
hay que + *inf.*
mismo, -a
por lo menos
según
sin
uno

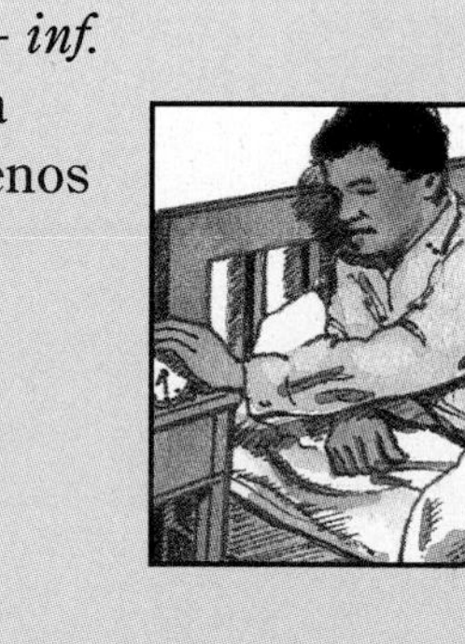

Capítulo 3

¿Qué ropa está de moda?

Objectives

At the end of this chapter, you will be able to:

- describe clothing in detail
- indicate clothing preferences and make comparisons
- say how you paid for purchases
- talk about the currency in Spain and in various Latin American countries

Paso Cultural

La ropa tradicional de la gente indígena de Latinoamérica es mucho más que algo para llevar. Es una forma de comunicar información como, por ejemplo, de qué pueblo es la persona que la lleva. Las molas de los indios cuna de Panamá, como éstas, se usan generalmente para decorar blusas. ¿Por qué crees que la ropa tradicional es tan importante para esta gente? Compara la actitud de la gente en los Estados Unidos hacia *(toward)* la ropa con la de la gente indígena de Latinoamérica. ¿En qué son iguales y diferentes las dos actitudes?

Comprando molas en un mercado de Panamá

¡Piensa en la CULTURA!

De compras en México, Chile y España

Mira las fotos. Los estudiantes que vemos aquí están hablando de la ropa que usan.

"¿Quieres entrar en esta tienda o en ésa?"

¿Te gusta ir al centro comercial los fines de semana? ¿Qué tiendas de ropa prefieres?

Paso Cultural Cancún es uno de los lugares de vacaciones más populares de México. Tiene un clima tropical y playas hermosas. En algunas de estas playas y en otros lugares cerca están todavía las ruinas de las pirámides de los mayas. Cerca de los centros comerciales en el norte de la ciudad hay un museo arqueológico con tesoros descubiertos en la región. Y cerca de Cancún está también Chichén Itzá, donde los turistas pueden comprar *huipiles* y otra ropa típica de los mayas. ¿Qué diferencias puede haber entre comprar ropa en un centro comercial como éste y comprar ropa en Chichén Itzá?

Plaza Flamingo
Cancún, México

"Creo que prefiero esta camisa a rayas."

¿Gastas mucho dinero en ropa? ¿Pagas con tarjeta de crédito o siempre en efectivo?

Santiago, Chile

Barcelona, España

"¡Qué lástima! Uso la talla 30, pero no encuentro jeans en esa talla."

¿Qué haces cuando no encuentras tu talla? ¿Vas a otra tienda? ¿Le pides ayuda al (a la) vendedor(a)?

Visit these countries on-line

Vocabulario para conversar

¿Qué va bien con este chaleco?

Vas a necesitar estas palabras y expresiones para hablar sobre la ropa que usas. Después de leerlas varias veces, practícalas con un(a) compañero(a).

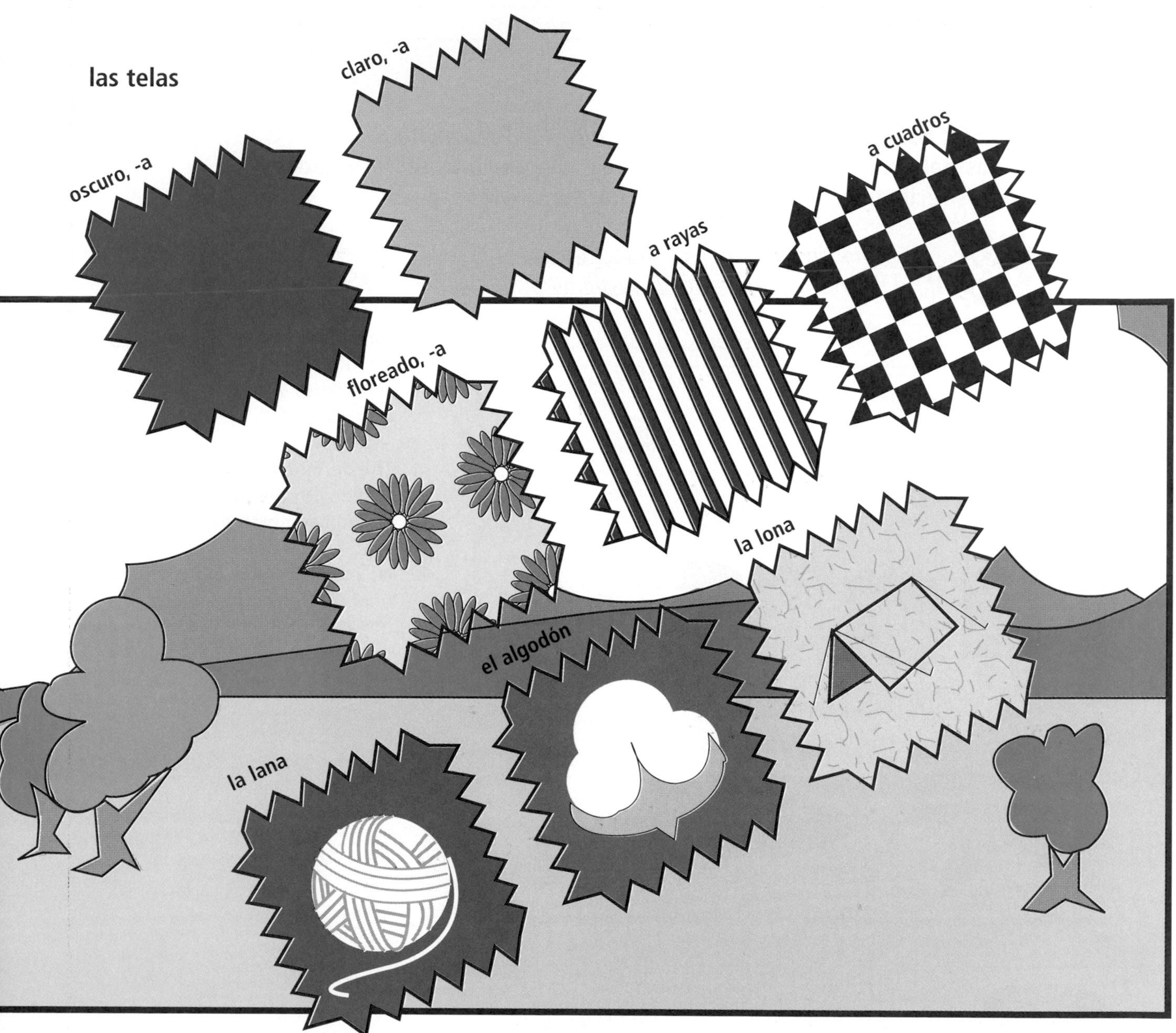

También necesitas . . .

cambiarse - to change

la moda	*fashion*
liso, -a	*plain*
sencillo, -a	*simple*
probarse *(o → ue)*	*to try on*
usar	here: *to wear*
¿De qué es ___?	*What's (it) made of?*
Es de ___.	*It's made of . . .*

¿Y qué quiere decir . . . ?
estar de moda
el nilón
el plástico
elegante
sintético, -a

Empecemos a conversar

Túrnate con un(a) compañero(a) para ser *Estudiante A* y *Estudiante B*. Reemplacen las palabras subrayadas en el modelo con palabras representadas o escritas en los recuadros. Si ven 💡 pueden dar su propia respuesta.

1 

A —*¿Qué va bien con* <u>*este chaleco a cuadros*</u>*?*
B —*Yo creo que* <u>*un suéter de cuello alto liso*</u>*, ¿no?*

Estudiante A **Estudiante B**

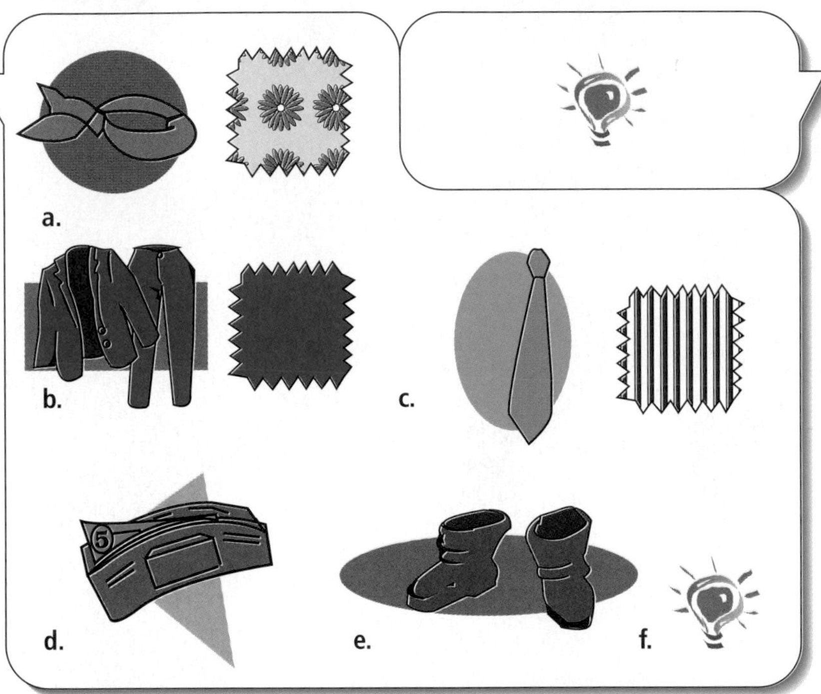

¡NO OLVIDES!

When comparing two similar things, we can avoid repeating the noun:

—*Prefieres la corbata roja o **la amarilla**?*

—***La roja.***

The definite article and adjective agree with the noun they refer to. Similarly with expressions that include *de*:

*No me gusta ni el bolso de Juana ni **el de María**.*

2

A —*¿De qué* <u>*es este cinturón*</u>*?*
B —<u>*Es de plástico*</u>*. Yo prefiero* <u>*los de cuero*</u>*.*

Estudiante A

a. b. c. d. e. f.

Estudiante B

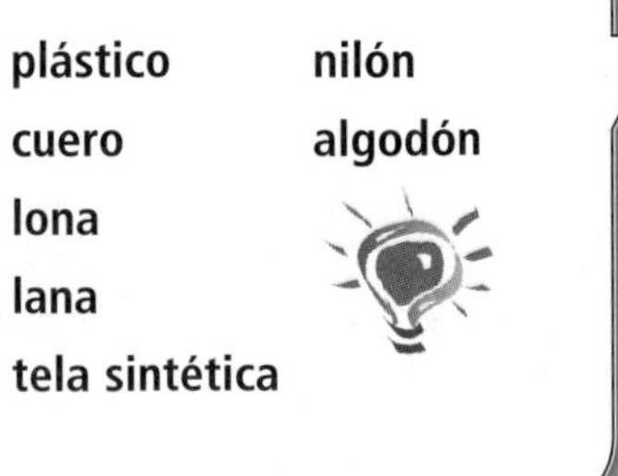

plástico
cuero
lona
lana
tela sintética
nilón
algodón

3 

A —*¿Tienes chaquetón?*
B —*Sí, tengo un chaquetón de lona.*
o: *No. No uso chaquetón.*
o: *No. Pero me gustaría comprar uno.*

Estudiante A  **Estudiante B**

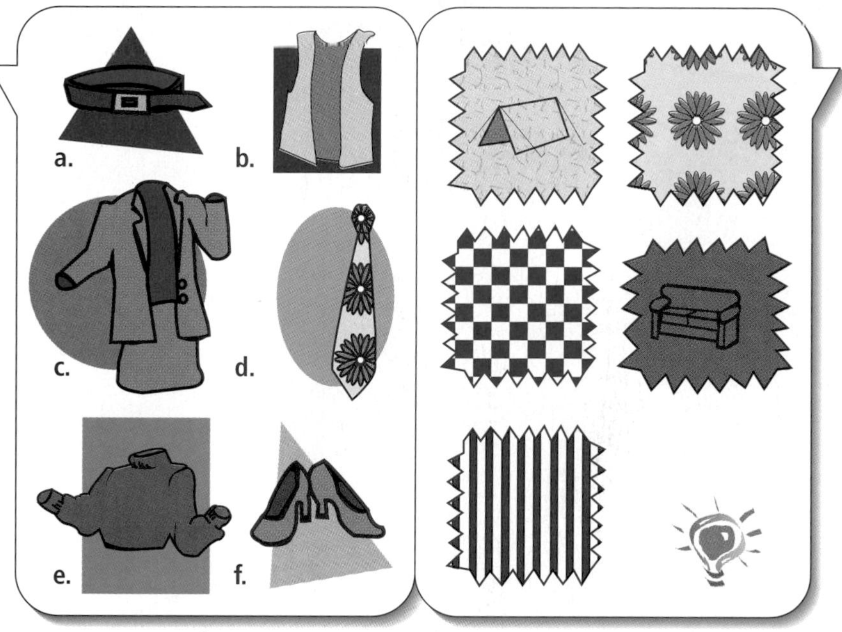

Empecemos a escribir

Escribe tus respuestas en español.

4 Generalmente, ¿qué ropa usas cuando vas a la escuela? ¿Usas la misma ropa los fines de semana?

5 ¿Qué colores de ropa sueles usar más? ¿Prefieres los colores claros o los oscuros? ¿Prefieres la ropa floreada, a cuadros o a rayas? ¿O prefieres ropa muy sencilla de sólo un color?

6 ¿Qué ropa está de moda ahora? ¿Crees que es necesario o importante estar de moda? ¿Por qué?

7 ¿Sueles probarte la ropa antes de comprarla? ¿Por qué?

MORE PRACTICE

Más práctica y tarea, p. 534
Practice Workbook 3–1, 3–2

¡NO OLVIDES!

You can also use *uno / una* to avoid repeating a noun.
—*¿Tienes mochila?*
—*No, necesito* ***una.***

También se dice

el cincho
la faja
el cinto

el monedero
la billetera
el portamonedas

el suéter de cuello de tortuga

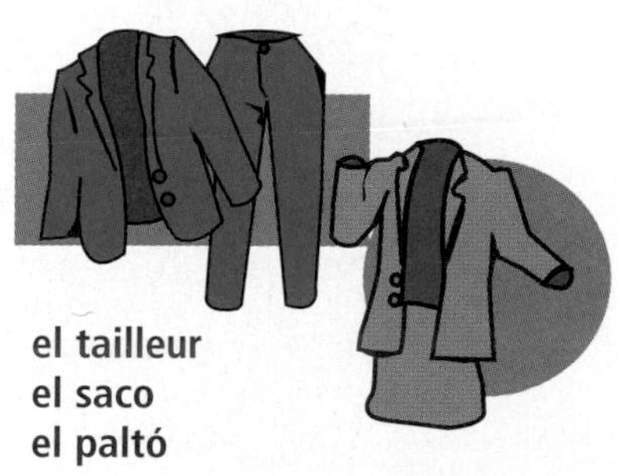

el tailleur
el saco
el paltó

Vocabulario para conversar

¿Qué talla usas?

Aquí tienes el resto del vocabulario que necesitas en este capítulo para hablar sobre la ropa que usas.

*Note that we use *la talla* for clothing sizes and *el número* for shoe size.

También necesitas . . .

(el dinero) en efectivo	*cash*	la liquidación, *pl.* las liquidaciones	*sale*
flojo, -a	*loose (clothing)*	la fiesta	*party*
apretado, -a	*tight (clothing)*	(me) da igual	*it's all the same (to me)*
(número) y medio	*(number) and a half (in sizes)*	por todas partes	*all over, everywhere*
colgar *(o → ue)*	*to hang*	lo que	*what*
encontrar *(o → ue)*	*to find*		
escoger*	*to choose*		
guardar	*to put away, to keep*		
alguien	*someone*		

¿Y qué quiere decir . . . ?
estar en liquidación

* *Escoger* is a regular *-er* verb. However, the *g* changes to *j* in the *yo* form: *(yo) escojo.*

Empecemos a conversar

8 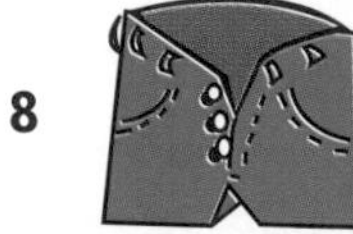

A —*¿Qué talla de pantalones usas?*
B —*Uso la talla treinta y cuatro.*

Estudiante A

a.

b.

c.

d.

e.

f.

g. 

Estudiante B

talla 30, 32, 34, . . .

tamaño pequeño / mediano / grande

talla 4, 6, 8, . . .

número 6, 6½, 7, . . .

9 

A —*¿Encontraste los mocasines?*
B —*Sí. Escogí unos de cuero rojo.*

Estudiante A

Estudiante B

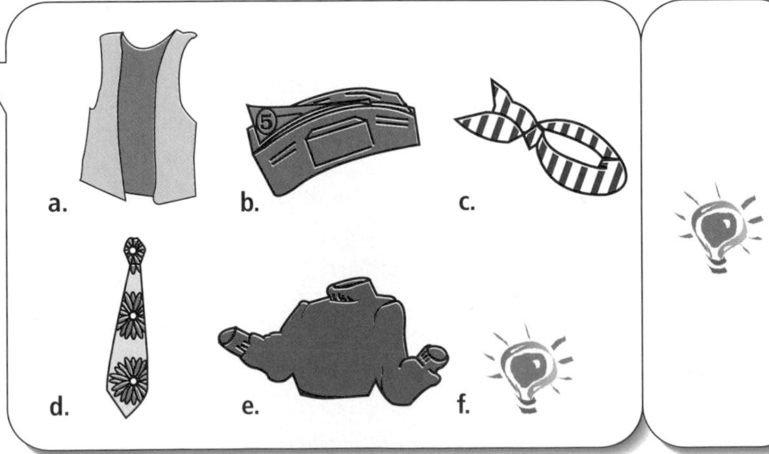

Zapatos hechos a mano en un mercado mexicano

10 

A —¿Cómo me queda <u>este chandal</u>?
B —Te queda muy <u>apretado</u>.

¡NO OLVIDES!

Remember that the verb *quedar* is like *gustar*, and that we use it with the indirect object pronouns *me, te, nos,* and *le(s).*

Estudiante A

Estudiante B

11 **camisas de manga larga**

A —*¿Te gusta usar camisas de manga larga?*
B —*Depende, pero prefiero las de manga corta en el verano.*
o: *Me da igual.*
o: *No, nunca uso camisas de manga larga.*

Estudiante A

a. ropa de algodón
b. pantalones con cremallera
c. suéteres sin bolsillos
d. zapatos de tacón alto
e. vestidos de tela sintética
f. 

Estudiante B

Empecemos a escribir y a leer

Escribe tus respuestas en español.

12 En tu cuarto, ¿está la ropa en el suelo por todas partes? ¿Dónde pones la ropa sucia? ¿Dónde guardas la ropa limpia? ¿Qué ropa cuelgas en el guardarropa?

13 ¿Qué ropa te gusta usar cuando vas a fiestas? ¿Te ayuda alguien a escoger lo que vas a llevar?

14 ¿Sueles comprar cosas que están en liquidación? ¿Por qué? ¿Qué te gusta comprar en liquidación?

15 ¿Compras a veces por catálogo? ¿Qué compras? ¿Pagas con tarjeta de crédito? ¿O paga alguno de tus padres con cheque? Generalmente, ¿qué cosas pagas en efectivo?

MORE PRACTICE

- Más práctica y tarea, p. 534–535
- Practice Workbook 3-3, 3-4

El Corte Inglés en Madrid, España

Las gangas son increíbles cuando los almacenes ponen las cosas en liquidación.

16 Lee las frases de este diálogo y ponlas en un orden lógico. Después, decide quién dice cada frase. Puede ser el cajero (la cajera), el vendedor (la vendedora) o la clienta.

—Tenemos unos en liquidación, señorita. Son muy baratos. Mire, dos por $30.

—Entonces sólo puede pagar en efectivo o con tarjeta de crédito.

—No, no tengo.

—Depende. ¿Tiene Ud. alguna identificación con foto?

—Quiero dos, uno rojo mediano y otro azul pequeño. ¿Puedo pagar con cheque?

—Perdón, señor, busco un suéter de cuello alto.

También se dice

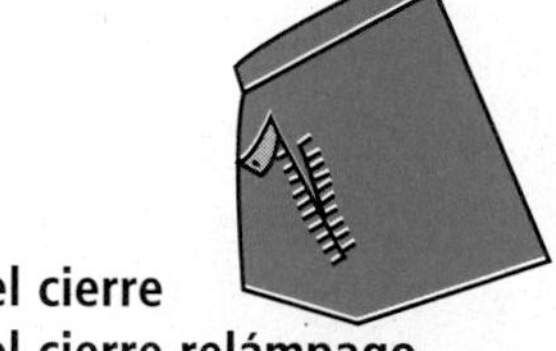

el cierre
el cierre relámpago
el síper

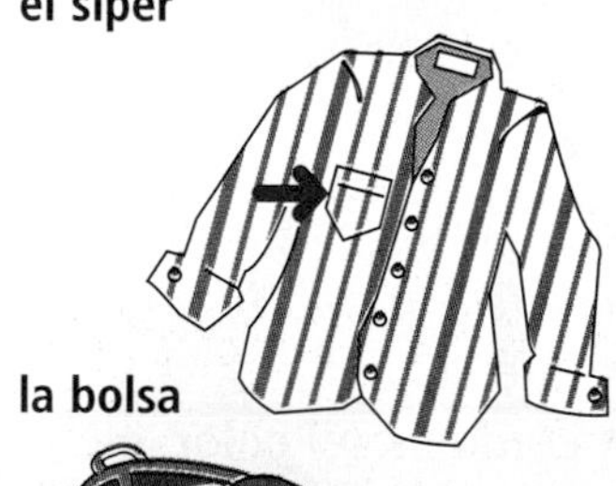

la bolsa

el canasto de la ropa sucia
el ropasuciero

¡Comuniquemos!

Aquí tienes otra oportunidad para usar el vocabulario de este capítulo.

1 Dile a un(a) compañero(a) qué ropa usas cuando vas a estos lugares.

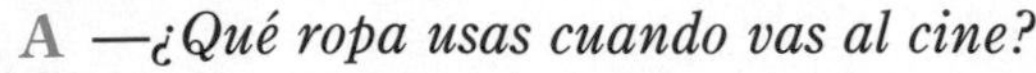
A —*¿Qué ropa usas cuando vas al cine?*

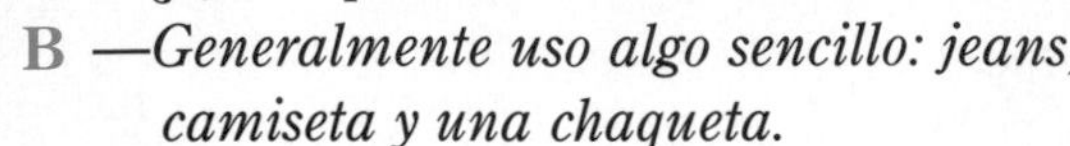
B —*Generalmente uso algo sencillo: jeans, camiseta y una chaqueta.*

a.

b.

c.

d.

e.

f.

2 Con un(a) compañero(a) hablen de la última prenda de ropa *(article of clothing)* que compraron. Hablen de:

- qué es
- cómo es (el color, etc.)
- dónde la compraron
- cómo pagaron
- si la compraron en liquidación o no
- cuándo la usan

3 ¡Qué desastre! Dile a un(a) compañero(a) cómo organizar su dormitorio. Puedes usar las siguientes expresiones u otras.

Guarda ___ en ___ Pon ___ en ___ Hay que colgar ___

¿Qué sabes ahora?

Can you:

- **describe clothing in detail?**
  —La blusa es de manga ___ y de color verde ___.
- **indicate clothing preferences?**
  —Prefiero los suéteres de ___ y los zapatos ___.
- **say how you paid for your purchases?**
  —Compré estas dos camisetas en ___, pero pagué por el chaquetón con ___.

Perspectiva cultural

Cultural Activity www.pasoapaso.com

¿Cuánto cuestan las cosas en las fotos?
¿Piensas que son baratas o no?

Tabla de Monedas Oficiales

Argentina	peso	El Salvador	colón	Paraguay	guaraní
Bolivia	peso	España	peseta	Perú	sol
Chile	peso	Guatemala	quetzal	Puerto Rico	dólar
Colombia	peso	Honduras	lempira	República Dominicana	peso
Costa Rica	colón	México	peso	Uruguay	peso
Cuba	peso	Nicaragua	córdoba	Venezuela	bolívar
Ecuador	sucre	Panamá	balboa		

La respuesta a las preguntas de la izquierda depende del país en que se sacaron las fotos. Por ejemplo, un paraguas que cuesta 1.500 pesetas en España no es caro. Una peseta vale más o menos tres cuartos de un centavo americano. Por eso, el paraguas sólo cuesta diez dólares estadounidenses.

Si estás en un país extranjero, siempre tienes que saber el valor de la moneda para saber si lo que compras es una ganga. ¡Y no olvides que el valor puede cambiar de un día a otro!

La moneda oficial no es la misma en cada país. En España se usa *la peseta.* En México y en algunos otros países se usa *el peso.* ¿Sabías que esas dos palabras están relacionadas con el verbo *pesar,* que quiere decir *"to weigh"?* Hace muchos años una moneda de oro o de plata valía lo que pesaba. Piensa, por ejemplo, en la moneda inglesa—*¡pound!*

La moneda puede decirte mucho sobre un país. La moneda oficial panameña, por ejemplo, se llama *el balboa* y la de Nicaragua se llama *el córdoba.* ¿Por qué? Vasco Nuñez de Balboa era el conquistador que llevó a los primeros soldados españoles por Panamá hasta el Océano Pacífico. Francisco Hernández de Córdoba fundó las ciudades nicaragüenses de Léon y Granada.

En el dinero de muchos países puedes ver a personajes literarios, líderes políticos y animales y paisajes locales. Mirando con cuidado su dinero, puedes aprender mucho sobre un país.

Cultural Activity www.pasoapaso.com

A este joven chileno le interesan las liquidaciones.

La cultura desde tu perspectiva

1 Mira la tabla de monedas. ¿Cómo se llaman las monedas costarricense y salvadoreña? ¿Por qué se llaman así? ¿De qué país es el quetzal la moneda oficial? ¿Y el guaraní? Si no las conoces, busca esas palabras en un diccionario de inglés.

2 Imagina que el dinero de nuestro país va a cambiar y que tú puedes sugerir un nuevo nombre y un nuevo diseño. ¿Qué nombre va a tener la moneda oficial? ¿Qué símbolos vas a poner en el dinero para reflejar nuestros valores más importantes?

Estos zapatos en México se venden muy baratos ahora.

Gramática en contexto

¡Los busqué por toda la casa!

A The boy uses two forms of *lavar* to talk about washing clothes. What are they? How do they differ in meaning? What is it about these two verb forms that changes the meaning?

B Find the two *ellos / ellas* forms of the preterite. Which one is an *-ar* verb and which is an *-ir* verb?

C Find a verb whose infinitive ends in *-car.* How is its *yo* form in the preterite different from that of other *-ar* verbs? What do you think the preterite *yo* form of *tocar* would be?

Repaso: El pretérito de los verbos regulares

You have learned to use the preterite tense to talk about things that happened in the past. Remember that, in general, verb endings tell who did an action and when it was done. Here are all the preterite forms of regular *-ar, -er,* and *-ir* verbs:

comprar

(yo)	compr**é**	(nosotros) (nosotras)	compr**amos**
(tú)	compr**aste**	(vosotros) (vosotras)	compr**asteis**
Ud. (él) (ella)	compr**ó**	Uds. (ellos) (ellas)	compr**aron**

comer

(yo)	com**í**	(nosotros) (nosotras)	com**imos**
(tú)	com**iste**	(vosotros) (vosotras)	com**isteis**
Ud. (él) (ella)	com**ió**	Uds. (ellos) (ellas)	com**ieron**

vivir

(yo)	viv**í**	(nosotros) (nosotras)	viv**imos**
(tú)	viv**iste**	(vosotros) (vosotras)	viv**isteis**
Ud. (él) (ella)	viv**ió**	Uds. (ellos) (ellas)	viv**ieron**

- Remember that *-ar* and *-er* verbs that have a stem change in the present tense do *not* have a stem change in the preterite.

cerrar (e → ie):
C**ie**rro las ventanas de mi cuarto todas las noches.
Pero ayer no c**e**rré las ventanas.

devolver (o → ue):
Siempre dev**ue**lvo los libros los miércoles.
Ayer dev**o**lví tres libros.

- Remember that in the preterite, verbs whose infinitive ends in *-gar* or *-car* have a spelling change in the *yo* form. All of their other preterite forms are regular.

pa**gar**	yo pa**gué**
lle**gar**	yo lle**gué**
ju**gar**	yo ju**gué**
sa**car**	yo sa**qué**
bus**car**	yo bus**qué**
to**car**	yo to**qué**

En un mercado de San Blas, Panamá, se vende ropa típica de los indios cuna además de ropa hecha para los turistas.

PASO CULTURAL Los indios cuna de las islas de San Blas hacen y venden molas, un tipo de artesanía en forma de paneles de tela. Las molas se hacen con varias capas *(layers)* de tela de colores diferentes. Estas capas se cosen juntas a mano para crear diseños de pájaros, animales, plantas o flores. Piensa en *quilting,* una artesanía tradicional en los Estados Unidos. ¿Cómo es similar a coser molas? ¿Cómo son los diseños tradicionales de *quilting?*

1 Formen grupos para describir lo que hicieron Uds. y otras personas en el pasado. Usen una expresión de cada columna. Den *(Give)* más información si pueden.

Mario *Mario tocó el violín anoche.*

a. mis amigos	tocar el violín	anoche
b. mi hermano(a)	ver la televisión	ayer
c. tú y tu tío	practicar deportes	hace una hora
d. yo	comer tacos	el año pasado
e. tú	entregar el informe	el mes pasado
f. nosotros	cerrar la puerta	la semana pasada
g. 💡	encontrar la cartera	el (día de la semana)
	💡	💡

2 Trabaja con un(a) compañero(a) para corregir estos malentendidos (*misunderstandings*).

tú / pagar la cuenta
A —*Pagaste la cuenta, ¿verdad?*
B —*No, yo no la pagué. Anita la pagó.*

a. Pepe / encontrar los chandales	mi padre
b. Julia / lavar la ropa sucia	Miguel y Roberto
c. tú / guardar la ropa limpia	mi madre
d. mi padre / buscar su corbata	Tomás
e. tú y tu hermano / comprar los mocasines	la abuela
	Anita
f. tía Carmen / escoger el pañuelo	yo
g. José / colgar los chaquetones	nosotros

Este anuncio sobre etiquetas bordadas *(sew-on labels)* usa nombres de figuras importantes de la cultura española. ¿Qué nombres de este anuncio conoces? ¿Qué sabes de estas personas? Imagina que vas a hacer etiquetas bordadas con los nombres de figuras de la cultura americana. ¿Qué nombres vas a escoger?

3 Túrnate con un(a) compañero(a) para hablar sobre algo que no suelen hacer pero que hicieron ayer.

salir de casa a las 7:00 *Generalmente salgo de casa a las 7:00. Pero ayer salí a las cinco de la mañana (para ir de pesca con mi padre).*

a. repartir periódicos por la mañana
b. llevar ropa elegante
c. sacar una buena nota
d. desayunar temprano
e. llegar a casa a las 8:00
f. usar vestidos de colores claros
g. ver la televisión durante el día
h. pagar en efectivo
i. 💡

Adjetivos y pronombres demostrativos

Remember that we use demonstrative adjectives to point out people or things that are nearby. A demonstrative adjective always comes before the noun and agrees with it in gender and number.

este bolso	*this bag*	**estos** bolsos	*these bags*
esta cartera	*this wallet*	**estas** carteras	*these wallets*
ese bolso	*that bag*	**esos** bolsos	*those bags*
esa cartera	*that wallet*	**esas** carteras	*those wallets*

- To point out things that are farther away, we use these demonstrative adjectives.

aquel chaleco	*that vest*	**aquellos** chalecos	*those vests*
aquella chaqueta	*that jacket*	**aquellas** chaquetas	*those jackets*

- Demonstrative adjectives can also be used as pronouns to replace nouns. In that case they have a written accent.

  Este chaleco no me gusta; me gusta **ése.**
  No voy a comprar **ésta.** Prefiero **aquélla.**

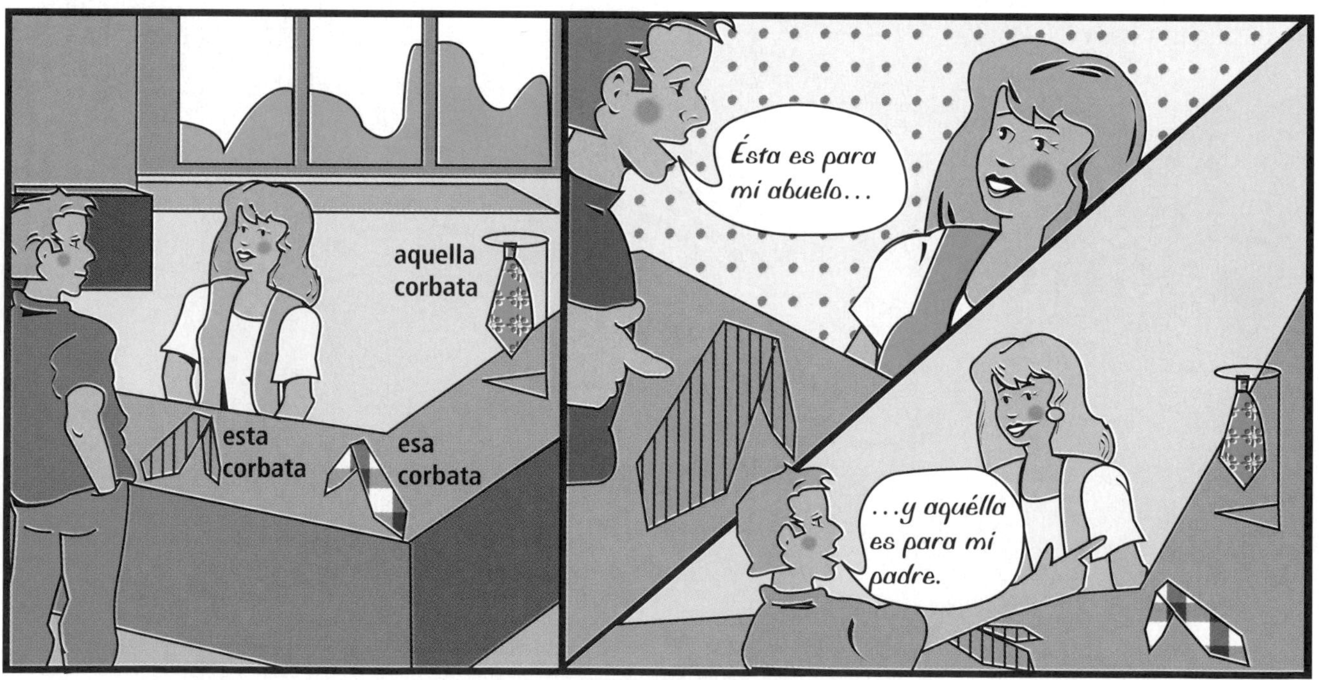

Here are all of the demonstrative adjectives and pronouns.

	Close to you		Closer to the person you are talking to		Far from both of you	
Adjectives	este esta	estos estas	ese esa	esos esas	aquel aquella	aquellos aquellas
Pronouns	éste ésta	éstos éstas	ése ésa	ésos ésas	aquél aquélla	aquéllos aquéllas

4 Pon varios útiles escolares *(school supplies)* sobre la mesa. Describe los de tu mesa, los de la mesa de tu compañero(a) y los de una mesa que está un poco más lejos.

Este libro es negro y grande.
Ése es gris y pequeño.
Aquél es un diccionario.

Esta joven chilena trabaja de cajera en una tienda.

En Santiago de Chile, unos jóvenes admiran las chaquetas en el almacén Falabella.

5 Víctor ayuda a su madre a guardar la ropa después de lavarla. La ropa de su hermano Pedro es de colores oscuros. La de su hermana Julia es de colores claros. Con un(a) compañero(a) digan de quién es la ropa de los dibujos.

Mamá —*¿De quién son estos pantalones marrones claros?*
Víctor —*Ésos son de Julia.*

Mamá —*¿De quién son aquellos pantalones verdes oscuros?*
Víctor —*¿Aquéllos? Son de Pedro.*

Los comparativos: *tanto(a) . . . como*

You know that we use *tan* + adjective + *como* ("as . . . as") to make equal comparisons of people or things. To make the same kind of comparison with nouns, we use *tanto(a)* + noun + *como.*

Rosa es **tan** elegante **como** su prima.	*Rosa is **as** elegant **as** her cousin.*
Tiene **tanto** dinero **como** su prima.	*She has **as much** money **as** her cousin.*
Compró **tantas** blusas **como** faldas.	*She bought **as many** blouses **as** skirts.*

Since *tanto* is an adjective, it agrees in number and gender with the noun.

6 Túrnate con un(a) compañero(a) para decir qué hicieron estas personas.

Julia / Juan / sacar

Julia sacó tanto dinero como Juan.
o: *Juan sacó tanto dinero como Julia.*

a. Susana / Rosita / escoger
b. Felipe / Anita / tocar
c. Rosario / Pablo / comprar

d. María / Roberto / repartir
e. Lucía / Tomás / escribir
f. Diego / Luis / comer

Ahora lo sabes

Can you:

- **tell what happened in the past?**
  —Ayer compré un(a) ___ y lo (la) ___ con tarjeta de crédito.
- **refer to people and things at various distances from you?**
  —Ese chaleco es bonito, pero ___ es más elegante.
- **compare quantities that are the same?**
  —Julio tiene ___ gorras ___ su hermano.

MORE PRACTICE

Más práctica y tarea, pp. 535–536
Practice Workbook 3-5, 3-10

¿Se visten como tú y tus amigos estos muchachos en Bariloche, Argentina?

Artículos de cuero en venta en la Plaza Flamingo, Cancún

Actividades

1 Piensa en un día muy especial. Túrnate con un(a) compañero(a) para hablar de lo que hiciste ese día. Puedes hablar de:

- las actividades del día
- la hora, el lugar
- las personas que participaron
- lo que ocurrió

2 Hagan una "tienda de ropa" en la clase. Pueden traer ropa de su casa o fotos de revistas. Usen toda la sala. Pongan algunas cosas cerca de ustedes y otras más lejos. Inventen diálogos entre vendedores, cajeros y clientes. Usen estas u otras ideas en sus diálogos:

- saludar *(to greet)* y preguntar al cliente (a la clienta) qué busca
- hablar de la tela, de la talla (del número) y del color
- si puede probarse la ropa
- decir el precio y preguntar cómo quiere pagar
- dar las gracias y despedirse *(say good-by)*

Conexiones

Las ciencias sociales

Los zapatos en la historia

El estilo del zapato refleja las tendencias sociales y culturales de la época. Lee el texto y mira las ilustraciones de diferentes estilos de zapatos a lo largo de los siglos *(across the centuries)*.

Zapato con plataforma: De moda en diversas épocas. La plataforma representa el deseo de "estar en lo alto."

Zapato del siglo XIV: Usado por los nobles, de hasta 46 cm de largo. Era un símbolo de prestigio social aunque la iglesia lo consideraba producto del diablo.

Choclo japonés: Para usar en el exterior. Suelas gruesas *(thick soles)* de madera de hasta 10 cm. La persona parecía más alta y caminaba con más elegancia.

Zapato chino: La costumbre de vendar *(to bind)* los pies de las mujeres duró en China hasta el comienzo del siglo XX. Los pies pequeños daban una imagen delicada de la mujer y hacían difícil su escape.

Zapatilla de deporte: Un símbolo de la sociedad actual. Las usan tanto las mujeres como los hombres y crean la imagen de un estilo de vida sano.

Túrnate con un(a) compañero(a) para decir si estas afirmaciones son verdaderas o falsas según el texto. Cambia las falsas para transformarlas en verdaderas.

1. A lo largo de los siglos, la comodidad del zapato ha sido *(has been)* una cuestión muy importante.
2. La costumbre de vendar los pies de las mujeres todavía se practica en China.
3. El antiguo zapato japonés es una clase de zapato con plataforma.

Ahora escribe tres preguntas sobre estos estilos de zapatos u otros y hazlas a un(a) compañero(a).

¡Vamos a leer!

Antes de leer

STRATEGY ➤ Using prior knowledge

What kinds of problems are discussed in advice columns? What advice might you give someone who was unhappy about his or her wardrobe?

Mira la lectura

STRATEGY ➤ Skimming

Skim the column to get an overall idea of what it is about. Were some parts of it not clear? Make a list of three to five words that seemed to prevent you from understanding something important.

Aurora:

Por favor, ¡dime qué debo hacer! Mis hermanitos y yo vivimos con mi papá. Él trabaja desde temprano por la mañana hasta tarde por la noche para mantenernos. El problema es que mi ropa está vieja, descolorida y me queda muy apretada. Pero no tengo dinero para comprar ropa nueva. Me da envidia cuando veo a mis amigas tan bien vestidas. Yo solamente tengo 17 años y ya me siento infeliz.

Alma Rosa Calderón

Alma Rosa:

Hay varias cosas que puedes hacer para no sentirte infeliz y para mejorar tu situación. Primero, ¡cambia de actitud! Claro que sí es normal querer ropa nueva, pero no olvides que hay otras cosas más importantes. Segundo, ¿por qué no encuentras una manera de ganar dinero? Puedes cuidar niños o trabajar en un restaurante o en una tienda. Además de comprar la ropa que necesitas, también vas a sentirte mejor porque podrás ayudar a tu padre. Sobre todo, ¡no descuides tus estudios! Recuerda que son más importantes que nada.

Aurora

Infórmate

STRATEGY Understanding prefixes

Your list may have included the words *infeliz, descolorida,* and *descuides.* These words begin with a prefix that changes the meaning of the base word to its opposite. For example, you already know these pairs of opposites.

cómodo	incómodo
ordenado	desordenado
paciente	impaciente

Here are some other words with the negative prefixes *des-* and *in-/im-*.

necesario	innecesario
ocupado	desocupado
posible	imposible
prudente	imprudente

Use the meanings of these words to figure out the words with the prefixes in the reading.

feliz	*happy*
colorida	*colorful*
cuidar	*to take care of*

¿NECESITA AYUDA CON LOS NIÑOS?

Mi nombre es Alma Rosa Calderón. Tengo 17 años de edad y busco trabajo cuidando niños los fines de semana. Como soy la hermana mayor en mi familia, tengo mucha experiencia con los niños pequeños y con los quehaceres de la casa.

Soy honesta, responsable y muy buena estudiante. Por favor llame al teléfono (745) 555-2341

¡NO BUSQUE MÁS!

Aplicación

What do you think of Aurora's advice? How do teenagers earn money in your community? Change Aurora's letter to reflect the way things are where you live. Use the pairs of opposites in *Infórmate* and this section if you can.

Use the meanings of these words to figure out their opposites:

cansar	descansar *(to rest)*
contento *(happy)*	descontento
justo	injusto *(unfair)*
maduro *(mature)*	inmaduro

¡Vamos a escribir!

A estos jóvenes mexicanos les quedan bien los uniformes escolares.

Imagina que tu escuela necesita uniformes nuevos: uno para usar en clase, uno para un equipo deportivo y uno para la banda.

1 Primero, escoge un uniforme para diseñar. Piensa en estas cosas:

- las telas
- los colores
- el costo

Luego escribe una descripción del uniforme. Haz un dibujo para acompañar la descripción. No olvides ponerle el nombre o el símbolo de la escuela. Sigue los cinco pasos del proceso de escribir. (Si es necesario, mira la página 54.)

Estudiantes de camino a la escuela en Quito, Ecuador

Estudiantes en Santiago, República Dominicana

Unos deportistas corren cerca de las montañas en Ecuador.

2 Ahora en grupo escriban un artículo para el periódico escolar sobre la importancia de los uniformes. Usen expresiones como éstas:

- bonito(a) / guapo(a)
- práctico(a)
- barato(a) / caro(a)
- afectar la disciplina
- mejorar el espíritu escolar

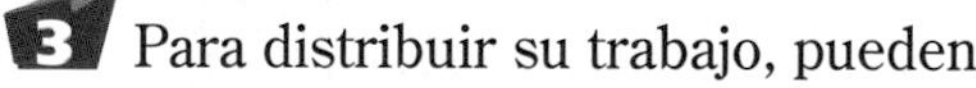

En Caracas, Venezuela, unas jóvenes juegan *kickball*.

3 Para distribuir su trabajo, pueden:

- exhibir las descripciones y los dibujos en la sala de clases
- exhibirlos en el vestíbulo o la biblioteca escolar
- enviar el artículo al periódico escolar
- enviarlo al director o a la directora de la escuela
- poner todo en el portafolio

Repaso ¿Lo sabes bien?

Esta sección te ayudará a prepararte para el examen de habilidades, donde tendrás que hacer tareas semejantes. Recuerda, sin embargo, que en el examen no habrá modelos.

Listening

Can you understand when someone talks about clothes in detail? Listen as your teacher reads a sample similar to what you will hear on the test. Based on the clothing mentioned, what do you think the weather will be like in the country?

Reading

Can you understand written descriptions of clothes? Which picture matches one of the articles described?

Pagué veinte dólares por esta blusa a cuadros y me queda floja. Estos pantalones de algodón no tienen bolsillos, y no me gusta la chaqueta porque los botones son demasiado pequeños. Los zapatos que llegaron para papá son de color marrón, y no negro, y el cinturón para mi hijo no es de la talla que él usa.

Querida Mónica,

Debes traer ropa sencilla y cómoda. Por aquí está muy de moda usar jeans con un chaleco, también los suéteres de cuello alto y las camisas lisas de algodón. ¿Compraste aquel chaquetón que vimos en el almacén González? Por la noche hace frío. No tienes que traer traje de baño. Aquí hay tres de tamaño mediano. Me regalaron dos y compré uno. Pero papá dice que necesitas una tarjeta de crédito si quieres comprar algo muy caro. Hasta pronto.

Tu amiga,
Gloria

Writing

Can you write a letter to a friend about an upcoming visit? See the sample above.

Culture

If you were planning to visit several Latin American countries, what would you need to know before buying something? What can you tell about a country by looking carefully at its currency? Give an example from a Spanish-speaking country.

Speaking

Can you ask and answer questions about clothes? Create a dialogue with your partner between a salesperson and a customer. Here is a sample dialogue:

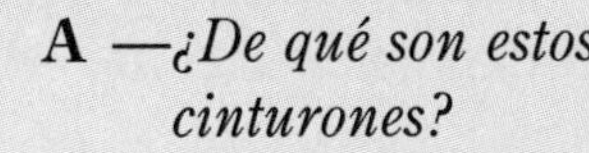

A —*¿De qué son estos cinturones?*
B —*Éstos son de cuero y aquéllos de lona.*
A —*Este cinturón me queda apretado. ¿Lo tiene en la talla mediana?*
B —*Sí. Aquí hay uno. ¿Necesita algo más?*
A —*Me gustarían unos pantalones flojos y oscuros.*
B —*Éstos a rayas están muy de moda.*

Resumen del vocabulario

Usa el vocabulario de este capítulo para:

- **describe clothing in detail**
- **indicate clothing preferences and make comparisons**
- **say how you paid for purchases**

to indicate articles of clothing
el bolso
el botín, *pl.* los botines
la cartera
el chaleco
el chandal
el chaquetón, *pl.* los chaquetones
el cinturón, *pl.* los cinturones
la corbata
la gorra
el mocasín, *pl.* los mocasines
el pañuelo
el suéter de cuello alto
el traje
los zapatos de tacón alto

to indicate parts of clothing
el bolsillo
el botón, *pl.* los botones
la cremallera
la manga

to discuss making purchases
el cajero, la cajera
el catálogo
el cheque
(el dinero) en efectivo
la liquidación, *pl.* las liquidaciones
estar en liquidación
la tarjeta de crédito
el vendedor, la vendedora
encontrar *(o → ue)*
escoger

to discuss clothing
apretado, -a
flojo, -a
elegante
sencillo, -a
la moda
estar de moda
probarse *(o → ue)*
usar

to discuss fabrics and patterns
¿De qué es ___?
Es de ___.
la tela
el algodón
la lana

la lona
el nilón
el plástico
sintético, -a
a cuadros
a rayas
floreado, -a
liso, -a
claro, -a
oscuro, -a

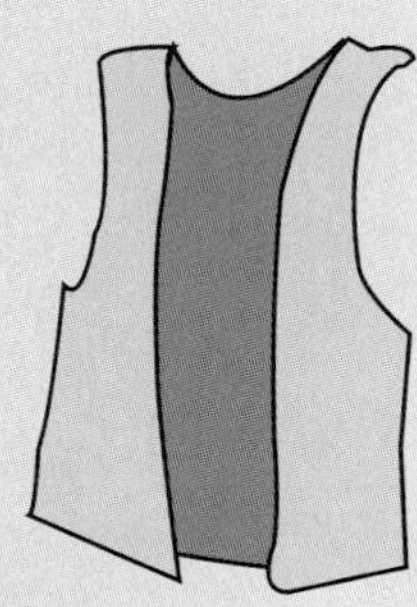

to indicate sizes
el número (de zapatos)
(número) y medio
la talla
el tamaño
grande
mediano, -a
pequeño, -a

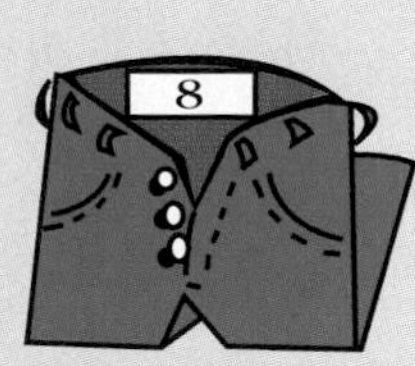

other useful words and expressions
alguien
el cesto de la ropa sucia
el suelo
la fiesta
colgar *(o → ue)*
guardar
lo que
(me) da igual
por todas partes

Capítulo 4

¿Cómo te diviertes?

Objectives

At the end of this chapter, you will be able to:

- talk about past and present activities
- extend, accept, or reject an invitation
- discuss and evaluate a leisure-time activity
- talk about the paintings of two Mexican artists and what their work tells us about them and their culture

Paso Cultural El grupo de *rock* Santana y su líder, el guitarrista mexicano Carlos Santana, tienen más de 18 álbumes de oro y 12 de platino. Su estilo combina influencias de *rock, blues* y música latina. Santana es miembro del Rock and Roll Hall of Fame desde 1998. En este mural en San Francisco, *Inspire to Aspire,* pintado por Michael Ríos en 1987, vemos a Carlos con imágenes de todas sus influencias musicales. ¿Cuáles son los elementos mexicanos en este mural? ¿Cuáles representan el *rock,* los *blues* y la música latina?

Mural dedicado a Carlos Santana, San Francisco, California

¡Piensa en la CULTURA!

Diversiones en Argentina, Venezuela y Cuba

Mira las fotos. Las personas están hablando de varias diversiones. ¿Qué pasatiempos te gustan a ti?

PASO CULTURAL

El ajedrez empezó en India en el siglo VI, pasó a Persia, y fue llevado a España por los moros *(Moors)* de África en el siglo VIII. La palabra *ajedrez* viene del árabe. Muchas palabras del español que empiezan con *al-* son de origen árabe, como *almacén* y *algodón.* Una es el nombre de un tipo de matemáticas. ¿Qué palabra es?

"Ayer fuimos al parque para jugar ajedrez."

El ajedrez es un pasatiempo muy popular por todas partes. ¿Sabes jugar?

Jugando ajedrez en Caracas, Venezuela

Caracas, Venezuela

Una tienda de discos compactos en Buenos Aires

Buenos Aires, Argentina

"Dicen que el último disco compacto de Los Lobos tiene muchas canciones muy buenas."

¿Qué clase de música te gusta más? ¿Conoces algunos artistas que cantan en inglés y en español? ¿Te gusta su música?

"No sé por qué a tantos jóvenes no les gusta el ballet. ¡Los bailarines son atletas fantásticos!"

¿Crees que es más difícil meter un gol en fútbol o bailar por una hora?

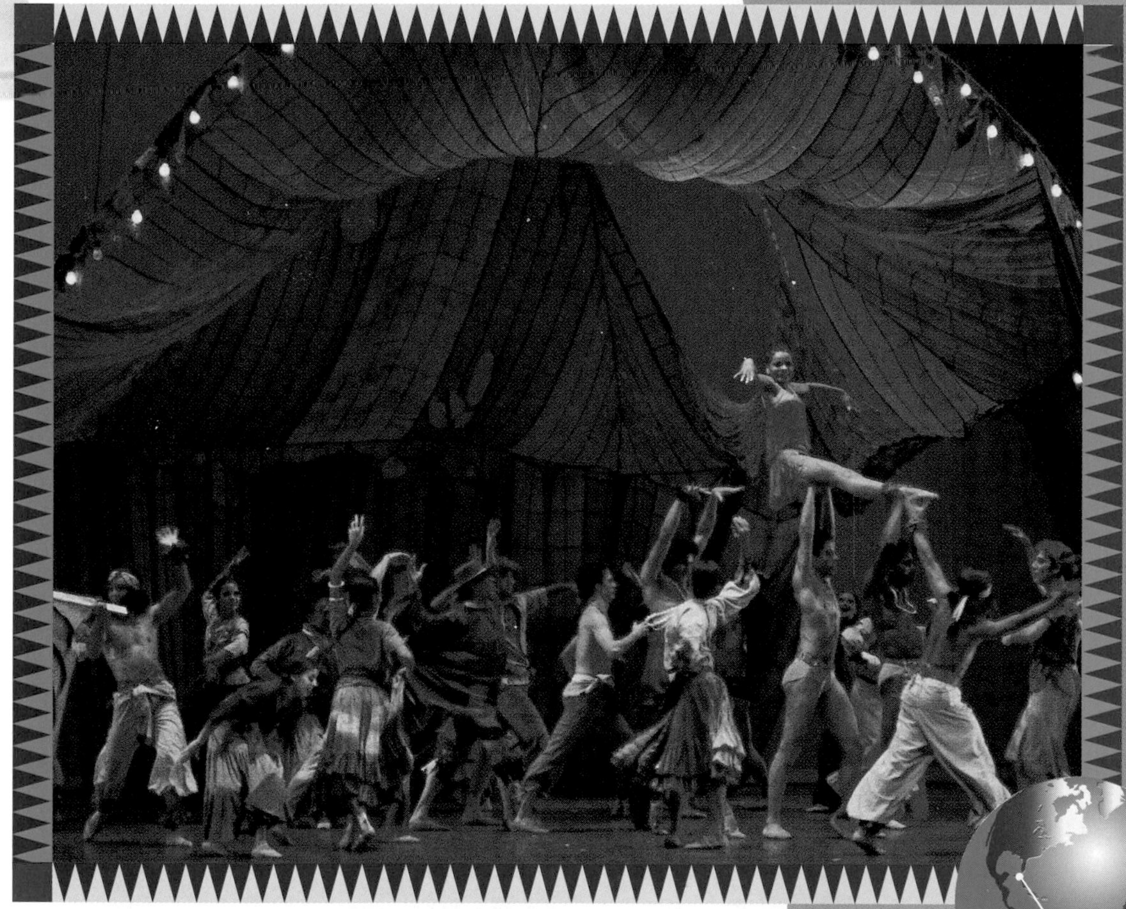

El Ballet Nacional de Cuba

La Habana, Cuba

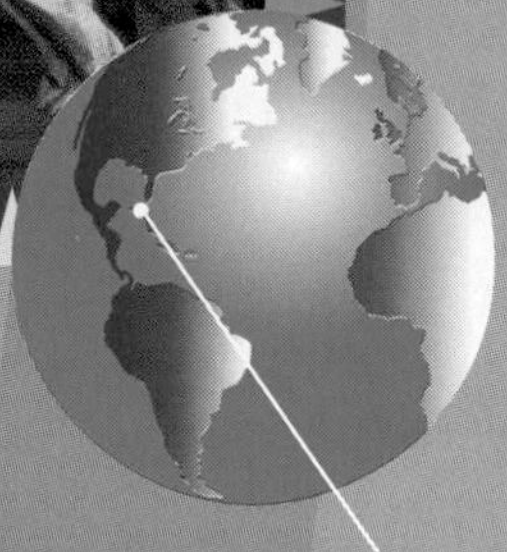

PASO CULTURAL

Alicia Alonso, directora del Ballet Nacional de Cuba, llegó a Nueva York en 1936 para estudiar ballet. Tenía catorce años y un talento enorme. En 1960, Alicia y su esposo, Fernando Alonso, regresaron a Cuba y fundaron seis escuelas de ballet en las seis provincias del país. El producto de esas escuelas, el Ballet Nacional, es famoso internacionalmente. ¿Qué otros países tienen prestigiosas compañías de ballet clásico o folklórico?

Visit these countries on-line

Vocabulario para conversar

¿Me prestas tu raqueta?

Vas a necesitar estas palabras y expresiones para hablar sobre las diversiones. Después de leerlas varias veces, practícalas con un(a) compañero(a).

¡NO OLVIDES!

Ganar can also mean "to earn."

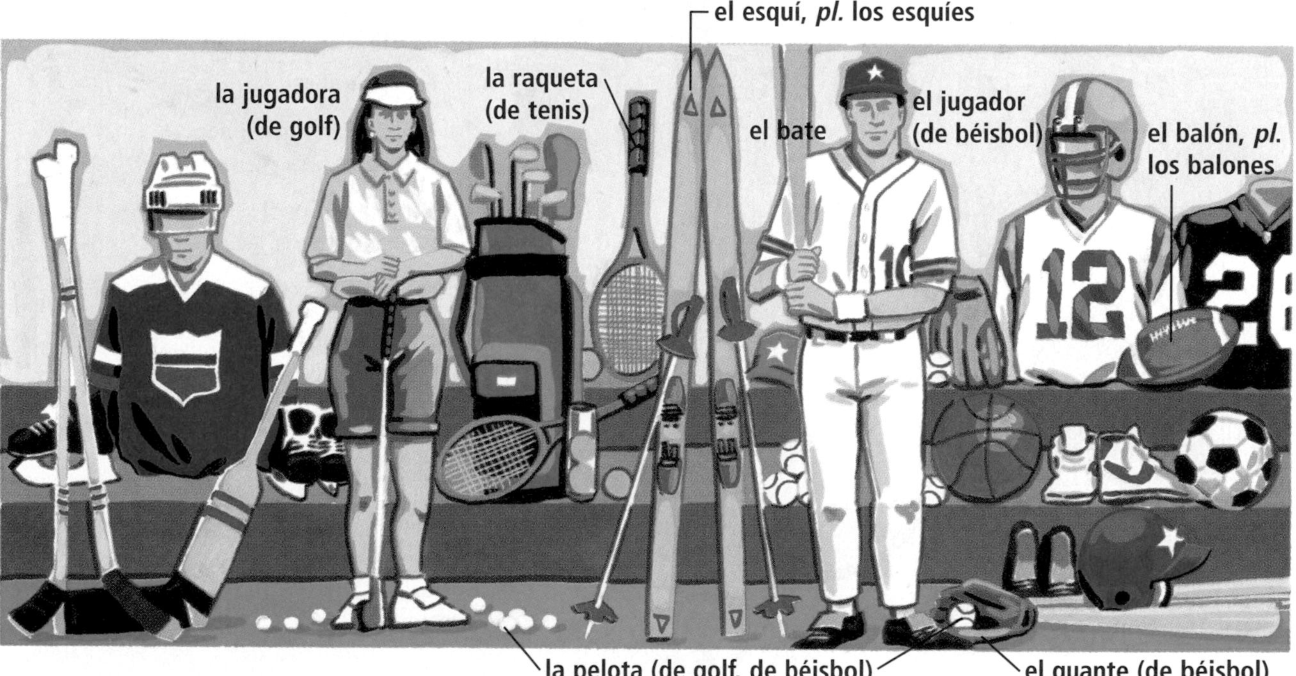

También necesitas . . .

prestar	*to lend*	el partido	*match, game*
pedir prestado, -a (a)	*to borrow*	meter un gol	*to score a goal*
tener que:			
(yo) tuve que	*I had to*		
(tú) tuviste que	*you had to*		
la liga	*league*		

¿Y qué quiere decir . . . ?
el campeonato

Empecemos a conversar

Túrnate con un(a) compañero(a) para ser *Estudiante A* y *Estudiante B*. Reemplacen las palabras subrayadas en el modelo con palabras representadas o escritas en los recuadros. Si ven pueden dar su propia respuesta.

1

A —*Tengo un palo de hockey nuevo. ¿Jugamos hockey mañana?*
B —*¡Por supuesto!*

Estudiante A

a.
b.
c.
d.
e.
f.

Estudiante B

Sí, me gustaría mucho.

No, yo nunca ___.

No, mañana no puedo. Tengo que ___.

No, mañana no. ¿Por qué no jugamos ___?

Pero yo no sé ___.

¡Por supuesto!

Levantando pesas, Palos Verdes, California

2  A —*¿Me prestas tu pelota de béisbol?*
B —*Claro que sí. ¿Necesitas el bate también?*

Estudiante A

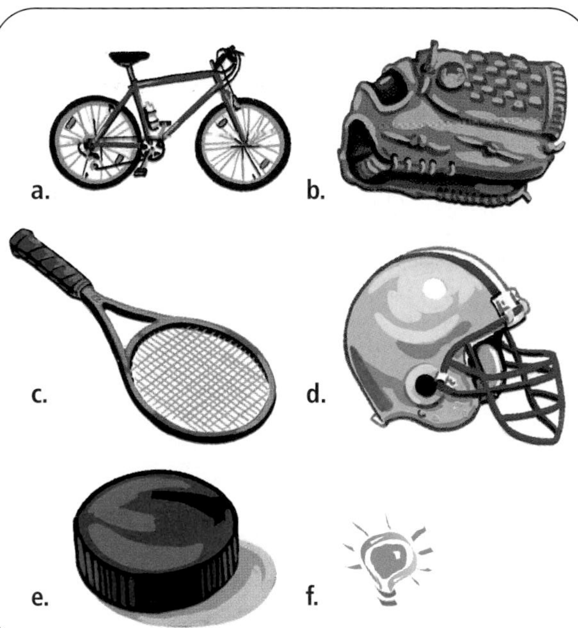

Estudiante B

Patinando afuera de un centro comercial, Santiago, Chile

3 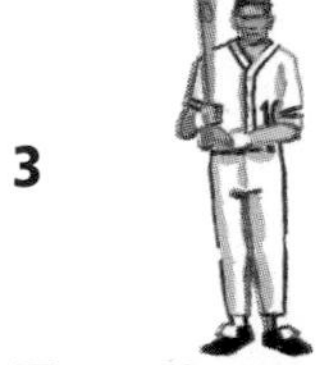

A —*¿Quién ganó el partido de béisbol?*
B —*Nosotros ganamos (cuatro a dos).*

Estudiante A

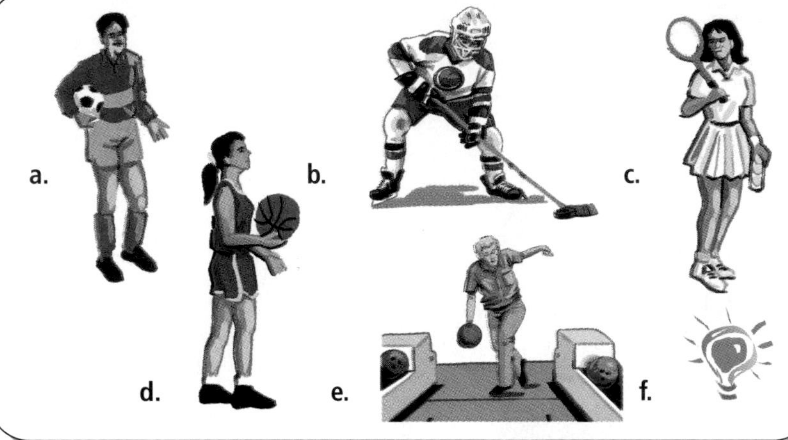

a. b. c. d. e. f.

Estudiante B

(nombre) ___.

El otro equipo ___.

Nosotros perdimos.

Nadie ___. Empatamos.

Nosotros. Metimos ___ goles.

4 

A —*¿Fuiste a correr el sábado pasado?*
B —*No, tuve que llevar a mi hermano menor al parque.*

Estudiante A

a.

b. c.

d.

e. f.

Estudiante B

Empecemos a escribir

Escribe tus respuestas en español.

5 Generalmente, ¿qué tienes que hacer los fines de semana? ¿Y qué tuviste que hacer el fin de semana pasado?

6 Cuando no tienes algo, ¿sueles pedirlo prestado? ¿A quién? Generalmente, ¿qué cosas pides prestadas?

7 ¿Qué equipos hay en tu escuela? ¿Cuántos jugadores hay en cada equipo? ¿Quiénes son los entrenadores?

8 ¿Quiénes son los campeones de la liga escolar de fútbol americano? ¿Y de béisbol? ¿Cuándo ganaron el campeonato?

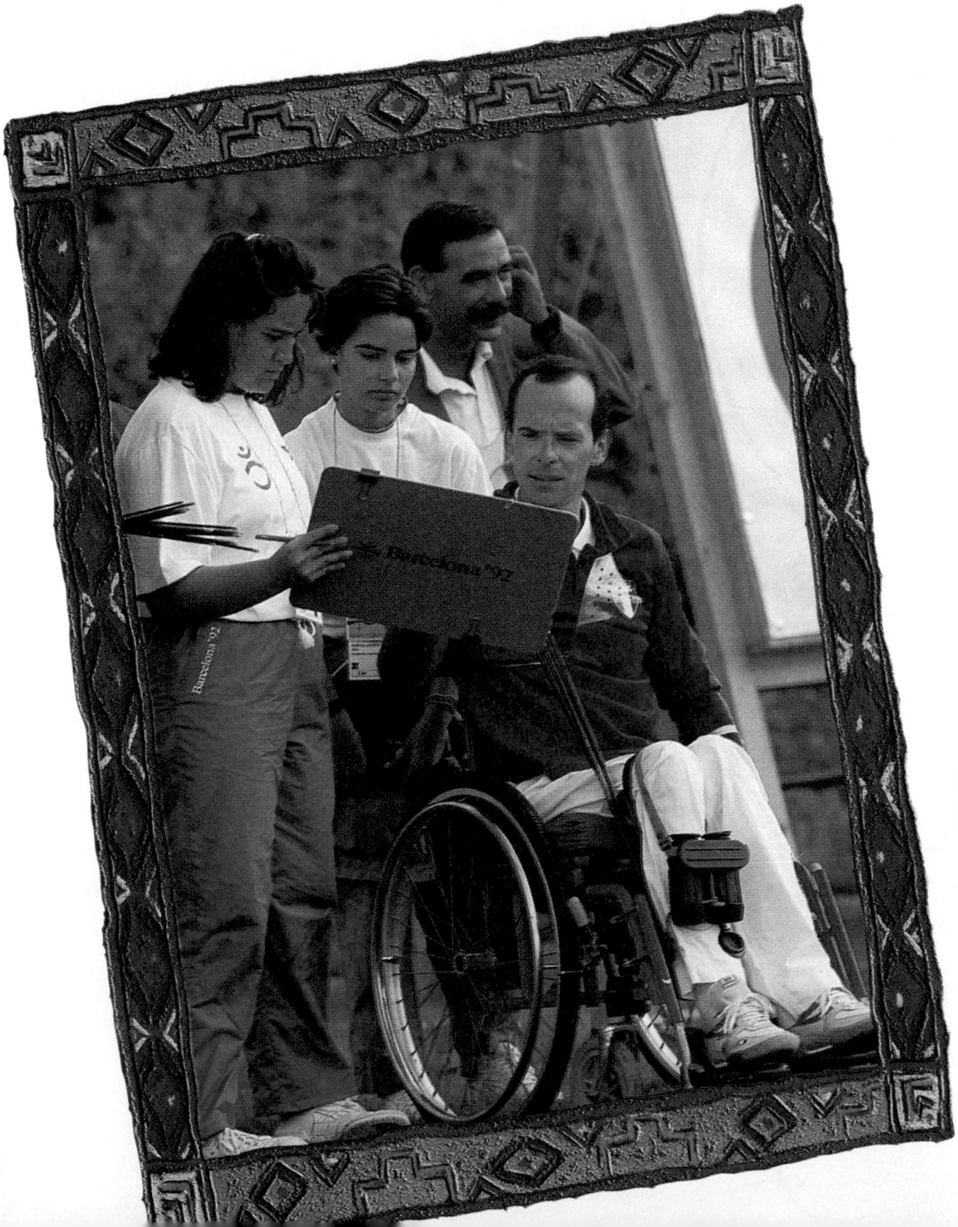

También se dice

el boliche
el bowling

hacer pesas
hacer halterofilia

la manopla

la bola

MORE PRACTICE

- Más práctica y tarea, p. 537
- Practice Workbook 4–1, 4–2

Un participante de los Juegos Paraolímpicos en Barcelona

Vocabulario para conversar

¿Cómo estuvo el concierto?

Aquí tienes el resto del vocabulario que necesitas en este capítulo para hablar sobre las diversiones.

la fiesta de disfraces

la obra de teatro

la exposición, *pl.* las exposiciones (de arte)

la música clásica

la música rock

el desfile

(hacer) un picnic

las damas

(hacer) un crucigrama

(hacer) un rompecabezas

el ajedrez

el disco compacto

el casete

el video musical

También necesitas . . .

saber: (yo) sé (tú) sabes	*to know: I know, you know*	alegre	*happy, festive*
divertirse *(e → ie)*	*to have fun*	último, -a	*last*
aburrirse	*to be bored*	bastante	here: *quite*
soportar	*to tolerate, to stand*		
pasarlo bien / mal	*to have a good / bad time*		
estuvo (*from:* estar)	*he / she / it was*		
fue (*from:* ser)	*he / she / it was*		

¿Y qué quiere decir . . . ?
tener tiempo de + *inf.*
la diversión, *pl.* las diversiones
el desastre
el horror

Empecemos a conversar

9 

A —*¿Cómo estuvo el último video musical que viste?*
B —*Bastante divertido.*

Estudiante A

a. 

b. 

c.  

d.  

e. 

f. 

Estudiante B

genial
bastante divertido(a)
(muy) aburrido(a)
horrible
Me encantó.
No me gustó nada.
(muy) bueno(a) / malo(a)

10 

A —*¿Te gustan los picnics?*
B —*Sí, son muy divertidos.*
o: *No, son demasiado aburridos.*
o: *No, no los soporto.*

Estudiante A

a. 

b. 

c.  

d. 

e. 

f. 

Estudiante B

aburrido(a)
alegre
divertido(a)
interesante
largo(a)

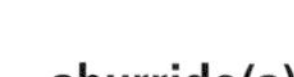

11 

de tus amigos

A —*¿Fuiste a la exposición de arte de tus amigos?*
B —*Sí. Y lo pasé muy bien.*
o: *No, no fui. Fui a ___.*

Estudiante A

a. del 4 de julio

b. de la escuela

c. de (nombre)

d. de (nombre)

e. con tu familia

f. 

Estudiante B

me encantó
(no) me gustó
me aburrí
(no) me divertí
fue un desastre / horror

Estos carteles anuncian presentaciones de grupos de baile peruanos, dominicanos, mexicanos y colombianos.

Una orquesta sinfónica en el Teatro Real de Madrid

12  

A —*¿Prefieres jugar damas o ajedrez?*
B —*Prefiero jugar ajedrez. Pero a veces juego damas.*
o: *No me gustan ni las damas ni el ajedrez.*

Estudiante A

Estudiante B

a.  

b. 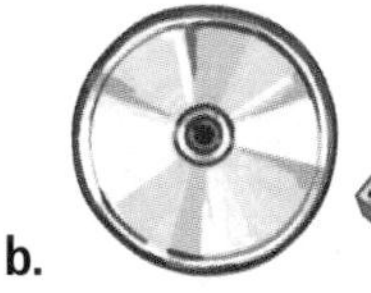 

c.  

d.  

e.  

f. 

Empecemos a escribir y a leer

Vocabulary Practice www.pasoapaso.com

Escribe tus respuestas en español.

13 ¿Qué diversiones prefieres tú? ¿Tienes tiempo para todas las diversiones que te gustan?

14 ¿Qué tipo de música sueles escuchar? ¿Vas a conciertos? ¿Con quién? La última vez que fuiste a un concierto, ¿cómo lo pasaste?

15 ¿Piensas que es difícil hacer crucigramas? ¿Por qué? ¿Sabes jugar ajedrez? ¿Quién te enseñó a jugar? ¿Con quién juegas? En tu opinión, ¿es fácil aprender?

MORE PRACTICE

Más práctica y tarea, p. 538
Practice Workbook 4–3, 4–4

16 ¿Sueles ver películas en el cine o en video? ¿Cuál prefieres? ¿Por qué?

17 Lee este párrafo sobre diversiones que cuestan muy poco o nada. Luego describe una diversión similar.

Quieres salir con tus amigos y no tienes dinero. ¿Qué haces? Pues, la diversión no tiene que costar mucho. En muchos museos la entrada es gratis por lo menos un día a la semana. Además, siempre hay exposiciones en bancos, bibliotecas y agencias del gobierno que son gratis. Y si hace buen tiempo, ¿por qué no vas a un parque o al zoológico? Sólo necesitas buscar en el periódico local para ver qué hay y pasar un día muy divertido.

También se dice

la cinta
el caset

el CD

la muestra (de arte)

Linda Ronstadt a menudo se viste de charra en sus conciertos.

Usted puede escoger su música latina favorita y **nosotros se la enviamos** a cualquier lugar del país o del extranjero el mismo día que recibimos su orden.

7249 Point Loma Blvd. N.
San Diego, CA 92165
TEL: (800) 555-7979

Aceptamos las principales tarjetas de crédito.

¡Comuniquemos!

Aquí tienes otra oportunidad para usar el vocabulario de este capítulo.

1 Túrnate con un(a) compañero(a) para aceptar o rechazar *(refuse)* las siguientes invitaciones.

A —*¿Quieres ir a jugar fútbol el sábado?*
B —*¡Claro que sí! (¿A qué hora? ¿Dónde?)*
o: *Lo siento. No juego fútbol.*
o: *El sábado no puedo. ¿Podemos ir . . . ?*

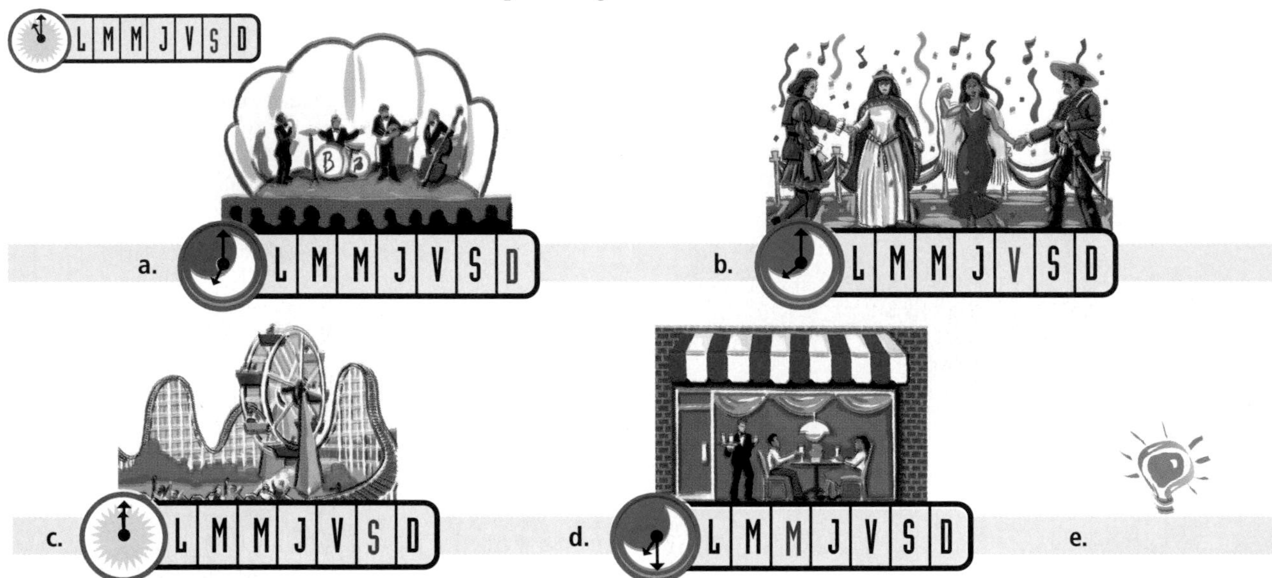

2 La nueva revista para jóvenes *¡Ya!* pregunta a sus lectores qué les gustaría leer. Con un(a) compañero(a), escojan dos de las secciones siguientes:

- televisión
- deportes
- cine y video
- moda
- música

¿Qué les gustaría ver en las secciones que escogieron?

—*Me gustaría leer algo sobre ___ porque ___.*
—*A mí me gustaría saber más sobre ___. Creo que ___.*

Después, hablen con otros grupos que escogieron las mismas secciones.

En la sección de deportes nos gustaría encontrar / leer / aprender / saber más sobre . . .

3 Ayuda al recepcionista del hotel con las maletas de estos jugadores. Túrnate con un(a) compañero(a) para ser el recepcionista y el ayudante. Por ejemplo:

A —*¿De quién es esta maleta?*
B —*Es de un jugador de . . .*
A —*¿Cómo lo sabes?*
B —*Porque aquí hay un(a) . . .*
A —*¿Y aquel(la) . . . ?*

¿Qué sabes ahora?

Can you:

- **compare what you usually do with what you did?**
  —Generalmente ___ los sábados, pero el sábado pasado ___.
- **extend, accept, or reject an invitation?**
  —¿Quieres ir a ___?
  —___.
- **discuss and evaluate a leisure-time activity?**
  —¿Cómo ___ la fiesta de ___?
  —(No) Me ___. Estuvo muy ___.

Perspectiva cultural

¿Qué quieren expresar los artistas en estas pinturas? ¿Cómo comunican las pinturas esas ideas? Míralas con cuidado. ¿Te dicen algo sobre las personas que las pintaron?

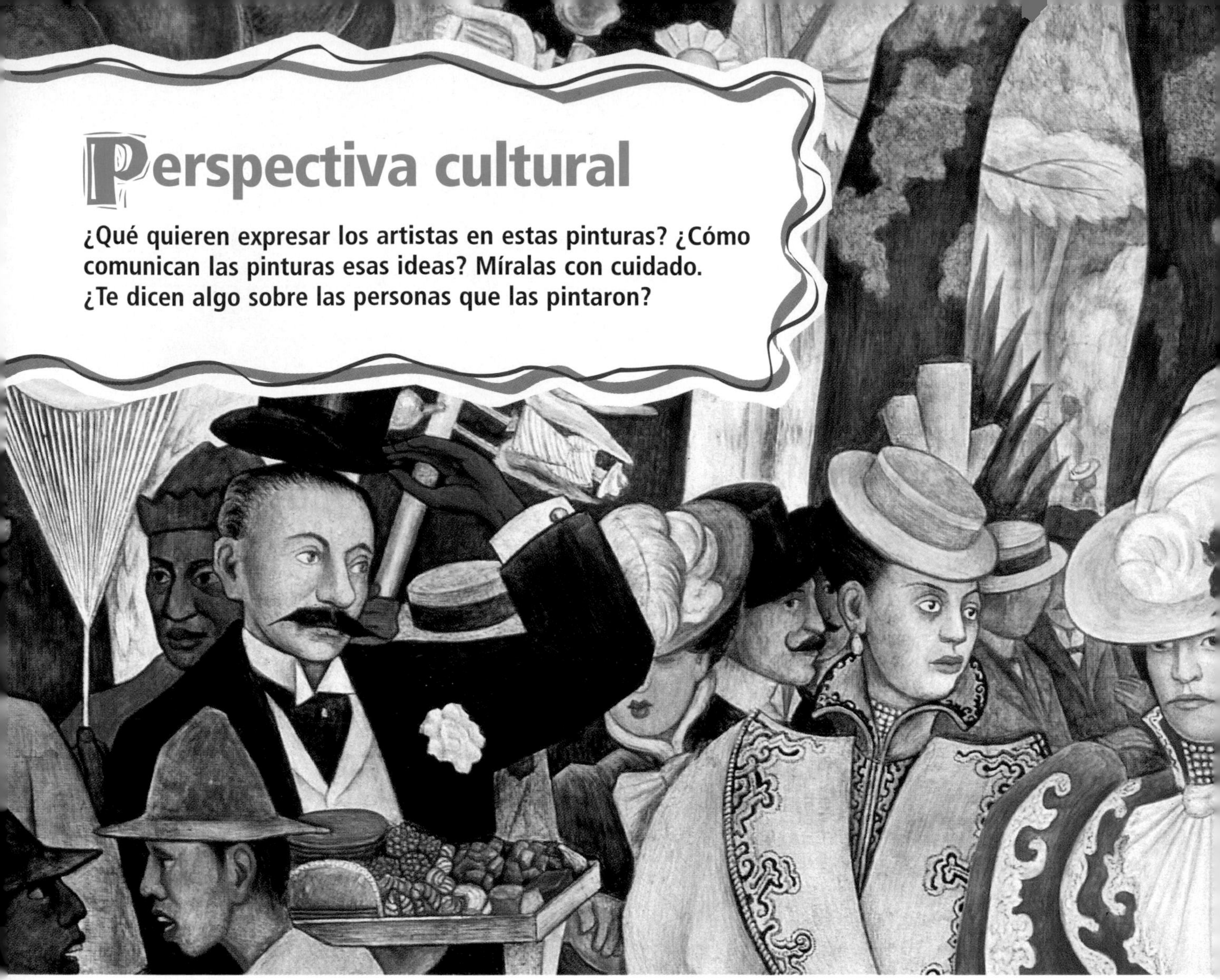

Roberto es un estudiante mexicano que está pasando un año en Detroit. Tiene un nuevo amigo, Mauricio, que espera visitar a Roberto en México en la primavera.

—Primero vamos a visitar el Palacio Nacional—dice Roberto—. Tienes que ver los murales de Diego Rivera. Te ayudarán a comprender la historia y la gente de México. Y después vas a ver varios de los autorretratos maravillosos de Frida Kahlo, su esposa.

—Los conozco a los dos—dice Mauricio—. Hay murales increíbles de Rivera aquí, en el museo de arte.

—Sí, es un pintor muy importante. ¡Y la obra de Kahlo es única! No hay nadie como ella.

Diego Rivera es conocido sobre todo por los grandes murales que pintó. Quería ayudar a la gente a apreciar la historia de su país.

Kahlo es igualmente conocida. Vivió una vida muy triste. De niña, tuvo polio y, de mujer joven, casi murió en un accidente de tranvía *(trolley)*. Después, siempre sufrió de un dolor extremo. En su obra vemos la tristeza y los dolores que tan bien conocía.

Mira con cuidado las obras de arte. Pueden decirte mucho.

Cultural Activity www.pasoapaso.com

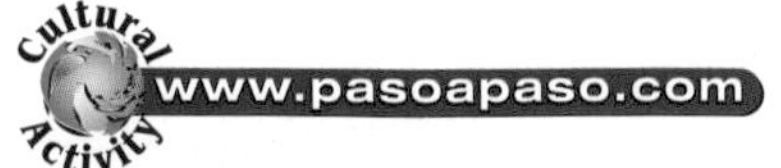

Detalle del *Sueño de una tarde dominical en la Alameda Central* (1947-1948), Diego Rivera

Las Dos Fridas (1939), Frida Kahlo

La cultura desde tu perspectiva

1 Mirando *La Alameda* de Diego Rivera, ¿qué puedes decir sobre la historia de México? ¿Hay murales en tu comunidad? ¿Son similares a o diferentes de los de Rivera?

2 ¿Qué atracciones culturales hay en tu ciudad o estado? ¿Qué comunican sobre la historia de la comunidad y sus habitantes?

Gramática en contexto

¿Quiénes son?

¿Sabes quiénes son estas personas famosas? (Sus nombres están al pie de la página.)

- Nació en La Habana, Cuba, en 1957.
- Llegó con sus padres a los Estados Unidos dos años después.
- Tuvo su primer gran hit, "Conga," en 1985.
- Fue después a Inglaterra, Holanda, Japón, México, Canadá y Bélgica, donde ganó discos de oro y plata en 1989.
- Tuvo un accidente de autobús muy grave en 1990.
- Hizo una donación de $2.000.000 para las víctimas del huracán Andrew en 1992.
- Fue representante de los Estados Unidos ante las Naciones Unidas también en 1992.

- ★ Nació en La Habana, Cuba, en 1962.
- ★ Fue a vivir con sus padres a Miami, Florida, en 1970.
- ★ Fue estudiante en la Universidad de Miami.
- ★ Trabajó en el restaurante de sus padres antes de ser famoso.
- ★ Ganó un "Grammy" en 1992 por su álbum, *Otro día más sin verte.*
- ★ Tuvo un accidente en el escenario cantando para la Copa Mundial en 1994.
- ★ Sacó su segundo álbum llamado *Si te vas* en 1994.

A Look at the verbs at the beginning of every sentence in the biographies. Which ones have regular preterite endings? What helps you recognize them?

B Look at the four sentences that begin with *fue*. In these sentences the verb *fue* has two different meanings. In each case, what is the infinitive form of the verb?

C Find the preterite verb forms *tuvo* and *hizo*. Can you figure out what they mean? What are their infinitive forms?

Respuestas: Gloria Estefan; Jon Secada

El pretérito del verbo *ser*

Here are all the preterite forms of *ser.* They are identical to the preterite forms of *ir*. The context makes the meaning clear.

(yo)	**fui**	(nosotros) (nosotras)	**fuimos**
(tú)	**fuiste**	(vosotros) (vosotras)	**fuisteis**
Ud. (él) (ella)	**fue**	Uds. (ellos) (ellas)	**fueron**

Compare the following sentences:

Jon Secada **fue** estudiante en la Universidad de Miami.
Jon Secada ***was*** *a student at the University of Miami.*

Gloria Estefan **fue** a Inglaterra y Holanda en 1989.
Gloria Estefan ***went*** *to England and Holland in 1989.*

1 Túrnate con un(a) compañero(a) para decir cuándo fue la última vez que fuiste a los siguientes lugares. Por ejemplo:

A —*¿Cuándo fue la última vez que fuiste a un restaurante?*
B —*La última vez fue hace dos días.*
o: *Nunca voy a restaurantes.*

a.

b.

c.

d.

e.

f.

g.

h.

2 Túrnate con un(a) compañero(a) para hablar de un viaje que hiciste con tu familia. Dile adónde fuiste. Después tu compañero(a) debe preguntarte:

- cuándo fueron
- quiénes fueron
- cómo fueron

A —*Fui a Los Ángeles.*
B —*¿ . . . ?*

El pretérito de los verbos *hacer, poder* y *tener*

You already know *hizo* and *hiciste.* Here are all the preterite forms of *hacer.*

(yo)	**hice**	(nosotros) (nosotras)	**hicimos**
(tú)	**hiciste**	(vosotros) (vosotras)	**hicisteis**
Ud. (él) (ella)	**hizo**	Uds. (ellos) (ellas)	**hicieron**

The preterite forms of *poder* and *tener* follow a similar pattern.

(yo)	**pude** **tuve**	(nosotros) (nosotras)	**pudimos** **tuvimos**
(tú)	**pudiste** **tuviste**	(vosotros) (vosotras)	**pudisteis** **tuvisteis**
Ud. (él) (ella)	**pudo** **tuvo**	Uds. (ellos) (ellas)	**pudieron** **tuvieron**

3 El autobús que va al partido de tenis va a salir. Y nadie quiere llegar tarde. Con un(a) compañero(a) di qué no pudieron hacer estas personas antes de salir de sus casas.

Luz

A —*¿Luz no tuvo tiempo de peinarse?*
B —*No, no pudo peinarse.*

a. Melba

b. (tú)

c. Sara y María

d. Tomás

e. Ud.

f. Enrique y tú

4 ¿Por qué no pudieron hacerlo? Con un(a) compañero(a), contesta usando expresiones de cada lista.

A —*¿No pudiste ir al desfile?*
B —*No, tuve que estudiar para un examen.*

a. tú
b. (nombre)
c. (nombre) y tú
d. (dos nombres)

ver el partido de hockey
ir a la exposición de arte
ir a patinar sobre hielo
ir al concierto
jugar bolos
ir a la fiesta de disfraces
escuchar el disco compacto

hacer la tarea
ayudar en casa
escribir un informe
cuidar a mi hermana menor
salir con mi / su familia
hacer la cena
estudiar para un examen

Repaso: El verbo *saber*

We use *saber* to talk about knowing facts or information. Here are all of its present-tense forms.

(yo)	**sé**	(nosotros) (nosotras)	**sabemos**
(tú)	**sabes**	(vosotros) (vosotras)	**sabéis**
Ud. (él) (ella)	**sabe**	Uds. (ellos) (ellas)	**saben**

¡NO OLVIDES!
Remember that we can often omit the word "that" in English, but in Spanish we must always use *que*.

¿**Sabes** dónde juega hockey Javier?
¿**Saben** Uds. quién ganó el partido ayer?
Sabemos que ellos empataron.

- *Saber* followed by an infinitive means "to know how."

Yo **sé** jugar ajedrez.
¿**Sabe** Eduardo patinar sobre hielo?

- Both *saber* and *conocer* mean "to know." *Conocer* means "to know" in the sense of being acquainted or familiar with a person, place, or thing.

Jugando fútbol en Matapalo, Costa Rica

5 Túrnate con un(a) compañero(a) para decir sobre qué cosas saben mucho estas personas y por qué. Por ejemplo:

Mateo y Carmen / la moda *Mateo y Carmen saben mucho sobre la moda. Trabajan en una tienda de ropa.* (o: *Leen mucho sobre ella / Les gusta mucho la ropa,* etc.)

a. Mi madre / el arte
b. Mis amigos *(dos nombres)* / las bicicletas
c. Tú y *(nombre)* / los rompecabezas
d. Mis hermanos y yo / las pesas
e. Tú / libros
f. Yo / películas
g. /

6 Túrnate con un(a) compañero(a). Escojan el verbo *saber* o *conocer* para hacerse preguntas. Pueden usar estas u otras frases.

A —*¿Sabes dónde es el concierto de rock este sábado?*
B —*Yo no sé, pero creo que Mateo sabe.*
o: *Sí sé. Es en el . . .*

a. ¿. . . dónde puedo comprar un casco de hockey?
b. ¿. . . a esa entrenadora?
c. ¿. . . quiénes juegan en el partido de tenis mañana?
d. ¿. . . a quién puedo pedirle prestado un bate de béisbol?
e. ¿. . . a los campeones de la liga escolar de béisbol?
f. ¿. . . cuántos goles metieron los jugadores de la escuela en el último partido?
g. ¿. . . quién ganó el campeonato de la Liga Nacional de Fútbol?
h. ¿. . . a algún entrenador de tenis?
i. ¿. . . dónde es el partido de bolos mañana por la noche?
j.

El pretérito de los verbos reflexivos

Reflexive verbs have the same endings in the preterite as non-reflexive verbs.

7 Escoge verbos de la lista de la derecha para escribir lo que hiciste esta mañana antes de ir a la escuela.

Me desperté a las . . .

Luego, túrnate con tu compañero(a) para hacerse preguntas y contestar sobre lo que hicieron. Después, escriban un informe. Por ejemplo:

Nos despertamos a las . . . Ana se duchó en seguida, pero yo . . .

¡NO OLVIDES!

Here are some of the reflexive verbs that you know:

aburrirse
acostarse (*o* → *ue*)
bañarse
cepillarse
despertarse (*e* → *ie*)
ducharse
lastimarse
lavarse
peinarse
probarse (*o* → *ue*)
quedarse
secarse

Ahora lo sabes

Can you:

- **talk about a person or an event in the past?**
  — Ayer Luis ___ el que metió todos los goles.
- **talk about what you did and why?**
  —Yo no ___ la tarea porque no ___ tiempo.
- **talk about things that happened to you?**
  —Me ___ la pierna jugando fútbol y me ___ en cama todo el día.
- **talk about someone you're acquainted with who knows a lot about a certain subject?**
  —(Yo) ___ a la madre de Luis. Ella ___ mucho sobre el arte.

MORE PRACTICE

Más práctica y tarea, pp. 538–539
Practice Workbook 4-5, 4-10

PASO CULTURAL

El gran ciclista español Miguel Induráin nació en 1964. Estuvo en el ciclismo profesional por doce años, participando en competiciones importantes. Es el único ciclista que ha ganado cinco veces consecutivas el Tour de Francia. En 1997, Induráin dijo adiós al ciclismo profesional. Mira este anuncio. ¿Por qué crees que la gente compra productos recomendados por alguien famoso?

Actividades

1 Cuéntale a un(a) compañero(a) cómo aprendiste a nadar, a cocinar, a montar en bicicleta o a hacer otra cosa. Usa estas u otras frases:

hace + *time expression*
aprender a / con
enseñarme a
ser difícil / fácil
cuando
una vez / dos (tres / muchas) veces
tener que
después de / antes de

2 Entrevista a tu compañero(a) o a un(a) amigo(a) sobre el último partido que vio o en el cual *(in which)* participó. Pregúntale, por ejemplo:

- qué tipo de partido fue
- quiénes jugaron
- cómo estuvo el partido
- quién ganó
- quién perdió
- si se lastimó alguien
- si alguien recibió un premio
- ¿ . . . ?

Prepara un informe para la clase. Si quieres, puedes incluir fotos o dibujos en tu informe.

Conexiones

¿Qué hicieron el fin de semana pasado?

Este triple diagrama de Venn muestra las actividades que hicieron el fin de semana pasado 15 estudiantes de una clase. Los números indican cuántos estudiantes participaron en cada actividad.

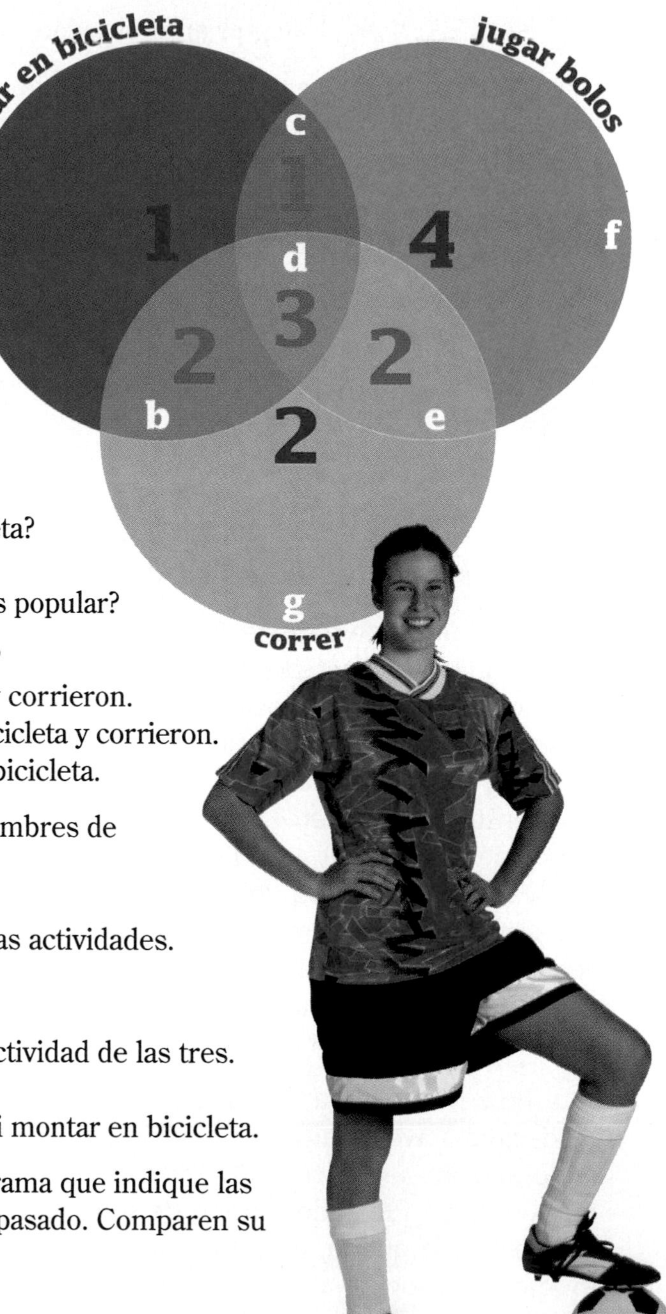

1 Túrnate con un(a) compañero(a) para contestar estas preguntas.

a. ¿Cuántos estudiantes jugaron bolos pero no montaron en bicicleta?
b. ¿Cuántos jugaron bolos y montaron en bicicleta?
c. ¿Cuántos montaron en bicicleta y corrieron?
d. ¿Cuál fue la actividad más popular? ¿La menos popular?

2 ¿A qué sector (de *a* a *g*) del diagrama se refiere?

Sólo corrieron.
Sólo jugaron bolos.
Hicieron las tres actividades.
Jugaron bolos y corrieron.
Montaron en bicicleta y corrieron.
Sólo montó en bicicleta.

3 ¿A qué sector del diagrama corresponden los nombres de estos estudiantes? ¿Qué hicieron ellos?

a. Rebeca y Susana no montaron en bicicleta.
b. Andrés, Laura y Pablo participaron en todas las actividades.
c. Juan Carlos ni jugó bolos ni corrió.
d. Patricia no corrió.
e. Adán, Felipe, Pilar y Elisa hicieron una sola actividad de las tres.
f. A Sara y a Manuel no les gusta jugar bolos.
g. A Rosa y a Jorge no les gusta ni jugar bolos ni montar en bicicleta.

Trabajen en grupos grandes para hacer un diagrama que indique las actividades favoritas del grupo el fin de semana pasado. Comparen su diagrama con el de otros grupos de la clase.

¡Vamos a leer!

Antes de leer

STRATEGY➤ Using prior knowledge

Have you ever been to a costume party? What did people wear? What kinds of costumes best conceal the wearer's identity?

Mira la lectura

STRATEGY➤ Predicting the outcome

Read the first part of this story. Then ask yourself what comes next. See if you can predict what will happen.

Había una fiesta de disfraces en la casa de los Márquez. Los invitados fueron al baile vestidos con muchos tipos de disfraces: de levantadora de pesas, de bailarina, de princesa, de astronauta, de médico, de Frankenstein y de torero. Pero, ¿por qué había tantas personas vestidas de fantasma? Una vez la señora Márquez vio a cuatro fantasmas cerca de la mesa de postres y tres cerca de la de ensaladas y sandwiches. ¿Y por qué entraban y salían tan frecuentemente del dormitorio de su hija Natalia?

La señora Márquez ya no pudo soportarlo. Se decidió a averiguar esta situación tan curiosa. Con mucho cuidado, sin hacer ningún ruido, fue al dormitorio de su hija. Se acercó a la puerta, escuchó por un momento el sonido alegre de mucha gente divirtiéndose, abrió la puerta y encontró . . .

Infórmate

STRATEGY➤ Recognizing word families

In the reading there are probably several unknown words that resemble words you already know. Use what you know about the meaning of the root (for example, *invit-*) and how the word is used in the sentence to help you figure it out. For example, *invitados* should remind you of *invitar*, "to invite." In the phrase *Los invitados fueron* . . . you see that the definite article *los* is used, that *invitados* is plural, and that it comes before a verb. So you probably figured out that *invitados* is a noun meaning "invited ones," or "guests."

1. Now try to figure out the meaning of these italicized words in the same way.
   - *vestidos* con muchos tipos de disfraces
   - de *levantadora* de pesas
   - de *bailarina*
   - con mucho *cuidado*
   - *se acercó* a la puerta

   What helped you figure out the new words?

2. Now turn the book upside down and read the ending to see if you predicted it correctly. If you did, or came close, what clues helped you? What happened in the first part of the story that led you to your prediction?

Aplicación

Use your knowledge of word families to complete this chart. Use a separate piece of paper.

dibujar	dibujo
	regalo
	entrevista
	lavadero

Find out if any of your classmates has a funny story about a party. Write a brief account of the story in Spanish.

. . . a Natalia y a una docena de sus amigos y amigas. Los más pequeños estaban sobre los hombros de los más grandes y se quitaban sus disfraces fantasmales. Y en sus manos ¡llevaban platos de la comida deliciosa que servían los Márquez en su fiesta!

¡Vamos a escribir!

Las reseñas (*reviews*) se publican en los periódicos y las revistas para informar al público sobre las películas, los programas de televisión y las obras de teatro. ¡Vamos a escribir una reseña!

1 Primero, escoge una obra para ver y describir en la reseña. Puede ser un programa de televisión, una película, una obra de teatro o un concierto. Después de ver la obra, escribe la reseña.

Para empezar, organiza tus ideas. Piensa en estas cosas:

- el nombre de la obra o del *show*
- cuándo y dónde lo (la) viste
- los artistas / actores / actrices
- lo que te gustó y por qué
- lo que no te gustó y por qué

Luego escribe el primer borrador. Sigue los pasos del proceso de escribir.

Los Lobos en concierto

Una exposición de arte en una plaza en México

2 Ahora escoge una reseña de un(a) compañero(a) y escribe tu opinión sobre ella. Escribe por qué estás o no estás de acuerdo. Puedes usar estas expresiones entre otras:

- creo que . . .
- para mí
- porque
- por eso
- por ejemplo
- además (*in addition*)

3 Para distribuir su trabajo, pueden:

- enviar las reseñas y las reacciones al periódico escolar
- incluirlas en un periódico publicado en su clase
- exhibirlas en la sala de clases
- ponerlas en su portafolio

El Ballet Folklórico de México es muy famoso por todo el mundo.

Repaso ¿Lo sabes bien?

Esta sección te ayudará a prepararte para el examen de habilidades, donde tendrás que hacer tareas semejantes.

Listening

Can you understand when people talk about their leisure-time activities? Listen as your teacher reads a sample similar to what you will hear on the test. Why has Andrés telephoned his friend Francisco? What is Andrés planning to do?

Reading

Read the following excerpts from a teen magazine. Then match each excerpt with the right ending.

1. ¡Un desastre total! Nadie va a creer en estas aventuras de un niño que busca un jaguar grande que está amenazando a una comunidad pequeña del Amazonas. . . .
2. Por fin ganó el equipo de la secundaria Muñoz Marín. Y los ganadores defenderán el campeonato en un partido la semana que viene en el Estadio Bolívar. . . .
3. Las canciones incluyen la que cantó Ricky Gómez, "No me olvides." El grupo de jóvenes tiene mucho talento, pero todavía no encuentran su sonido especial. . . .

a. . . . dijo el entrenador en un momento muy emocionante.
b. . . . Seguramente va a salir en video pronto.
c. . . . Quiero decir que todavía cantan como muchos otros.

Writing

Write a note to a friend to persuade him or her to accompany you to a special event. Here is a sample.

Querido Felipe,

¿Sabes que Patricia va a jugar en el campeonato de tenis de la liga escolar? El último partido va a ser el jueves. ¿Puedes ir conmigo? Va a ser muy emocionante porque las jugadoras de la Escuela Nacional también son muy buenas. Después podemos salir todos a celebrar—si gana Patricia. (No pude ir al partido el jueves pasado porque tuve que ir al dentista. Dicen que fue una ocasión muy alegre.)

Tu amigo,

Enrique

Culture

What do the paintings of Diego Rivera tell us about Mexican life? What do the paintings of Frida Kahlo tell us about her life?

Speaking

Work with a partner inviting him or her to join you in an activity. Here is a sample dialogue:

A —*¿Te gustaría ir a la exposición de obras de estudiantes en el Museo Universitario?*
B —*Ya la ví. Fui con mi hermana menor y me aburrí.*
A —*Pues, ¿sabes que hay un concierto en el parque el miércoles a la una?*
B —*¿Es de música clásica?*
A —*No. Es de jazz. Va a tocar Carlos Baker.*

Resumen del vocabulario

Usa el vocabulario de este capítulo para:

- **talk about past and present activities**
- **extend, accept, or reject an invitation**
- **discuss and evaluate a leisure-time activity**

to talk about sports
el bate
el guante (de béisbol)
la pelota (de béisbol, de tenis)
la raqueta (de tenis)
los bolos
el golf
el hockey
el palo (de golf, de hockey)
el disco de hockey
meter un gol
correr
levantar pesas
las pesas
montar en bicicleta
la bicicleta
el casco
el balón, *pl.* los balones
el patín, *pl.* los patines
patinar sobre hielo
el esquí, *pl.* los esquíes
el partido
la liga
el jugador, la jugadora
el campeón, *pl.* los campeones; la campeona
el campeonato
el entrenador, la entrenadora
empatar
ganar
perder *(e → ie)*

to discuss leisure activities
la diversión, *pl.* las diversiones
el desastre
el horror
el ajedrez
las damas
el desfile
la exposición, *pl.* las exposiciones (de arte)
(hacer) un crucigrama
(hacer) un picnic
(hacer) un rompecabezas
la música clásica
la música rock
la obra de teatro
la fiesta de disfraces
el casete
el disco compacto
el video musical
aburrirse
divertirse *(e → ie)*
pasarlo bien / mal
soportar

to describe people or things
alegre
último, -a

to discuss activities in the past
estuvo *(from:* estar)
fue (*from:* ser)
(yo) tuve que / (tú) tuviste que (*from:* tener que)

other useful words and expressions
bastante
prestar
pedir prestado, -a (a)
saber
tener tiempo de + *inf.*

CAPÍTULO 5

¿Qué te gustaba hacer de pequeño?

Objectives

At the end of this chapter, you will be able to:

- tell what you were like as a child
- tell what you used to like to do
- talk about what you learned to do
- understand how experiences in José Martí's early life affected his later life

PASO CULTURAL El primero de noviembre en San Juan Sacatepéquez, Guatemala, se ven grandes cometas de muchos colores subir al cielo. Es el Día de Todos los Santos, cuando la gente de este pueblo construye cometas para llevar cartas a sus familiares que han muerto *(who have died).* Hay varias palabras en español para *kite:* "cometa," "barrilete" y "papalote." Una de estas palabras viene del náhuatl, el idioma de los aztecas antiguos. ¿Qué palabra es? ¿Cómo sabes que es esa palabra?

Festival de cometas en Guatemala

¡Piensa en la CULTURA!

Juegos de niños en Honduras, Venezuela y en la España antigua

Mira las fotos. Los niños que vemos están haciendo sus actividades favoritas. ¿Qué te gustaba hacer cuando eras niño(a)?

"Aquí está mi nueva tarjeta de Juan González."

Cuando eras niño(a), ¿coleccionabas algo? ¿Tenías una colección grande? ¿Todavía la tienes?

Caracas, Venezuela

Un niño de Caracas les muestra su colección de tarjetas de béisbol a unos amigos.

"¡Dos y dos son cuatro; cuatro y dos son seis; seis y dos son ocho y ocho dieciséis!"

¿Qué te gustaba jugar de niño(a)? Si saltabas a la cuerda, ¿cantabas canciones como ésta?

Guanaja, Honduras

Niños hondureños saltando a la cuerda

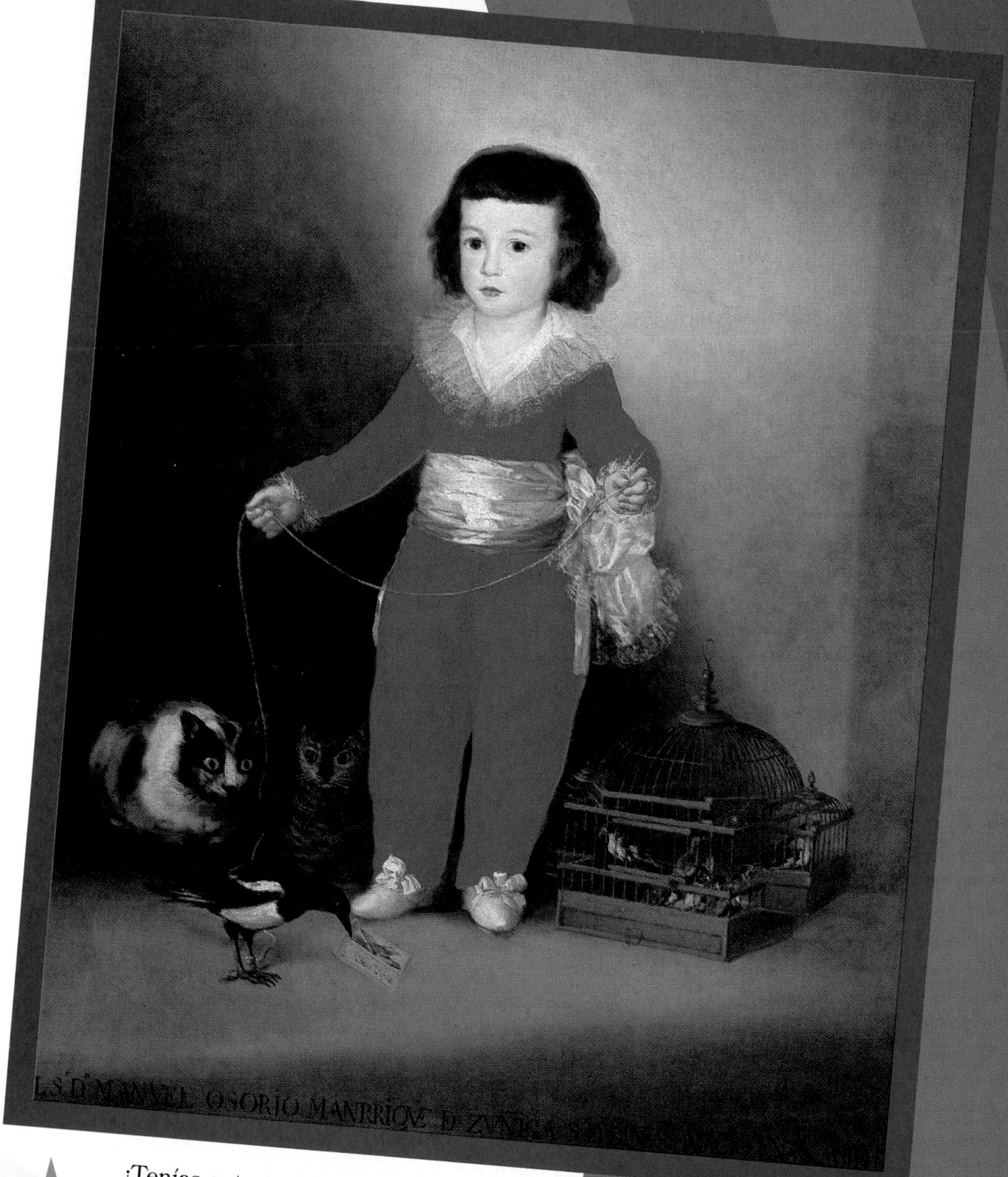

Don Manuel Osorio Manrique de Zúñiga (1788); Francisco de Goya

¿Tenías gatos, perros o pájaros cuando eras niño(a)?

Paso Cultural

Francisco José de Goya y Lucientes (1746–1828) es uno de los pintores más importantes de España. En este cuadro, podemos ver que esta familia es importante por la manera en que está vestido el hijo. Describe otras cosas que ves en este cuadro. ¿Puedes leer lo que dice el papel que el pájaro tiene en su pico?

Cultural Exploration
www.pasoapaso.com
Visit these countries on-line

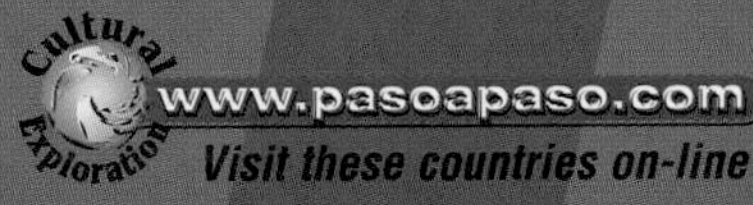

Vocabulario para conversar

¿Eras obediente o no?

Vas a necesitar estas palabras y expresiones para hablar de cuando eras pequeño(a). Después de leerlas varias veces, practícalas con un(a) compañero(a).

¡NO OLVIDES!
Remember that we also use *le, nos,* and *les* with *gustaba(n).*

También necesitas . . .

caminar	*to walk*
ser: (yo) era, (tú) eras	*I was, you were*
ir: (yo) iba, (tú) ibas	*I/you used to go*
tener: (yo) tenía, (tú) tenías	*I/you had, used to have*
(A mí) me gustaba(n) ___.	*I liked, I used to like ___.*
(A ti) te gustaba(n) ___.	*you liked, you used to like ___.*
jugar: (yo) jugaba, (tú) jugabas	*I/you used to play*
(bien) educado, -a	*polite, well-mannered*
de pequeño, -a	*as a child*

¿Y qué quiere decir . . . ?
el animal
el dinosaurio
el robot, *pl.* los robots
la colección, *pl.* las colecciones
coleccionar
maleducado, -a
obediente
desobediente

Empecemos a conversar

Túrnate con un(a) compañero(a) para ser *Estudiante A* y *Estudiante B*. Reemplacen las palabras subrayadas en el modelo con palabras representadas o escritas en los recuadros. Si ven pueden dar su propia respuesta.

1

A —*¿Tenías perros cuando eras niño(a)?*
B —*No, no tenía perros, pero tenía un gato.*
o: *Sí, tenía uno.*
o: *No, yo no tenía animales.*

Estudiante A

Estudiante B

2

A —*¿Te gustaban los coches cuando eras pequeño(a)?*
B —*Sí, y también me gustaban los robots.*
o: *No, pero me gustaban los robots.*

Estudiante A

Estudiante B

3 obediente

A —*De pequeño(a), ¿eras obediente o no?*
B —*Sí, era un(a) niño(a) (muy) obediente.*
o: *No, era (muy) desobediente.*

Estudiante A

a. (bien) educado, -a
b. simpático, -a
c. ordenado, -a
d. atrevido, -a
e. 

Estudiante B

4 jugabas con trenes

A —*De pequeño(a), ¿jugabas con trenes?*
B —*No, yo no jugaba mucho con trenes. Jugaba con muñecos.*
o: *Sí, yo jugaba con trenes.*

Estudiante A

a. ibas al parque con (nombre)
b. te gustaba saltar a la cuerda
c. tenías una silla alta para comer
d. tenías dinosaurios
e. te gustaba montar en triciclo
f. 

Estudiante B

También se dice

el velocípedo

los tarugos
los tacos

brincar a la cuerda

andar en triciclo

Empecemos a escribir

Escribe tus respuestas en español.

5 De pequeño, ¿a qué lugares ibas a menudo? ¿Con quién? ¿Adónde te gustaba más ir?

6 ¿Cuántos años tenías cuando aprendiste a caminar? ¿Y a hablar? ¿Y a leer?

7 ¿Qué juguetes te gustaban más cuando eras pequeño(a)? ¿Por qué? ¿Tienes algunos todavía? ¿Cuáles?

8 ¿Te gustaba coleccionar cosas? ¿Qué colecciones tenías? ¿Qué coleccionas ahora?

MORE PRACTICE

Más práctica y tarea, p. 540
Practice Workbook 5–1, 5–2

Vocabulario para conversar

¿Cómo te portabas cuando eras pequeño(a)?

Aquí tienes el resto del vocabulario que necesitas en este capítulo para hablar de cuando eras pequeño(a).

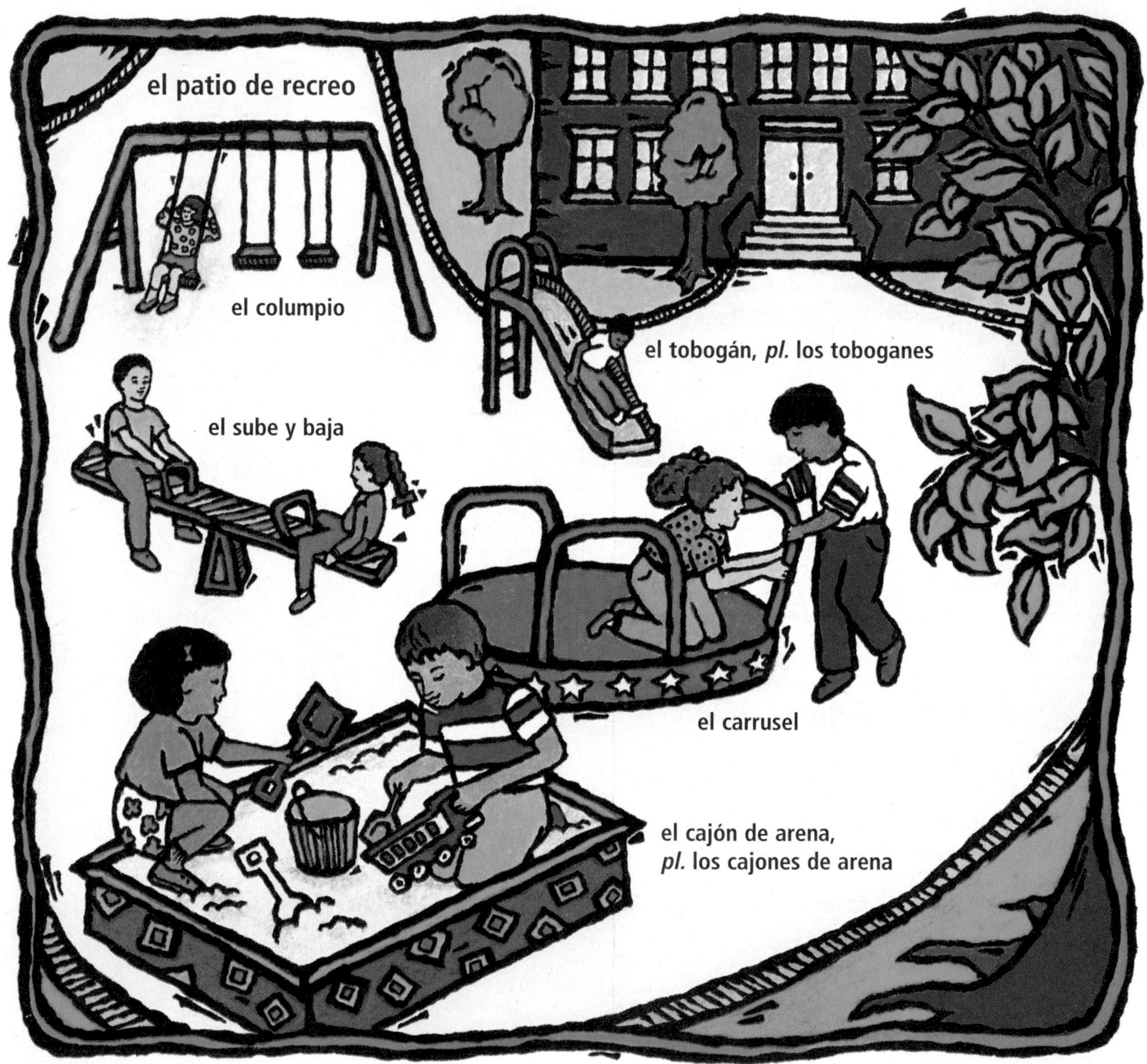

También necesitas . . .

la guardería infantil	*day-care center*	llorar: (yo) lloraba	*to cry: I used to cry*
el vecino, la vecina	*neighbor*	pelearse: (yo) me peleaba	*to fight: I used to fight*
decir: (yo) decía	*I used to say / tell*	tímido, -a	*shy*
mentir *(e → ie)*: (yo) mentía	*to lie: I used to lie*	travieso, -a	*mischievous, naughty*
obedecer *(c → zc)*:* (yo) obedecía	*to obey: I used to obey*	consentido, -a	*spoiled*
molestar: (yo) molestaba	*to bother, to annoy: I used to bother, annoy*		
portarse (bien / mal): (yo) me portaba (tú) te portabas	*to behave (well / badly) I / you used to behave*		
recordar *(o → ue)*	*to remember*		
preferir: (yo) prefería	*I preferred*		

¿Y qué quiere decir . . . ?
el kindergarten
la escuela primaria
la verdad
desobedecer *(c → zc)*

Empecemos a conversar

9 **jugar con otros niños**

A —*¿Cuántos años tenías cuando empezaste a jugar con otros niños?*
B —*Tenía tres años.*
o: *No recuerdo. Era muy pequeño(a).*

Estudiante A

a. vestirte solo(a)
b. prestar tus juguetes a otros niños
c. ir a fiestas
d. estudiar español
e. ir a la escuela
f. 

Estudiante B

* *Obedecer* and *desobedecer* follow the pattern of *conocer: (yo) obedezco, (tú) obedeces,* etc.

Los columpios y el tobogán ocupan un lugar central en el patio de esta casa en Santiago, República Dominicana.

Una familia hondureña

10 **la guardería infantil** A —*¿Cómo te portabas en la guardería infantil?*
B —*Me portaba bien.*
o: *No recuerdo (pero creo que me portaba mal).*

Estudiante A

a. el kindergarten
b. la escuela primaria
c. tu casa
d. la casa de (los vecinos)
e. el patio de recreo
f. el cine

Estudiante B

portarse bien / mal
molestar mucho a ___
llorar a menudo
ser muy (travieso, -a)
(nunca) obedecer a nadie
pelearse con los otros niños

11 **hermanos menores / educados**

A —*¿Tus hermanos menores son educados?*
B —*Sí, son muy educados.*
o: *No. Son muy maleducados y traviesos.*
o: *No tengo hermanos menores.*

Estudiante A | **Estudiante B**

a. primos(as) / obedientes
b. vecinos(as) / simpáticos(as)
c. sobrinos(as) / consentidos(as)
d. amigos(as) / tímidos(as)
e. 

También se dice

el resbaladero
el deslizadero

el trapecio
la hamaca

el tiovivo
la calesita
los caballitos

Empecemos a escribir y a leer

Escribe tus respuestas en español.

12 Cuando eras pequeño(a), ¿ibas a una guardería infantil? ¿Te gustaba o no?

13 De pequeño(a), ¿decías siempre la verdad o mentías a menudo? ¿Cuándo mentías? Y ahora, ¿mientes a veces?

14 Cuando ibas al parque, ¿te gustaba jugar en el columpio, en el tobogán o en el sube y baja? ¿Te gustaba el carrusel? ¿O preferías el cajón de arena? ¿Por qué crees que a los niños les gusta tanto el cajón de arena?

15 De pequeño(a), ¿eras consentido(a)? ¿Y ahora? ¿Te gusta estar con los (las) niños(as) consentidos(as)? ¿Por qué?

16 Discute estas frases con un(a) compañero(a). Decidan si están de acuerdo o no. Si no están de acuerdo, cambien las frases y escríbanlas otra vez.

a. Los niños antipáticos suelen ser muy consentidos.
b. Es necesario portarse bien en la casa y en la escuela.
c. Los niños no deben jugar con pistolas de agua.
d. Los niños deben obedecer a todos los adultos.
e. Hay que decir la verdad siempre.

MORE PRACTICE

Más práctica y tarea, p. 540–541
Practice Workbook 5-3, 5-4

¡Comuniquemos!

Aquí tienes otra oportunidad para usar el vocabulario de este capítulo.

1 Habla con un(a) compañero(a) de cómo eras antes y cómo eres ahora. Usa las características de la lista.

A —*Cuando eras niño(a), ¿eras (muy) perezoso(a)?*
B —*Sí, pero ahora soy (muy) trabajador(a).*
o: *No. Era (muy) trabajador(a).*

a. simpático(a)	maleducado(a)
b. obediente	impaciente
c. ordenado(a)	desobediente
d. serio(a)	prudente
e. tacaño(a)	generoso(a)
f. paciente	antipático(a)
g. educado(a)	divertido(a)
h. atrevido(a)	desordenado(a)
i. 	

2 Con un(a) compañero(a), habla de los juguetes para niños. ¿Cuáles son los mejores y por qué? Después, trabajen con otros dos estudiantes para hablar sobre lo que escogieron.

3 La profesora de una guardería infantil no sabe qué hacer. Con un(a) compañero(a), describe los problemas que hay en la guardería.

Ahora decidan lo que debe hacer la profesora en cada situación. Pueden usar estos u otros verbos.

ayudar	lavar	poner
dar	limpiar	preguntar

¿Qué sabes ahora?

Can you:

- **tell what you were like when you were a child?**
  —De pequeño(a), yo era ___, y ___ mucho.
- **tell what you liked to play with?**
  —Me ___ jugar con ___.
- **talk about how old you were when you learned to do something?**
  —Aprendí a ___ cuando ___ años.

Perspectiva cultural

¿Por qué crees que hay una estatua de este héroe cubano en Nueva York? ¿Hay estatuas de héroes de otros países en tu ciudad? ¿Quiénes son?

EL CRIMEN: Incitar a la gente a rebelarse
EL VEREDICTO: Culpable
LA SENTENCIA: Seis años de trabajo forzado
EL ARMA CON QUE SE COMETIÓ EL CRIMEN: La pluma del poeta
LA EDAD DEL CRIMINAL: 16 años

Imagina que es el año 1870. Cuba es una colonia de España. Hay mucha intriga y mucha actividad política entre los españoles y los que están a favor de la independencia.

Tú tienes dieciséis años. Eres estudiante de secundaria. Escribes artículos políticos que se distribuyen no sólo en la escuela sino también en la ciudad. Y escribes poesía. Todo lo que escribes tiene el mismo tema: la independencia de Cuba.

Ahora estás en la corte en La Habana. Te dan una sentencia de seis años de trabajo forzado. ¿Por qué? Porque en una carta acusaste a un amigo de no ayudar a la revolución.

Ésta era la situación de un joven cubano, José Julián Martí y Pérez.

Martí pasó menos de un año en la prisión. Lo exiliaron a España en 1871 por sus actividades revolucionarias. En España, estudió y continuó su trabajo a favor de la independencia de Cuba. Escribió artículos, folletos, discursos y poesía.

En los años siguientes, Martí vivió y trabajó en México, Guatemala, los Estados Unidos y Venezuela. Escribía poemas y artículos, entre ellos, una columna en el periódico *La nación* de Buenos Aires. Era famoso en toda América Latina.

Cuando vivió en Nueva York, participó en la organización de la revolución cubana. Regresó a Cuba y murió en una batalla contra los españoles cerca de Dos Ríos en 1895. Siete años después, Cuba por fin obtuvo su independencia.

La cultura desde tu perspectiva

1. ¿Conoces a artistas de hoy que se dedican a una causa importante como hizo Martí? ¿Quiénes? ¿Qué hacen para la causa?
2. Imagina que José Martí vive hoy. ¿A qué causa se dedica? ¿Qué escribe?

Estatua de José Martí en el Central Park de Nueva York

Gramática en contexto

¿Cómo era la época colonial?

A When reading about what colonial families used to do, what endings do you find on the verbs *caminar, usar, jugar, tocar*, and *cantar?*

B Find the sentence that tells how children used to go to school. What is the verb? What is its infinitive form?

C The writer uses the words *vivía, hacía, comía*, and *se divertían.* What verbs do you think they come from?

El imperfecto de los verbos que terminan en *-ar*

You have already learned to talk about the past using the preterite tense for actions that began and ended at a definite time.

Ana **cantó** en la fiesta anoche.
*Ana **sang** at the party last night.*

The imperfect tense is another way to talk about the past. We use it to describe past actions without any indication of their beginning or end.

Ana **cantaba**.
*Ana **was singing.***

Esta niña venezolana se divierte mucho durante el recreo.

- We use the imperfect to talk about actions that happened repeatedly in the past. In English we often say "used to" or "would" to express this idea.

  Generalmente **caminaban** mucho.
  *Generally **they would walk** a lot.*

  Jugaban con otros niños de la familia.
  ***They used to play** with other children in the family.*

- Expressions such as *generalmente, a menudo, muchas veces, todos los días, siempre,* and *nunca* can cue us to use the imperfect.

  Here are all the forms of *-ar* verbs in the imperfect. Notice the accent mark on the *nosotros* form.

caminar

(yo)	camin**aba**	(nosotros) (nosotras)	camin**ábamos**
(tú)	camin**abas**	(vosotros) (vosotras)	camin**abais**
Ud. (él) (ella)	camin**aba**	Uds. (ellos) (ellas)	camin**aban**

- Since the *yo* and the *Ud. / él / ella* forms are the same, we often use the subject pronouns to avoid confusion.

1 Con un(a) compañero(a), habla de los deportes que practicaban tú y otras personas en la escuela primaria.

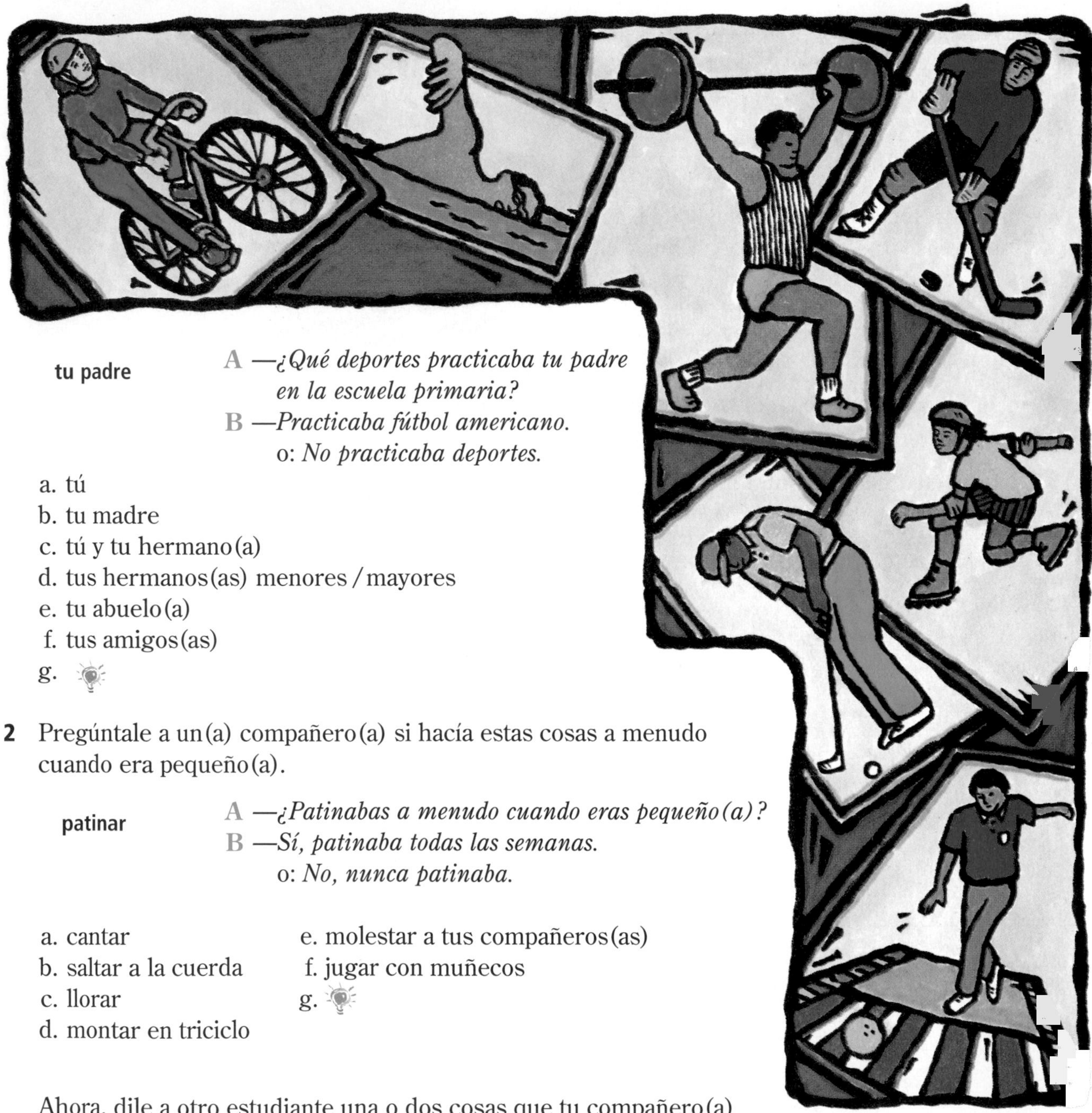

tu padre

A —*¿Qué deportes practicaba tu padre en la escuela primaria?*

B —*Practicaba fútbol americano.*

o: *No practicaba deportes.*

a. tú
b. tu madre
c. tú y tu hermano(a)
d. tus hermanos(as) menores / mayores
e. tu abuelo(a)
f. tus amigos(as)
g.

2 Pregúntale a un(a) compañero(a) si hacía estas cosas a menudo cuando era pequeño(a).

patinar

A —*¿Patinabas a menudo cuando eras pequeño(a)?*

B —*Sí, patinaba todas las semanas.*

o: *No, nunca patinaba.*

a. cantar
b. saltar a la cuerda
c. llorar
d. montar en triciclo
e. molestar a tus compañeros(as)
f. jugar con muñecos
g.

Ahora, dile a otro estudiante una o dos cosas que tu compañero(a) hacía a menudo.

—*Miguel patinaba todas las semanas y jugaba con muñecos todos los días.*

El imperfecto de los verbos que terminan en *-er* e *-ir*

Here are all the forms of *-er* and *-ir* verbs in the imperfect. Note that they have the same pattern of endings. Notice the accent mark on each ending.

comer / vivir

(yo)	com**ía** viv**ía**	(nosotros) (nosotras)	com**íamos** viv**íamos**
(tú)	com**ías** viv**ías**	(vosotros) (vosotras)	com**íais** viv**íais**
Ud. (él) (ella)	com**ía** viv**ía**	Uds. (ellos) (ellas)	com**ían** viv**ían**

- The verb *ver* is irregular in the imperfect only because the endings are added to the stem *ve-*:

(yo)	ve**ía**	(nosotros) (nosotras)	ve**íamos**
(tú)	ve**ías**	(vosotros) (vosotras)	ve**íais**
Ud. (él) (ella)	ve**ía**	Uds. (ellos) (ellas)	ve**ían**

- *Haber* is a special verb because it has only one form. You already know the present-tense form, *hay* ("there is / are"). The imperfect form is *había* ("there was / were, there used to be").

  En la escuela **había** un patio de recreo muy grande.
  En mi casa **había** dos baños.

3 Túrnate con un(a) compañero(a) para hablar de lo que tenían estas personas cuando Uds. eran pequeños(as).

tus abuelos A —*¿Qué tenían tus abuelos cuando eras pequeño(a)?*
B —*Tenían un proyector de diapositivas.*

a. tus tíos
b. tus primos
c. tú
d. tus hermanos y tú
e. tu vecino(a)
f.

4 Pregúntale a dos compañeros(as) qué hacían ellos (ellas) en la escuela primaria.

obedecer siempre a sus padres A —*¿Uds. obedecían siempre a sus padres?*
B —*Sí, obedecíamos siempre a nuestros padres.*
o: *No, desobedecíamos a menudo.*

a. comer en la cafetería todos los días
b. hacer fila antes de las clases
c. ver videos en las clases
d. leer libros en la biblioteca a menudo
e. tener tarea
f. soler visitar museos
g. escribir cartas a estudiantes de otras escuelas
h. mentir mucho o siempre decir la verdad
i.

El imperfecto de los verbos *ir* y *ser*

The verbs *ir* and *ser* are irregular in the imperfect. Here are all their imperfect forms:

ir

(yo)	**iba**	(nosotros) (nosotras)	**íbamos**
(tú)	**ibas**	(vosotros) (vosotras)	**ibais**
Ud. (él) (ella)	**iba**	Uds. (ellos) (ellas)	**iban**

ser

(yo)	**era**	(nosotros) (nosotras)	**éramos**
(tú)	**eras**	(vosotros) (vosotras)	**erais**
Ud. (él) (ella)	**era**	Uds. (ellos) (ellas)	**eran**

Paso cultural La ciudad de San Sebastián es la capital de Güipúzcoa, una de las provincias vascas en el norte de España. San Sebastián tiene algo para todos: bonitas playas, restaurantes, museos, acuarios, palacios y, para los niños, un bonito parque de diversiones en lo alto del Monte Igueldo. También es famosa por dos festivales internacionales que se celebran allí todos los años, uno de cine y otro de jazz. ¿Qué lugares en los Estados Unidos ofrecen algo para todos, como San Sebastián? ¿Qué hay en esos lugares?

Algunas plazas tienen área de recreo, como ésta en San Sebastián, España.

5 Usa las dos listas para decir adónde iban a menudo tú y otras personas cuando eran pequeños(as).

Cuando yo era pequeño(a), iba a menudo a la biblioteca.

a. yo	la biblioteca
b. mi hermano(a)	la escuela
c. mi hermano(a) y yo	la tienda cerca de mi casa
d. mi primo(a)	el centro comercial
e. mis primos(as)	el parque
f. mi vecino(a)	el cine
g. mis vecinos(as)	el supermercado
h.	

6 Describe cómo han cambiado *(have changed)* tú, otras personas de tu familia, tus amigos(as) y tus vecinos(as). Por ejemplo:

travieso(a) *Mi vecino Jorge era muy travieso, pero ahora es bastante obediente.*
o: *Mi vecino Jorge era muy travieso y todavía es bastante travieso.*

a. maleducado(a)
b. tímido(a)
c. antipático(a)
d. desobediente
e. gracioso(a)
f. 💡

7 Con un(a) compañero(a), compara lo que haces en casa ahora con lo que hacías en casa cuando eras pequeño(a). Puedes usar estas expresiones u otras:

poner la mesa *Cuando era pequeño(a) ponía la mesa. Y ahora todavía la pongo.*
o: *Pero ahora debo pasar la aspiradora una vez por semana.*

a. hacer la cama
b. sacar la basura
c. lavar el suelo de la cocina
d. limpiar mi dormitorio
e. pasar la aspiradora
f. sacudir los muebles
g. 💡

8 Di qué hay en tu casa ahora que es diferente de lo que había antes. Por ejemplo:

Ahora hay un sofá blanco de cuero en mi casa. Cuando era pequeño(a) había un sofá negro de lona.

Un muchacho hondureño muestra a su hermanito cómo montar en bicicleta.

Unas niñas españolas saltan a la cuerda delante de su casa en Andalucía.

Ahora lo sabes

Can you:

- talk about your life as a child?

  —De pequeño(a) ___ en un apartamento muy pequeño. Me ___ jugar con trenes.

- tell what people used to do regularly?

  —Los vecinos ___ de lunes a viernes. Y los fines de semana ___ de pesca.

- compare what people used to do with what they do now?

  —Cuando ___ pequeño(a), yo ___ los platos. Ahora ___ la comida.

MORE PRACTICE

Más práctica y tarea, pp. 541–542
Practice Workbook 5–5, 5–9

Actividades

1 Cada estudiante debe traer una foto de cuando era pequeño(a) o una foto de alguna revista. Pongan todas las fotos en una bolsa y escojan una. Según la foto van a inventar cómo era y qué hacía ese (esa) niño(a). Escriban un informe y léanlo en clase.

Este niño era muy . . . Lloraba . . .

2 ¿Cómo era tu comunidad hace 50 o 100 años? En grupo, investiguen sobre:

- las casas
- los trabajos
- la comida
- la ropa
- los pasatiempos
- los deportes
- el transporte

Preparen un informe para la clase. Pueden usar la selección de la página 174 como modelo e incluir dibujos o fotos de revistas. Por ejemplo:

En nuestra comunidad, había muy pocas casas . . .

Conexiones

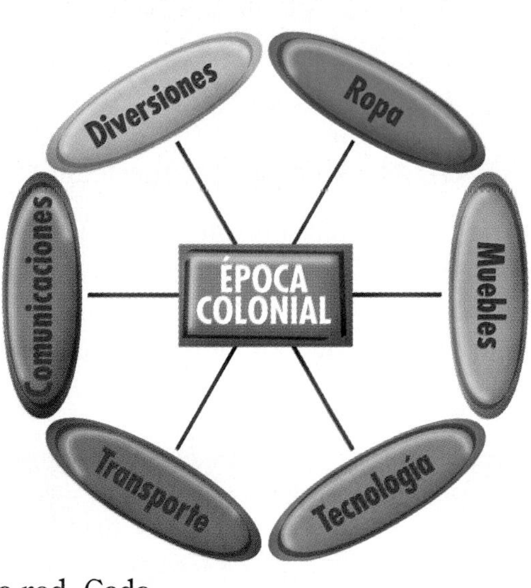

Ayer y hoy

Vas a hacer una comparación entre la época colonial y la de hoy.

1 Mira con un(a) compañero(a) las escenas de la época colonial de la página 174. Copia esta red *(web)* de categorías en una hoja de papel.

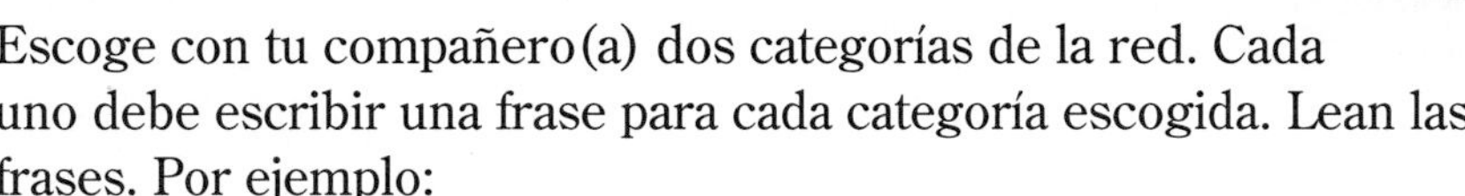

Escoge con tu compañero(a) dos categorías de la red. Cada uno debe escribir una frase para cada categoría escogida. Lean las frases. Por ejemplo:

Categoría: Los muebles
Los muebles eran . . . (No) había . . . La gente . . .

2 Con tu compañero(a) vas a hacer una red para hablar de lo que pasa ahora. Deben escribir "Ahora" en el centro, escoger dos de las categorías y seguir los mismos pasos que en la red anterior. Por ejemplo:

Los muebles son . . . (No) hay . . . Nosotros . . .

3 Completen todas las categorías de las dos redes. Después, escojan las dos comparaciones mejores y léanlas a la clase.

¡Vamos a leer!

Antes de leer

STRATEGY ➤ Using prior knowledge

Have you ever known a really amazing athlete? What was he or she like? What information would you expect to find in the life story of an outstanding athlete? How is a biography usually organized?

Mira la lectura

Read the story through quickly. Did you find the information you expected?

El campeón

—¡Roberto! ¡Roberto, ven! ¡Ya es hora de comer!

El pequeño Roberto no prestaba atención. Era un muchacho obediente, pero en ese momento, sólo pensaba en lo que hacía—jugar béisbol.

Roberto Clemente nació en 1934 en la pequeña comunidad de Carolina, Puerto Rico. Jugaba béisbol todos los días, pero también tenía que ir a la escuela y trabajar. Trabajaba porque quería comprarse una bicicleta. Después de trabajar tres años, tuvo bastante dinero para comprarse una. En la escuela secundaria, Roberto era un muchacho tímido, pero en el campo de béisbol su timidez desaparecía.

En 1953 representantes de los Brooklyn Dodgers fueron a Puerto Rico para observar y contratar a nuevos jugadores. —¡Tenía que contratarlo! Era el mejor atleta innato que había visto,— dijo el scout de los Dodgers cuando vio al joven Roberto jugar. Los Dodgers lo mandaron a su equipo de Montreal, Canadá. De allí pasó a los Piratas de Pittsburgh en 1955. Cinco años más tarde los Piratas ganaron el campeonato de la Liga Nacional y la Serie Mundial. Clemente fue nombrado el Jugador Más Valioso de la liga en 1966. El 24 de julio de 1970 se celebró la Noche de Roberto Clemente en el estadio Three Rivers de Pittsburgh para honrar al pelotero más famoso y más querido del equipo.

En diciembre de 1972, ocurrió un terrible terremoto en Nicaragua. En seguida Clemente organizó un vuelo de ayuda. Llevaba alimentos, ropa y medicina para las víctimas del desastre. El avión era viejo y pequeño y pesaba mucho, pero Clemente insistió en ir.

Cuando desapareció el avión en el mar poco antes de la medianoche del 31 de diciembre, murió no sólo un gran atleta sino un gran hombre.

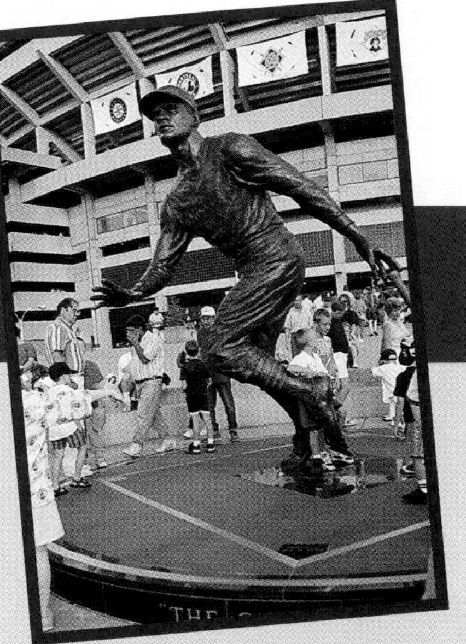

Esta estatua de Roberto Clemente queda enfrente del estadio en Pittsburgh.

Infórmate

STRATEGY ➤ Recognizing time expressions

La ciudad de Managua después del terremoto de 1972

Time expressions will help you understand writing that is organized chronologically, as a biography usually is. Some of the time expressions in this biography are:

- . . . en 1934 . . .
- Cinco años más tarde . . .
- En diciembre de 1972 . . .

Other expressions can help you to keep track of time by referring to activities associated with a certain stage of life. For example:

- . . . tenía que ir a la escuela . . .
- En la escuela secundaria, . . .

1. Now reread the biography. When you come to an expression that helps you fix the time, stop and quickly calculate how old Roberto was then.
2. Why is Roberto Clemente one of baseball's most honored players? Why is he considered a great humanitarian?

18

Aplicación

Write three to five sentences with time expressions about a famous athlete or other famous person. Then read one sentence to a partner and ask him or her to guess who it is about. If your partner can't guess, read the next sentence, and so on. For example, these statements are about Nancy López.

1. Ganó el Torneo de Golf Femenino de Nuevo México cuando tenía 12 años.
2. En 1978 ganó nueve torneos de golf, entre ellos el de la Asociación de Mujeres Golfistas Profesionales (LPGA en inglés).
3. Siete años después, ganó cinco torneos, entre ellos el LPGA una vez más.

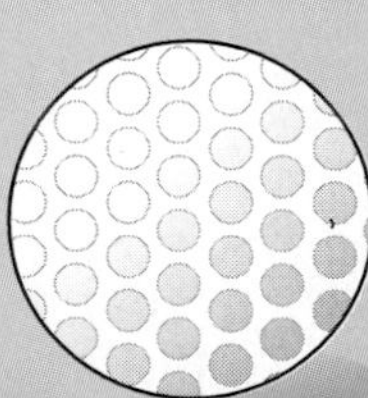

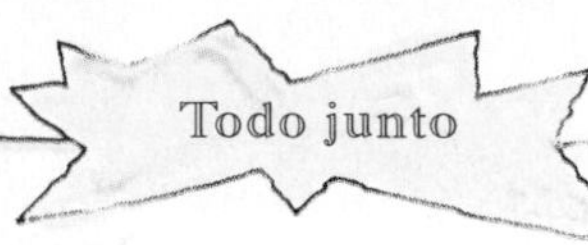

¡Vamos a escribir!

Todos tenemos una persona especial en la vida. Puede ser un(a) pariente(a), un(a) amigo(a) o un(a) profesor(a). Vamos a escribir una biografía breve de una persona especial.

Primero entrevista a la persona o a alguien que la conoce. Contesta estas preguntas:

- ¿Cuándo y dónde nació?
- ¿Dónde vivía la familia cuando nació?
- ¿Cómo era de pequeño(a)?
- ¿Qué hacía de pequeño(a)? ¿De joven?
- ¿Cómo es ahora?
- ¿Qué hace ahora?

Organiza tus ideas en orden cronológico. Escribe el primer borrador. Sigue los pasos del proceso de escribir.

Ahora escribe una anécdota de la vida de la persona que escogiste. Debe ser una anécdota que revele algo de su carácter. Por ejemplo, ¿hizo alguna vez algo muy difícil? ¿Algo increíble?

Para distribuir las biografías y anécdotas, pueden:

- enviarlas a las personas de quienes escribieron
- enviarlas al periódico o a la revista literaria escolar
- incluirlas en un libro titulado *Personas especiales*
- ponerlas en sus portafolios

Un gaucho de San Antonio de Areco, Argentina

Entrevista con un gaucho

ESTUDIANTE	¿Qué es un gaucho?
GAUCHO	Somos vaqueros.
ESTUDIANTE	¿La ropa que usa es típica?
GAUCHO	Sí. El poncho, el sombrero negro, los pantalones flojos, el cinturón de plata y las botas son muy típicos.

Entrevista con mi abuela

NIETA ¿Dónde vivía tu familia cuando naciste?

ABUELA Aquí en esta misma vecindad. Sólo a unas cuadras de donde vivo hoy.

NIETA ¿Qué hacías cuando eras niña?

ABUELA Recuerdo que iba a recoger flores y frutas con mis hermanos. A mi mamá—tu bisabuela—le encantaba tener flores frescas en la casa.

Una niña en los brazos de su abuelita en Argentina

Un ecuatoriano en camino a su trabajo

Entrevista con un profesor de español

ESTUDIANTE ¿Puede Ud. decirme cuándo y dónde nació?

SR. ALLENDE Nací en Ecuador. Ayer cumplí 30 años. ¡Tú puedes calcular el año!

ESTUDIANTE ¿Qué hacía de pequeño?

SR. ALLENDE A mi y a mis amigos nos encantaba montar en bicicleta. También pasábamos muchas horas pescando.

Capítulo 5

Repaso ¿Lo sabes bien?

Esta sección te ayudará a prepararte para el examen de habilidades.

Listening

Can you understand when people talk about what they were like as children? Listen as your teacher reads a sample similar to what you will hear on the test. How were Tina and her sister different? Why were they different?

Reading

Read the following fragment of an autobiography. Then complete the sentences with the right time expressions. (One choice will not be used.)

Cuando yo era niño, mi mamá me hacía animales de peluche. Mi papá me hacía juguetes de madera. ___ me hizo una casa de madera en un árbol. Yo no entendía por qué mis padres no me compraban juguetes de plástico, como los de mis compañeros. ___ por fin entendí. Estudiamos el medio ambiente y la importancia de reciclar los materiales. Mis padres estaban reciclando las cosas. ___ yo también hago juguetes de madera para mi hija.

a. cuando estaba en la escuela secundaria
b. el año pasado
c. ahora
d. cuando cumplí ocho años

Writing

Clara is going to spend a year in Guatemala as an exchange student. A Guatemala City newspaper has asked for a brief description of her as a child. This is what a long-time friend wrote. Write a similar description of *your* best friend.

Recuerdo que Clara era una niña muy simpática y trabajadora. Cuando no conocía a la gente, era un poco tímida, pero después era sociable. Éramos vecinos. Íbamos a la misma escuela. Los fines de semana jugábamos en el parque. Yo sé que Clara va a tener muchos amigos en Guatemala.

Culture

If you had been a friend of José Martí, would you have helped him fight for Cuban independence? Why?

Speaking

With a partner, talk about your childhood. Ask one another some questions to find out what you were like as young children. Here is a sample dialogue.

A —*Cuando tenías cinco años, ¿cómo eras?*
B —*Obediente pero a veces un poco travieso. ¿Y tú?*
A —*Casi siempre me portaba bien, pero también era traviesa. ¿Con qué te gustaba jugar?*
B —*Me gustaban los bloques, los trenes eléctricos y las pistolas de agua. ¿Qué preferías tú?*
A —*A mí me encantaba montar en triciclo y saltar a la cuerda.*

Resumen del vocabulario

Usa el vocabulario de este capítulo para:

- **tell what you were like as a child**
- **tell what you used to like to do**
- **talk about what you learned to do**

to talk about animals
el animal, *pl.* los animales
el pájaro
el pez, *pl.* los peces
la tortuga

to talk about people
de pequeño, -a
el niño, la niña
el vecino, la vecina
obediente
desobediente
(bien) educado, -a
maleducado, -a
consentido, -a
tímido, -a
travieso, -a

to name toys
el juguete
la muñeca
el muñeco
el robot, *pl.* los robots
el animal de peluche, *pl.* los animales de peluche
el oso de peluche
el dinosaurio
el camión, *pl.* los camiones
el tren (de juguete)
el bloque
la pistola (de agua)

to discuss things you used to do
ser: (yo) era, (tú) eras
caminar
montar en triciclo
el triciclo
saltar (a la cuerda)
la cuerda
ir: (yo) iba, (tú) ibas
recordar *(o → ue)*
coleccionar
la colección, *pl.* las colecciones
la verdad
mentir *(e → ie)*
obedecer *(c → zc)*
desobedecer *(c → zc)*
portarse (bien / mal)
molestar
pelearse (con)
llorar

to talk about places children go
la guardería infantil
el kindergarten
la escuela primaria

to talk about playground equipment
el patio de recreo
el cajón de arena, *pl.* los cajones de arena
el carrusel
el columpio
el sube y baja
el tobogán, *pl.* los toboganes

CAPÍTULO 6

¡Celebremos!

Objectives

At the end of this chapter, you will be able to:

- name and describe members of an extended family
- describe special family occasions, holidays, and other celebrations
- greet people in several different ways
- discuss how one culture can influence another

PASO CULTURAL En el Palacio de los Matrimonios hay hasta cuatro ceremonias por hora. El gobierno ayuda a pagar el costo del evento, incluso un modesto hotel en la playa para los novios *(bride and groom)*. ¿Por qué crees que estas personas están celebrando su boda en un edificio gubernamental como éste?

En el Palacio de los Matrimonios, La Habana, Cuba

¡Piensa en la CULTURA!

Familias en las obras de Goya, Picasso y Botero

Mira las pinturas. ¿Cómo son estas familias? ¿Qué diferencias ves en estas pinturas?

PASO CULTURAL En los cuadros, dibujos y esculturas del artista colombiano Fernando Botero (1932–), casi todas las figuras son redondas, enormes y sin emoción. Botero dice que con este estilo quiere comunicar la igualdad *(sameness)* de las cosas. Para ti, ¿qué está comunicando el artista en este cuadro?

Muchos de los cuadros del artista español Francisco de Goya (1746–1828) presentan escenas de la aristocracia y la familia real *(royal)* española. Sus cuadros son famosos por su variedad y su realismo. En tu opinión, ¿cuál de estos tres cuadros es el más realista? ¿Por qué crees eso?

Una familia (1989), Fernando Botero

Carlos IV y su familia (1800), Francisco de Goya

Familia de saltimbancos (1905), Pablo Picasso

Vocabulario para conversar

¿Cómo celebras tu cumpleaños?

Vas a necesitar estas palabras y expresiones para hablar sobre reuniones familiares y otras celebraciones. Después de leerlas varias veces, practícalas con un(a) compañero(a).

apagar

La fiesta de cumpleaños

La graduación, *pl.* las graduaciones

También necesitas . . .

la reunión, *pl.* las reuniones	*gathering, get-together*
saludar	*to greet*
nacer	*to be born*
(estar) casado, -a (con)	*(to be) married (to)*
(estar) soltero, -a	*(to be) single*
(estar) muerto, -a	*(to be) dead*
el bisabuelo, la bisabuela	*great-grandfather / great-grandmother*
el nieto, la nieta	*grandchild*
el cuñado, la cuñada	*brother-in-law / sister-in-law*
el sobrino, la sobrina	*nephew, niece*
familiar	*family* (adj.)
de nuevo	*again*

¿Y qué quiere decir . . . ?

el cumpleaños
cumplir años
el aniversario (de boda)
la celebración, *pl.* las celebraciones
celebrar
regalar
invitar
especial
(estar) divorciado, -a (de)
(estar) separado, -a (de)

Empecemos a conversar

Túrnate con un(a) compañero(a) para ser *Estudiante A* y *Estudiante B*. Reemplacen las palabras subrayadas en el modelo con palabras representadas o escritas en los recuadros. Si ven pueden dar su propia respuesta.

1

A —*¿Suele ir a fiestas de disfraces?*
B —*Sí, y me divierto bastante.*
o: *No. Nunca voy a fiestas de disfraces.*
o: *Sí, pero no las soporto.*

Estudiante A

a. 
b. 
c. 
d. 
e. 
f. 

Estudiante B

divertirse
aburrirse
pasarlo bien / mal

2 tu tío(a)

A —*Generalmente, ¿cómo saludas a tu tío(a)?*
B —*Nos abrazamos.*
o: *No tengo tíos.*

Estudiante A

a. tus cuñados(as)
b. tu madre / padre
c. tu abuelo(a)
d. tus amigos(as)
e. tus bisabuelos(as)
f. el director / la directora de la escuela
g. 

Estudiante B

3 cumplir años

A —*Cuando eras pequeño(a), ¿qué hacía tu familia cuando alguien cumplía años?*
B —*Comprábamos un pastel.*
o: *No recuerdo.*

Estudiante A

a. celebrar su aniversario de boda
b. graduarse
c. casarse
d. nacer

Estudiante B

comprar un pastel
invitar a ___
hacer una fiesta / cena / almuerzo
hacer una reunión familiar
no hacer nada

Empecemos a escribir

Escribe tus respuestas en español.

4 ¿Te diviertes cuando cumples años? ¿Cómo celebraste tu último cumpleaños? ¿A quiénes invitaste? ¿Qué te regalaron? ¿Había pastel? ¿Quién encendió las velas? ¿En qué pensaste cuando las apagaste?

5 ¿Qué ocasiones especiales celebra tu familia? ¿Cuándo fue la última vez que celebraron algo? ¿Cómo lo pasaste? Generalmente, ¿quiénes van a las reuniones familiares? ¿Qué haces tú en esas reuniones? ¿Qué hacías cuando eras pequeño(a)?

6 De tus actores o cantantes *(singers)* favoritos, ¿sabes quiénes están casados? ¿Quiénes están separados o divorciados? ¿Y solteros? ¿Quiénes están divorciados y casados de nuevo?

MORE PRACTICE

- Más práctica y tarea, p. 543
- Practice Workbook 6–1, 6–2

También se dice

el casamiento
el matrimonio

la colación

la torta
la tarta
el queque
el ponqué
el bizcocho

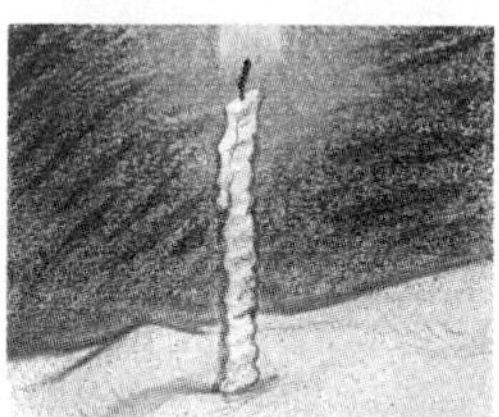

la candela

Vocabulario para conversar

¿Cómo celebras los días de fiesta?

Aquí tienes el resto del vocabulario que necesitas en este capítulo para hablar sobre reuniones familiares y otras celebraciones.

¡Una fiesta de sorpresa!

FECHA: ____
HORA: ____
LUGAR: ____

la invitación, *pl.* las invitaciones

el Año Nuevo

el Día de los Enamorados

la flor

el Día de la Madre (el segundo domingo de mayo)

los fuegos artificiales *(m.pl.)*

bailar

el baile

el Día del Padre (el tercer domingo de junio)

el Día de la Independencia

También necesitas . . .

charlar	*to chat*
encontrarse (*o* → *ue*)	*to meet (each other)*
felicitar	*to congratulate*
lanzar fuegos artificiales	*to shoot / set off fireworks*
¿a qué edad . . . ?	*at what age . . . ?*
a los ___ años	*at the age of ___*
desde (que + *verb*)	*since, from*
el pariente, la parienta	*relative*

¿Y qué quiere decir . . . ?
escribirse
hablarse
verse
el día de fiesta
la fiesta de fin de año
¡felicidades!

Empecemos a conversar

7 

A —*¿Cuándo es el Día de la Madre?*
B —*Es el segundo domingo de mayo.*

Estudiante A

a. 

b. 

c. 

d. 

e. 

f. 

g. 

Estudiante B

8 

tus amigos(as)

A —*¿Cómo celebran tus amigos(as) el Día de los Enamorados?*
B —*Envían tarjetas, regalan flores,* . . .
o: *No hacen nada.*

Estudiante A

a. tu ciudad

b. tu familia

c. Uds.

d. tú

e. tú y tus amigos

f. tu familia

g. 

Estudiante B

9 trabajar

A —*¿A qué edad vas a trabajar?*
B —*A los (18) años.*
o: *Trabajo desde que tengo 12 años.*

Estudiante A

a. graduarte*
b. usar corbata / zapatos de tacón alto
c. comprar un coche
d. vivir solo(a)
e. casarte
f. tener hijos
g.  

Estudiante B

* When a reflexive verb is used in the infinitive *(graduarte, casarte)*, the reflexive pronoun *(te)* agrees with the subject *(tú)*.

10 

verse

A —*¿Se ven a menudo tú y tu bisabuelo(a)?*
B —*Nos vemos todos los días.*
o: *Casi nunca nos vemos.*
o: *Mis bisabuelos están muertos.*

Estudiante A

a. hablarse por teléfono

b. escribirse

c. encontrarse

d. 

Estudiante B

una vez (dos veces) al mes / año

a veces

hace (3 meses) que no nos ___

El padre de la quinceañera baila el primer vals con su hija.

Una familia se reúne delante de una iglesia en la Ciudad de México después de un bautizo.

Empecemos a escribir y a leer

11 ¿Cómo te gustaría celebrar tu próximo cumpleaños? ¿Piensas enviarles invitaciones a tus parientes y amigos? Generalmente, ¿qué haces de especial el día de tu cumpleaños? ¿Qué hacen tus parientes y amigos? ¿Cómo te saludan ese día? ¿Qué te dicen?

12 ¿Cuál es tu día de fiesta favorito? ¿Por qué? ¿En qué días de fiesta les dices "felicidades" a otras personas? ¿Cuándo felicitas a tus amigos(as) y a los miembros de tu familia? ¿En qué días de fiesta le envías tarjetas a la gente? ¿En qué días lanza la gente fuegos artificiales?

13 ¿Qué tipo de fiestas prefieres, las de sorpresa o las de disfraces? ¿Por qué? Cuando vas a un baile, ¿prefieres charlar o bailar? ¿Por qué?

14 ¿Cómo celebra tu familia el Día de Acción de Gracias?

15 Lee esta carta de agradecimiento *(thank you)*. En grupo, hablen de la visita de la señorita de la Luna. ¿Lo pasó bien o mal? ¿Cómo lo saben? Después, hagan una lista de las cosas positivas de su visita y otra lista de las cosas negativas.

Estimado Sr. Gastelotodo:

Gracias por su generosa invitación a La Vega durante el Primer Festival Internacional de Cine. Ya no recuerdo que llovió todos los días y que Ud. y yo sólo nos encontramos una vez. Recuerdo la fantástica fiesta de disfraces cuando bailé toda la noche con un hombre vestido de leopardo. Todavía pienso en el abrigo de piel que perdí. Lloré mucho, pero ahora ya no estoy tan triste. ¡Estaba un poco aburrida de llevar el mismo abrigo desde 1994! Y me compré uno más bonito y más caro.

¡Qué feliz me hizo ganar el plátano de oro para la mejor actriz del año! Pero la pierna que me lastimé cuando salía del escenario todavía me duele mucho.

Muchos besos y un abrazo fuerte,

Lucía de la Luna

También se dice

el Día de San Valentín

la Nochevieja

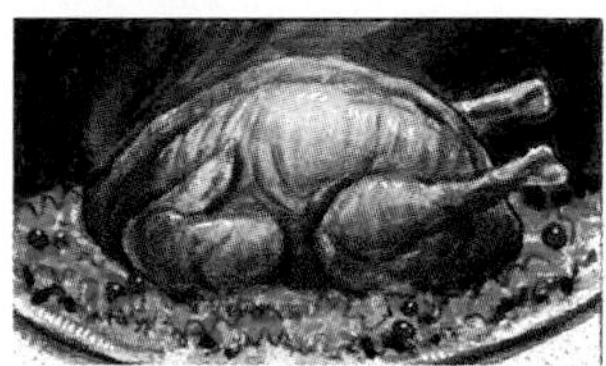

el guajolote
el chompipe

MORE PRACTICE

- Más práctica y tarea, p. 544
- Practice Workbook 6-3, 6-4

¡Comuniquemos!

Aquí tienes otra oportunidad para usar el vocabulario de este capítulo.

1 Túrnate con un(a) compañero(a) para hablar de alguna fiesta a la que fue cada uno de ustedes. Pregunten:

- qué tipo de fiesta era y dónde fue
- qué celebraban
- quiénes fueron (¿parientes? ¿amigos?)
- qué hicieron
-

Pueden usar las expresiones de la lista u otras para contestar las preguntas.

abrir los regalos
cantar "Feliz cumpleaños"
charlar
cortar / comer pastel
despedirse
encender / apagar las velas
felicitar
regalar
sacar fotos
saludar

Después, dile a otro(a) estudiante cómo fue la fiesta de tu compañero(a). Por ejemplo:

Miguel fue a una fiesta el sábado. Era el aniversario de boda de sus . . . Fue en . . . Había . . .

2 Hazle una entrevista a un(a) pariente(a) o a un(a) amigo(a). Luego, prepara su biografía. Puedes usar estas u otras preguntas:

- cuándo nació
- a qué edad empezó a ir a la escuela y cuándo se graduó
- a qué edad empezó a trabajar
- cuándo le pasó algo importante y qué le pasó

Luego, dile a tu compañero(a) lo que averiguaste *(found out):*

Mi prima María Rosa nació el 7 de octubre de 1978 . . .

Estas dos amigas en Montevideo, Uruguay, se saludan con un beso en la mejilla.

PASO CULTURAL Cuando los amigos hispanohablantes se encuentran en la calle, muchas veces se dan la mano o se saludan con un besito o un abrazo. Generalmente se acercan más físicamente que los anglohablantes para saludarse y conversar. ¿Te gustaría incorporar esta costumbre a nuestra cultura? ¿Por qué sí o no?

3 Con un(a) compañero(a) inventa una conversación por teléfono. Él (Ella) te invita a una fiesta y te dice:

- la fecha
- la hora
- la dirección
- el tipo de fiesta que va a ser
-

Tú le preguntas sobre:

- el regalo
- la ropa que debes llevar
- las personas que van a ir
- qué van a hacer
- si debes llevar algo de comida
-

Pueden comenzar así:

A —*¡Hola, Olga! Soy Luis. ¿Cómo estás?*
B —*Bien, gracias, Luis. ¿Y tú?*
A —*Muy bien. Yo quisiera invitarte a . . .*

¿Qué sabes ahora?

Can you:

- **talk about how your family celebrates certain occasions?**
  —Mi familia celebra ____ todos los años. Hacemos un(a) ____ .
- **talk about holiday celebrations?**
  —El 4 de julio, día de ____, la gente lanza ____ en la calle.
- **talk about how you greet people?**
  —Mi bisabuela y yo siempre nos ____ cuando nos ____ .

Perspectiva cultural

¿Qué te dicen estas fotos sobre la religión en América Latina? ¿Qué influencias de diferentes culturas puedes observar en ellas?

La gente se disfraza con colores brillantes en un desfile de carnaval en Ponce, Puerto Rico.

Probablemente sabes que el catolicismo es la religión principal en los países hispanos. Es verdad, pero también se practican el protestantismo, el islamismo, el judaísmo, el budismo, la religión ortodoxa griega y las religiones indígenas. En el Caribe, mucha gente practica la santería, una combinación entre la religión yoruba africana y el catolicismo.

Hay celebraciones de origen religioso muy populares entre gente de todas las religiones. *Los carnavales*, por ejemplo, son desfiles con danza, música y disfraces que se celebran por toda América Latina. Empiezan en febrero, el fin de semana antes del Miércoles de Ceniza, que es el comienzo de los 40 días de la Cuaresma *(Lent)*.

Los carnavales se celebran de diferentes maneras. En Perú, Bolivia y el norte de Argentina, se ven las tradiciones incas. En la región del Caribe vemos símbolos cristianos mezclados con tradiciones africanas que llegaron a este hemisferio con los esclavos.

En los Estados Unidos también se ven tradiciones hispanas de origen religioso. Una de ellas es la tradición de las *luminarias.* Éstas son bolsas de papel con arena y una vela encendida adentro. Originalmente se usaban para iluminar la casa en la Nochebuena. Ahora se usan para iluminar la acera, una piscina o un patio cuando hay una fiesta.

Celebrando el carnaval en Oruro, Bolivia

La cultura desde tu perspectiva

1 ¿De qué manera puede modificarse una costumbre religiosa cuando se encuentra con otra cultura? Da un ejemplo.

2 ¿Qué días de fiesta de origen religioso que tú celebras o conoces se celebran hoy de otra manera?

Casa de Nuevo México decorada con luminarias para la Navidad

Gramática en contexto

NOTAS DE SOCIEDAD

El domingo pasado el señor Pablo Rosas y la señora Matilde López de Rosas dieron una fiesta para celebrar el cuarenta aniversario de su boda. Sirvieron una espléndida cena.

El perro de Pilar Ramírez, Rex, ganó una medalla en el concurso que tuvo lugar ayer en el Estadio Central. Hablando de Rex, Pilar dijo, "Como siempre, no me pidió nada. Pero yo le di su comida favorita: un hueso muy grande."

A Find the forms of *servir* and *pedir.* How can you tell that these events are described in the preterite tense?

B Compare the infinitives of these verbs to the forms used in the captions. What do you notice about the stem?

C In the captions, preterite forms of the verb *dar* are used. What are they? Are the endings of this *-ar* verb regular or irregular?

MORE PRACTICE

Más práctica y tarea, p. 544–545
Practice Workbook 6–5, 6–10

El pretérito de los verbos con el cambio *e* → *i*

First, review the present-tense forms of *e* → *i* stem-changing verbs. Note that the change occurs in all except the *nosotros* and *vosotros* forms:

pedir

(yo)	**pido**	(nosotros) (nosotras)	pedimos
(tú)	**pides**	(vosotros) (vosotras)	pedís
Ud. (él) (ella)	**pide**	Uds. (ellos) (ellas)	**piden**

In the preterite, these verbs also have a stem change, but **only** in the *Ud. / él / ella* and *Uds. / ellos / ellas* forms:

(yo)	pedí	(nosotros) (nosotras)	pedimos
(tú)	pediste	(vosotros) (vosotras)	pedisteis
Ud. (él) (ella)	**pidió**	Uds. (ellos) (ellas)	**pidieron**

1 Imagina que Rosario, Luis, tu compañero(a) y tú son camareros en un restaurante donde van a celebrar una boda. Hay nueve mesas. Dile a tu compañero(a) qué mesas sirve cada uno.

Rosario / #8 *Rosario sirve la mesa número 8.*

a. yo / #2
b. Luis y yo / #9
c. Rosario y Luis / #6
d. tú / #3
e. nosotros(as) dos / #7
f. Luis / #5
g. 💡 / 💡

Esta pareja argentina celebra su aniversario con una fiesta familiar en el campo.

2 Túrnate con un(a) compañero(a) para decir qué pidieron estas personas en la cena de fin de año.

A —*¿Qué pidió el señor González?*
B —*Pidió . . .*

3 Ahora, imagina que el camarero confundió lo que pidieron. Dile a tu compañero(a) lo que les sirvió el camarero.

El camarero le sirvió . . . al señor González.

¡NO OLVIDES!

Remember that we use indirect object pronouns to tell to whom or for whom an action is done.

me	nos
te	os
le	les

To make the meaning of *le* and *les* clear, we can add *a* + noun or pronoun. For example:
El camarero ***le*** *sirvió ensalada* ***al*** *señor Rosas.*
Después ***me*** *sirvió* ***a mí.***

4 Imagina que fuiste a la fiesta de disfraces de los Abreu. Cuéntale a tu compañero(a) de qué se vistieron tú y otras personas.

Pilar y Carlos se vistieron de astronautas.

a. yo
b. (nombre)
c. tú y (nombre)
d. (dos nombres)
e. las sobrinas del señor Abreu
f. la nieta de Ricardo Calderón
g. 

¡NO OLVIDES!
Remember that we use *vestirse de* to mean "to be dressed as": *Me vestí* ***de*** pirata.

El pretérito del verbo *dar*

Dar is an *-ar* verb, but its preterite endings are the same as those of *-er* and *-ir* verbs.

(yo)	**di**	(nosotros) (nosotras)	**dimos**
(tú)	**diste**	(vosotros) (vosotras)	**disteis**
Ud. (él) (ella)	**dio**	Uds. (ellos) (ellas)	**dieron**

¡NO OLVIDES!
Do you remember the present-tense forms of *dar?*

doy	damos
das	dais
da	dan

5 Formen grupos de tres. Cada miembro del grupo debe tener tres objetos. Intercambien *(exchange)* esos objetos. Túrnense para decir lo que hicieron. Por ejemplo:

Yo te di un sujetapapeles a ti.
Tú le diste un sacapuntas a Francisco.
Y Francisco me dio una grapadora a mí.

6 Piensa en los regalos que tú y tu familia intercambiaron el año pasado para Navidad, Chanuka o alguna otra ocasión. Habla con un(a) compañero(a).

A —*Yo le di un bolso a mi mamá para su aniversario de boda.*
B —*¿Y qué le dio tu papá a ella?*
A —*Él le dio flores y un chaquetón de cuero.*
B — . . .

Otros usos del imperfecto

You know how to use the imperfect tense to talk about what someone **used to do** or **would do** in the past. We also use the imperfect tense:

- to describe people, places, or situations in the past.

  Era una casa muy grande.
  *It **was** a very big house.*

- to talk about a past action that was continuous or that kept on happening.

  Todavía **había** gente a las tres de la mañana.
  *People **were** still there at 3 A.M.*

7 Con un(a) compañero(a) termina de escribir la historia de Lola y Alba. Decidan si los verbos en paréntesis deben estar en el pretérito o en el imperfecto.

Lola y Alba *(vivir)* en la misma calle cuando *(ser)* pequeñas. *(Ir)* a la misma escuela y *(hablarse)* por teléfono casi todos los días. Las dos *(tener)* una gran pasión por el fútbol. *(Jugar)* desde que *(tener)* siete años. Un día, en un partido muy importante, Lola *(lastimarse)* una pierna. Alba *(correr)* a ayudarla y no *(poder)* jugar más. Pero no *(ser)* un día triste. El equipo *(meter)* tres goles y *(ganar)* el partido.

Ahora, escriban un párrafo similar.

Los verbos reflexivos recíprocos

Sometimes we use the reflexive pronouns *se* and *nos* to express the idea of "(to) each other."

Los vecinos siempre **se saludan**.
The neighbors always ***greet each other.***

Mis amigos y yo **nos abrazamos** cuando **nos encontramos**.
My friends and I ***hug each other*** *when we meet.*

8 Túrnate con un(a) compañero(a) para decir qué cosas hacen estas personas a menudo. Usa elementos de las tres listas. Por ejemplo:

A —*¿Tus padres y tíos se escriben a menudo?*
B —*No se escriben nunca, pero se hablan por teléfono a menudo.*
o: *No tengo tíos.*

a. tus parientes	escribirse	algunas veces
b. tus amigos	ayudarse	a menudo
c. tus abuelos y tú	visitarse	todos los días
d. tus hermanas	verse	mucho
e. tu cuñado y tú	hablarse por teléfono	siempre
f. (nombre) y tú	saludarse	casi nunca
g.	pelearse	

PASO CULTURAL El árbol de la vida es una figura muy antigua en muchas culturas. En la cerámica mexicana, el árbol a veces presenta escenas bíblicas como la Natividad o, en este caso, el jardín del Edén. Imagina que vas a hacer un árbol de la vida. ¿Cuál va a ser el tema de tu árbol, y qué vas a incluir?

MORE PRACTICE

Más práctica y tarea, pp. 544–545
Practice Workbook 6-5, 6-10

Ahora lo sabes

Can you:

- **talk about food that was ordered and served?**
  —Yo ____ pescado pero el camarero me ____ pollo.
- **talk about gifts that someone gave?**
  —Mi mamá me ____ un violín para mi cumpleaños.
- **describe something in the past?**
  —A las dos de la mañana José todavía no ____ sueño.
- **talk about actions that refer to "each other"?**
  —Mi cuñada y yo ____ vemos todas las semanas.

Muchas familias mexicanas tienen un árbol de la vida.

Actividades

1 Trae fotos de eventos sociales de alguna revista. Formen un grupo y escriban comentarios sobre esos eventos. Al final, expliquen por qué les gustaría o no ir a cada evento. Sus comentarios pueden ser divertidos. Por ejemplo:

Era una cena muy aburrida en . . . La señora (nombre) llevaba . . . y el esposo de la señora (nombre) llevaba . . . Había . . .

A mí (no) me gustaría ir a esa fiesta porque . . .

Pueden poner sus fotos y comentarios en un cartel en la pared.

2 Trae una foto de una celebración familiar cuando tú eras pequeño(a) o trae una foto de revista. Intercámbiala *(exchange it)* con tu compañero(a). Túrnense para hablar sobre las circunstancias de la foto. Pregunten, por ejemplo:

- quiénes son las personas
- qué estaban celebrando
- cuándo y dónde fue la celebración
- qué sirvieron de comida

Luego, cada uno debe hablar con otro(a) estudiante sobre la foto de su compañero(a).

En esta foto Patricia tenía . . .

Conexiones

La mejor edad para casarse

¿Qué edad les parece buena para casarse a ti y a tus compañeros? ¿Antes de los 20 años? ¿Entre los 20 y los 25? ¿Entre los 25 y los 30? ¿Después de los 30? ¿Ninguna?

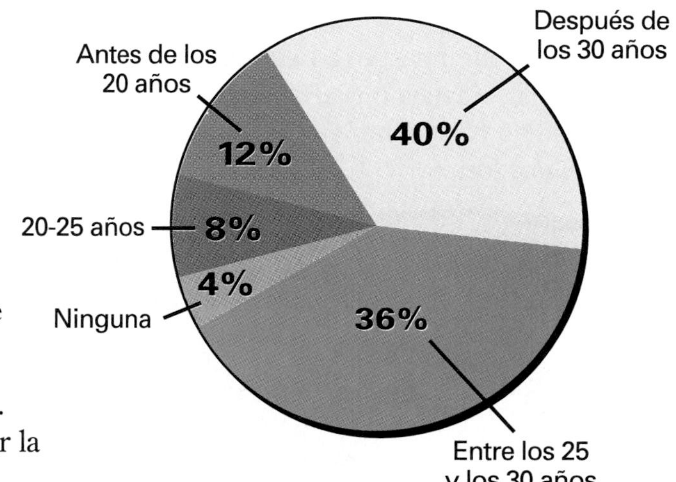

Esta gráfica de sectores presenta las opiniones de 25 estudiantes sobre la mejor edad para casarse.

- Trabajen en grupos grandes o con toda la clase. Hagan su propia gráfica de sectores para indicar la opinión de su clase sobre esta cuestión.

Con un(a) compañero(a), estudia las estadísticas de la tabla.

Edad promedio de casarse en los Estados Unidos

AÑO	HOMBRES	MUJERES
1990	26.1	23.9
1993	26.5	24.5
1994	26.7	24.5
1995	26.9	24.5

Source: *1998 Information Please Almanac* (Boston: Houghton Mifflin Company, 1997)

- ¿Qué tendencias se observan respecto a la edad promedio de casarse de los hombres? ¿De las mujeres? Hablen en grupos sobre las razones por estas tendencias.
- ¿Con qué porcentaje de la opinión de tu clase están de acuerdo las estadísticas? ¿Se está casando la gente a la edad que la mayoría de ustedes considera la mejor? Si no, ¿por qué no están de acuerdo ustedes con la edad en que se está casando la gente?

¡Vamos a leer!

Cultural Activity www.pasoapaso.com

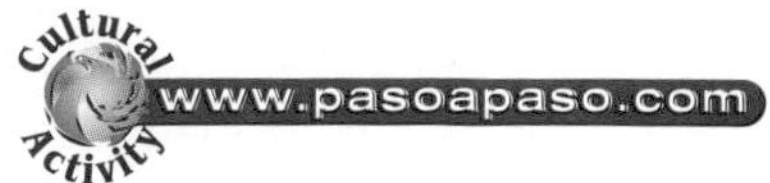

Antes de leer

STRATEGY ➤ Using prior knowledge

A *piñata* is often part of a Latin American family celebration. Have you ever seen a *piñata* for sale or been to a party where there was one? What are *piñatas* for?

Mira la lectura

STRATEGY ➤ Identifying the main idea

Read the following selection about *piñatas*. Then choose the best title from these choices:

a. La piñata en China
b. La piñata ayer y hoy
c. Cómo hacer una piñata

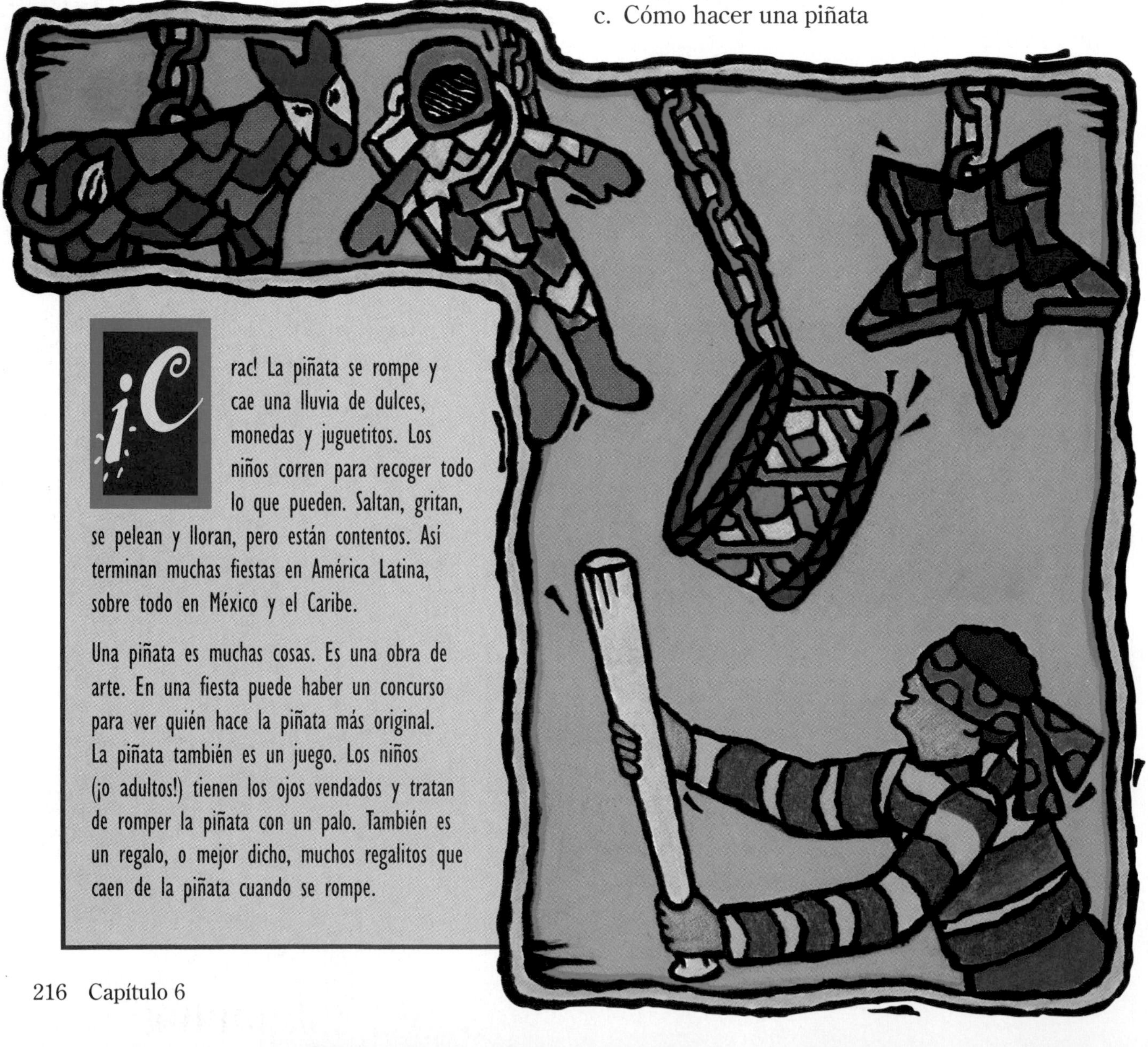

¡Crac! La piñata se rompe y cae una lluvia de dulces, monedas y juguetitos. Los niños corren para recoger todo lo que pueden. Saltan, gritan, se pelean y lloran, pero están contentos. Así terminan muchas fiestas en América Latina, sobre todo en México y el Caribe.

Una piñata es muchas cosas. Es una obra de arte. En una fiesta puede haber un concurso para ver quién hace la piñata más original. La piñata también es un juego. Los niños (¡o adultos!) tienen los ojos vendados y tratan de romper la piñata con un palo. También es un regalo, o mejor dicho, muchos regalitos que caen de la piñata cuando se rompe.

Algunos creen que la costumbre de la piñata es de origen chino. No sabemos si es verdad. Pero sí sabemos que la costumbre es muy antigua. En Italia, en el siglo dieciséis, ponían regalitos en una olla de barro que después rompían con un palo. De allí la costumbre llegó a España, y los españoles la llevaron al Nuevo Mundo. Ahora la piñata en forma de estrella, burro, tambor o tortuga ninja es un símbolo de fiesta y de alegría.

Vendedora de piñatas, Ciudad de Guatemala

Infórmate

STRATEGY➤ Identifying supporting details

One way of organizing information is to give a general statement followed by supporting details. For example, after the general statement *Un perro puede ser más que una mascota* you would expect to find examples of the ways dogs can help us (as guard dogs, as seeing-eye dogs, etc.). These details explain or support the general statement. Reread the second paragraph and identify the details that support the general statement *Una piñata es muchas cosas.*

Aplicación

Which of the following supports the general statement *La costumbre de la piñata es muy antigua?*

a. A los adultos también les gustan las piñatas.
b. Una piñata no se puede usar más de una vez.
c. Nadie sabe el origen de la piñata.

Design a *piñata* for a holiday that you celebrate, and describe it in two or three sentences.

¡Vamos a escribir!

Piensa en las ocasiones especiales que celebras. ¿Hay otro día que te gustaría celebrar? Puedes honrar a alguien (como el Día del Niño que se celebra en Japón) o celebrar una fecha importante (el día que ganó el campeonato tu equipo de fútbol americano).

1 Escoge una ocasión y piensa en estas cosas:

- ¿Qué nombre le vas a dar al día de fiesta?
- ¿Cuándo se va a celebrar?
- ¿Cómo se va a celebrar? (¿Con ropa, comida o música especial? ¿Con eventos especiales?)

Organiza tus ideas y escribe el primer borrador. Sigue los pasos del proceso de escribir.

2 Ahora escribe una carta al editor de un periódico (nacional, local o escolar) y explícale por qué se debe celebrar ese día de fiesta. Puedes usar estas frases entre otras:

- celebrar / honrar
- el aniversario
- es necesario / importante

3 Al terminar la descripción y la carta, puedes:

- enviarlas a un periódico
- enviarlas a una organización relacionada con la ocasión
- exhibirlas en la sala de clases
- incluirlas en tu portafolio

Paso Cultural

Más de dos millones de personas indígenas viven en los Andes y muchos de éstos hablan quechua, el idioma de los antiguos incas. Cada 24 de junio en Cuzco, la capital del imperio inca, celebran el solsticio de invierno con un festival que se llama Inti Raymi, o Fiesta del dios-sol. La gente lleva ropa tradicional, canta, baila y hace hogueras *(bonfires)* en las montañas para celebrar el regreso del sol. ¿Por qué crees que el sol es tan importante en la cultura andina?

Celebrando el festival del solsticio de invierno, Inti Raymi, en Cuzco, Perú

Estudiantes jóvenes en Limón, Costa Rica, celebrando el Día de la Raza

Dos jóvenes españoles montan a caballo vestidos con ropa tradicional para un día de fiesta.

PASO CULTURAL

Este desfile en Limón, Costa Rica, es parte de las festividades del Día de la Raza, una fiesta nacional para conmemorar la llegada de Cristóbal Colón a las Américas. Muchos costarricenses de hoy le llaman el Día de las Culturas, para celebrar también las contribuciones de los indígenas, asiáticos y africanos del país. De los nombres mencionados aquí para la fiesta, ¿cuál te gusta más? ¿Por qué?

Repaso ¿Lo sabes bien?

Esta sección te ayudará a prepararte para el examen de habilidades, donde tendrás que hacer tareas semejantes.

Listening

Can you understand when people talk about a special occasion? What is Cristina contrasting? Name two differences between the two celebrations.

Reading

Read the following selection. Then choose the sentence that goes at the beginning.

... Parientes llegan de todas partes para estar con su familia en el Día de Acción de Gracias. Y mucha gente suele reunirse con su familia en la Navidad. ¿Y una boda? ¡Es muy importante ir a la boda de un hijo o un hermano!

1. Uno debe estar con los amigos en una fiesta de fin de año.
2. Algunas fiestas son para la familia.
3. Es fácil pasar tiempo con la familia.

Writing

Can you write a letter to a good friend describing a graduation party you gave or attended? Here is an example:

Hola Ramón,

Nuestro vecino Rodrigo se graduó el fin de semana pasado. (Le di una cartera de regalo.) Celebraron la graduación con una fiesta genial en que sirvieron comida fabulosa. Charlábamos y comíamos mucho cuando ocurrió algo muy divertido. Cuando llegó el cuñado de Rodrigo, ellos se abrazaron, pero Rodrigo olvidó que tenía el pastel en la mano. ¡Qué desastre! Su cuñado tuvo que pedir prestada una chaqueta al Sr. Ramírez. ¡Nunca vamos a olvidar esa fiesta!

Un abrazo,

Lorenzo

Culture

Can you explain why the celebration of the same holiday or festival can vary greatly from country to country in the Spanish-speaking world?

Speaking

Talk to a partner about a birthday party you attended recently. Discuss when and where the celebration took place and who attended. Here is a sample dialogue:

A —*¿Cuándo fue la fiesta de cumpleaños de Laura?*
B —*La semana pasada en casa de mis tíos.*
A —*¿Quiénes fueron?*
B —*Todas las amigas de Laura, ¡y ella tiene muchas amigas! También estuvieron sus hermanos y varios otros invitados que yo no conocía.*
A —*¿Cómo la celebraron?*
B —*Bailamos, encendimos las velas del pastel, le cantamos y todos comimos mucho.*

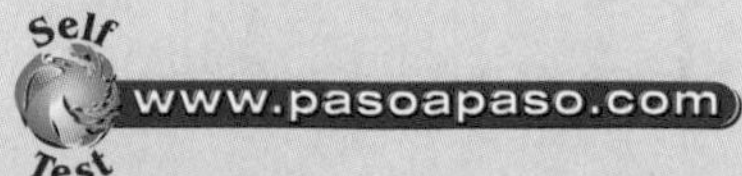

Resumen del vocabulario

Usa el vocabulario de este capítulo para:

- **name and describe members of an extended family**
- **describe special family occasions, holidays, and other celebrations**
- **greet people in several different ways**

to discuss celebrations
invitar
la invitación, *pl.* las invitaciones
la reunión, *pl.* las reuniones
la celebración,
pl. las celebraciones
celebrar
felicitar
¡felicidades!
la boda
casarse (con)
el aniversario (de boda)
la fiesta de sorpresa
la fiesta de cumpleaños
el cumpleaños
cumplir años
el pastel
la vela
encender
apagar
regalar
charlar
bailar
el baile
la graduación,
pl. las graduaciones
graduarse

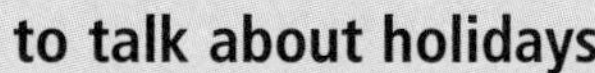

to describe family members
familiar
el bisabuelo, la bisabuela
el cuñado, la cuñada
el esposo, la esposa
el nieto, la nieta
el pariente, la parienta
el sobrino, la sobrina
(estar) casado, -a (con)
(estar) divorciado, -a (de)
(estar) separado, -a (de)
(estar) soltero, -a
nacer
(estar) muerto, -a

to talk about holidays
el día de fiesta
el Año Nuevo
el Día de los Enamorados
el Día de la Madre
la flor
el Día del Padre
el Día de la Independencia
los fuegos artificiales *(m.pl.)*
lanzar fuegos artificales
el Día de la Raza
el Día de (Acción de) Gracias
el pavo
la Nochebuena
la Navidad
el fin de año
la fiesta de fin de año

to greet people and say good-by
abrazarse
besarse
darse la mano
decirse "¡Hola!"
despedirse *(e → i)*
encontrarse *(o → ue)*
hablarse
saludar

other useful words and expressions
¿a qué edad . . . ?
a los ___ años
de nuevo
desde (que + *verb*)
especial
escribirse
verse

CAPÍTULO 7

¿Es un lujo o una necesidad?

Objectives

At the end of this chapter, you will be able to:

- name and describe personal possessions
- tell to whom something belongs
- state and defend opinions regarding necessities and luxuries
- discuss aspects of early American civilizations

PASO CULTURAL Esta área de Buenos Aires se llama La Boca, y aquí viven muchos trabajadores y artistas. Gracias a la influencia de uno de ellos, el conocido artista Benito Quinquela Martín (1890–1977), las casas están pintadas de colores variados. A menudo en La Boca, hay música de tango y exhibiciones de arte en la calle. ¿Cómo es nuestra manera de decorar casas diferente de la que se ve en La Boca?

Apartamentos en Buenos Aires

¡Piensa en la CULTURA!

Posesiones personales en la vida diaria de jóvenes en España y México

Mira las fotos. Los estudiantes que vemos están hablando de sus posesiones. ¿Qué tienes que es muy importante para ti?

Sevilla, España

Dos jóvenes españoles tocando la guitarra en Sevilla

PASO CULTURAL Estos guitarristas están en la Plaza de España, una gran plaza semicircular en Sevilla donde todas las provincias de España están representadas con decoraciones cerámicas. Los mosaicos muestran los escudos, mapas y eventos históricos más importantes de cada provincia. Imagina que vas a hacer un mosaico como éste para representar el estado donde vives. ¿Qué aspectos de tu estado quieres mostrar?

"Sabemos tocar casi todas las canciones de los Beatles."

¿Tienes una guitarra o algún otro instrumento musical? ¿Es importante para ti? ¿Por qué?

“Me gusta esta raqueta de tenis. ¿Cuánto cuesta?”

¿Cuál es tu deporte favorito? ¿Necesitas muchas cosas para jugarlo? ¿Cuesta mucho jugarlo?

Málaga, España

San Miguel de Allende, México

“Para mí, la computadora es una necesidad. La uso todos los días.”

Vocabulario para conversar

¿Siempre llevas carnet de identidad?

Vas a necesitar estas palabras y expresiones para hablar sobre tus posesiones. Después de leerlas varias veces, practícalas con un(a) compañero(a).

También necesitas . . .

mostrar *(o → ue)*	*to show*
el lujo	*luxury*
propio, -a	*(one's) own*
(yo) mismo, -a	here*: I myself*
el mío, la mía	*mine*
el tuyo, la tuya	*yours*
de vez en cuando	*sometimes*
¿(A ti) Te parece que . . . ?	*Do you think (that) . . . ?*
(A mí) Me parece que . . .	*I think . . . ; it seems to me (that) . . .*

¿Y qué quiere decir . . . ?
la identificación
la necesidad

Empecemos a conversar

Túrnate con un(a) compañero(a) para ser *Estudiante A* y *Estudiante B*. Reemplacen las palabras subrayadas en el modelo con palabras representadas o escritas en los recuadros. Si ven 💡 pueden dar su propia respuesta.

1

A —*¿Siempre llevas carnet de identidad?*
B —*Sí, siempre.*
o: *No, nunca.*
o: *Sólo de vez en cuando.*

Estudiante A

Estudiante B

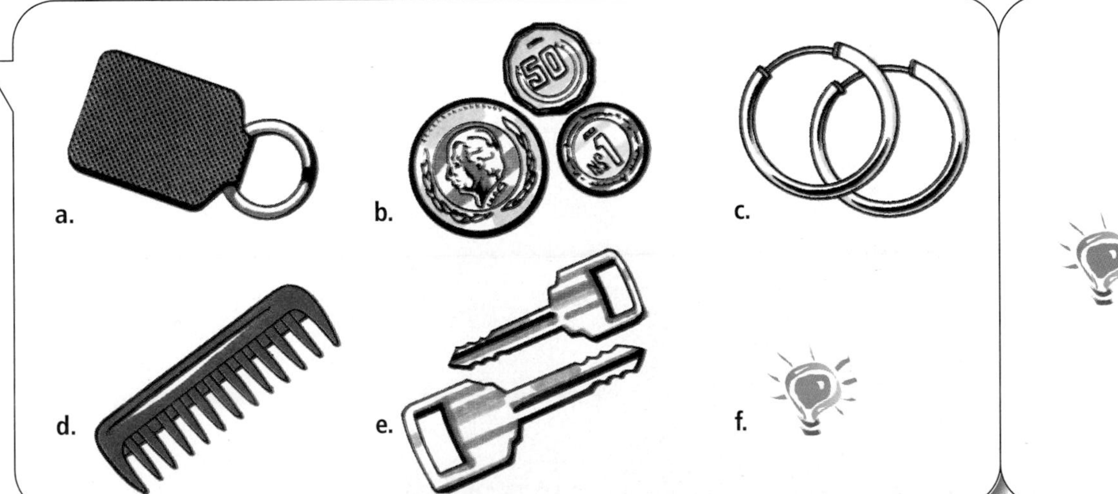

2 

A —Mi *anillo* es de *oro*, *¿y el tuyo?*
B —*El mío* es de *plata*.
o: *El mío* es de *oro también.*
o: *Yo no tengo anillo.*

Estudiante A

Estudiante B

a. 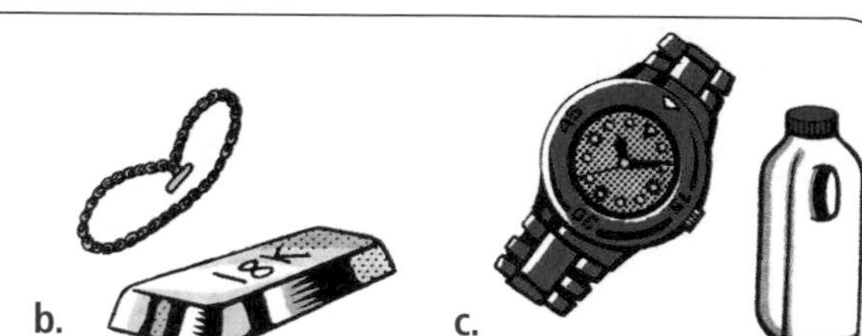

b.

c. 

d. 

e. 

f. 

3  A —*En tu casa, ¿tienes tu propio televisor?*
B —*Sí. Fue un regalo de (mi madre).*
o: *No, sólo hay uno para toda la familia.*

Estudiante A

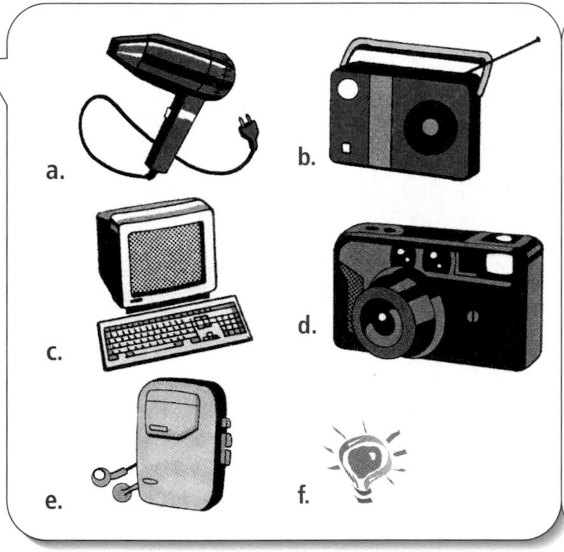

Estudiante B

No, sólo hay uno(a) para toda la familia.
Sí, lo (la) compré con mi propio dinero.
No, no tengo.
Sí, lo (la) compré yo mismo(a).
No, uso el (la) de ___.

Empecemos a escribir

Escribe tus respuestas en español.

4 ¿Quién usa anteojos o lentes de contacto en tu casa? ¿Desde cuándo los usan? Y tú, ¿necesitas anteojos? ¿A ti te parece necesario usar anteojos de sol? ¿Por qué?

5 ¿Qué haces para ganar dinero? ¿Te parece importante ganar tu propio dinero? Generalmente, ¿qué compras con tu propio dinero? ¿Y con el dinero de tus padres? ¿Por qué?

6 ¿Crees que un tocacintas es un lujo? ¿Y un control remoto? Haz una lista de cinco cosas que son necesidades y de cinco que son lujos. Compara tu lista con la de un(a) compañero(a).

7 ¿Por qué es importante llevar identificación? ¿Qué tipo de identificación tienes tú? ¿Dónde, a quiénes y para qué debes mostrarla?

MORE PRACTICE

- Más práctica y tarea, p. 546
- Practice Workbook 7-1, 7-2

También se dice

los lentes
las gafas
los espejuelos

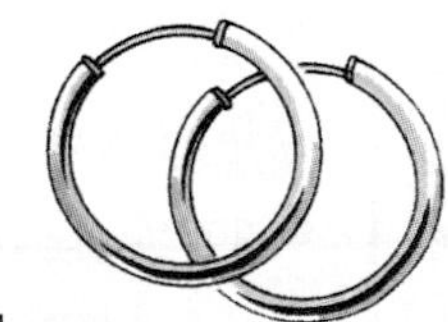

las chapas
las pantallas
los zarcillos

Vocabulario para conversar

¿Es necesario tener un detector de humo?

Aquí tienes el resto del vocabulario que necesitas en este capítulo para hablar sobre tus posesiones.

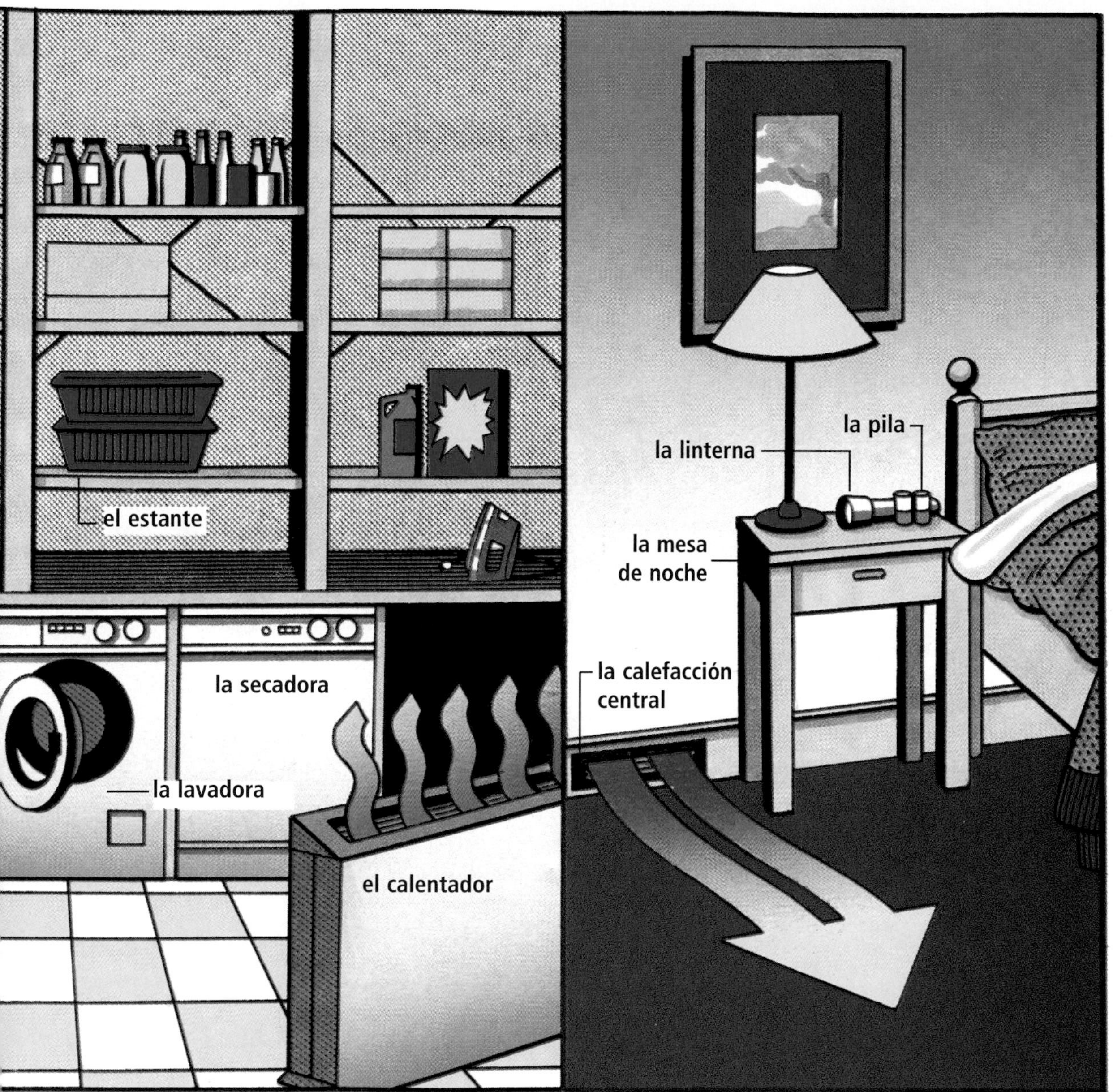

También necesitas . . .

encender *(e → ie)*	here: *to turn on*
apagar	here: *to turn off*
funcionar	*to work, to function*
el aparato	*appliance, device*
ahorrar	*to save*

¿Y qué quiere decir . . . ?

la electricidad	conservar
eléctrico, -a	reparar
la emergencia	en caso de
la energía	suficiente
la posesión, *pl.* las posesiones	

Empecemos a conversar

8 

A —*¿Te parece que hay que tener un microondas?*
B —*Claro que sí. Ahorra mucha energía y mucho tiempo.*
o: *A mí me parece que un horno es suficiente.*
o: *¡No! ¡No soporto tantos aparatos!*

Estudiante A **Estudiante B**

9 

A —*¿Crees que es necesario tener un detector de humo?*
B —*¡Cómo no! Puedes necesitarlo en caso de incendio.*

Estudiante A **Estudiante B**

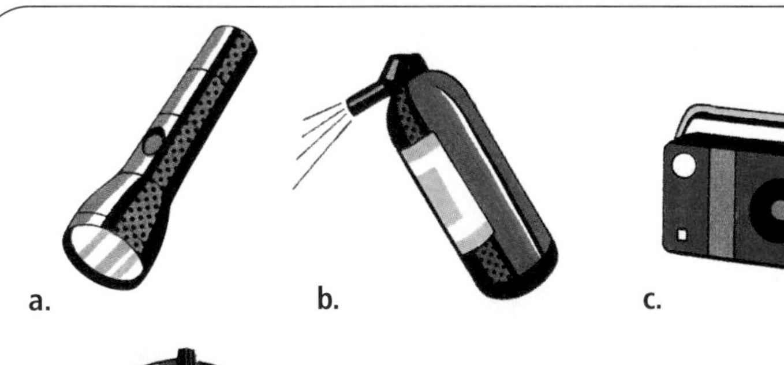

para despertarse por la mañana

en caso de incendio / emergencia

si no hay electricidad

para escuchar las noticias

para ver en la noche

No, no es necesario.

10 

A —*¿Qué tienes en la mesa de noche de tu dormitorio?*

B —*Tengo una lámpara, un radio y un despertador.*

o: *No tengo mesa de noche.*

¡NO OLVIDES!

Do you remember these words?
el cartel
la cómoda
el escritorio
el guardarropa

Estudiante A

a. 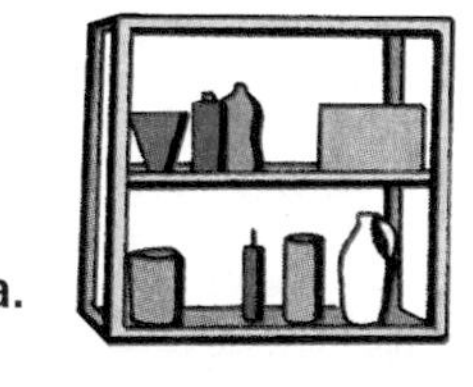 

b. 

c. 

d.

e.

f. 

Estudiante B

¿Lujo o necesidad? Este joven de Madrid usa el lavaplatos.

11 

A —*¿Para qué sirve una lavadora?*
B —*Sirve para lavar ropa.*

Estudiante A | **Estudiante B**

a. b. c. d. e. f. g.

Empecemos a escribir y a leer

Escribe tus respuestas en español.

12 ¿Qué podemos hacer todos los días para conservar energía? En tu casa, ¿encienden todas las luces por la noche? ¿Cómo podemos conservar agua? Tú mismo, ¿qué puedes hacer hoy para conservar energía y agua?

13 ¿Qué aparato eléctrico es el más necesario para ti? ¿Y para tus padres? Cuando no funciona un aparato, ¿te parece mejor repararlo o comprar uno nuevo? ¿Ahorras dinero si lo reparas? ¿Qué aparatos necesitan pilas?

14 Entre todas tus posesiones, ¿cuáles son las más importantes para ti? ¿Por qué? De esas posesiones, ¿hay cosas que ya no necesitas? ¿Cuáles?

15 En caso de incendio, ¿sabes qué hacer? ¿A qué número debes llamar? ¿Y en caso de alguna otra emergencia? ¿A quién le puedes pedir ayuda?

MORE PRACTICE

- Más práctica y tarea, p. 547
- Practice Workbook 7–3, 7–4

16 Aquí tienes una serie de reglas *(rules)* para conservar energía y agua. Con un(a) compañero(a), cámbienlas si no están de acuerdo con ellas. Después, escriban otras tres reglas.

Para conservar energía y agua es necesario:

- apagar los aparatos eléctricos por la mañana
- encender solamente las luces necesarias por la noche
- ducharse rápidamente
- usar la lavadora sólo cuando hay mucha ropa sucia
- usar el aire acondicionado sólo de vez en cuando
- reparar los aparatos que no funcionan bien

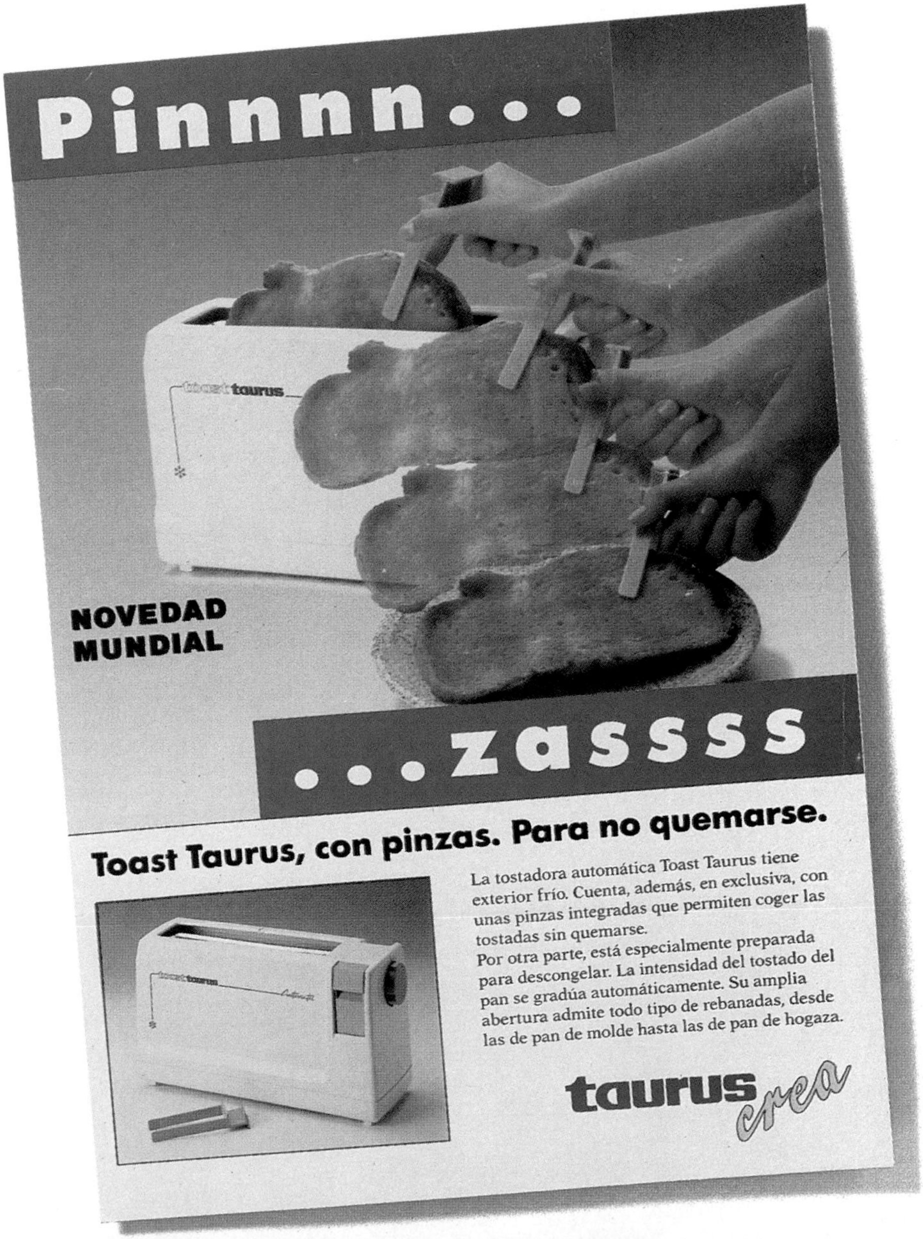

Pinnnn...

NOVEDAD MUNDIAL

...zassss

Toast Taurus, con pinzas. Para no quemarse.

La tostadora automática Toast Taurus tiene exterior frío. Cuenta, además, en exclusiva, con unas pinzas integradas que permiten coger las tostadas sin quemarse.
Por otra parte, está especialmente preparada para descongelar. La intensidad del tostado del pan se gradúa automáticamente. Su amplia abertura admite todo tipo de rebanadas, desde las de pan de molde hasta las de pan de hogaza.

taurus crea

También se dice

la tostadora

la batería

la bombilla
la bujía

el abanico

el lavatrastos
el lavatrastes

el foco

la repisa

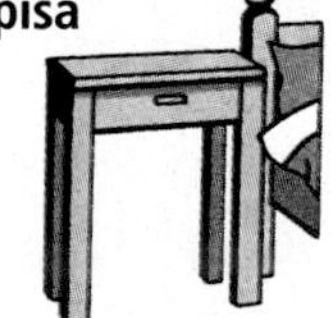

la mesa de luz
la mesilla

¡Comuniquemos!

Aquí tienes otra oportunidad para usar el vocabulario de este capítulo.

1 Imagina que eres un(a) millonario(a). ¿Qué aparatos eléctricos te gustaría comprar? ¿Para quién? ¿Por qué? Trabaja con un(a) compañero(a).

para tu familia / $1.500

A —*¿Qué aparato eléctrico te gustaría comprar para tu familia con $1.500?*
B —*Un televisor muy grande con control remoto.*
A —*¿Por qué?*
B — . . .

a. para ti / $250
b. para la escuela / $500
c. para tu mejor amigo(a) / $100
d. para tu familia / $1.000
e. para la guardería infantil a la cual ibas cuando eras niño(a) / $500
f. para tus vecinos / $50
g. para algún (alguna) niño(a) que conoces / $50
h.

2 Hay un incendio en el horno eléctrico cuando tú y tu compañero(a) están cocinando. ¿Qué hacen? Escribe un diálogo con tu compañero(a).

A —*¡Aaaaay! ¡Mira, Luis, un incendio!*
B —*Hay que . . .*
A —*¡No! Trae . . .*
B — . . .

Unos jóvenes madrileños en un mercado dominical

3 Túrnate con un(a) compañero(a). Van a ser el padre o la madre y su hijo(a). Quieres algo, pero tu padre o madre no quiere comprarlo. ¿Cómo puedes convencerlo(la)? Explícale:

- qué quieres
- por qué lo quieres
- dónde lo viste
- cómo es
- cuánto cuesta

¿Qué sabes ahora?

Can you:

- **name some personal possessions?**

  —Tengo ___, ___ y ___ en mi dormitorio.
- **describe personal possessions and ask about those of other people?**

  —Mi anillo es de ___, ¿y el ___?
- **state and defend opinions regarding necessities and luxuries?**

  —Me parece que tener___ es una necesidad, pero tener ___ es un lujo.

Perspectiva cultural

¿Según las fotos, cómo se sabe que estas civilizaciones eran muy avanzadas en la agricultura? ¿En las ciencias? ¿En el arte?

En el año 1500, los aztecas dominaban lo que hoy es México. La ciudad de Tenochtitlán, la capital azteca, tenía más o menos 200.000 habitantes, más que cualquier ciudad europea de ese tiempo. Esta ciudad tenía grandes templos y avenidas y un estadio para un deporte similar al básquetbol. Cultivaban maíz, verduras y flores en grandes jardines acuáticos. Hacían joyas de cobre, oro y plata. ¡Y hacían todo sin instrumentos de metal ni sistema alfabético de escribir!

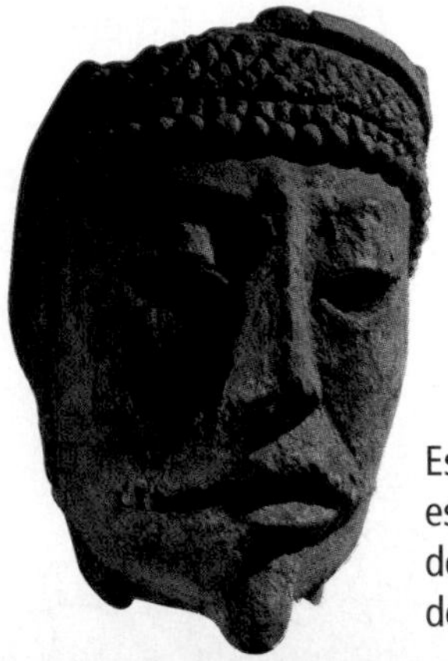

Esta cabeza hecha de estuco está en una pared de la antigua ciudad maya de Comalcalco, México.

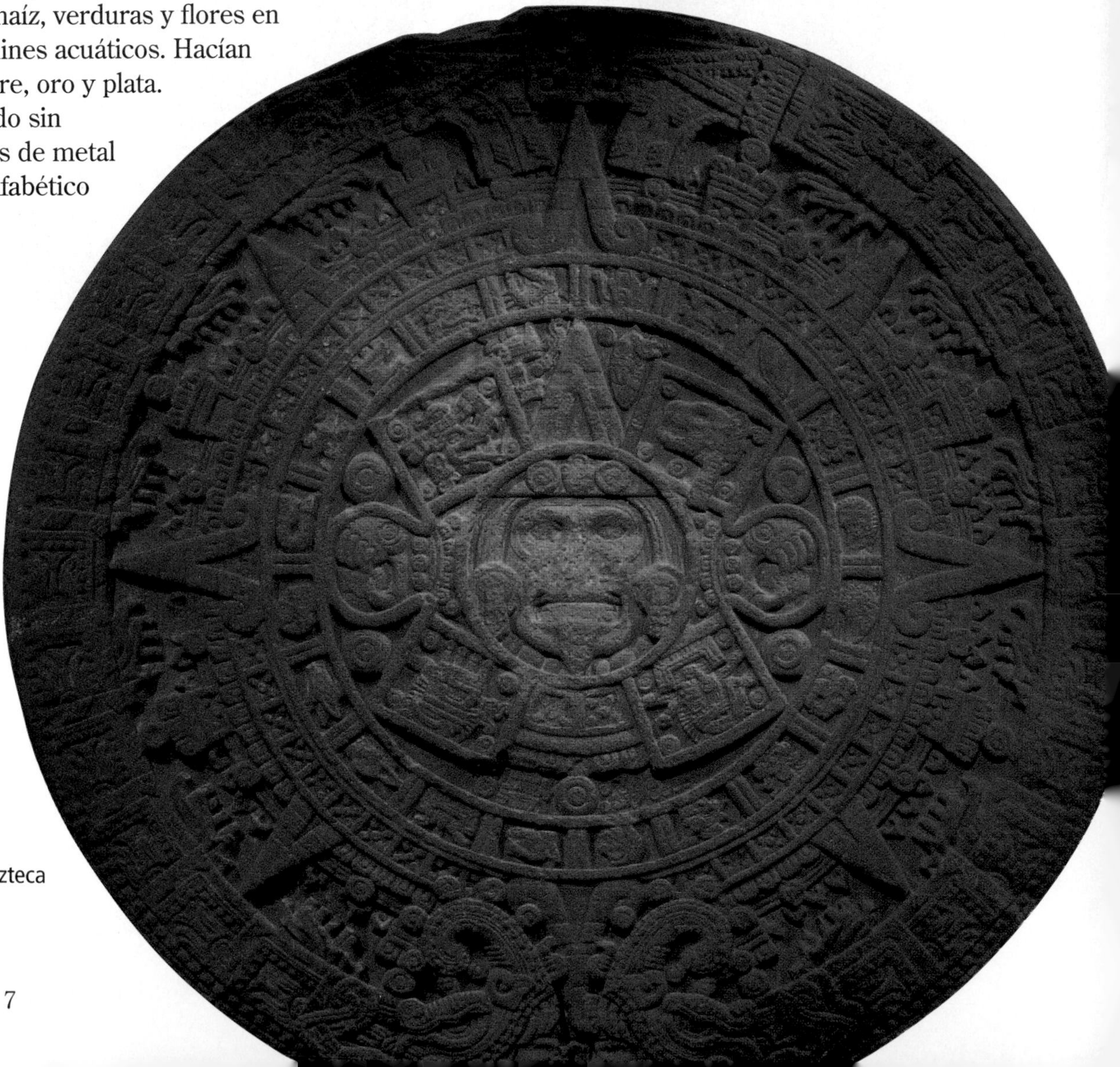

El calendario azteca

Cuando el imperio romano estaba perdiendo su influencia en el año 200 d. C., en América Central crecía el imperio maya. Los mayas también tenían grandes ciudades. En el centro de Tikal, por ejemplo, había más de 300 edificios. Los mayas tenían observatorios astronómicos. Su calendario de 365 días era más preciso que el calendario europeo de esa época. Y todavía podemos admirar sus joyas, su cerámica y sus monumentos de piedra.

"El Caracol," observatorio astronómico maya de Chichén Itzá, Yucatán, México

La civilización que dominaba la región de los Andes en el año 1500 era la de los incas. Construyeron caminos y puentes en las montañas. Hicieron edificios grandes y elegantes. Construyeron estos edificios tan bien que aun hoy no se puede poner un cuchillo entre las piedras de sus paredes.

Vista de Machu Picchu, una ciudad incaica en los Andes peruanos

La cultura desde tu perspectiva

1 ¿Cuál de estas civilizaciones antiguas te parece más similar a la civilización romana o griega? ¿Por qué?

2 Imagina que tienes que hacer una pirámide como las de los aztecas o los mayas sin usar instrumentos de metal. ¿Qué problemas vas a tener? ¿Cómo los vas a solucionar?

Gramática en contexto

¡El último triunfo de la tecnología!

HACELOTODO funciona con electricidad o con pilas.

HACELOTODO da lecciones por computadora.

HACELOTODO juega videojuegos, damas y ajedrez.

HACELOTODO muestra video y toca discos compactos.

HACELOTODO envía mensajes por fax.

HACELOTODO es mucho mejor que una linterna. Tiene bombillos en las manos.

HACELOTODO tiene detector de humo y puede apagar incendios. ¡Y al final del día, cuando Ud. lo apaga, **HACELOTODO** no está cansado!

¿Qué dicen nuestros clientes?

“**HACELOTODO** *no es un lujo, es una necesidad. ¡Es una maravilla! El mío ayuda a los niños en sus tareas.*”
JUAN SOTO, MONTEREY PARK

“**HACELOTODO** *es fantástico. Yo misma no puedo vivir sin él.*”
CARLOTA SANTOS, LOMA LINDA

“*Yo uso a* **HACELOTODO** *para escuchar música. Saco fácilmente los discos compactos de mis hijos y pongo los míos.*”
FRANK ÁVALOS, MONTEBELLO

El mágico* HACELOTODO *es de metal fuerte, no de plástico. Es resistente al calor y al frío.* HACELOTODO *puede ser suyo por sólo $899. Reserve su propio* HACELOTODO *ahora mismo.

A Frank Ávalos talks about “my children’s CDs and mine.” What word does he use for “mine”? If he were talking about *un disco compacto*, what form do you think that word would take?

B In this ad, users describe characteristics of the robot. What are they? At the bottom of the ad, other expressions tell what the robot is made of. What verb is used with both types of descriptions?

Los adjetivos posesivos

You know that possessive adjectives agree in gender and number with the nouns they describe. They are always used before a noun.

mi, tu, su **nuestro**	televisor	**mis, tus, sus** **nuestros**	televisores
mi, tu, su **nuestra**	linterna	**mis, tus, sus** **nuestras**	linternas

- Since *su* and *sus* have many meanings, for clarity or emphasis we can use a prepositional phrase instead.

de	Ud. él ella	**de**	Uds. ellos ellas

—¡**Sus** zapatos son muy elegantes! — ***(His / Her / Your / Their)*** *shoes are very elegant!*
—¿Los zapatos **de ella**? — ***Her*** *shoes?*
—No, los **de Ud.** — *No,* ***yours.***

- Like English, Spanish has another set of possessive adjectives that come *after* the noun. Compare these sentences.

Ésa es **mi** llave. — *That's* ***my*** *key.*
Esa llave es **mía**. — *That key is* ***mine.***

Here are the possessive adjectives that follow a noun:

mío(s), mía(s)	*my, mine*	**nuestro(s), nuestra(s)**	*our, ours*
tuyo(s), tuya(s)	*your, yours*	**vuestro(s), vuestra(s)**	*your, yours*
suyo(s), suya(s)	*your, yours* *his* *her, hers*	**suyo(s), suya(s)**	*your, yours* *their, theirs*

- To clarify or emphasize, we can use *de* + pronoun instead of a form of *suyo*.

  ¿Es el ventilador **suyo**? — *Is it **(his/her/your/their)** fan?*
  Sí, es el ventilador **de ella**. — *Yes, it's **her** fan.*

  Note that the pronoun agrees in number and gender with the noun it refers to.

1 Pregúntale a un(a) compañero(a) si estas cosas son de él (ella).

Mercedes

A —*¿Es tu anillo?*
B —*No, es el de Mercedes.*

a. ellos

b. Mauricio

c. Luz y Estela

d. nosotros

e. Uds.

f.

2 ¿De quién son estos aparatos? Pregúntale a un(a) compañero(a).

Myriam

A —*Éste es el calentador de Myriam, ¿verdad?*
B —*Sí, es el calentador suyo.*
o: *No, no es el calentador suyo.*

a. ella

b. Carmina y Manuel

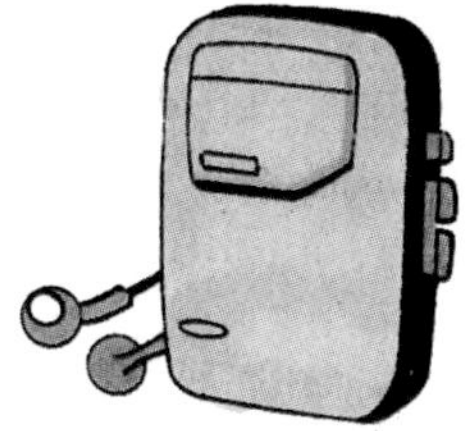
c. él

d. Uds.

e. ellas

f. Mateo

g.

Los pronombres posesivos

A possessive pronoun takes the place of a noun and a possessive adjective.

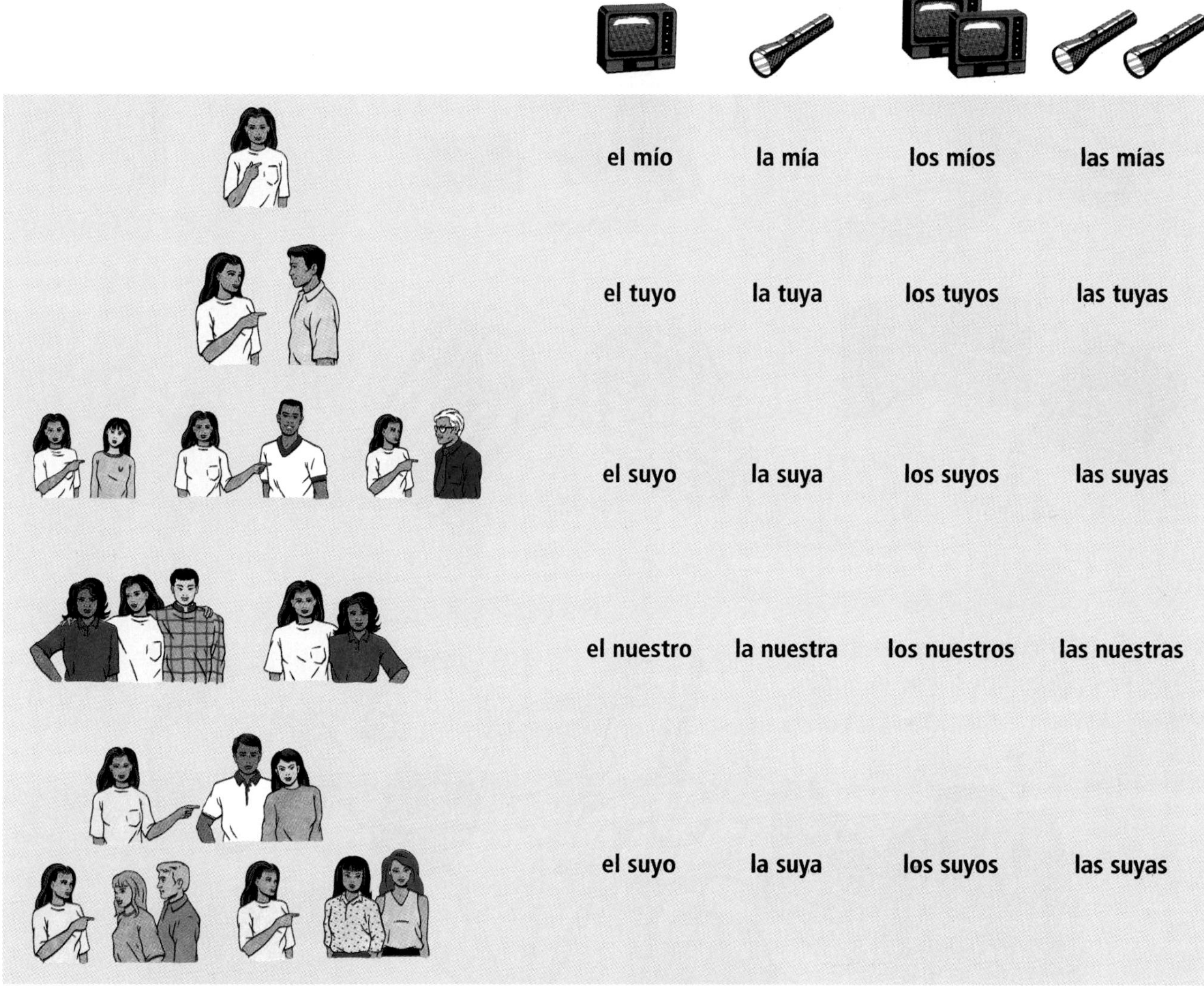

el mío	la mía	los míos	las mías
el tuyo	la tuya	los tuyos	las tuyas
el suyo	la suya	los suyos	las suyas
el nuestro	la nuestra	los nuestros	las nuestras
el suyo	la suya	los suyos	las suyas

- The possessive pronouns agree in number and gender with the nouns they replace. They are generally used with the appropriate definite article.

    Mi linterna está en el armario. ¿Dónde está **la tuya**?

- When possessive pronouns are used after the verb *ser,* we usually omit the definite article.

    —¿De quién es esta cartera?
    —Es **mía**.

3 Túrnate con un(a) compañero(a) para preguntar de quién es cada uno de estos objetos.

A —*El peine azul, ¿es tuyo o de Eva?*
B —*Es suyo. El mío es rojo.*

a. Rosa   b. Mario   c. él

d. el (la) profesor(a)   e. ella   f.

4 Con un(a) compañero(a), hablen de sus posesiones. Por ejemplo:

A —*Mi cartera es negra. ¿Y la tuya?*
B —*La mía es verde. Es de plástico.*
o: *La mía es negra también.*
o: *No tengo cartera.*

5 Estás con tu compañero(a) en el club deportivo y no encuentras tus cosas. Pídele las suyas.

peine

A —*No encuentro mi peine. ¿Me prestas el tuyo?*
B —*¿El mío? Aquí lo tienes.*
o: *¿El mío? Yo no tengo peine.*

a. champú
b. pasta dentífrica
c. pesas
d. tocacintas
e. raqueta de tenis
f. radio
g. secador de pelo
h. reloj

6 Rosita siempre prefiere las cosas de sus hermanas mayores. Con un(a) compañero(a), sigue el modelo.

A —*¿Por qué no usas tus propios anteojos de sol?*
B —*Porque los míos son horribles. Prefiero los suyos.*

7 Después de un incendio en un edificio de apartamentos, los bomberos preguntan de quién son estas cosas en la calle.

aparatos

A —*¿Son suyos estos aparatos?*
B —*Sí, señor, son nuestros.*
o: *No, señor, no sabemos dónde están los nuestros.*

a. estantes
b. mesas de noche
c. juguetes
d. lámparas
e. sillas
f. televisores
g. trajes
h. lavadora y secadora

Repaso: Los usos del verbo *ser*

Review the present-tense forms of *ser*.

soy	**somos**
eres	**sois**
es	**son**

Remember that we use *ser* to describe a characteristic that usually does not change from one minute to the next or over time.

Carlos **es** alto y tiene pelo castaño.
El helado **es** frío.

- We also use *ser* to indicate origin, material, or possession.

Mi profesora **es** de Honduras.
La linterna **es** de plástico.
El llavero **es** del señor Durán.

- *Ser* is also used to tell where and when an event takes place.

La reunión del consejo estudiantil **es** a las ocho.
Es en el gimnasio.

8 Descríbele a tu compañero(a) tu posesión más importante. Debes decirle cómo es, pero no le digas qué es. Tu compañero(a) debe adivinarlo. Puedes decirle:

- el color, el tamaño
- de dónde es (si lo sabes)
- para qué sirve
- si lo (la) compraste tú o fue un regalo

Si tu compañero(a) no adivina, él o ella debe decirle la descripción a otro(a) estudiante. Por ejemplo:

Clara dice que su posesión más importante es bastante grande, verde, de cuero. La compró . . .

¡NO OLVIDES!

Do you remember the present-tense forms of *decir?*

digo	decimos
dices	decís
dice	dicen

9 Ahora túrnate con tu compañero(a) para describir dos salas diferentes de la escuela y lo que hay en ellas.

La sala de computadoras es grande, pero no hay ventanas. Las computadoras son . . . Hay . . .

10 Túrnate con tu compañero(a) para decir dónde o cuándo van a ser estas actividades.

picnic / sábado / 10 A.M.	A —*¿Sabes cuándo va a ser el picnic?* B —*Sí, el sábado a las 10 de la mañana.*

a. el partido de hockey / jueves / gimnasio
b. la fiesta de cumpleaños de Teresa / viernes / 7 P.M.
c. el desfile / domingo / el parque
d. la graduación / martes / 4 P.M.
e. la boda de Luis y Pilar / sábado / 3 P.M.
f. la reunión del coro / miércoles / el auditorio
g. la próxima prueba de química / mañana / el laboratorio
h. la exposición de arte / la próxima semana / la biblioteca
i. 💡

PASO CULTURAL La corrida de toros *(bullfighting)* es una combinación de arte, deporte, espectáculo y ceremonia, con elementos de las antiguas culturas y de la sociedad moderna. En España, hay corridas de toros desde la primavera hasta el otoño. Mucha gente pregunta si las corridas son un abuso de los animales. Otras personas consideran que la interacción entre el matador y el toro es un arte y debe continuar. ¿Qué piensas tú?

Trajes de luces: Sólo los matadores pueden llevar trajes de oro. Los banderilleros—asistentes del matador—llevan los de plata.

Ahora lo sabes

Can you:

- **say what is yours and what belongs to someone else?**
  —Esa ___ es ___; la otra es de ___.
- **describe things?**
  —Mi reloj es de ___; no ___ de plata.
- **tell the time and place of an event?**
  —La graduación ___ el 23 de mayo. Es ___ 5 de la tarde.

MORE PRACTICE

Más práctica y tarea, pp. 547–548
Practice Workbook 7–5, 7–8

Actividades

Las figuras de madera hechas en Oaxaca son famosas por sus colores brillantes.

1 En una hoja de papel haz dos listas de tus posesiones más importantes según el modelo.

Mis posesiones

Una necesidad	Un lujo

Escribe el nombre de tres objetos en cada columna. Compara tus listas con las de un(a) compañero(a). Luego, comparen sus listas con las de otros(as) compañeros(as). ¿Cuáles son los tres objetos que aparecen más en las listas de toda la clase? Discutan por qué cada objeto es un lujo o una necesidad.

2 Entrevista a una persona mayor. Puede ser un(a) pariente(a), amigo(a) de la familia o un(a) profesor(a) de la escuela. Pregúntale sobre las cosas que tenía cuando era joven y lo que tiene ahora. Toma notas. Pregúntale, por ejemplo:

- si tenía (aparatos eléctricos)
- si había (computadora, tocacintas, televisión, radio) cuando era niño(a)
- cuándo compró su primer (televisor, radio, coche)
- cuál era su posesión más importante, cómo era y si todavía la tiene
- si tenía animales y cómo se llamaban

Ahora, con tus notas, prepara un informe para la clase. Compara la vida de antes con la de hoy. Puedes empezar así:

Mi bisabuelo se llama . . . Nació en 19 . . . Cuando era pequeño no había . . . Compró su . . . en 19 . . .

Conexiones

El uso mundial de energía

Las fuentes *(sources)* de energía tradicionales contaminan el medio ambiente y algún día pueden terminarse. Es mejor usar fuentes renovables, que son menos peligrosas para el medio ambiente y de mayor duración.

Fuentes tradicionales	Fuentes renovables
petróleo	marina
carbón	eólica o del viento
gas natural	solar

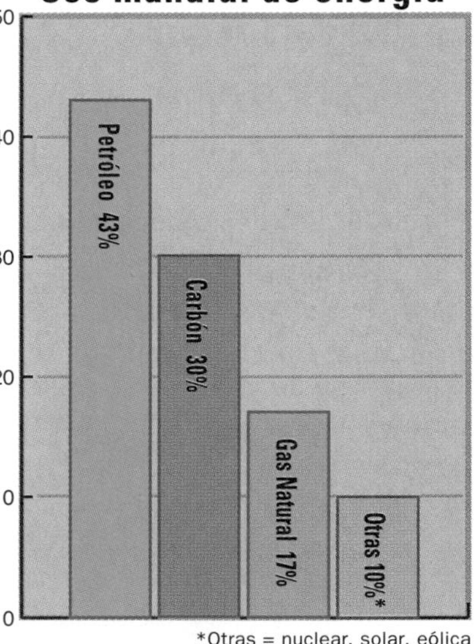

Con un(a) compañero(a), observa esta gráfica de barras.

- ¿Cuál es la clase de energía más usada en el mundo? ¿Es renovable o no?
- ¿Cuáles son las menos usadas? ¿Son renovables o no?

Trabajen en grupos para determinar la clase de energía que se usa más en las casas o apartamentos de tus compañeros(as). Averigüen qué clase de energía se usa en cada casa o apartamento para la calefacción, para calentar el agua y para cocinar. En la pizarra, hagan una tabla como ésta para anotar todas las respuestas.

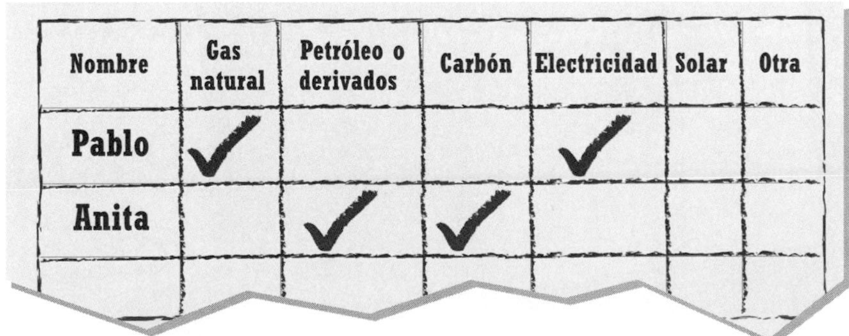

Nombre	Gas natural	Petróleo o derivados	Carbón	Electricidad	Solar	Otra
Pablo	✓			✓		
Anita		✓	✓			

Con un(a) compañero(a), haz una gráfica de barras en una hoja de papel cuadriculado para indicar las fuentes de energía más usadas por los miembros de tu clase.

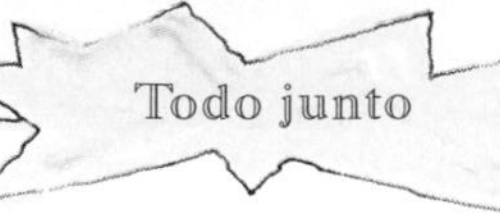

Antes de leer

STRATEGY ➤ Using prior knowledge

This is an ad for electrical appliances from El Corte Inglés, a Spanish department store. What information would you expect to find?

Mira la lectura

STRATEGY ➤ Skimming

In advertisements, sentences are often short. Punctuation and capitalization may be unusual. Look over the selection to get the gist of it.

OCEAN

La magia del diseño.

El Corte Inglés presenta en exclusiva algo que le va a encantar, un número uno en diseño italiano y toda una novedad en España: Electrodomésticos Ocean. Una gama de electrodomésticos tecnológicamente avanzados, con los sistemas más revolucionarios y el diseño más innovador. Además con la garantía y servicios que proporciona El Corte Inglés:

- Transporte y entrega a domicilio.
- Instalación por especialistas.
- Garantía por un año.
- Servicio post-venta.
- Financiación hasta 24 meses, sin entrada, a partir de 5.000 pts. mensuales.

OCEAN
diseño
una exclusiva de
El Corte Inglés

Infórmate

STRATEGIES ➤ Using cognates
Recognizing false cognates

You already know how to use cognates—for example, *sistemas*, *revolucionarios*, and *transporte*—to help you understand a selection. However, sometimes a Spanish word has a different meaning from that of the English word that it resembles.

When you come across a word that is important for understanding the selection, and the English meaning doesn't make sense, use the context to help you figure it out.

1 In the phrase *Además con la garantía y servicios que proporciona El Corte Inglés,* the word *proporciona* is similar to the English word "proportion." But the position of the word tells you that it probably is a verb. The ending tells you that it is an *él / ella* form. So *proporciona* is something that El Corte Inglés does. Ask yourself what verb best tells what a store does with regard to delivery, installation, etc.

2 The word *entrada* means "entrance," but it has another meaning here. Use the context to help you figure it out.

3 If you were going to buy an electrical appliance, would you go to El Corte Inglés? Why?

Aplicación

List as many words as you can that you learned from this selection. Underline the cognates. Then compare your list with a classmate's.

¡Vamos a escribir!

Imagina que tu familia necesita hacer una lista de sus posesiones para la compañía de seguros *(insurance company)*. ¿Qué cosas tuyas quieres poner en la lista?

1 Primero, haz una lista de tres a cinco cosas que son importantes para ti; por ejemplo, una colección de monedas. Escribe una breve descripción para cada una. Piensa en estas cosas:

- ¿Qué es el artículo?
- ¿Cómo es?
- ¿Cuánto tiempo hace que lo tienes?
- ¿Lo compraste o fue un regalo?
- ¿Cuánto costó?
- ¿Puedes comprar otro como éste?

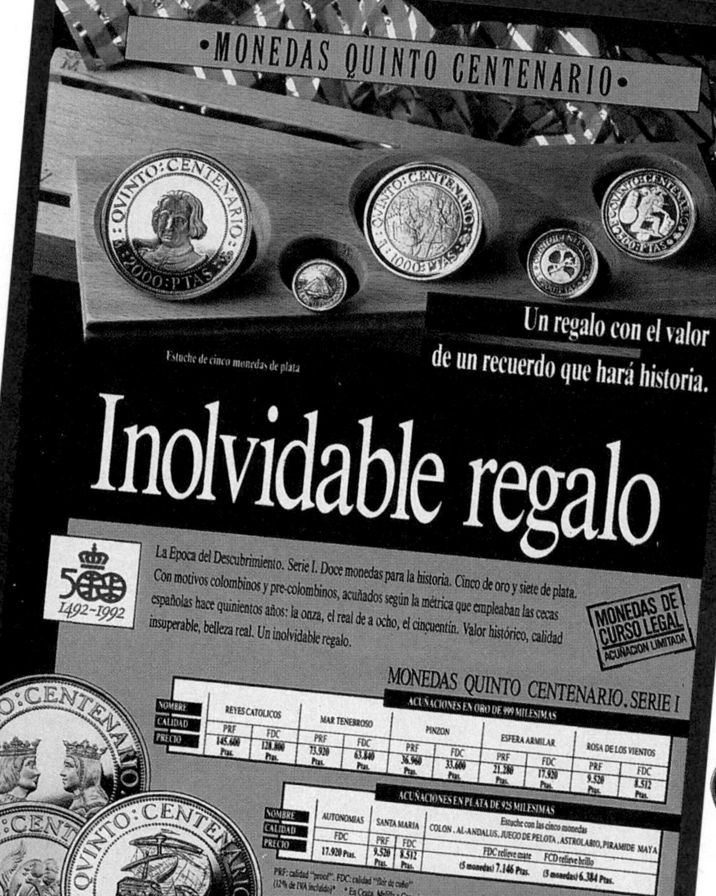

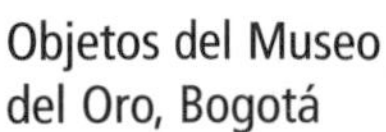
Objetos del Museo del Oro, Bogotá

"Para mí, mis tarjetas de béisbol son muy preciosas."

"Paso mucho tiempo con mi colección de sellos."

2 Ahora imagina que tu familia va a mudarse *(to move)* y no puede llevar todo. Tienes que dejar una de las cosas que describiste. Escoge una cosa y la persona más apropiada para recibirla. Escribe una carta breve a la persona y explícale:

- qué le vas a dar
- por qué vas a hacerlo
- qué importancia tiene la cosa para ti

3 Para distribuir tu trabajo, puedes:

- incluirlo en un libro titulado *Cosas preciosas*
- ofrecerlo a la revista literaria escolar
- exhibirlo en la sala de clases
- incluirlo en tu portafolio

Capítulo 7

Repaso ¿Lo sabes bien?

Esta sección te ayudará a prepararte para el examen de habilidades, donde tendrás que hacer tareas semejantes.

Listening

Can you understand when people talk about their personal possessions? Listen as your teacher reads a sample similar to what you will hear on the test. What do you think Horacio's problem is?

Reading

Part of an advertisement for new appliances included comparisons between old and new. Add two modern items to complete the comparisons.

Antes	Ahora
el ventilador	el aire acondicionado
el fregadero	el lavaplatos
la vela	
el radio eléctrico	

Writing

Write a thank you note in which you explain to a relative how you used a gift of clothing. On the right is a sample.

Querida abuela,

Muchas gracias por el abrigo de lana. Ya tenía un suéter y unos pantalones de lana, pero necesitaba un abrigo para el viaje a las montañas. (La familia de Maribel me invitó a su casa en Portillo.) ¡Olvidé llevar la bufanda y los guantes! Pero Maribel me prestó los suyos. Sí llevé una linterna y pilas en caso de emergencia, pero no las necesité. La casa tiene electricidad. También tiene calefacción central, una lavadora, una secadora ¡y un microondas!

Un beso,

Chelita

Culture

How were the early American civilizations more advanced than those of Europe? How were they less advanced?

Speaking

In a discussion with your partner can you state and opinion about some recent purchases you made?

A —*¿Te gusta el nuevo televisor que compré? Me encanta el control remoto.*

B —*¡Pero Uds. tienen muchos televisores! Me parece que es un lujo tener tantos aparatos.*

A —*Pues, a mí no me parece así. Somos una familia grande y todos tenemos nuestros programas favoritos. ¡Y lo compré con mi propio dinero!*

Resumen del vocabulario

Usa el vocabulario de este capítulo para:

- **name and describe personal possessions**
- **tell to whom something belongs**
- **state and defend opinions regarding necessities and luxuries**

to name personal possessions
la posesión, *pl.* las posesiones
la necesidad
el lujo
el oro
la plata
el anillo
el arete
la cadena
el collar
la pulsera
el reloj (pulsera)
los anteojos *(m.pl.)*
los lentes de contacto *(m.pl.)*
la llave
el llavero
la moneda
el peine
el secador de pelo
la identificación
el carnet de identidad

to discuss personal possessions
propio, -a
mío, -a
tuyo, -a
suyo, -a
nuestro, -a
el mío, la mía; los míos, las mías
el tuyo, la tuya; los tuyos, las tuyas
el suyo, la suya; los suyos, las suyas
el nuestro, la nuestra; los nuestros, las nuestras

to name home appliances and furnishings
el aparato
la electricidad
eléctrico, -a
el bombillo
apagar
encender *(e → ie)*
funcionar
el horno
el lavaplatos
la lavadora
la secadora
el microondas
el tostador
el ventilador
el aire acondicionado
la calefacción central
el calentador
el fregadero
el estante
la mesa de noche
el radio
el televisor
el control remoto
el tocacintas, *pl.* los tocacintas

to talk about emergencies
el detector de humo
la emergencia
el incendio
el extinguidor de incendios
la linterna
la pila
en caso de

to talk about conservation
la energía
ahorrar
conservar
reparar

to express an opinion
¿(A ti) Te parece que . . . ?
(A mí) Me parece que . . .

other useful words and expressions
mostrar *(o → ue)*
suficiente
de vez en cuando
(yo) mismo, -a

TAXI
TOURING CLUB

CAPÍTULO 8

¿Dónde sueles hacer tus compras?

Objectives

At the end of this chapter, you will be able to:

- name and describe the location of places in a community
- ask for and give directions
- locate items in a drugstore or department store
- describe bargaining procedures in a Latin American market

PASO CULTURAL Muchos de los tres millones de habitantes de Madrid caminan a sus trabajos o toman el autobús o el metro. Pero el problema de la congestión de tráfico, especialmente en el centro, es más serio que nunca. Donde vives tú, ¿hay problemas de tráfico? ¿Qué ideas tienes para mejorar la situación, aquí y en Madrid? ¿Tienes las mismas ideas para los dos lugares, o diferentes? ¿Por qué?

Vista de una calle en Madrid

¡Piensa en la CULTURA!

De compras en Argentina, España y Chile

Mira las fotos. ¿Dónde compras tú estas cosas?

"Voy a llevar dos kilos de manzanas."

¿Prefieres las manzanas rojas o las amarillas? ¿Dónde compras las frutas? ¿Hay fruterías en tu ciudad?

Paso Cultural Las tiendas de especialidades como éstas son muy importantes en la vida diaria de los habitantes de los países hispanos. Mucha gente va a estas tiendas por la mañana para comprar lo que necesita para el día y, a la vez, para conversar con sus amigos y vecinos. ¿Hay tiendas de especialidades cerca de tu casa? ¿Prefieres ir a tiendas como éstas o a los supermercados? ¿Por qué?

Una frutería en Buenos Aires

"Voy a llevarle rosas a mi mamá para su cumpleaños."

¿En qué ocasiones sueles comprar flores?

Barcelona, España

Una floristería en Las Ramblas, Barcelona

Santiago, Chile

Una carnicería en Santiago, Chile

¿Cuáles son las diferencias que ves en esta vitrina de lo que se ve en una carnicería típica en los Estados Unidos?

Cultural Exploration
www.pasoapaso.com
Visit these countries on-line

Vocabulario para conversar

¿Podría indicarme dónde queda una floristería?

Vas a necesitar estas palabras y expresiones para hablar sobre dónde puedes encontrar ciertas cosas y lugares.

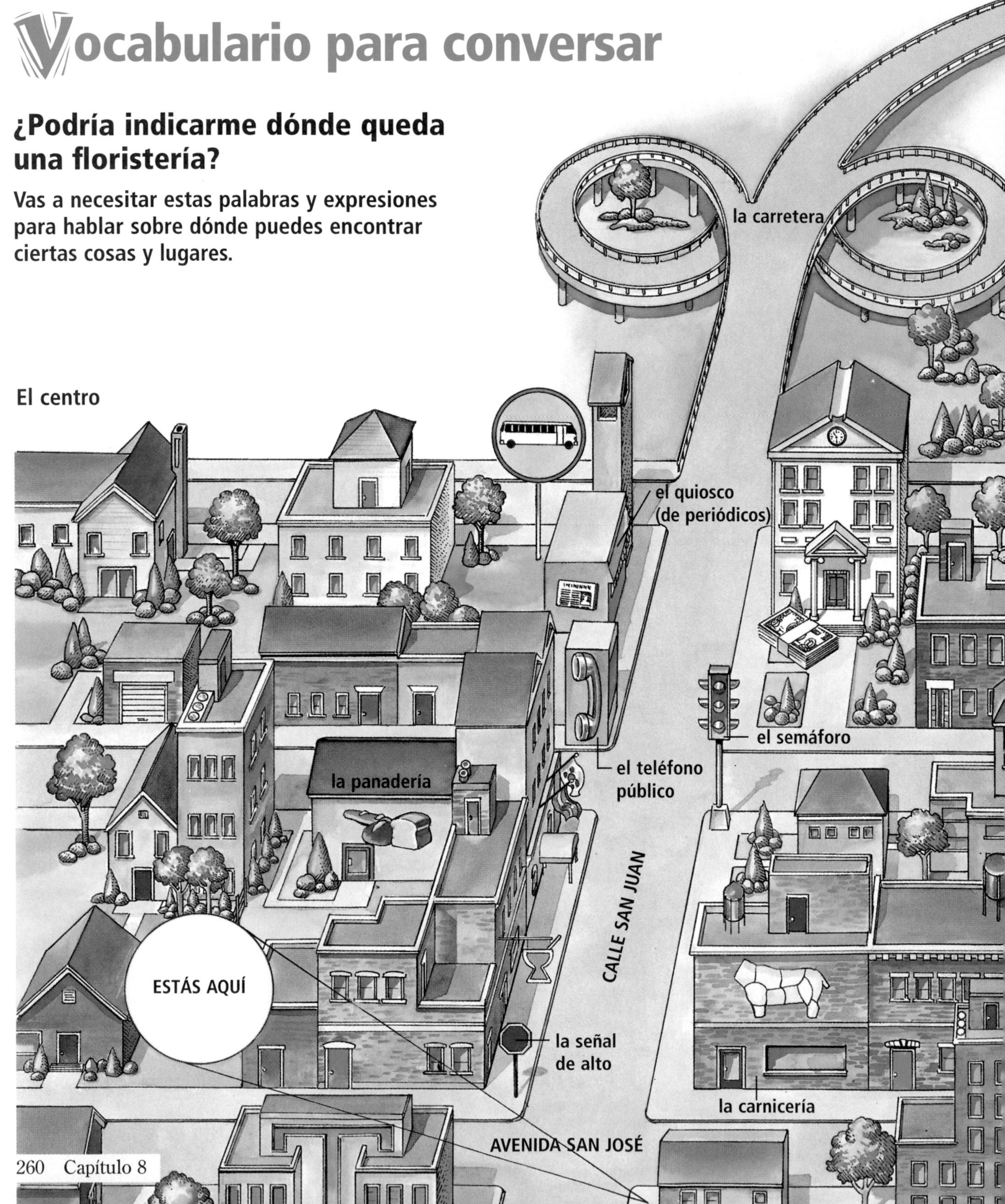

También necesitas . . .

seguir *(e → i)*: siga (Ud.)	*to follow, to continue: follow! continue!*
doblar: doble (Ud.)	*to turn: turn!*
cruzar	*to cross*
¿Podría (Ud.) / Podrías (tú) + *inf.?*	*Could you . . . ?*
el centro	*downtown*
el metro	here: *meter* (measurement)
la milla	*mile*
por + (*place*)	*by, through, at*

¿Y qué quiere decir . . . ?
indicar
hacer las compras
el transporte público
perdonar: perdone (Ud.)
el kilómetro
histórico, -a

¡NO OLVIDES!
Remember: *comprar* = to buy and *ir de compras* = to go shopping.

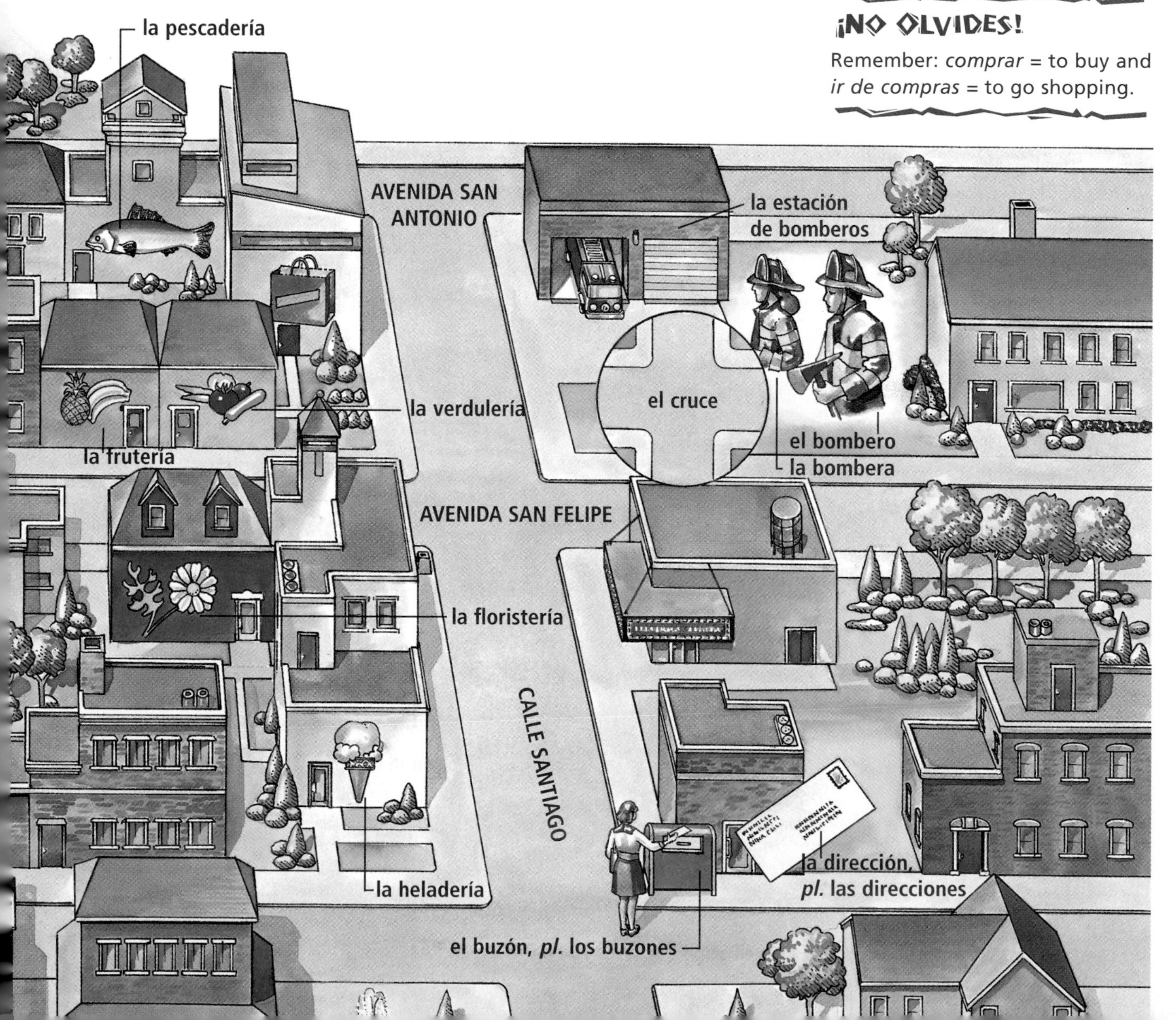

Empecemos a conversar

Túrnate con un(a) compañero(a) para ser *Estudiante A* y *Estudiante B*. Reemplacen las palabras subrayadas en el modelo con palabras representadas o escritas en los recuadros. Si ven pueden dar su propia respuesta.

1 

A —*Necesito comprar carne.*
B —*Pues vamos, hay una carnicería muy cerca.*

Estudiante A

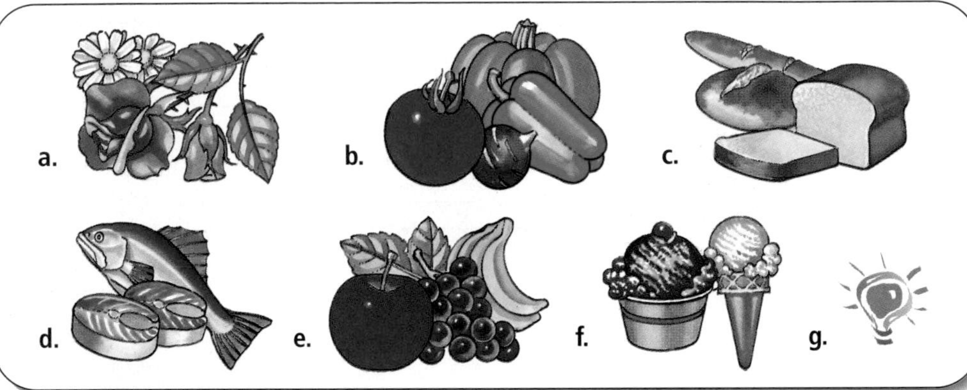

Estudiante B

2 

A —*Perdone, señor(ita), ¿sabe si hay una farmacia por aquí?*
B —*Sí. Hay una a media cuadra.*

¡NO OLVIDES!

Sabe is the *Ud.* form of *saber.* It is a regular *-er* verb except for its *yo* form: *sé.*

Estudiante A

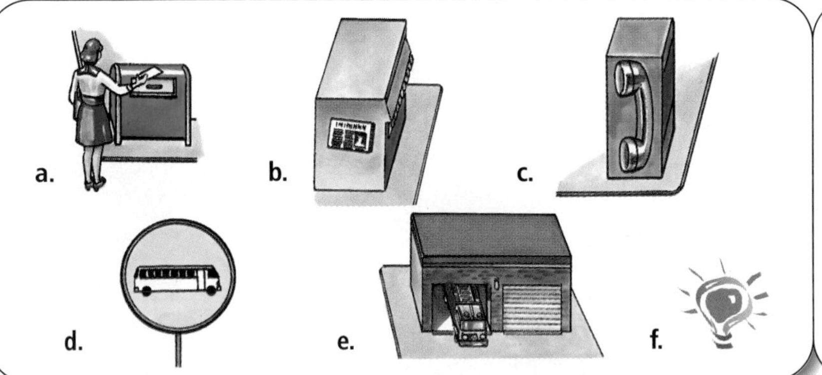

Estudiante B

a (dos) cuadras
a media cuadra
enfrente de ___
en la esquina

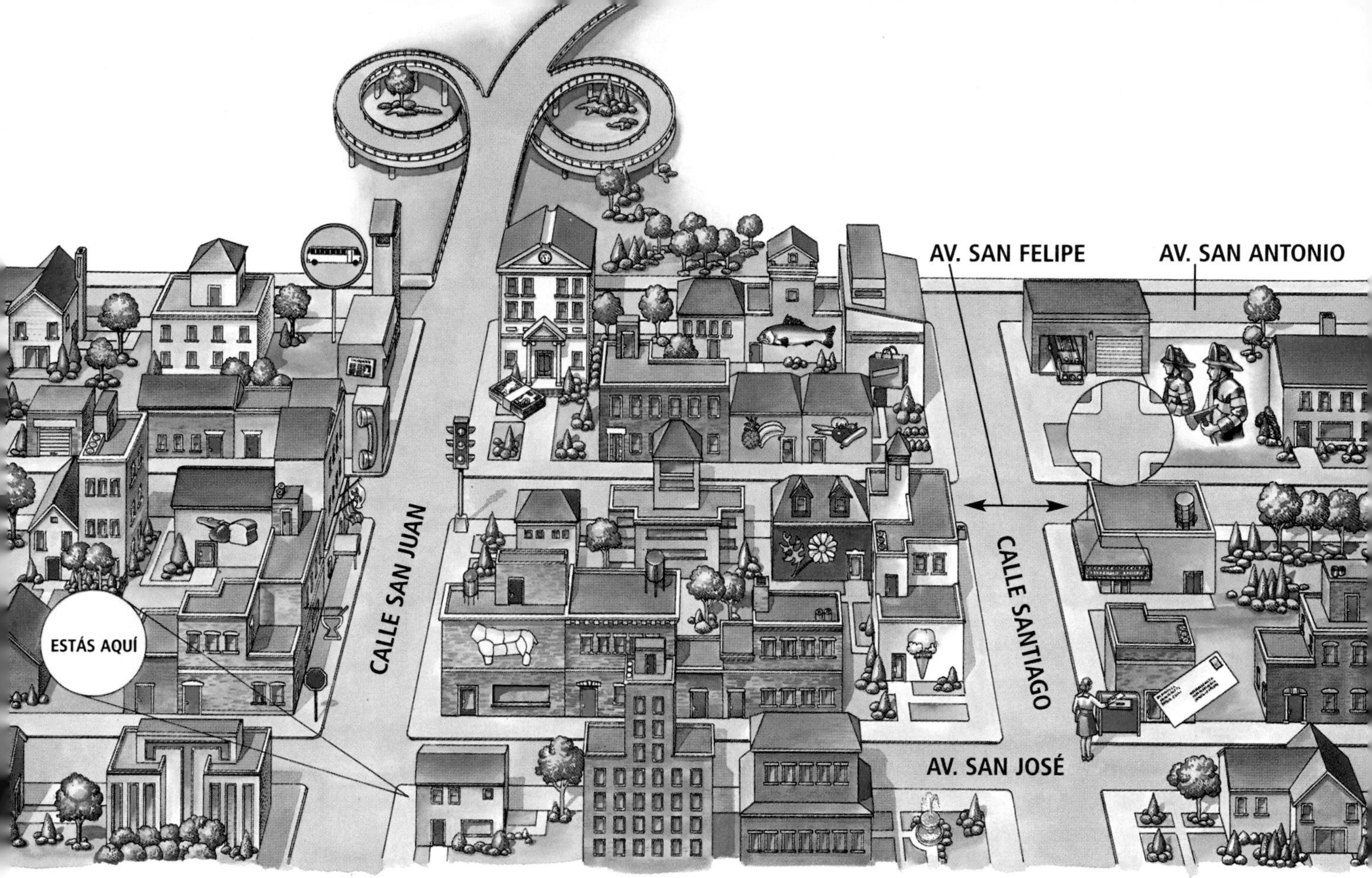

AV. SAN FELIPE

AV. SAN ANTONIO

ESTÁS AQUÍ

CALLE SAN JUAN

CALLE SANTIAGO

AV. SAN JOSÉ

3 

A —*¿Podría indicarme dónde queda una pescadería?*

B —*Sí, señor(ita). Siga por esta calle. En la segunda esquina, doble a la derecha.*

Estudiante A

a. 

b. 

c. 

d. 

e. 

f. 

Estudiante B

4 Aquí hablamos de tu propia ciudad.

la estación de bomberos

A —*¿Sabes si está lejos de aquí la estación de bomberos?*
B —*Un poco; está a dos millas de aquí, en la Calle Lincoln.*
o: *Lo siento, pero no lo sé.*

Estudiante A

a. la estación de policía
b. la iglesia de ___
c. el templo de ___
d. el correo
e. el centro
f. (nombre de una comunidad)
g. 

Estudiante B

(número) kilómetros
(número) metros
(número) cuadras
(número) millas
medio kilómetro
media milla

Vista de una calle antigua al pie de las montañas en Quito, Ecuador

San Antonio de Oriente (1957), José Antonio Velásquez

Empecemos a escribir

Escribe tus respuestas en español.

5 ¿Cuál es tu dirección? ¿Y la de la escuela? Escríbele una nota a un(a) amigo(a) explicándole cómo ir de la escuela a tu casa.

6 ¿Cuáles son las calles y carreteras más importantes de tu comunidad o ciudad? Para ir de tu casa al centro comercial, ¿qué calles o carreteras hay que tomar? ¿Más o menos cuántos cruces y señales de alto debes pasar? Y para ir al centro de la ciudad, ¿usas el transporte público o vas en coche?

7 ¿Dónde hace las compras tu familia? ¿Quién las hace? ¿Qué tiendas de comestibles hay cerca de tu casa? ¿Dónde quedan? ¿Qué tiene el supermercado (carnicería, panadería, etc.) donde hace las compras tu familia?

8 ¿Qué edificios históricos hay en tu comunidad o ciudad? ¿Los visitas de vez en cuando? En tu opinión, ¿qué lugares hay que conocer en una ciudad? ¿Por qué?

Niños montando en bicicleta en Puerto Plata, República Dominicana

También se dice

la florería

el puesto de periódicos

la sorbetería
la nevería

el pare
el stop

MORE PRACTICE

Más práctica y tarea, p. 549
Practice Workbook 8–1, 8–2

Vocabulario para conversar

¿Los ascensores están al fondo?

Aquí tienes el resto del vocabulario que necesitas en este capítulo para hablar sobre dónde puedes encontrar ciertas cosas y lugares.

La farmacia

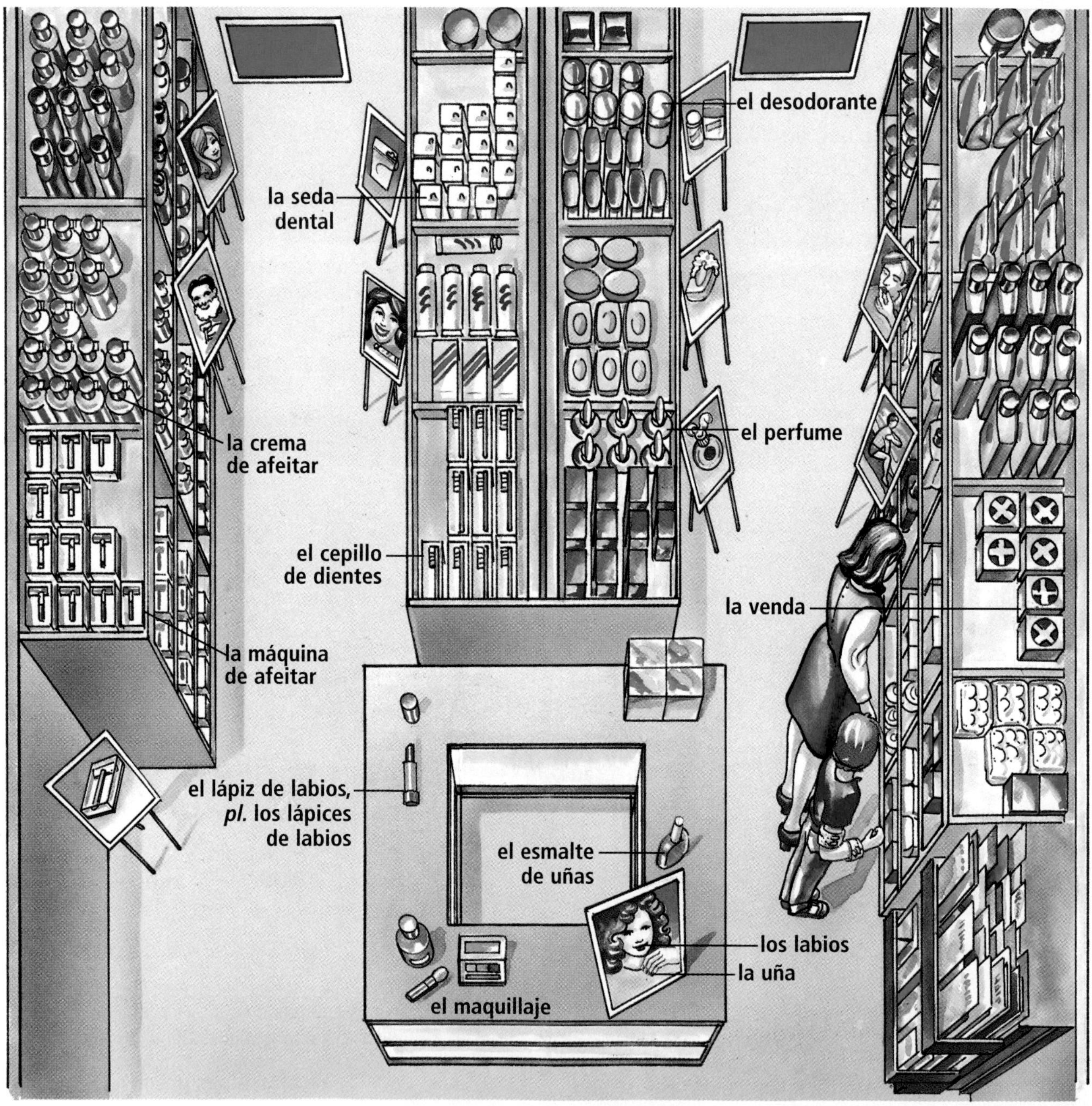

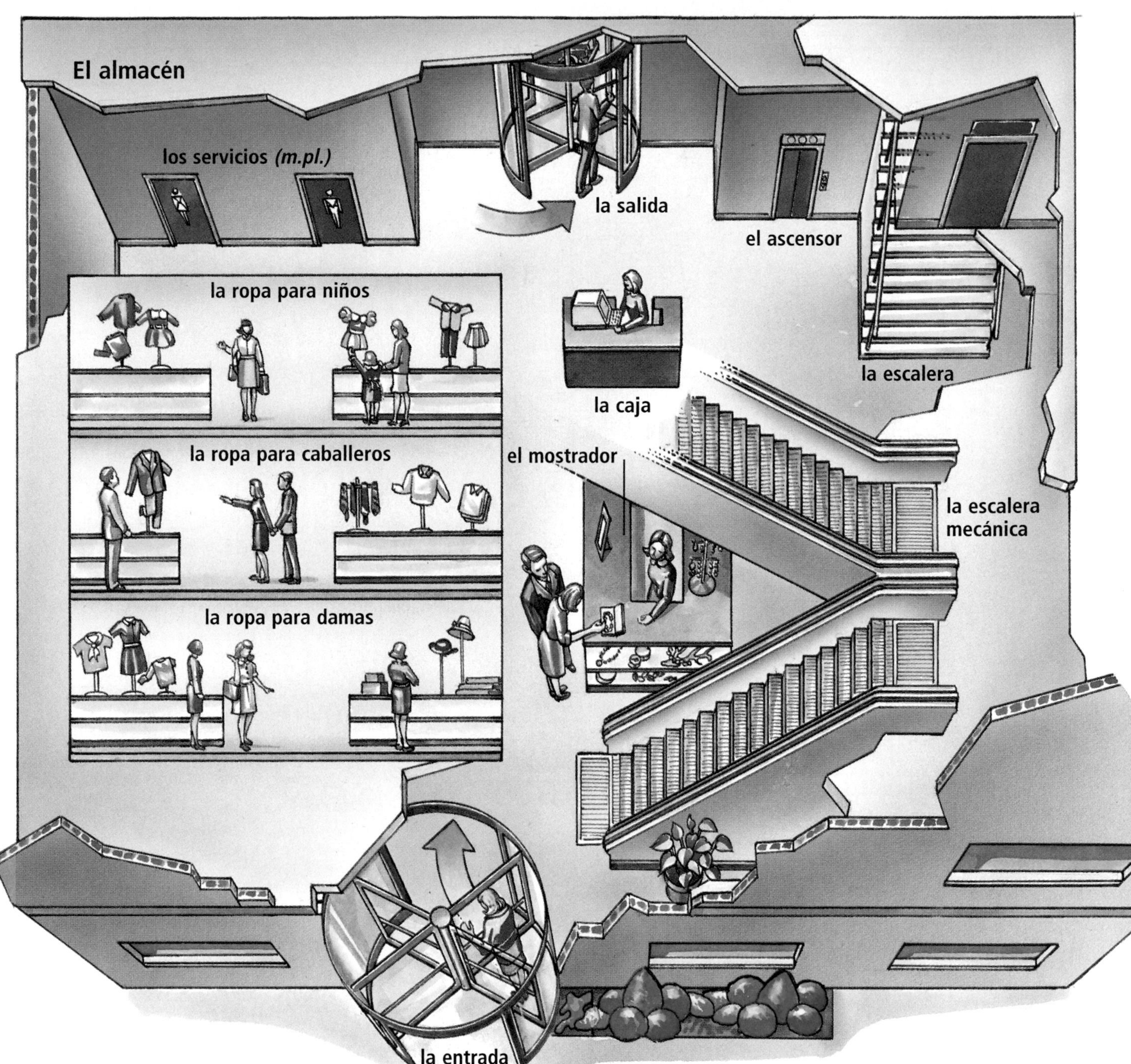

También necesitas . . .

al fondo	*in the back*
gastar	*to spend*
ponerse	*to put on (clothing, make-up, etc.)*
quitarse	*to take off (clothing, make-up, etc.)*
vender: se vende(n)	*to sell: is (are) sold*
mientras	*while*

¿Y qué quiere decir . . . ?
afeitarse
maquillarse
la distancia
la sección, *pl.* las secciones

Empecemos a conversar

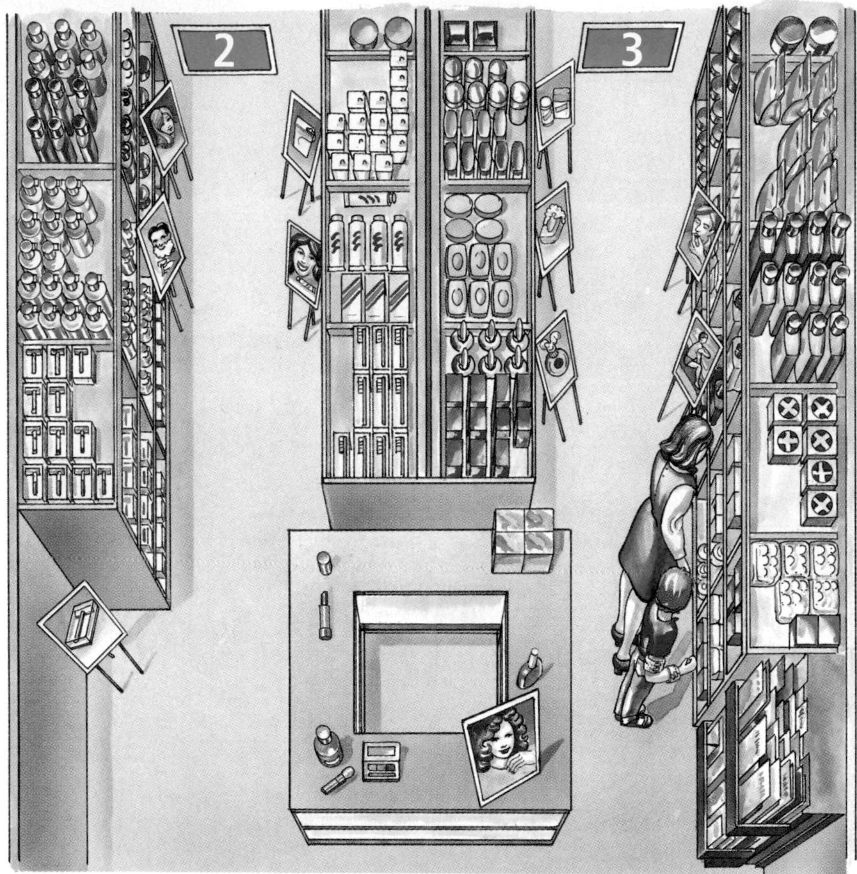

9

A —*Por favor, ¿dónde puedo encontrar la seda dental?*
B —*En la sección dos, enfrente de los champús.*

Estudiante A **Estudiante B**

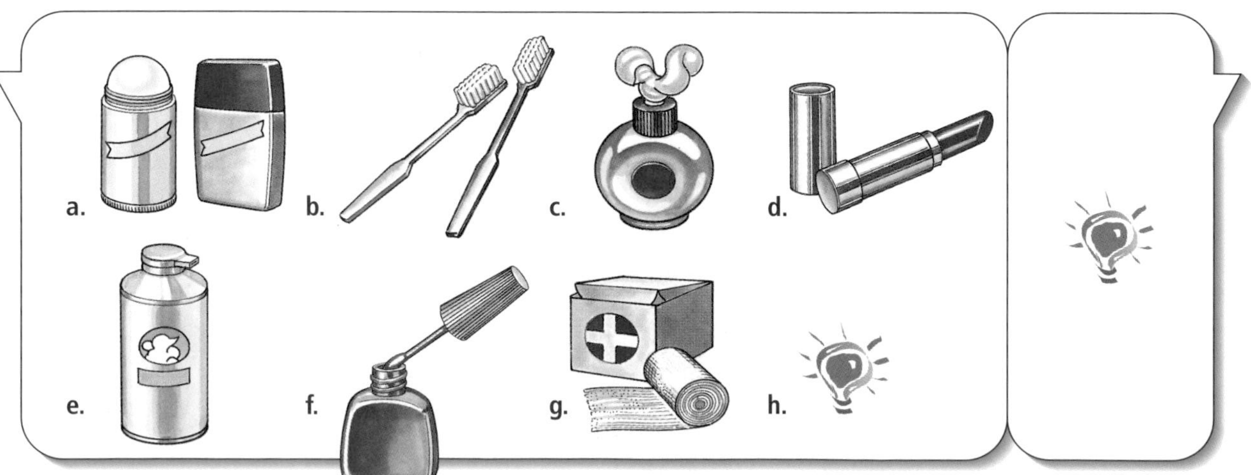

10 

A —¿Los ascensores están al fondo?
B —Sí, señor(ita), a la derecha de la salida.
o: *No, están . . .*

Estudiante A

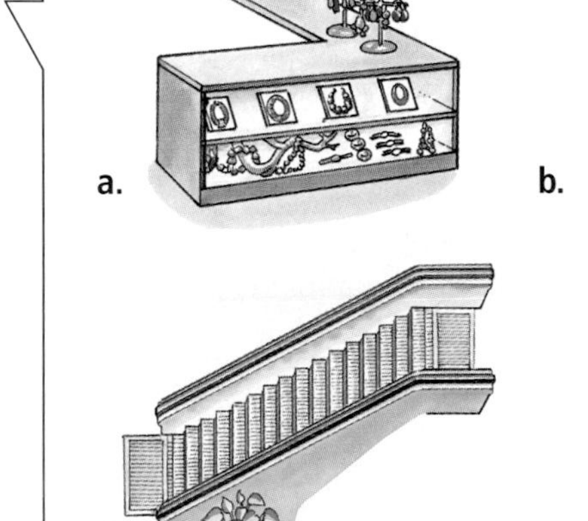

a.

d.

b.

e.

c.

f.

Estudiante B

11 periódicos

A —*¿Se vende(n) periódicos en una farmacia?*
B —*En algunas sí.*
o: *No sé, pero hay un quiosco en la esquina.*

Estudiante A

a. sellos
b. revistas
c. ropa para damas
d. lápices de labios
e. verduras
f. crema de afeitar
g. perfume
h. flores
i. vendas
j.

Estudiante B

Claro que sí / no.
En algunas sí.
No sé.

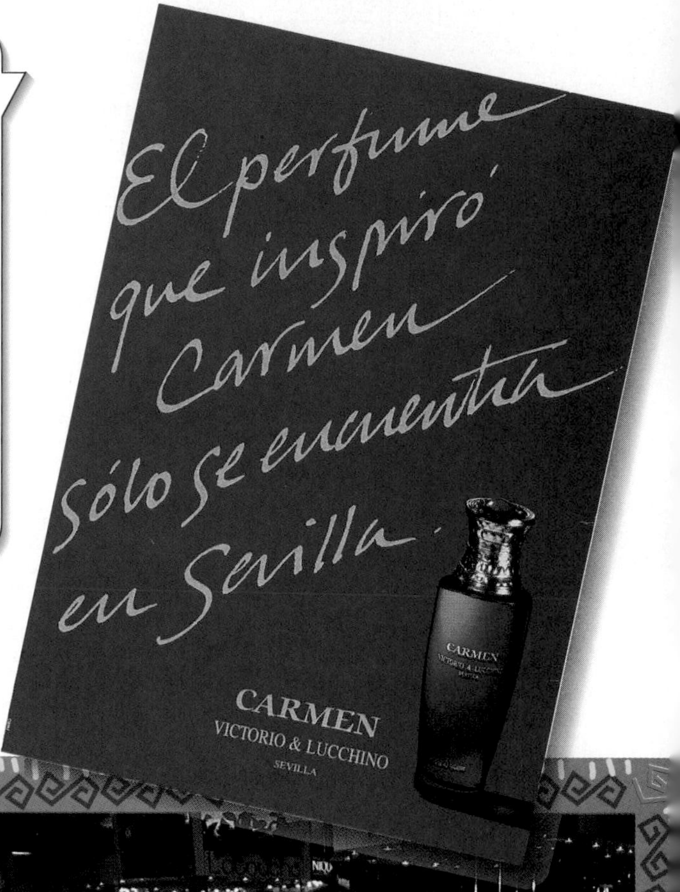

El perfume que inspiró Carmen sólo se encuentra en Sevilla.
CARMEN
VICTORIO & LUCCHINO
SEVILLA

Empecemos a escribir y a leer

Escribe tus respuestas en español.

12 ¿A qué distancia de tu casa está la farmacia que queda más cerca? ¿Qué compras en la farmacia generalmente? ¿En qué tipo de tienda gastas más dinero?

13 ¿A qué edad empiezan a maquillarse las muchachas de tu comunidad? ¿Qué color de lápiz de labios está de moda ahora? ¿Y de esmalte de uñas? ¿Con qué se afeitan los hombres de tu familia?

MORE PRACTICE

- Más práctica y tarea, p. 550
- Practice Workbook 8–3, 8–4

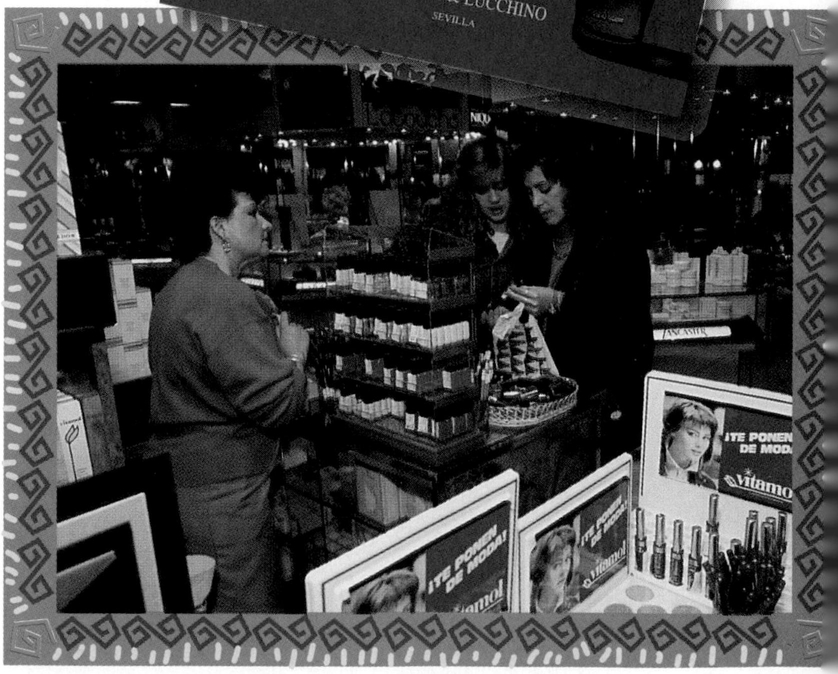

Comprando lápices de labios en El Corte Inglés, Madrid

14 Para ir al piso cinco de un almacén, ¿usas la escalera, el ascensor o la escalera mecánica? ¿Por qué?

15 Cuando vas de compras, ¿usas el transporte público? ¿Con quiénes sueles ir de compras? Cuando vas con un adulto, ¿qué haces tú mientras él o ella hace sus propias compras?

16 En grupo decidan si están de acuerdo con las siguientes frases. Si no están de acuerdo, escríbanlas de nuevo según su opinión y digan por qué.

a. La ropa para caballeros es más cara que la de damas.
b. La ropa para caballeros es más cómoda que la de damas.
c. Una mujer debe quitarse todo el maquillaje antes de acostarse.
d. Uno debe ponerse la camisa antes de peinarse.
e. Uno debe cepillarse los dientes antes de usar la seda dental.
f. Un hombre debe lavarse la cara antes de afeitarse.

También se dice

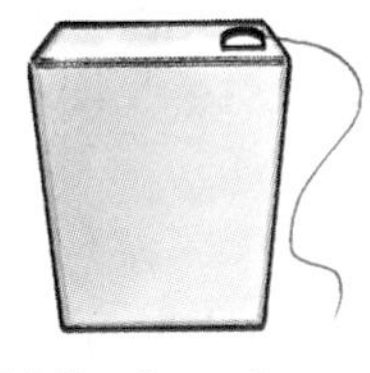

el hilo dental

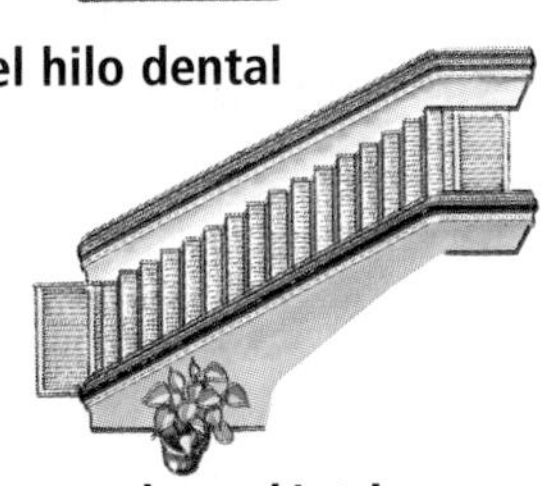

la escalera eléctrica

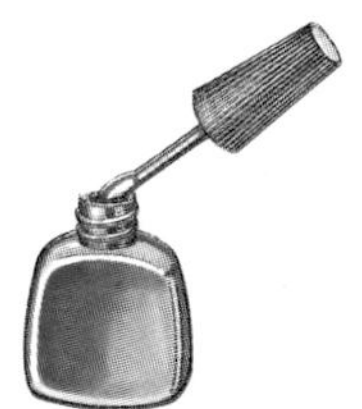

la pintura de uñas
el barniz de uñas

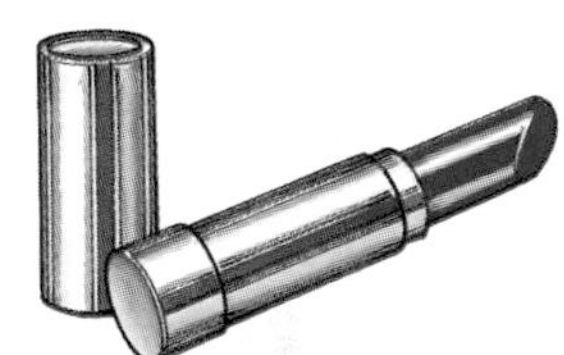

la pintura de labios
el crayón de labios
el lápiz labial

la máquina de rasurar
la rastrilla
la rasuradora

el elevador

¡Comuniquemos!

Aquí tienes otra oportunidad para usar el vocabulario de este capítulo.

1 A veces uno no sabe la palabra correcta y necesita preguntar cómo se llama algo. Usa palabras como *lugar, cosa, tienda.* Túrnate con un(a) compañero(a). Puedes usar éstas u otras ideas. Por ejemplo:

A —*¿Cómo se llama el lugar donde se ponen las cartas?*
B —*Se llama un buzón.*

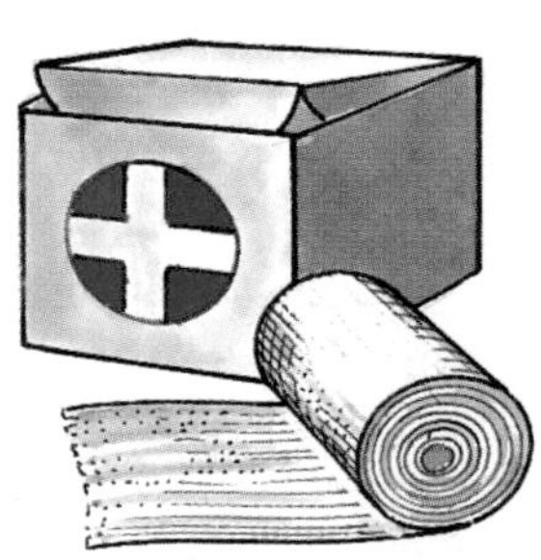

2 Túrnate con un(a) compañero(a) para ser el (la) policía y el (la) turista. Hagan un mapa de su comunidad y úsenlo para pedir y dar direcciones.

A —*Señor(ita), ¿me podría indicar dónde queda la biblioteca pública?*
B —*Claro que sí, . . .*

3 Túrnense para pedir y dar información. Uno de ustedes trabaja en el mostrador de información en el primer piso de un almacén. Usen la información en la tabla de la derecha.

A —*Perdone, señor(ita), ¿dónde están los perfumes?*
B —*Al fondo, señor(ita), cerca de la escalera mecánica.*

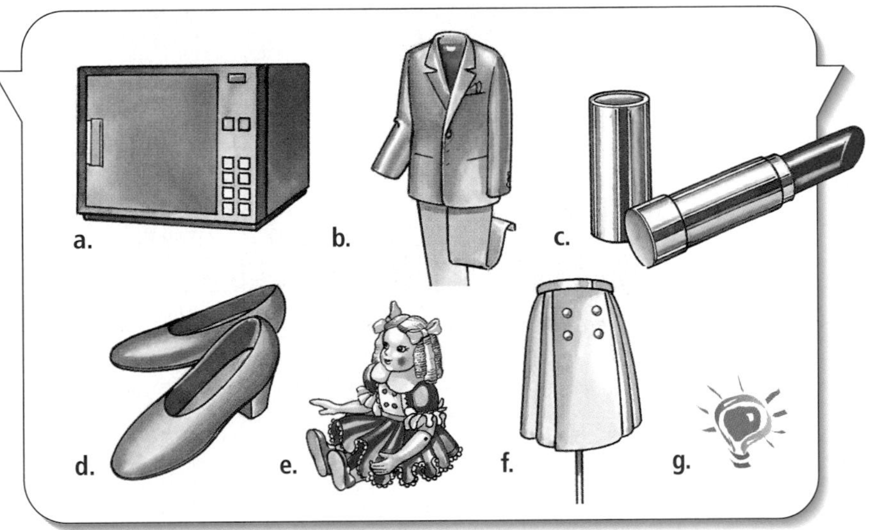

DIRECTORIO

administración	2
aparatos eléctricos	5
juguetes	6
maquillaje	1
muebles	4
perfumes	1
restaurante	sótano
ropa para caballeros	sótano
ropa para damas	2
ropa para niños	3
servicios	6
zapatos	3

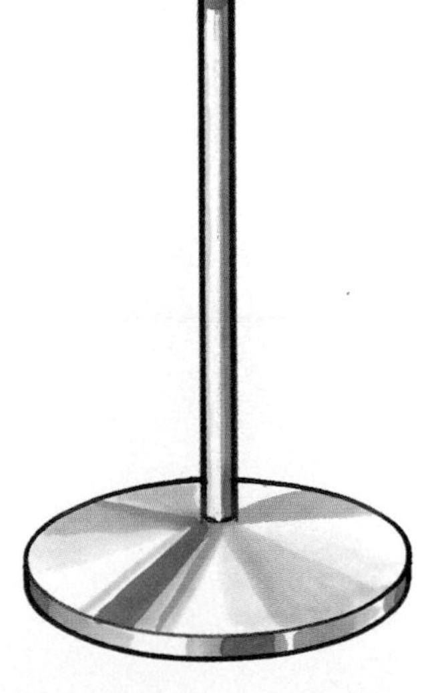

¿Qué sabes ahora?

Can you:

- **name and describe the location of places in a community?**
  —Pon las cartas en ___. Está ___ el correo.
- **ask for and give directions?**
  —Perdone, señorita, ¿___ indicarme dónde ___ la estación de bomberos?
  —Cruce ___, siga por ___ y ___ a la izquierda.
- **locate items in a drugstore or department store?**
  —¿La ropa de niños está en ___?
  —No, señor, está en ___.

Perspectiva cultural

¿Cómo sabe la gente los precios de las cosas en el mercado? ¿Crees que todos pagan el mismo precio? ¿Por qué crees eso? ¿Y en el almacén? ¿Por qué crees que sí o que no?

Cultural Activity www.pasoapaso.com

Roberto es un estudiante estadounidense que está viviendo con una familia guatemalteca en una comunidad pequeña. Hoy acompañó a doña* Francia, la madre de la familia, al mercado.

DOÑA FRANCIA Buenos días, don Pancho.

VENDEDOR Buenos días, doña Francia. ¿Cómo está?

DOÑA FRANCIA Muy bien, gracias. ¿Y usted?

VENDEDOR Bien, gracias a Dios.

DOÑA FRANCIA Su hijo mayor es de la misma edad que Roberto, ¿verdad? ¿Ya se graduó?

VENDEDOR No, todavía no. Se gradúa el año que viene, si Dios quiere. Está sacando buenas notas.

DOÑA FRANCIA Me alegro.

VENDEDOR Las manzanas están muy buenas hoy. Están a 75 centavos el kilo.

DOÑA FRANCIA (*inspeccionando las manzanas*) Mmmm.

VENDEDOR (*en voz baja*) Sesenta centavos.

DOÑA FRANCIA Me da dos kilos, don Pancho. (*Don Pancho le entrega las manzanas, y doña Francia le paga.*) Gracias, don Pancho. Hasta la próxima vez. Salúdeme a su señora.

VENDEDOR ¡Cómo no, doña Francia! Que estén bien por su casa.

**Don* and *doña* are titles of respect used with a person's first name.

Doña Francia y don Pancho charlan un poco antes de hablar de lo que ella va a comprar porque las relaciones personales son muy importantes en su cultura. Es necesario confirmarlas antes de negociar.

Más tarde Roberto va a un mercado turístico para comprar unos recuerdos.

ROBERTO Buenas tardes, señor.

VENDEDOR Buenas tardes, joven.

ROBERTO ¿A cuánto están estas bolsas?

VENDEDOR A cien quetzales cada una. Son de pura lana y de colores firmes.

ROBERTO ¿No me puede dar una por ochenta quetzales?

VENDEDOR No, lo siento. Pero sí por noventa.

La cultura desde tu perspectiva

1 Compara los dos diálogos según estas preguntas: ¿Se conocen el cliente y el vendedor? ¿Cómo lo sabes? ¿De qué hablan? ¿Quién menciona el precio primero? ¿Cambia mucho el precio?

2 ¿Cuándo y dónde se regatea (*bargain*) en los Estados Unidos? Compara la manera de regatear en los Estados Unidos y en Guatemala.

De compras en el mercado de Momostenango, Guatemala

Unas mujeres admiran una blusa en el mercado de Chichicastenango, Guatemala.

Gramática en contexto

¡Aprenda español mientras está durmiendo!

¿Imposible? ¡Sí es posible con el fabuloso y nuevo

método Dormex!

Llame hoy al 555-7777 y ¡ábrale las puertas a un nuevo futuro!

Librería El Quijote

Paseo de la Reforma 327

Se venden libros, revistas, periódicos, mapas y guías turísticas

75 años sirviendo a nuestros clientes

Se habla inglés.

A You know that we use *estar* + present participle to talk about something that is happening right now. Find the sentence that talks about sleeping in the first ad. How is the stem different from *dormir?* What do you think the present participle of *pedir* and *servir* might be?

B In these ads, *se habla, se reparan,* and *se vende(n)* are used. In these sentences, who do you think performs the action? In some cases the verb is singular; in others, plural. What do you think determines this?

C Find the expression that means "you pay nothing." How many negative words are used? Where do they appear in relation to the verb? How would you say "I don't see anything"?

Repaso: Los usos de *estar*

Review the present-tense forms of *estar*.

(yo)	**estoy**	(nosotros) (nosotras)	**estamos**
(tú)	**estás**	(vosotros) (vosotras)	**estáis**
Ud. (él) (ella)	**está**	Uds. (ellos) (ellas)	**están**

- Remember that we use *estar* to indicate location.

  Los servicios **están** al fondo.

- We also use *estar* to talk about conditions and characteristics that are not always associated with that person or thing.

  La venda **está** limpia.
  La máquina de afeitar **está** sucia.

  Compare this use of *estar* with the use of *ser* for conditions and characteristics that usually *are* associated with a person or thing.

  Juan **es** guapo. — *Juan **is** good-looking.*
  ¡Qué guapo **estás** hoy! — *How nice you **look** today!*

- *Estar* is also used to form the present progressive tense.

  Patricia **está cruzando** la calle.

1 Tu equipo ganó el partido de fútbol. Túrnate con un(a) compañero(a) para decir cómo están estas personas.

yo *Estoy (muy) cansado.*

a. el entrenador de tu equipo	alegre
b. el entrenador del otro equipo	triste
c. los jugadores de tu equipo	de buen / mal humor
d. los jugadores del otro equipo	cansado(a)
e. algunos amigos tuyos	callado(a)
f. Uds.	
g. la esposa de tu entrenador	

Repaso: El presente progresivo

You know that when we want to express that an action is happening right now, we use the present progressive tense. We form it using the present tense of *estar* + the present participle of another verb. To form the present participle, we add *-ando* to the stem of *-ar* verbs and *-iendo* to the stem of *-er* and *-ir* verbs.

habl**ar**	**estoy** habl**ando**
com**er**	**estamos** com**iendo**
escrib**ir**	**están** escrib**iendo**

- Verbs that have the stem change *o → u* or *e → i* in the preterite have the same change in the present participle. For example:

INFINITIVE	PRETERITE	PRESENT PARTICIPLE
dormir *(o → u)*	**durm**ieron	**durm**iendo
servir *(e → i)*	**sirv**ieron	**sirv**iendo

Juan todavía **está durmiendo.**
El camarero **está sirviendo** la comida.

- Reflexive or object pronouns can be placed before the form of *estar,* or they can be attached to the end of the present participle. If they are attached to the present participle, a written accent is needed.

Ahora **me** estoy **divirtiendo.**	Ahora estoy **divirtiéndome.**
Lo está **haciendo** ahora.	Está **haciéndolo** ahora.

2 Mira los dibujos y di qué están haciendo estas personas.

Está hablando por teléfono.

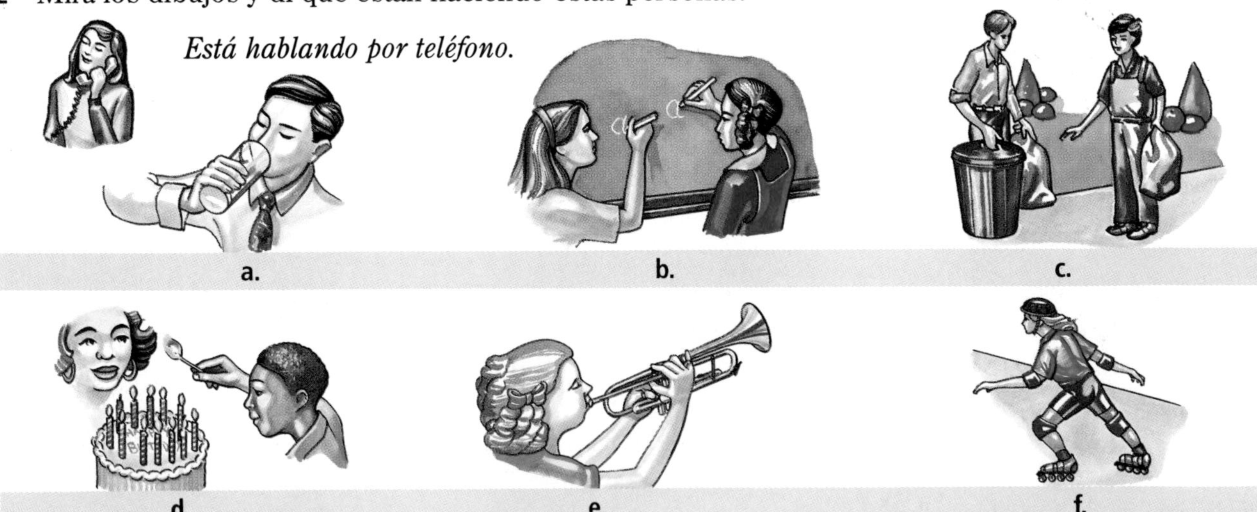

a. b. c. d. e. f.

3 ¿Y qué están haciendo estas otras personas?

Ramón / servir los refrescos *Ramón está sirviendo los refrescos.*

a. Carla / dormir
b. yo / vestir al niño
c. él / pedir una venda
d. ellas / decirse "¡Hola!"
e. Uds. / divertirse
f. nosotros / despedirse

4 ¿Quién está haciendo estas cosas? Túrnate con otro(a) compañero(a).

lavar el coche / Jorge
A —*¿Quién está lavando el coche?*
B —*Jorge está lavándolo.*
o: *Jorge lo está lavando.*

a. hacer las compras / Rafael
b. reparar la escalera mecánica / Patricia
c. buscar la verdulería / ellos
d. comprar la crema de afeitar / Mario
e. apagar el incendio / los bomberos
f. colgar la ropa / Juana
g. enviar las cartas / Marco

5 Son las siete de la mañana. ¿Qué está haciendo la familia de Javier? Túrnate con otro(a) compañero(a).

Su padre está afeitándose.

su padre

a. su madre

b. sus hermanos menores

c. su hermana mayor

d. Javier

e. su bisabuela

f. su hermana menor

6 Imagina qué están haciendo varias personas (el presidente de los Estados Unidos, el (la) director(a) de la escuela, etc.) en este momento. Túrnate con un(a) compañero(a).

A —*¿Qué está haciendo ___?*
B —*Creo que está ___.*

Construcciones negativas

Here are some affirmative and negative words that you already know. Remember that they are antonyms.

AFFIRMATIVE	NEGATIVE
alguien	nadie
algo	nada
alguno, alguna *(pronoun)*	ninguno, ninguna *(pronoun)*
algún, alguna *(adj.)*	ningún, ninguna *(adj.)*
siempre	nunca
también	tampoco

Algún and *ningún* are always written with an accent.

- Affirmative words usually come before the main verb of the sentence. In a question they may come after the verb.

  Ella **también** lo recuerda.
  ¿**Alguien** cumplió años?
  ¿Se repartió **algo**?
  ¿**Siempre** vas a la panadería?

- Negative words may come before or after the verb. But if they come after, we must use *no* before the verb.

  Nadie fue a la reunión. — **No** fue **nadie** a la reunión.
  Nunca llora. — **No** llora **nunca**.
  Ninguno de ellos se quitó el abrigo. — **No** se quitó el abrigo **ninguno** de ellos.

7 Túrnate con un(a) compañero(a) para contestar las preguntas.

comer
A —*¿Comiste algo especial esta semana?*
B —*Sí, comí ___.*
o: *No, no comí nada especial.*

a. celebrar
b. comprar
c. encontrar
d. escribir
e. ver
f. hacer

8 Con un(a) compañero(a) contesta las preguntas. Por ejemplo:

pasta dentífrica

A —*¿Ves alguna pasta dentífrica por aquí?*
B —*No, no veo ninguna.*
o: *Sí, aquí está.*

a. máquina de afeitar
b. perfume
c. desodorante
d. cepillo de dientes
e. lápiz de labios
f. jabón
g.

9 ¿Qué haces todas las mañanas? Con un(a) compañero(a) contesta las preguntas.

A —*¿Siempre te bañas por la mañana?*
B —*No, nunca me baño por la mañana.*
o: *No, no me baño nunca por la mañana.*
o: *Sí, siempre./Sólo de vez en cuando.*

a.

b.

c.

d.

e.

f.

El *se* impersonal

In English we often use *they, you, one*, or *people* in an impersonal or indefinite sense meaning "people in general." In Spanish we use *se* + the *Ud. / él / ella* or the *Uds. / ellos / ellas* form of the verb.

Se habla español.	*Spanish* ***is spoken*** *(here).*
Se venden perfumes en esa tienda.	***They sell*** *perfume in that store.*
¿**Se permite** sacar fotos?	***Can you*** *take pictures?*

10 Con un(a) compañero(a), habla de un club nuevo. Por ejemplo:

tocar música rock o clásica
A —*¿Aquí se toca música rock o clásica?*
B —*Aquí se toca música rock.*

a. bailar bailes latinos o americanos
b. servir comida o sandwiches
c. permitir sacar fotos o no
d. ver gente famosa o no
e. llevar ropa elegante o deportiva

11 Pregúntale a un(a) compañero(a) qué se hace en estos lugares.

A —*¿Qué se repara aquí?*
B —*Se reparan zapatos.*

reparar

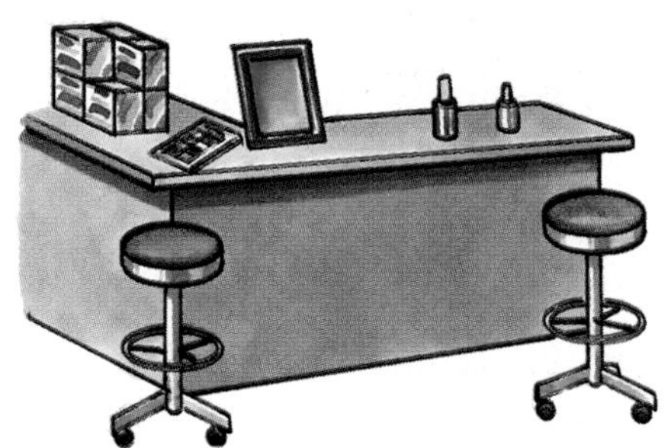

a. vender

b. servir

c. hacer

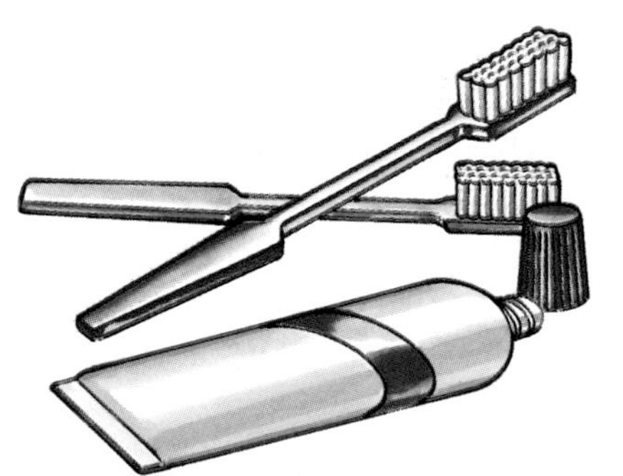

d. comprar

e. pedir prestado

f. practicar

Ahora lo sabes

Can you:

- **talk about actions that are happening right now?**
  —¡Silencio! Pablo está ___.
- **use negative words?**
  —___ compré ___ revista porque no encontré el quiosco.
- **talk about actions without specifying who does them?**
  —En una estación de servicio, se ___ gasolina y algunas veces ___ reparan coches.

MORE PRACTICE

Más práctica y tarea, pp. 550–551
Practice Workbook 8–5, 8–9

Estas señales indican lugares de interés en una sección histórica de Colonia del Sacramento, Uruguay.

Actividades

1 En grupo, van a jugar Veinte Preguntas. Una persona piensa en un objeto. Las otras le hacen preguntas. Ella sólo puede contestar sí o no. Por ejemplo:

A —*Estoy pensando en algo que está en la esquina de una calle.*
B —*¿Se ponen cartas allí?*
A —*No.*
B —*¿Se venden . . . ?*

2 Túrnate con un(a) compañero(a) para darle direcciones. Tu compañero(a) tiene que adivinar adónde lo llevas. Puedes usar lugares del mapa de las páginas 260–261, de la escuela o de tu comunidad. Por ejemplo:

Estás en la pescadería. Camina media cuadra hasta llegar al banco. Allí, dobla a la izquierda y camina una cuadra. Ahora, dobla a la izquierda de nuevo. El lugar queda al lado de la verdulería. ¿Dónde estás?

PASO CULTURAL Cuzco fue la antigua capital de los incas. Tiene ahora menos de 300.000 habitantes, pero en su época fue el centro de un imperio que incluía parte de lo que hoy es Colombia, Ecuador, Perú, Bolivia, Chile y Argentina. Cuando el conquistador Francisco Pizarro llegó a Cuzco en 1533, empezó la destrucción del imperio. ¿Por qué piensas tú que Pizarro no respetaba la civilización inca?

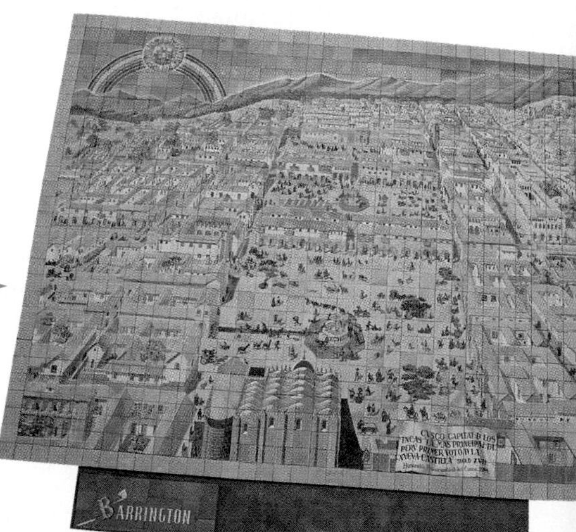

Mapa de la ciudad de Cuzco, Perú

Conexiones

La evolución de las compras

Vas a hacer una comparación entre cómo se compraba antes y cómo se compra ahora.

Con un(a) compañero(a), mira este diagrama para hacer una comparación entre la Edad Media y el siglo XVIII.

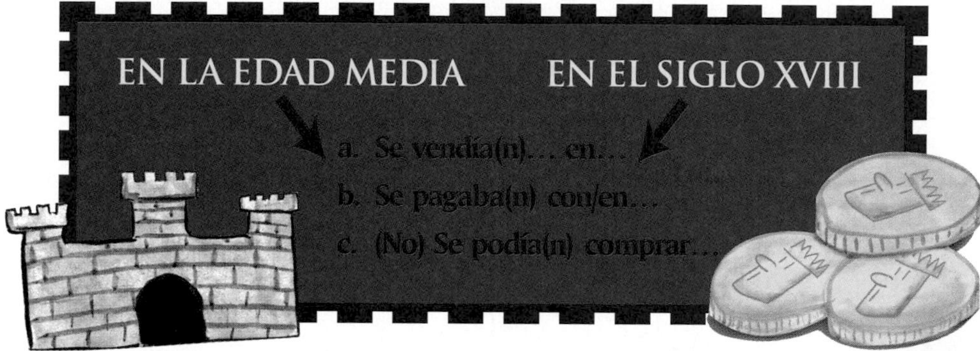

- Haz una lista de palabras que se pueden usar para completar las tres categorías indicadas. Después, escribe frases usando las palabras de tu lista. Por ejemplo:

  En la Edad Media se vendía ropa en una plaza o en la calle.

  En el siglo XVIII se vendía ropa en tiendas pequeñas.

- Con tu compañero(a), túrnate para leer las frases que Uds. escribieron y combínenlas.

  En la Edad Media . . . , pero en el siglo XVIII . . .

- En grupo, hagan una tabla similar mostrando lo que pasa hoy: *Se vende(n) . . . en . . . ,* etc. Formen frases en el presente para cada categoría y escríbanlas.

  Ahora se vende ropa en centros comerciales.

- Entre todos, combinen frases del pasado y del presente para hacer comparaciones.

  Antes se vendía . . . , pero ahora se vende . . .

¡Vamos a leer!

Cultural Activity www.pasoapaso.com

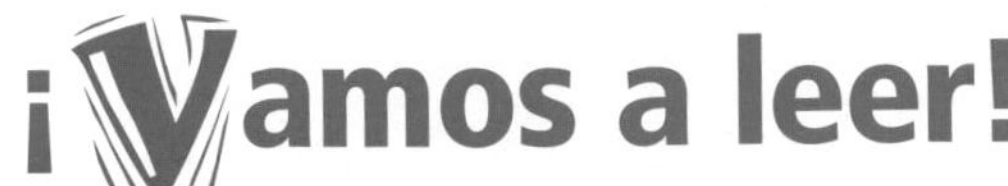

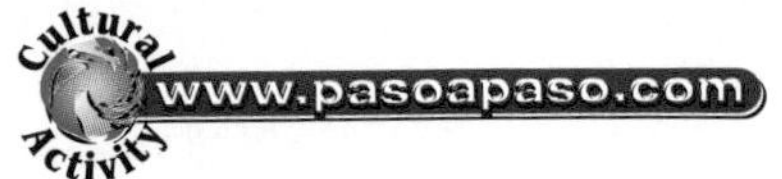

Antes de leer

STRATEGY ➤ Using prior knowledge

These are excerpts from a geography textbook. Look at the map and flags. What kind of information do you think will be in the text?

Mira la lectura

STRATEGY ➤ Skimming

Now skim the text to get a general idea of what it says. Was your guess correct?

¿DE QUÉ PAÍS ES ESTA BANDERA?

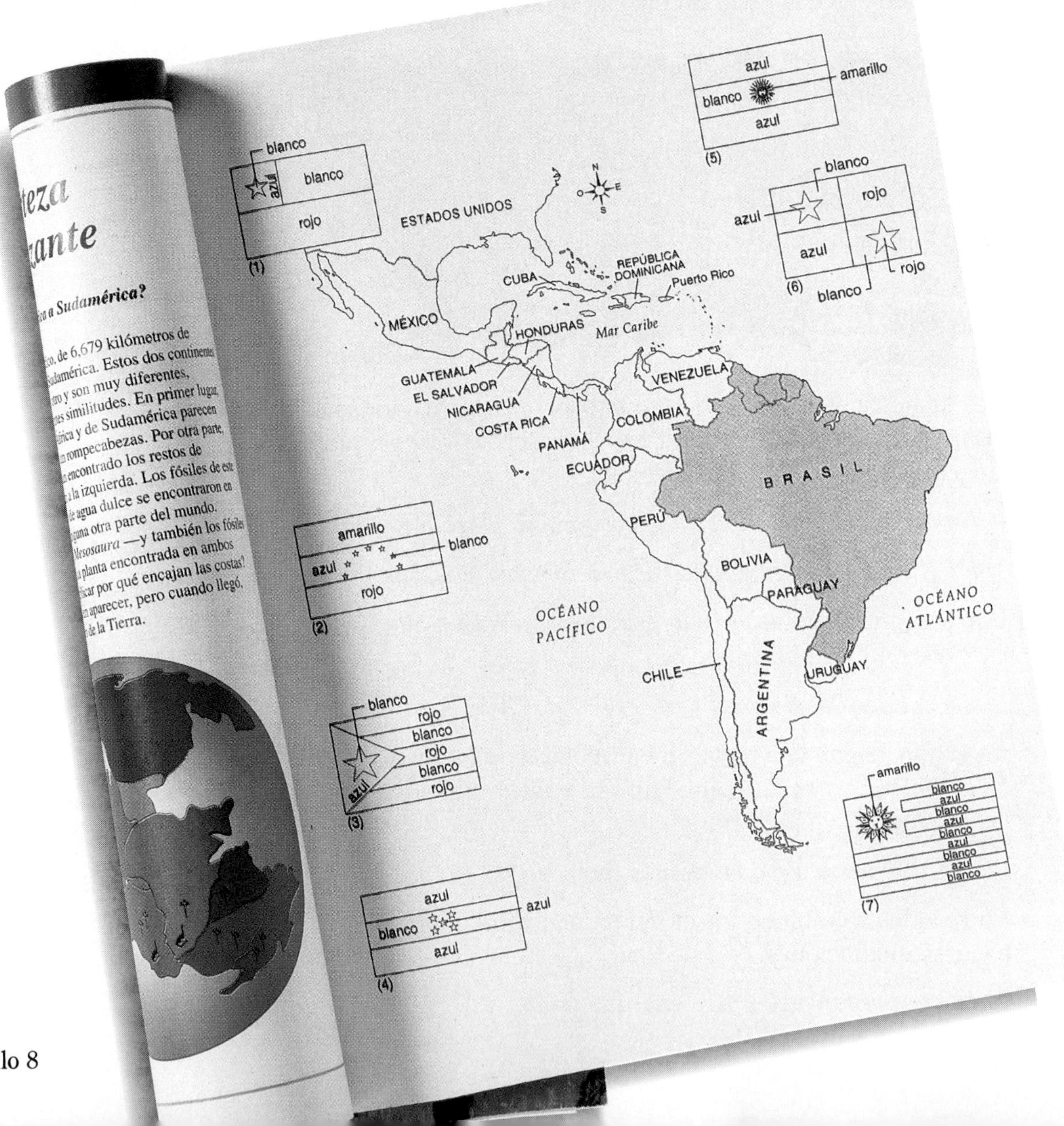

Este país está situado en el norte de América del Sur y al este de Colombia. La bandera tiene una franja central azul con siete estrellas blancas. La primera franja es amarilla y la última roja.

Este país está situado en América Central y está al norte de Nicaragua. La bandera tiene una franja central blanca con cinco estrellas azules. Las otras dos franjas también son azules.

Este país está situado al sur de Brasil y es un país pequeño bañado por el Océano Atlántico. La bandera tiene cinco franjas blancas, cuatro azules y un sol amarillo.

Este país está situado en el sur de América del Sur, está bañado por el Océano Pacífico y limita con Perú, Bolivia y Argentina. La bandera tiene una franja superior blanca y otra roja. También tiene una estrella blanca en un cuadrado azul.

Infórmate

STRATEGY ➤ Coping with unknown words

You already know that some words are essential to understanding and some aren't. In this selection, the word *franja* occurs often, and it is important for understanding the text. What do you think it means?

Here are some clues. Look at the flags and name some features they have in common. Then look at the text and the color adjectives used with the word *franja*. Can you guess the meaning? Now do the same with the word *estrella*. Verify your guesses by consulting a dictionary.

Which flag goes with each of the four countries and descriptions?

Cuba

Ecuador

El Salvador

España

Guatemala

México

Costa Rica

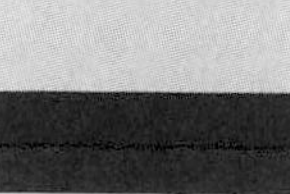
Colombia

Bolivia

Nicaragua

Paraguay

Perú

Rep. Dominicana

Aplicación

1. Write a description of one of the three places and flags in the geography textbook page that were not described. Your teacher will tell you the places and which is the flag of each. Three cognates that you may need are *la isla, el oeste*, and *el triángulo*.

2. Write a description of another country and its flag. Then read it to a partner or partners to see if they can figure out what country and flag you described.

¡Vamos a escribir!

¿Qué lugares de interés hay en tu comunidad, ciudad o estado? Vamos a preparar una guía turística con descripciones de los lugares de más interés.

1 Primero, identifiquen los lugares históricos, famosos o importantes de su comunidad. Piensen en estas cosas:

- cómo se llama el lugar
- dónde queda
- cuál es su historia o qué importancia tiene
- cómo se llega a él
- el horario y el precio de la entrada

Cada estudiante o grupo pequeño debe escoger un lugar y escribir el primer borrador. Consulten con un(a) compañero(a), y sigan los otros pasos del proceso de escribir. Escriban la versión final en un procesador de texto si es posible. Usen dibujos o fotos para ilustrar la guía.

Vista de Toledo (c. 1600), El Greco (Domenicos Theotokopoulos)

Vista moderna de Toledo

2 Ahora, en grupo escriban uno o dos párrafos sobre su comunidad, ciudad o estado para incluir en la guía. Piensen en estas cosas:

- de dónde viene el nombre de la comunidad
- quiénes eran los primeros habitantes del área
- cuándo llegaron los europeos
- qué se cultivaba o qué industria había
- cómo es la comunidad hoy

3 Para distribuir su trabajo, pueden:

- enviarlo a los hoteles o moteles de la comunidad
- enviarlo a la cámara de comercio (*chamber of commerce*) de la comunidad
- exhibirlo en la biblioteca escolar
- ofrecerlo a una revista o un periódico hispano
- exhibirlo en la sala de clases
- incluirlo en su portafolio

Repaso ¿Lo sabes bien?

Esta sección te ayudará a prepararte para el examen de habilidades, donde tendrás que hacer tareas semejantes.

Listening
Can you understand when someone gives directions? Listen as your teacher reads a sample similar to what you will hear on the test. What question is this the response to?

Reading
Can you understand a written advertisement describing a department store sale? What do you think *rebaja* means? How do you know?

Writing
Can you write a note giving directions to a friend who is going to the public library? This is an example.

Carlos,
Es muy fácil ir a la biblioteca desde la parada del autobús en la Calle Franklin. Primero, dobla a la izquierda en la Calle Monroe. Camina dos cuadras. (Hay una señal de alto en la esquina y una heladería cerca.) Dobla a la derecha. Camina por seis cuadras. La biblioteca está en esa esquina. No hay ningún otro edificio grande allí. (En la biblioteca se están vendiendo bolsos muy bonitos esta semana.)
Anabel

Culture
Can you explain how a price is usually negotiated while bargaining in Guatemala?

Speaking
Create a dialogue with your partner about a customer trying to find some things in a department store.

A —*Por favor, ¿dónde puedo encontrar la ropa para damas?*
B —*Está en el tercer piso.*
A —*¿Y dónde están los ascensores? ¿Están al fondo?*
B —*No. Están cerca de la entrada. Siga por aquí. Doble a la derecha en la sección de perfumes. Están enfrente de la caja.*
A —*Muchas gracias. Usted es muy amable.*

Resumen del vocabulario

Usa el vocabulario de este capítulo para:

- **name and describe the location of places in a community**
- **ask for and give directions**
- **locate items in a drugstore or department store**

to name things and places in a community
el centro
el semáforo
la señal de alto
el cruce
la carretera
el buzón, *pl.* los buzones
el teléfono público
el transporte público
la estación de bomberos
el bombero, la bombera

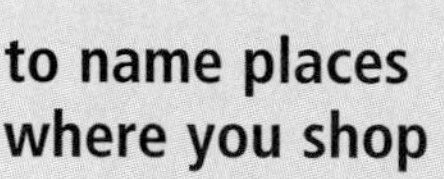

to name places where you shop
la carnicería
la floristería
la frutería
la heladería
la panadería
la pescadería
el quiosco (de periódicos)
la verdulería

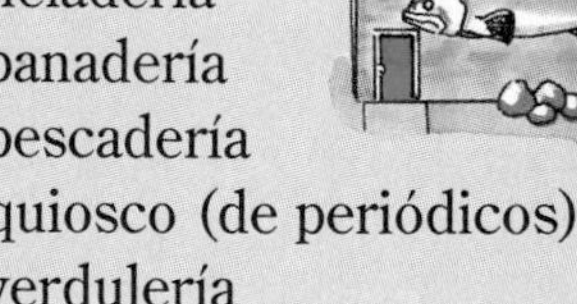

to ask or give directions
la dirección, *pl.* las direcciones
indicar
perdonar: perdone (Ud.)
¿Podría (Ud.) /
  Podrías (tú) + *inf.?*
seguir *(e → i)*: siga (Ud.)
por + *(place)*
doblar: doble (Ud.)
cruzar
la distancia
la milla
el kilómetro
el metro

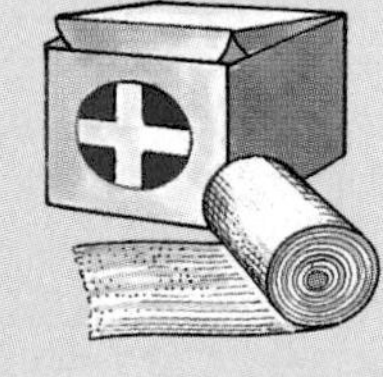

to describe places
histórico, -a

to talk about personal care
el cepillo de dientes
la seda dental
el desodorante
la crema de afeitar
la máquina de afeitar
afeitarse
la venda
ponerse
quitarse
maquillarse
el maquillaje
el lápiz de labios,
  pl. los lápices de labios
los labios
el esmalte de uñas
la uña
el perfume

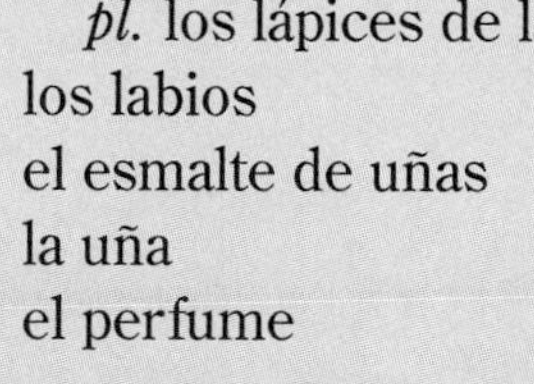

to name and indicate places in a store
el ascensor
la escalera
la escalera mecánica
la caja
el mostrador
la entrada
la salida
al fondo
los servicios
la ropa para caballeros
la ropa para damas
la ropa para niños
la sección, *pl.* las secciones

to talk about shopping
vender: se vende(n)
hacer las compras
gastar

other useful words
mientras

Capítulo 9

¿Tuviste un accidente?

Objectives

At the end of this chapter, you will be able to:

- describe how an accident occurred
- discuss an injury or illness
- describe treatment for an injury or illness
- compare pharmacies in Latin America and the United States

Paso Cultural

En los países hispanos, igual que en los Estados Unidos, la gente practica deportes y hace ejercicio para mantener la salud del cuerpo y también para reducir el "estrés" de la vida diaria. Piensa en la palabra "estrés." ¿Por qué crees que el idioma español usa esta palabra derivada del inglés para describir este estado de mente y cuerpo?

Los paramédicos ayudan a un participante en el maratón en San Sebastián, España.

¡Piensa en la CULTURA!

La medicina en El Salvador, Chile y España

Mira las fotos. Las personas que vemos están hablando de sus enfermedades y de lo que les pasó. ¿Te rompiste alguna vez la pierna o el brazo? ¿Qué ocurrió?

San Salvador, El Salvador

En el Hospital Benjamín Bloom, San Salvador, El Salvador

"Me lastimé el brazo. Por eso la enfermera tuvo que cepillarme el pelo."

¿Sabes cómo son los hospitales de tu ciudad? ¿Son los enfermeros y las enfermeras tan amables como ésta?

Santiago, Chile

Unas jóvenes charlando en Santiago, Chile

"¿Cómo te rompiste la pierna?" "Aprendiendo a esquiar."

¿Alguien en tu clase lleva un yeso? ¿Por cuánto tiempo tiene que llevarlo? ¿Qué hueso se rompió? ¿Cómo se lo rompió?

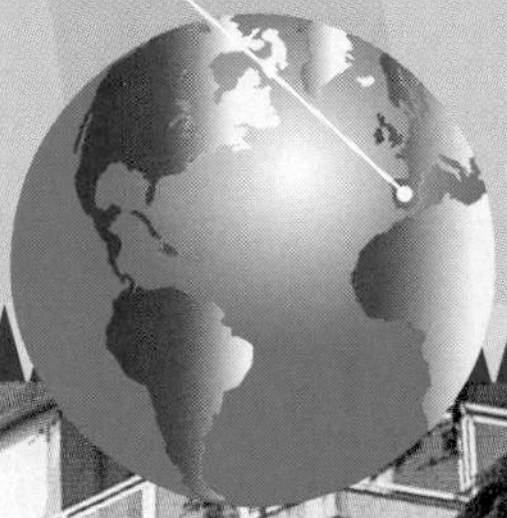

Madrid, España

Letreros en un hospital en Madrid

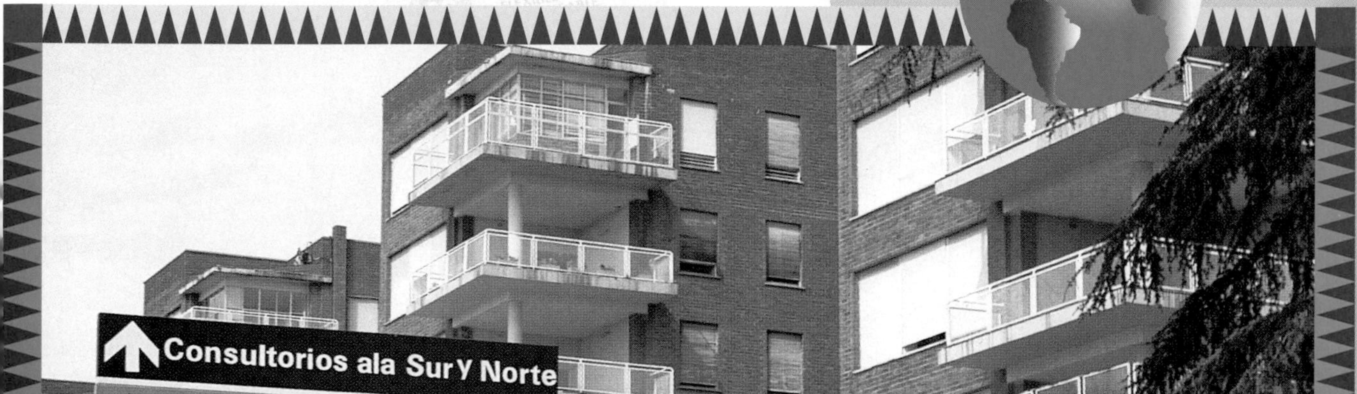

"Perdone. ¿Podría indicarme dónde puedo ir para donar sangre?"

Vocabulario para conversar

¿Te rompiste el tobillo?

Vas a necesitar estas palabras y expresiones para hablar sobre ciertos accidentes y enfermedades. Después de leerlas varias veces, practícalas con un(a) compañero(a).

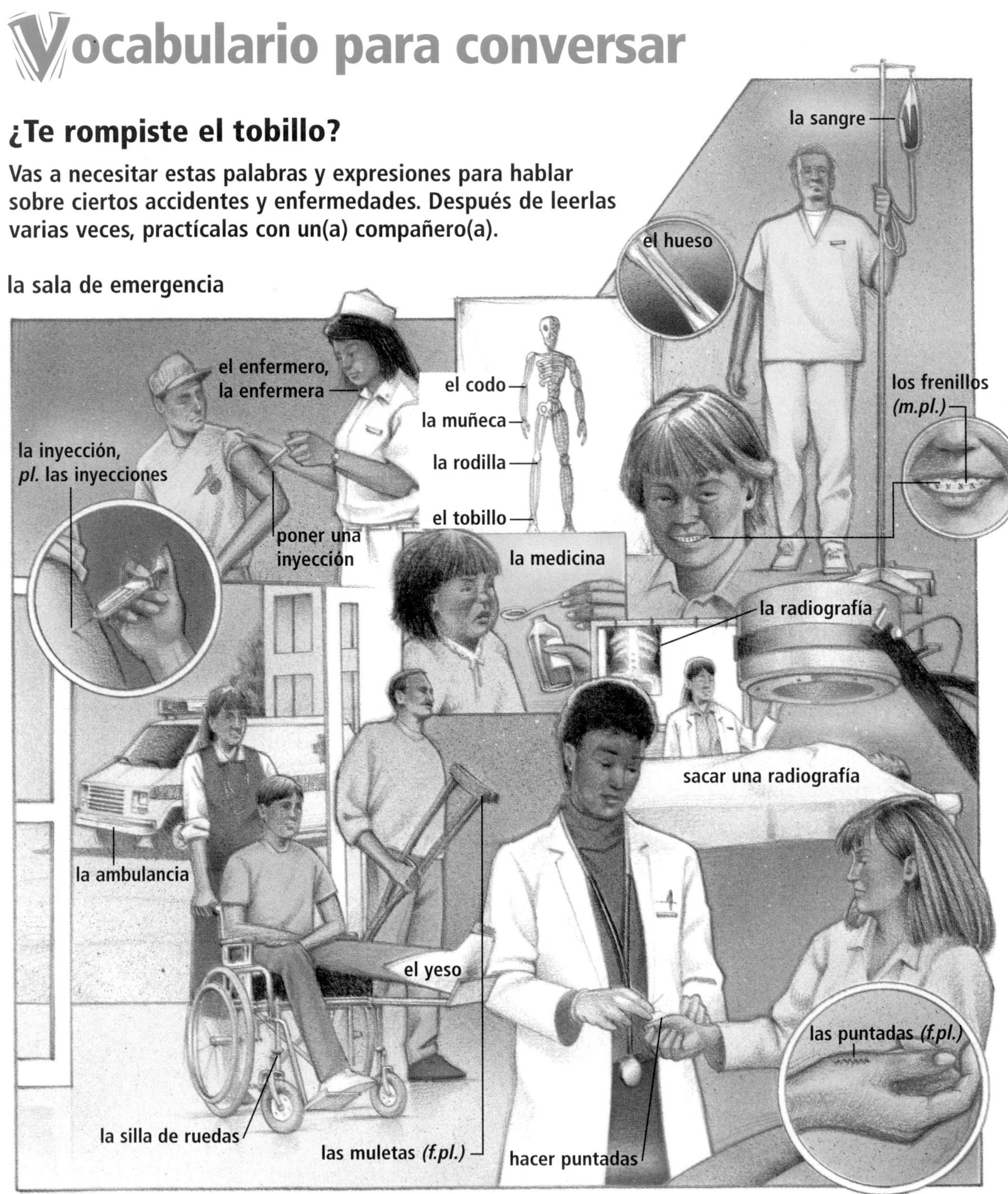

También necesitas . . .

el análisis, *pl.* los análisis	*medical test*	¿Qué te pasó?	*What happened to you?*
caerse: (yo) me caí	*to fall down: I fell down*	por + *time expression*	*for*
poner: (Ud. / él / ella) puso	*you / he / she put*	además	*in addition, besides*
cortarse	*to cut oneself*		
quemarse	*to burn oneself*		
romperse (un hueso)	*to break (a bone)*		
roto, -a	*broken*		

¿Y qué quiere decir . . . ?
el accidente
el antibiótico
el músculo
la operación, *pl.* las operaciones

Empecemos a conversar

Túrnate con un(a) compañero(a) para ser *Estudiante A* y *Estudiante B*. Reemplacen las palabras subrayadas en el modelo con palabras representadas o escritas en los recuadros. Si ven 💡 pueden dar su propia respuesta.

1
A —*¿Te rompiste <u>el brazo</u>?*
B —*Sí, me rompí <u>el brazo</u>.*
o: *No. Me rompí el codo.*

¡NO OLVIDES!
Do you remember these body parts?
- el brazo
- la mano
- el dedo
- la espalda
- la pierna
- el pie
- el dedo del pie

Estudiante A

a. 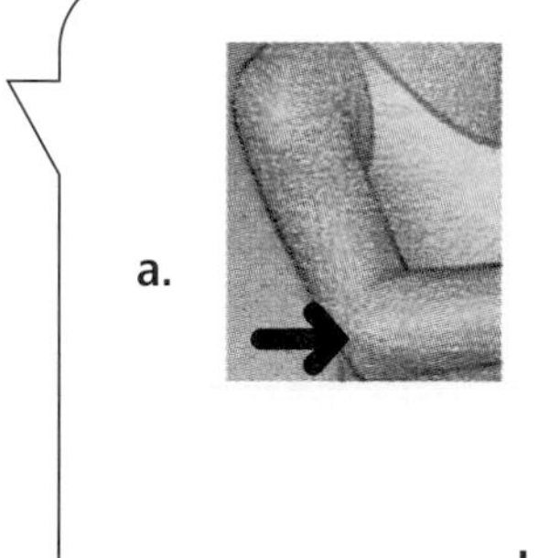

b. 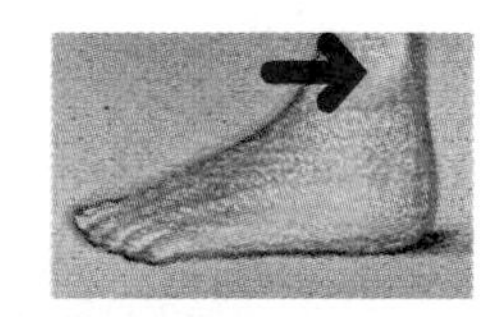

c. 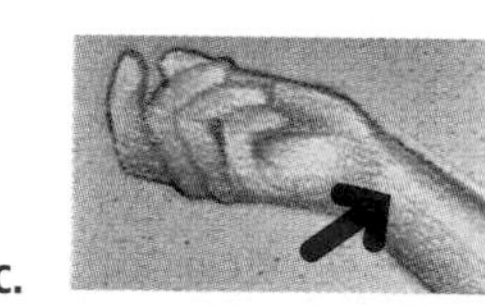

d.

e. 

Estudiante B

2 

poner

A —*¿Te van a poner una venda?*
B —*Sí, y además dicen que necesito antibióticos.*

Estudiante A

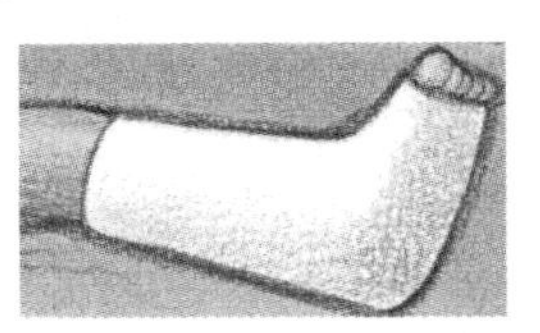

a. poner

b. sacar

c. dar

d. poner

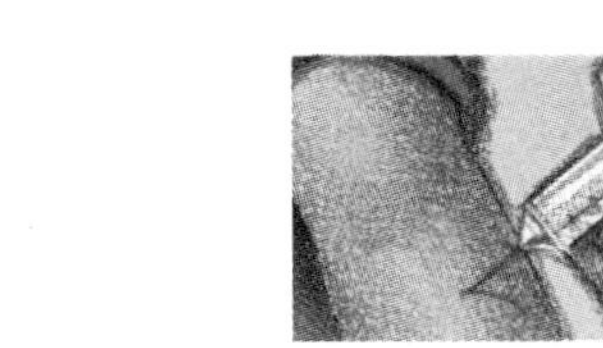

e. poner

Estudiante B

antibióticos
más análisis
una operación
quedarme en cama
usar muletas

3 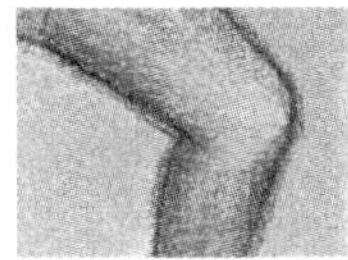

caerse

A —*¿Qué te pasó en la pierna? ¿Te caíste?*
B —*Sí, me caí cuando estaba subiendo una escalera.*

Estudiante A

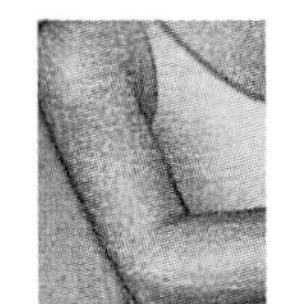

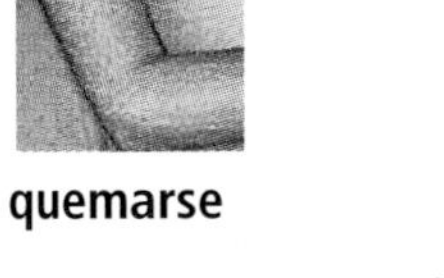

a. quemarse

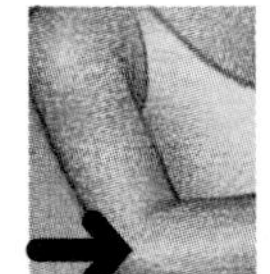

b. caerse

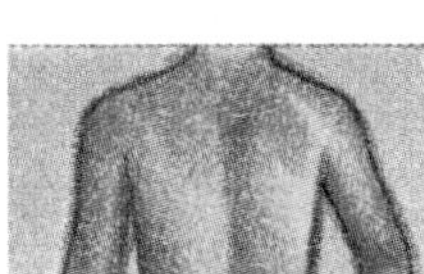

c. lastimarse

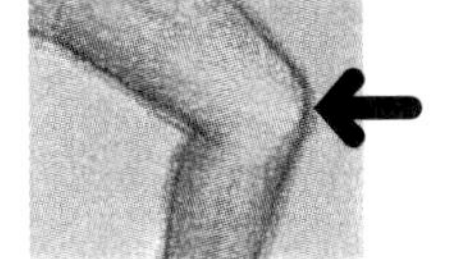

d. lastimarse

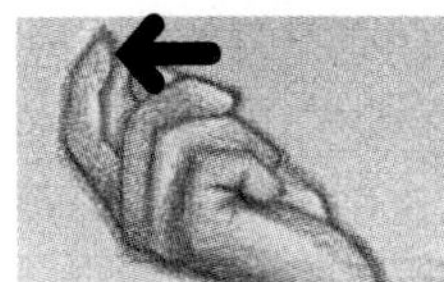

e. cortarse

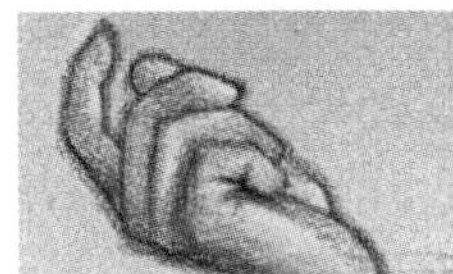

f. cortarse

Estudiante B

preparar la ensalada
reparar la bicicleta
patinar
levantar pesas
encender el horno
jugar___

4 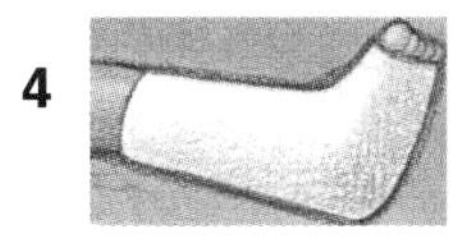

llevar

A —*Doctor(a), ¿por cuánto tiempo tengo que llevar el yeso?*
B —*Por seis semanas.*

Estudiante A **Estudiante B**

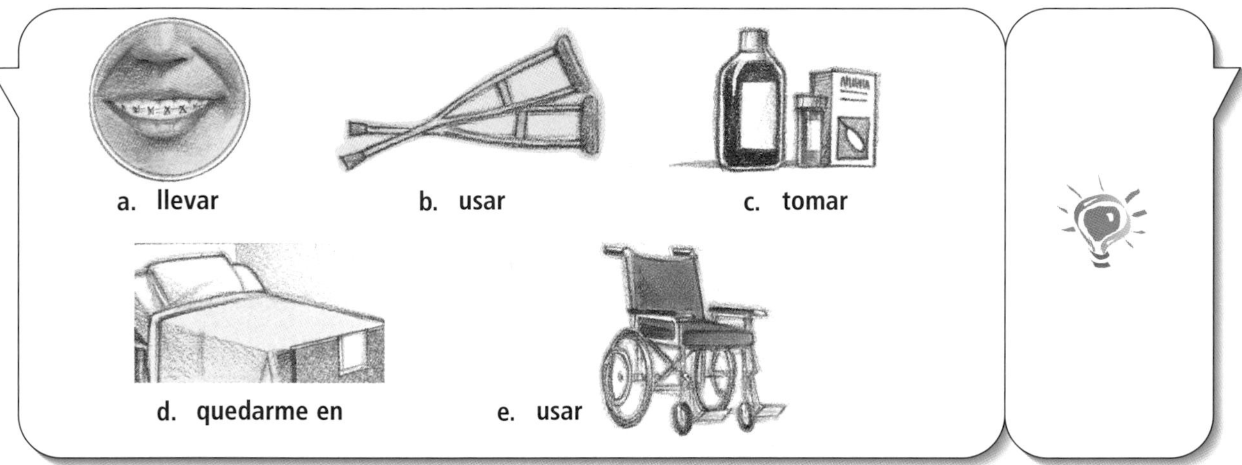

Empecemos a escribir

Escribe tus respuestas en español.

5 Piensa en alguien que conoces que se rompió un hueso. ¿Le sacaron radiografías? ¿Tuvo que llevar un yeso? ¿Tuvo que usar una silla de ruedas o muletas? ¿Por cuánto tiempo?

6 ¿Cuándo te lastimaste la última vez? ¿Qué te pasó? ¿Fuiste al (a la) médico(a)? ¿Qué te dio? ¿Qué te puso?

7 Piensa en alguien que conoces que estuvo en un hospital. ¿Tuvo un accidente o le hicieron una operación? ¿Lo (la) tuvieron que llevar en ambulancia o fue en coche? ¿Le tuvieron que poner sangre? ¿Le hicieron muchos análisis? ¿Le hicieron puntadas? ¿Por cuánto tiempo se quedó en el hospital?

8 Generalmente, ¿por cuánto tiempo tiene uno que llevar los frenillos?

9 ¿Dónde está la sala de emergencia más cerca de la escuela? ¿Y de tu casa? Generalmente, ¿qué le hacen a una persona que tiene un hueso roto? ¿Qué le hacen a una persona que se corta? ¿Y a una persona que se quema?

MORE PRACTICE

Más práctica y tarea, p. 552
Practice Workbook 9-1, 9-2

También se dice

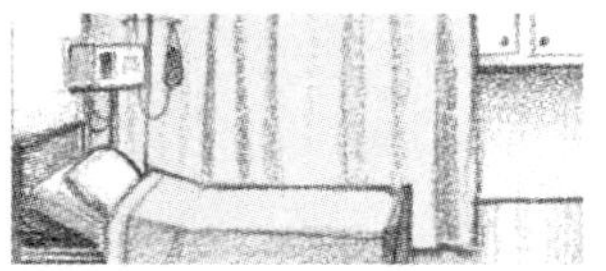

la sala de urgencia
el servicio de emergencia

los frenos
los aparatos (para los dientes)

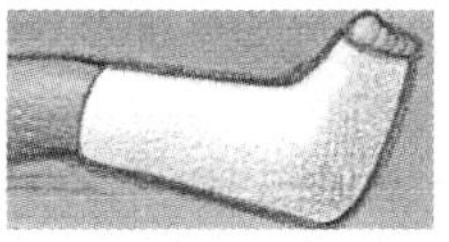

la escayola

el medicamento

Vocabulario para conversar

¿Eres alérgico a los antibióticos?

Aquí tienes el resto del vocabulario que necesitas en este capítulo para hablar sobre ciertos accidentes y enfermedades.

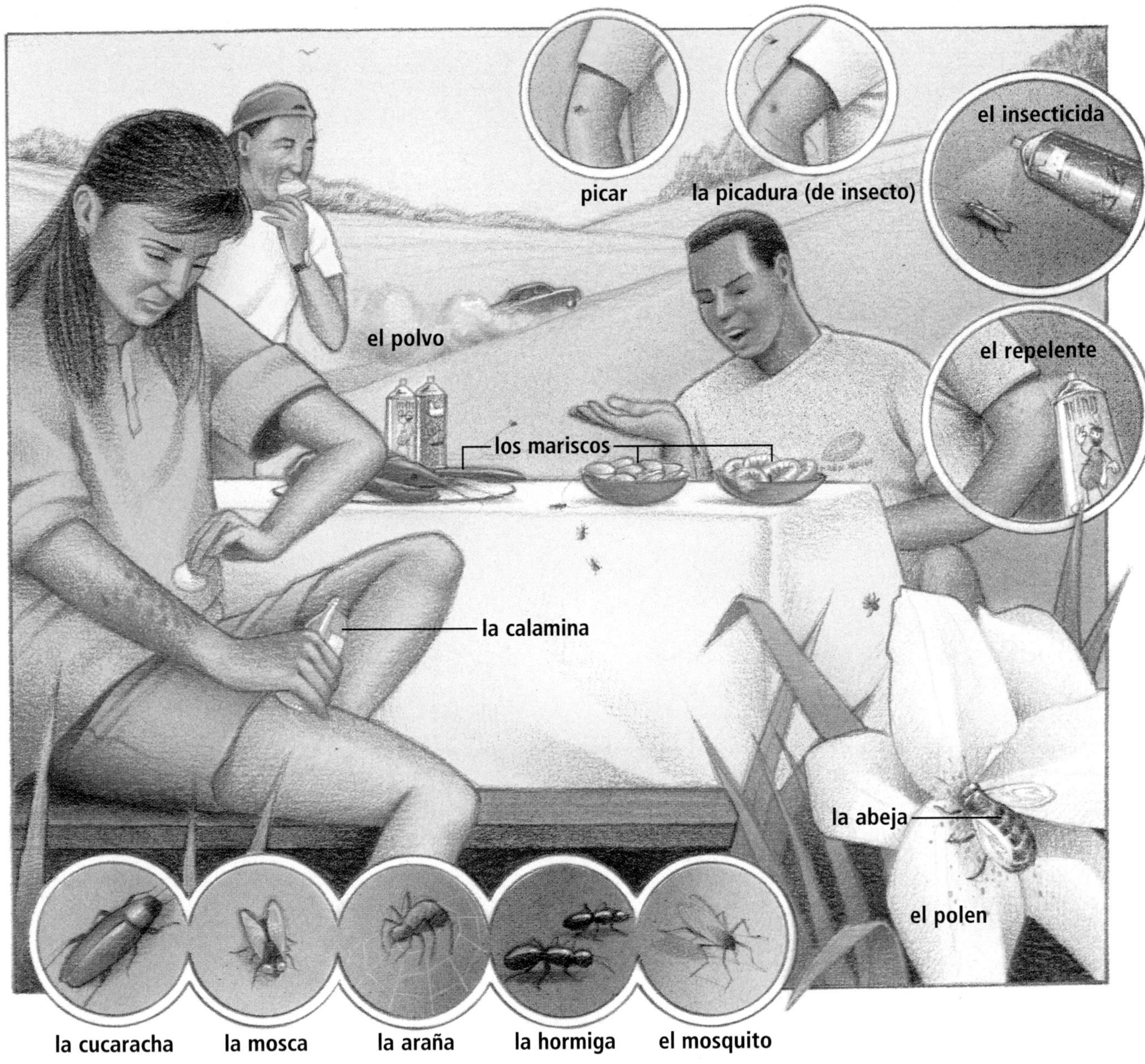

También necesitas . . .

proteger(se) *(g → j)**	*to protect (oneself)*
sentirse *(e → ie)*	*to feel*
la enfermedad	*illness*
antialérgico, -a	*nonallergenic*
fuerte	*strong*
leve	*light, minor*

¿Y qué quiere decir . . . ?

la alergia	el síntoma
la infección, *pl.* las infecciones	el virus
la reacción, *pl.* las reacciones	(ser) alérgico, -a (a)
	recetar
	vomitar

*Infinitives that end in *-ger* change the *g* to a *j* in the *yo* form of the present tense: *proteger: (yo) protejo.*

Empecemos a conversar

10 

A —*¿Te dan miedo las abejas?*
B —*Sí, porque pican.*
o: *No. No me dan miedo.*

Estudiante A

a. b. 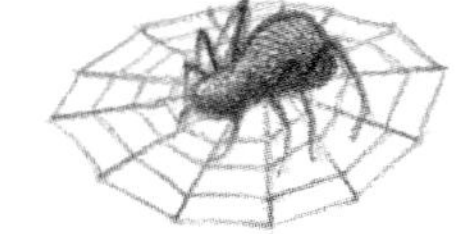 c. 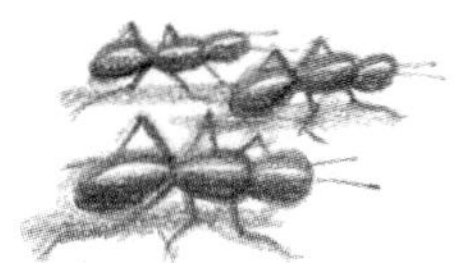

d. e. f. 

Estudiante B

picar
ser feo
ser sucio
traer enfermedades

11 

A —*¿Eres alérgico(a) a los gatos?*
B —*Sí, y me dan una reacción (muy) fuerte.*
o: *Sí, pero sólo me dan una reacción leve.*
o: *No, no tengo ninguna reacción.*

Estudiante A

a.  b.  c. 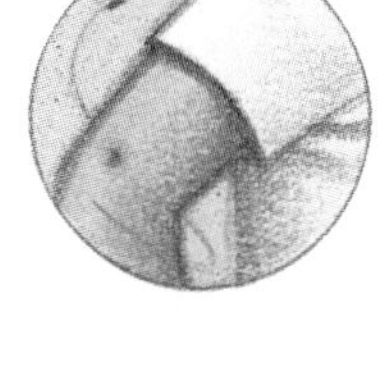

d.  e.  f. 

Estudiante B

12 el resfriado

A —*¿Cómo estás del resfriado?*
B —*Me siento (mucho) mejor, gracias.*

Estudiante A

a. la infección en ___
b. la alergia
c. el virus
d. el dolor de ___
e. el tobillo
f. la gripe
g.

Estudiante B

(mucho) mejor
(mucho) peor

¡NO OLVIDES!

Do you remember these words related to health?

dolor de cabeza
 estómago
 garganta
 oído
 muelas
tengo fiebre
 gripe
 resfriado
las pastillas para la garganta

13 A —*¿Estás tomando las pastillas para la garganta?*
B —*Sí, porque tengo dolor de garganta.*

Estudiante A

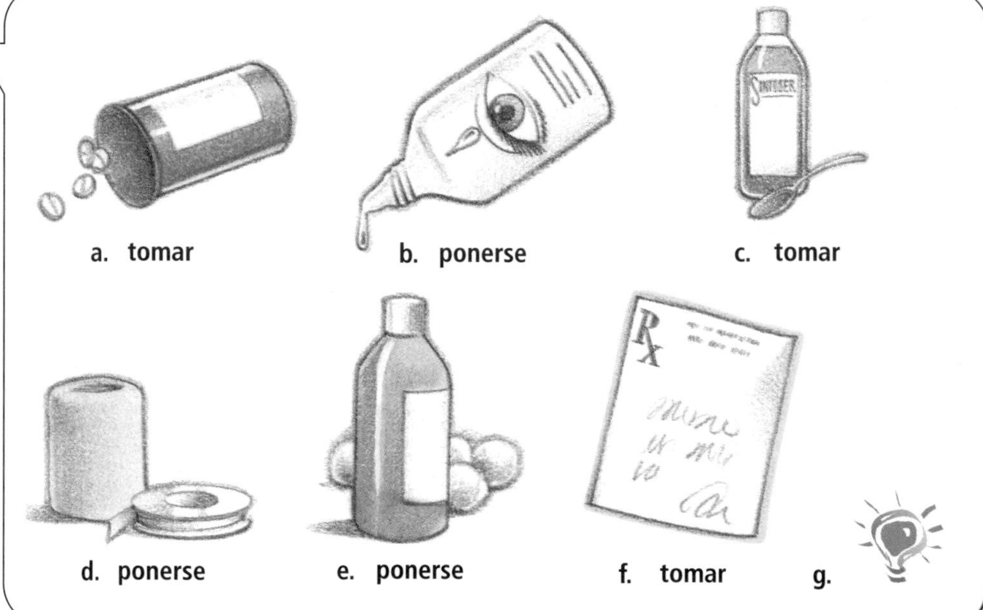

Estudiante B

- tos
- una leve infección
- muchas picaduras
- fiebre
- un dolor fuerte en el músculo
- puntadas

Empecemos a escribir y a leer

Escribe tus respuestas en español.

14 ¿Qué haces cuando no te sientes bien? Y después, ¿generalmente te sientes mejor?

15 ¿Qué síntomas tienes cuando tienes gripe? ¿Estornudas? ¿Vomitas? ¿Qué te duele? Generalmente, ¿qué te receta el (la) médico(a) cuando tienes tos o gripe? ¿Y cuando tienes una infección fuerte?

16 ¿Cuándo fue la última vez que te pusiste gotas en los ojos? ¿Qué tenías?

MORE PRACTICE

- Más práctica y tarea, p. 552
- Practice Workbook 9-3, 9-4

Una joven busca un libro en un quiosco en la Ciudad de México.

17 ¿A qué eres alérgico(a)? ¿Y los otros miembros de tu familia? ¿La reacción es fuerte o leve? ¿Qué se puede hacer para protegerse de las alergias? ¿Qué le recetan a uno cuando tiene alergia?

18 ¿Cómo puede uno protegerse de las cucarachas? ¿Y de las picaduras de insecto? Aquí tienes algunas ideas. Con un(a) compañero(a), escribe otras dos ideas para cada categoría.

Uno puede protegerse de las cucarachas
- limpiando la cocina todas las noches
- poniendo insecticida en el sótano

Uno puede protegerse de las picaduras de insecto
- usando repelente en la cara, en los brazos y en las manos
- poniéndose guantes para trabajar en el patio

También se dice

la píldora

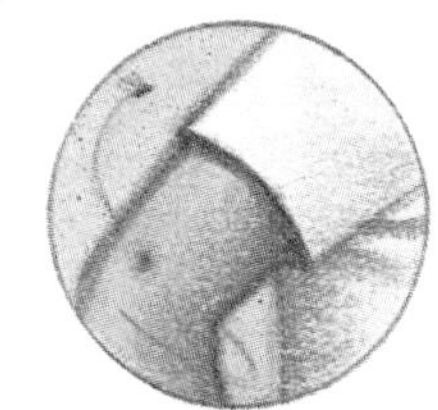

el piquete

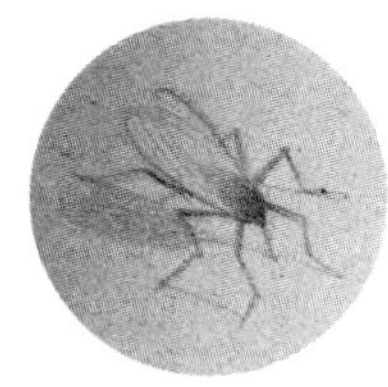

el zancudo

la avispa

¡Comuniquemos!

Aquí tienes otra oportunidad para usar el vocabulario de este capítulo.

1 Túrnate con un(a) compañero(a). Pregúntale sobre la última vez que estuvo enfermo(a).

A —*¿Qué tenías la última vez que estuviste enfermo(a)?*
B —*Tenía una infección en . . .*
A —*¿Y qué síntomas tenías?*
B —*Me dolía mucho . . .*

2 Túrnate con otro(a) compañero(a). Habla de cómo protegerse de los accidentes al hacer estas actividades.

A —*¿Cómo puedes protegerte de los accidentes cuando montas en bicicleta?*
B —*Puedo protegerme usando . . .*

3 Escoge dos de las siguientes ideas. Pregúntale a tu compañero(a) si alguna vez tuvo que:

llevar un yeso	tomar medicina antialérgica
llevar una venda grande	usar muletas
ponerse gotas para los ojos	usar una silla de ruedas

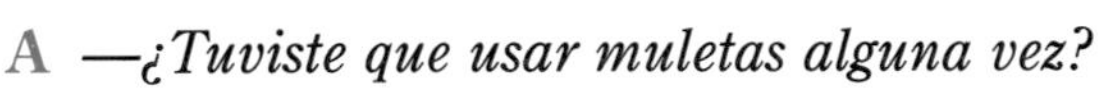

A —*¿Tuviste que usar muletas alguna vez?*
B —*Sí, cuando . . .*

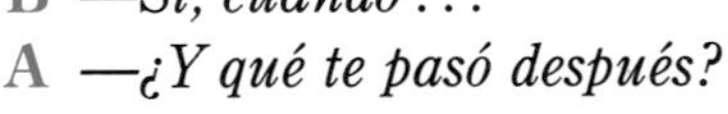

A —*¿Y qué te pasó después?*
B —*Pues, . . .*

¿Qué sabes ahora?

Can you:

- **describe how an accident occurred?**
  —Anita se ___ el brazo cuando estaba ___ básquetbol.
- **tell the cause of an accident?**
  —Estaba ___ una escalera cuando me ___.
- **talk about someone's health?**
  —Él se ___ mejor pero todavía tiene ___.

Perspectiva cultural

¿Qué tiendas son éstas? ¿Cómo lo sabes? ¿Qué lugar crees que es una *inyectología*? ¿Qué crees que significa *farmacia de turno*?

En América Latina, para ciertas enfermedades uno puede decidir ir a un médico o a un curandero. Mucha gente cree que los dos sistemas, uno basado en la ciencia y la medicina moderna y el otro en las hierbas y la tradición, son igualmente válidos.

Imagina que estás viajando en un país latinoamericano. Ya no tienes el antibiótico que te recetó tu médico. Decides ir a una farmacia. Encuentras una muy pequeña. Las medicinas están detrás del mostrador y hay que pedir lo que quieres comprar. Le explicas al farmacéutico el problema, y él te vende la medicina en seguida.

En algunas farmacias, también ponen inyecciones. Si te enfermas y sabes lo que necesitas, puedes ir a una farmacia donde se ve el letrero *inyectología* y allí te ponen la inyección.

"Dicen que estas hierbas pueden curar muchas enfermedades."

Ahora imagina que despiertas con un ataque fuerte de asma y no tienes medicina. ¿Qué haces? Puedes ir a la sala de emergencia de un hospital. Pero si sólo necesitas medicina, puedes ir a una farmacia. Las farmacias de una comunidad se turnan para quedar abiertas por la noche. El horario se publica en el periódico, y en la vitrina se ve el letrero *farmacia de turno*. Así se pueden obtener medicinas en caso de emergencia.

La cultura desde tu perspectiva

1 Compara lo que puede hacer un farmacéutico en América Latina con lo que puede hacer uno en los Estados Unidos.

2 ¿Cuáles son las ventajas y las desventajas de vender medicinas sin receta, como, por ejemplo, los antibióticos? En caso de urgencia médica, ¿qué hay que hacer en los Estados Unidos?

Cultural Activity www.pasoapaso.com

Una farmacia en Buenos Aires

Hierbas medicinales de venta en el mercado San Juan de Dios, Guadalajara, México

Gramática en contexto

¡Niña se cae de tercer piso y vive!

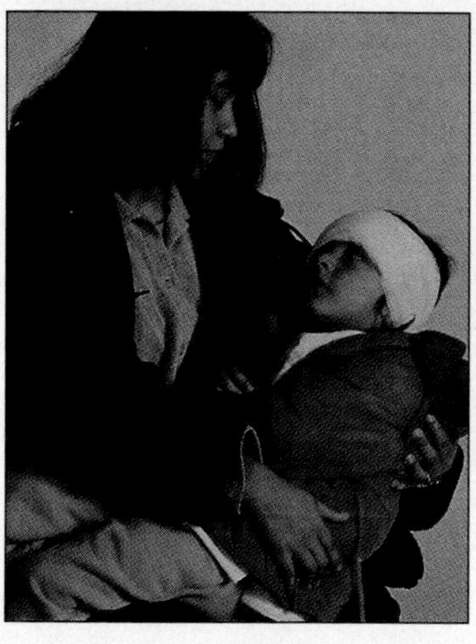

Ayer, en un accidente casi mortal, una niña de tres años y medio se cayó del tercer piso de su casa y ¡salió con vida! El accidente ocurrió cuando la madre, la Sra. Luz María López de Chávez, estaba limpiando las ventanas. La señora Chávez dice que la niña estaba jugando en el suelo.

"Sonó el teléfono y corrí al otro cuarto a contestarlo. Cuando regresé, ¡mi hija ya no estaba! Fui a la ventana y la vi tres pisos más abajo en la nieve. ¡Mi pobre niña! Había tanta nieve que, milagrosamente, no le pasó nada."

A You know the present progressive form *está limpiando.* What similar form is used in this article? Does the action take place in the present or in the past? What do you think this verb form means?

B When Sra. Chávez describes the accident, she uses the verbs *sonó (el teléfono)* and *corrí.* The reporter uses the verbs *estaba limpiando* and *estaba jugando.* Which pair of verbs tells what happened at a specific moment, and which pair tells what was going on when that happened?

What other verbs tell what happened at a specific moment?

C In the headline, what verb is used to say "child falls"? What is the stem, and what is the ending?

Now look for the corresponding preterite form ("fell") at the beginning of the article. What is the stem, and what is the ending? How is this preterite form different from the preterite form of other *-er* verbs?

El imperfecto progresivo

You have learned to use the present progressive tense to describe an action or event that is taking place right now. To describe something that was taking place at a certain time in the past, we use the imperfect progressive. We form this tense by using the imperfect forms of *estar* + the present participle.

Cuando el niño se cayó, la señora Chávez **estaba hablando** por teléfono.
Sus otros hijos **estaban haciendo** la tarea.
Su esposo **estaba preparando** la cena.

1 ¿Qué estaban haciendo estas personas cuando ocurrió el accidente?

Cuando ocurrió el accidente, una mujer estaba cortando el césped. Una muchacha . . .

2 Di qué estaban haciendo estas personas cuando llegó la ambulancia. Usa los dibujos.

Cuando llegó la ambulancia, el médico le estaba poniendo un yeso a Luisa. La enfermera le . . .

¡NO OLVIDES!

Remember that object pronouns can be placed before the form of *estar* or attached to the end of the present participle. If they are attached to the present participle, a written accent is needed:

El enfermero le estaba poniendo (estaba poniéndole) una inyección a Martín.

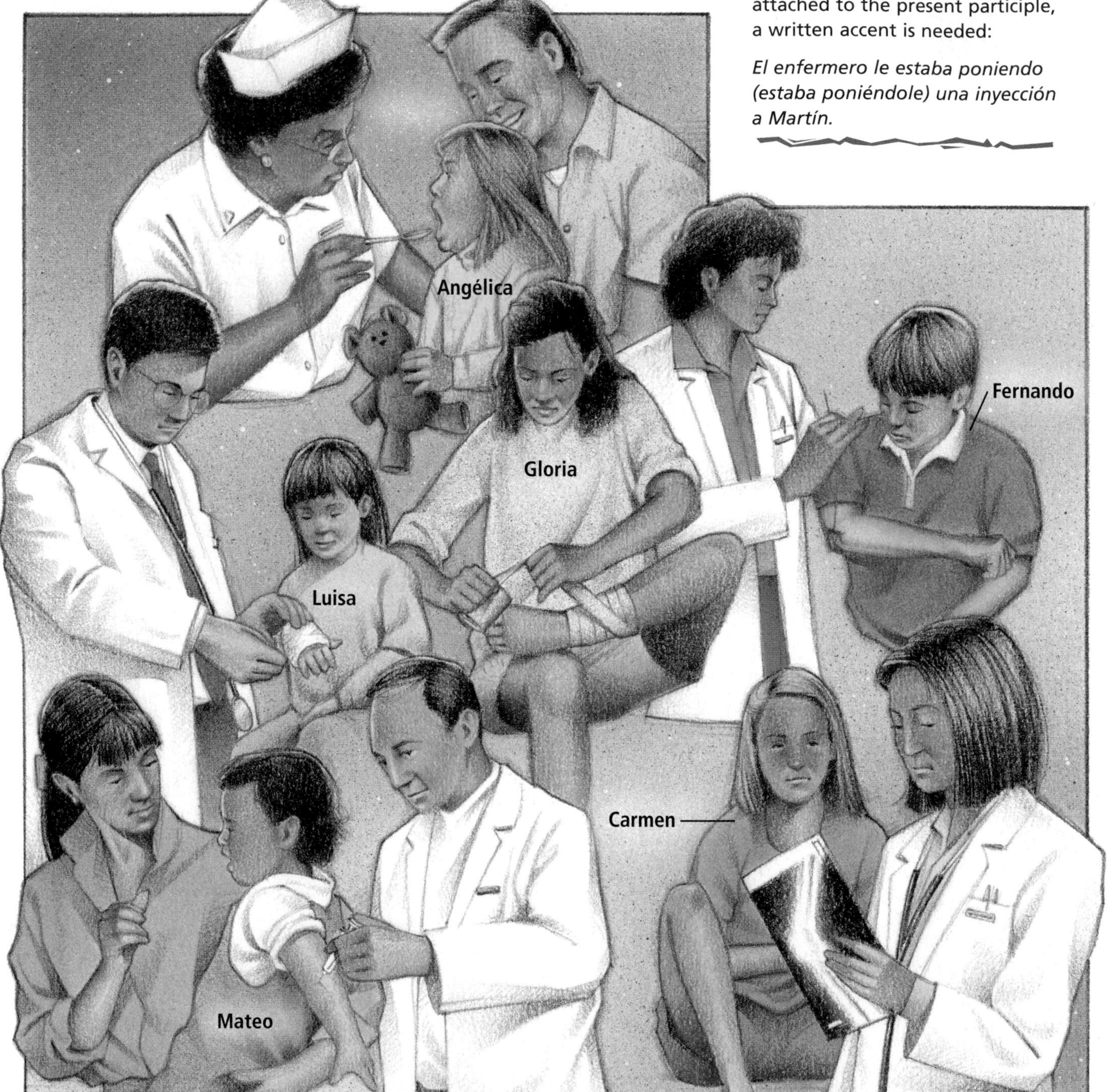

El uso del pretérito y del imperfecto progresivo

The preterite tense is used to tell that something began and ended in the past, and the imperfect progressive describes something that was taking place. They are often used together.

Cuando **llegó** la ambulancia, el niño **estaba llorando.**
*When the ambulance **arrived**, the child **was crying.***

Cuando **sacamos** esta foto, la señora Chávez **estaba hablando** con la periodista.
*When we **took** this photograph, Mrs. Chávez **was talking** to the reporter.*

PASO CULTURAL La salud no es sólo algo personal—es nacional también. En muchos países de Latinoamérica, voluntarios de la comunidad trabajan con el gobierno para mejorar la salud de todos. La Organización Panamericana de la Salud (OPS) de las Naciones Unidas ayuda a financiar muchos de estos proyectos, como el de esta foto. ¿Crees que el gobierno debe interesarse en la salud de sus habitantes? ¿Por qué? ¿Qué puede hacer el gobierno?

3 Di lo que estabas haciendo cuando pasaron estas cosas. Por ejemplo:

ponerse las gotas / alguien / llamarme por teléfono *Yo estaba poniéndome las gotas cuando alguien me llamó por teléfono.*

a. tomar el jarabe / tú / estornudar
b. dormir / mi mamá / caerse de la escalera
c. comer / (nombre) / quemarse la mano
d. peinarse / mi hermano menor / vomitar
e. ponerse la venda / mi padre / despertarse
f. 💡

4 Di qué estaban haciendo algunas personas que conoces ayer cuando ocurrió otro evento.

afeitarse	encontrar(se)	pelearse
buscar	escoger	ponerse
comprar	escuchar	probarse
cortar(se)	estornudar	quemar(se)
desayunar	hacer	reparar
despertarse	levantarse	romperse
empezar	maquillarse	toser

Freddy y Paula estaban comprando pastillas cuando empezaron a estornudar.

Un cartel en La Paz motiva a los padres a mantener la salud de sus hijos.

El pretérito de *caerse, creer* y *leer*

Here are the preterite forms of *caerse.*

(yo)	me **caí**	(nosotros) (nosotras)	nos **caímos**
(tú)	te **caíste**	(vosotros) (vosotras)	os **caísteis**
Ud. (él) (ella)	se **cayó**	Uds. (ellos) (ellas)	se **cayeron**

¡NO OLVIDES!

Remember that in the present tense *caerse* follows the same pattern as *traer.* It is a regular *-er* verb except in the *yo* form.

me caigo	nos caemos
te caes	os caéis
se cae	se caen

We add *y* to the stem in the *Ud. / él / ella* and *Uds. / ellos / ellas* forms. We use an accent over the *i* in all the other forms.

- *Creer* and *leer* follow the same pattern in the preterite.

creí	creímos	leí	leímos
creíste	creísteis	leíste	leísteis
creyó	creyeron	leyó	leyeron

Esta gente de Santander, España, mantiene su salud montando en bicicleta.

5 Di qué estaban haciendo estas personas cuando se cayeron.

Mateo estaba duchándose cuando se cayó.

Mateo

a. (yo)

b. el señor Soto

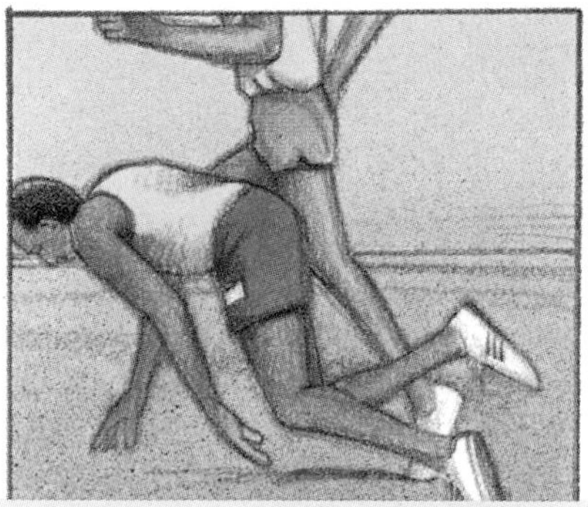

c. (tú)

d. Teresa y Lourdes

e. mi amigo y yo

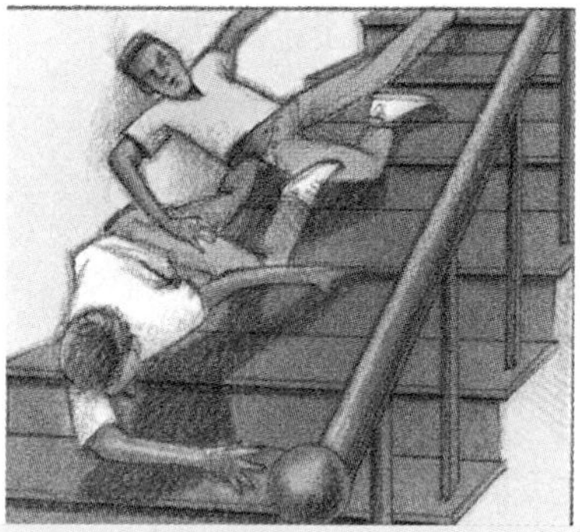

f. Uds.

Estudiantes españolas haciendo un examen de educación física en Mallorca

El pretérito del verbo *poner*

Here are the preterite forms of *poner.*

(yo)	**puse**	(nosotros) (nosotras)	**pusimos**
(tú)	**pusiste**	(vosotros) (vosotras)	**pusisteis**
Ud. (él) (ella)	**puso**	Uds. (ellos) (ellas)	**pusieron**

6 Di qué se pusieron estas personas.

Eva se puso maquillaje.

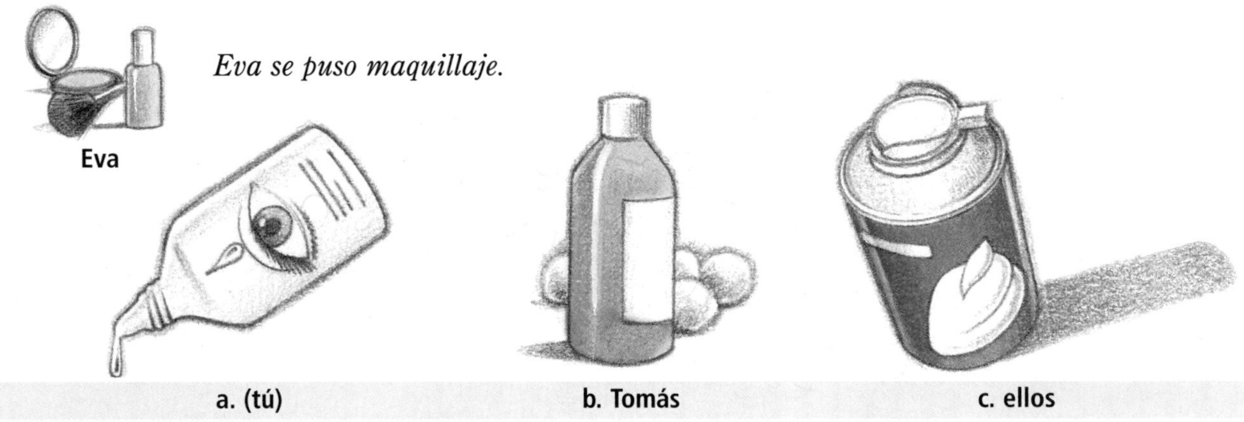

7 No puedes encontrar nada, pero todos te dicen que pusieron las cosas en un lugar lógico. Con un(a) compañero(a), pregunta y contesta.

(tú) / el pastel

A —*¿Dónde pusiste el pastel?*
B —*Lo puse en el horno, ¡por supuesto!*

a. **Miguel y Carlota / los platos sucios**
b. **Uds. / la ropa sucia**
c. **(tú) / el libro**
d. **Carolina / el video**
e. **tu padre / la carta**
f. **(yo) / la leche**
g. 

el escritorio
el lavaplatos
la videocasetera
el cesto de ___
el refrigerador
el estante

MORE PRACTICE

Más práctica y tarea, pp. 553–554
Practice Workbook 9-5, 9-9

Un letrero bonito de una farmacia en Pamplona, España

Ahora lo sabes

Can you:

- **talk about conditions or situations in the past?**
  —Antes de la clase, los estudiantes estaban charlando y ___.
- **talk about what was going on when something happened?**
  —Yo estaba ___ cuando alguien me ___.
- **talk about an accident?**
  —María se ___ y se ___ un músculo.

Actividades

1 ¡Tantos pacientes y cada uno con su historia! En grupo, inventen diálogos entre un(a) enfermero(a) y los pacientes en la sala de espera *(waiting room)*. El (la) enfermero(a) va a preguntar:

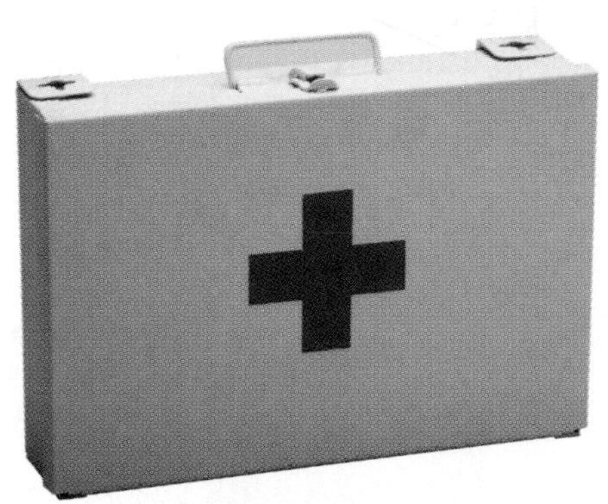

- tu nombre
- tu edad y fecha de nacimiento
- tu dirección y número de teléfono
- por qué quieres ver al (a la) médico(a)
- cuáles son tus síntomas
- hace cuánto tiempo que los tienes

Después, el (la) médico(a) va a decirte lo que debes hacer.

Vas a quedarte en . . .

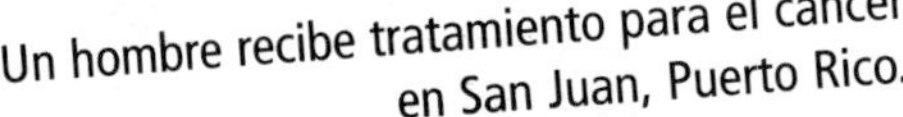

Un hombre recibe tratamiento para el cáncer en San Juan, Puerto Rico.

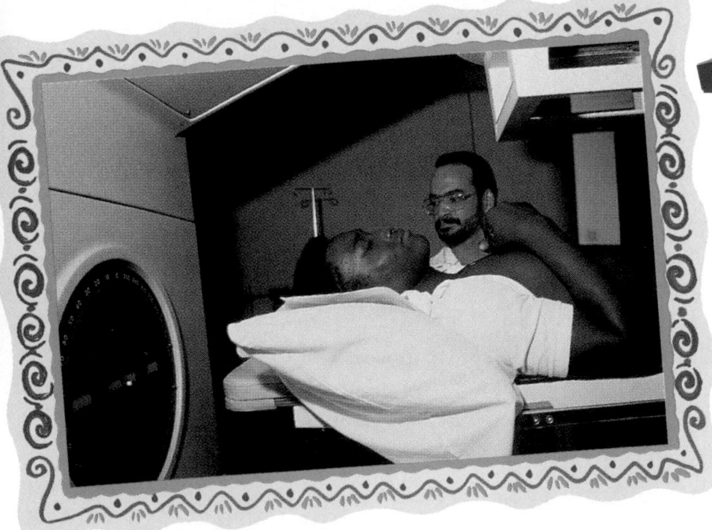

2 Entrevista a uno de tus abuelos o a una persona de 60 ó 70 años. Pregúntale cómo eran los servicios médicos cuando él (ella) era joven. Luego, haz un informe. Habla sobre:

- cómo eran los médicos y los dentistas
- las medicinas y los remedios
- los hospitales
- las farmacias
- cuánto costaba ir al médico

Conexiones

Las enfermedades infecciosas

Imagina que trabajas como voluntario(a) en una clínica. Antes de poner este cartel en la pared, quieres incluir un ejemplo para cada caso.

Lee estos ejemplos y, con un(a) compañero(a), decide qué ejemplo corresponde a cada caso del cartel.

a. como el virus de la hepatitis B

b. como la bacteria *Salmonella*

c. como pasa con los hongos *(fungi)* del pie de atleta

d. como el protozoo *Plasmodium* que causa la malaria

e. como el virus de la gripe

Escoge dos de estas enfermedades y escribe consejos para protegerse o curarse de ellas (sin mencionar qué enfermedades son). Lee tus consejos a la clase, que debe adivinar de qué enfermedades hablas.

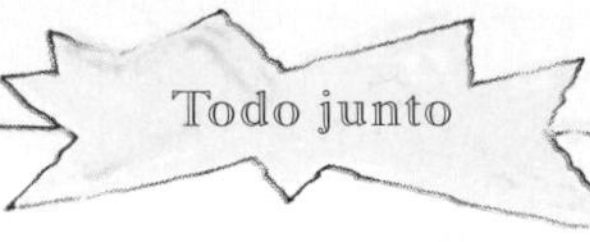

¡Vamos a leer!

Cultural Activity www.pasoapaso.com

Antes de leer

STRATEGY ➤ Using prior knowledge

What would happen if a child ate too much of something? Where might a parent take the child, and what might happen there? Do you think he or she would ever do it again?

Mira la lectura

STRATEGY ➤ Skimming

Skim this poem to get a general idea of what happens.

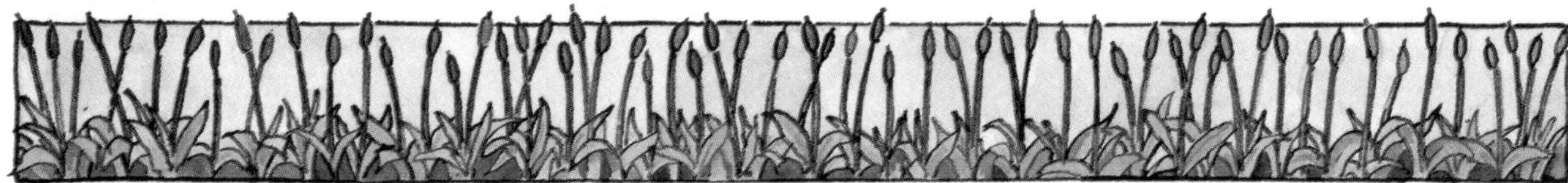

Chana y su rana

—Cecilia Ávalos

Doña Chana tenía una rana
que le gustaba comer manzana.
Cien manzanas se comió.
Y la rana se empachó.

Doña Chana llevó a su rana
con la curandera Doña Sana.
Una sobada Doña Sana le dio,
y té de manzanilla le recetó.

Doña Chana, con su rana,
a su casita regresó.
Tomando té de manzanilla cada día
del empacho la rana sanó.

Doña Chana le dijo a su rana:
—¡Ya NO vuelvas a comer manzana!
Y triste su rana suspiró:
—¡Ay, mamita, yo creo que NO!

Infórmate

STRATEGY ➤ Using context to get meaning

1. Sometimes *se* is used to make the meaning of a verb stronger; for example, *caer* = "to fall," *caerse* = "to fall down" and *beber* = "to drink," *beberse* = "to drink (something) up." Given this information, what do you think *comerse* means?

2. In this poem, what is another way to say *se empachó?*

   a. comió mucho
   b. le dolió el estómago porque comió demasiado
   c. tenía hambre

3. Sometimes *se* is left out so that a line will "flow" better. For example, line 4 of stanza 3 could read, *del empacho la rana se sanó.* Does that help you understand the meaning of *sanó?* What do you think it means?

4. *Volver a* + infinitive is an idiom. Which phrase comes closest to expressing the meaning of *no vuelvas a comer manzana?*

   a. no vas a comer tantas manzanas otra vez
   b. no tienes que comer manzanas
   c. no te gustan las manzanas

Aplicación

1. Choose another title for this story that gives a clue to what happens in it.

2. Do you know other stories in which animals behave like people? How is this story similar or different?

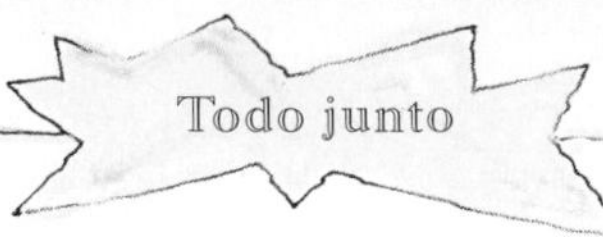

¡Vamos a escribir!

Vamos a escribir una entrevista divertida sobre el tema de la salud.

1 Primero, piensa en un insecto u otro animalito que causa enfermedades. Piensa en lo que hace y por qué. ¿Qué va a decir el insecto en una entrevista? Por ejemplo, una entrevista con un mosquito puede empezar así:

REPORTERO	Buenos días, señor Mosquito. En su opinión, ¿cuál es el problema entre los mosquitos y las personas?
SR. MOSQUITO	Pues, yo no sé por qué no le gustamos a la gente. No somos malos. Somos muy simpáticos y trabajadores.

Escribe el primer borrador y consulta con un(a) compañero(a). Sigue los otros pasos del proceso de escribir. Puedes usar estas palabras u otras:

- picar / picadura
- sangre
- piel (*skin*)
- brazo / mano
- protegerse
- repelente / insecticida
- calamina
- enfermedad
- dolerle a uno
- tener razón

2 Ahora, imagina que lees en una revista una de las entrevistas que escribieron tus compañeros. Escribe tu opinión en una carta al redactor *(editor)*. Debes atacar o defender el punto de vista del insecto. Puedes hacer sugerencias (*suggestions*) para resolver el problema. Usa estas frases u otras:

- a mí me parece que
- creo que
- para mí
- es verdad que
- (no) estoy de acuerdo
- además
- por ejemplo

3 Para compartir tu trabajo, puedes:

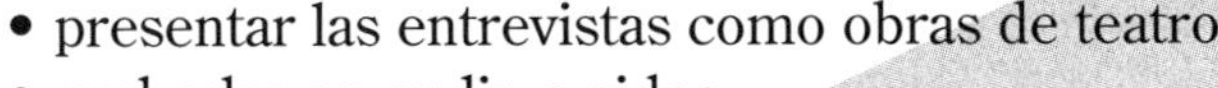

- presentar las entrevistas como obras de teatro
- grabarlas en audio o video
- enviar las entrevistas y las cartas al periódico o revista escolar
- enviarlas a un periódico local
- incluirlas en tu portafolio

Si este verano te pican los mosquitos «No te irrites», prueba AZARON; te aliviará de forma rápida y eficaz

AZARON es un antihistamínico que alivia los síntomas producidos por picaduras de insectos, ortigas y medusas. Y no te rasques más este verano.

Consulte con su médico o farmacéutico. Lea las instrucciones. No aplicar en niños menores de 2 años.
Organon Española, S.A. Sant Boi de Llobregat (Barcelona). Un producto de Chefaro Internacional.

CPS. 90151

Capítulo 9

Repaso ¿Lo sabes bien?

Esta sección te ayudará a prepararte para el examen de habilidades, donde tendrás que hacer tareas semejantes.

Listening

Can you understand when someone describes an accident? Listen as your teacher reads a sample similar to what you will hear on the test. What caused the accident? What treatment did the person speaking receive?

Reading

Alicia read the following advertisement on the side of a bus. But she couldn't remember all of it. Supply the missing text in the blanks so that the ad makes sense.

Writing

Can you write questions for a health-services survey in a Spanish-speaking community? Add three more to these.

1. ¿Va a un(a) médico(a) por lo menos una vez al año?
2. ¿Dónde queda la sala de emergencia más cerca?

Culture

Can you explain how to find a pharmacy late at night in Latin America? What kind of medicine can you buy there that you would not be able to buy without a prescription in the United States?

Speaking

Create a dialogue with your partner in which you discuss an injury with a doctor.

A —*¿Qué te pasó? ¿Tuviste un accidente?*
B —*Sí, doctor(a). Estaba corriendo por el parque con mis amigos cuando me caí.*
A —*¿Te duele mucho la rodilla?*
B —*Sí.*
A —*Mmmm. Necesito sacarte una radiografía y hacer algunos análisis.*

Self Test www.pasoapaso.com

¿Ud. estornuda de la mañana a la noche?
¿Se siente ______?
¿Tiene dolor de ______?
¿No puede dormir?

______ alérgico a:

- el polen de la primavera
- el pelo de las mascotas
- el polvo de los muebles

______ pastillas
QUITALERGIA
¡______!

Resumen del vocabulario

Usa el vocabulario de este capítulo para:

- **describe how an accident occurred**
- **discuss an injury or illness**
- **describe treatment for an injury or illness**

to identify parts of the body
el codo
el hueso
la muñeca
el músculo
la rodilla
el tobillo

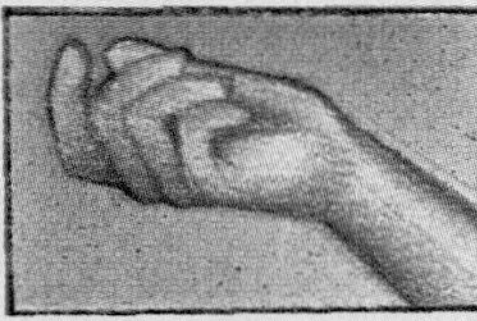

to discuss an illness
la enfermedad
la infección, *pl.* las infecciones
el síntoma
la tos
el virus
estornudar
sentirse *(e → ie)*
toser
vomitar

to talk about allergies
la alergia
(ser) alérgico, -a (a)
antialérgico, -a
la abeja
la araña
la cucaracha
la hormiga
el insecticida
los mariscos
la mosca

el mosquito
la picadura (de insecto)
picar
el polen
el polvo
la reacción,
pl. las reacciones
el repelente

to talk about treatment for medical conditions
la ambulancia
el análisis, *pl.* los análisis
el antibiótico
la calamina
el enfermero, la enfermera
los frenillos *(m.pl.)*
las gotas (para los ojos)
la inyección, *pl.* las inyecciones
poner una inyección
el jarabe (para la tos)
la medicina
las muletas *(f.pl.)*
la operación, *pl.* las operaciones
la pastilla
las puntadas *(f.pl.)*
hacer puntadas
la radiografía
sacar una radiografía
la receta
recetar
la sala de emergencia
la sangre
la silla de ruedas
el yeso

to describe how an accident occurred
el accidente
caerse: (yo) me caí
cortarse
proteger(se) *(g → j)*
quemarse
romperse (un hueso)
roto, -a

to indicate time
por + *time expression*

other useful words and expressions
poner: (Ud. / él / ella) puso
además
fuerte
leve
¿Qué te pasó?

2

Capítulo 10

¿De qué se trataba la película?

Objectives

At the end of this chapter, you will be able to:

- summarize the plot of a movie or television program
- describe the characters and settings of a movie or television program
- describe conditions when something happened
- compare soap operas in Latin America and the United States

Paso Cultural Los programas de televisión son un importante producto de exportación en Venezuela. Las compañías de televisión, privadas y del gobierno, venden sus programas a muchos países, con doblaje *(dubbing)* si es necesario. Las telenovelas venezolanas son especialmente populares en Latinoamérica. ¿Tienes oportunidades de ver programas de televisión en español? ¿En qué aspectos son diferentes de los programas en los Estados Unidos? ¿En qué aspectos son similares?

Filmando en Caracas, Venezuela

¡Piensa en la CULTURA!

San Juan Chamula, México

La televisión en México, Colombia y España

Mira las fotos. ¿Qué hay en las fotos que se parece y que no se parece a lo que tú sueles ver y hacer?

"A toda la familia le gusta este programa. No se aburre nadie."

Una familia maya viendo la televisión en San Juan Chamula, México

Paso Cultural

La televisión llega a los lugares más remotos de México. En esta foto, del estado de Chiapas, la cultura moderna electrónica coexiste con la vieja cultura española / católica y la antigua cultura maya. ¿Cuáles son los elementos indígenas que ves en esta casa, y cuáles son los españoles / católicos?

"Pedro estaba saliendo y Lucía llorando cuando terminó el capítulo del viernes pasado."

¿Te gustan las telenovelas? ¿Cuál es tu favorita?

Bogotá, Colombia

Unas hermanas en Bogotá viendo la televisión en el dormitorio de sus padres

"Yo veía muchos dibujos animados cuando era pequeño, pero ahora los programas de concursos son mis favoritos."

¿Qué tipo de programa de televisión te gusta más? ¿Te gustaría participar en algún programa de concursos? ¿Cuál es tu favorito, o no los ves nunca?

Madrid, España

Filmando el programa de concursos *1, 2, 3* en España

Vocabulario para conversar

¿De qué se trata tu película favorita?

Vas a necesitar estas palabras y expresiones para hablar sobre películas y programas de televisión. Después de leerlas varias veces, practícalas con un(a) compañero(a).

También necesitas . . .

actuar*	*to act*
la actuación	*acting*
enamorarse (de)	*to fall in love (with)*
hacer el papel (de)	*to play the part / role (of)*
el papel	here: *part, role*
tratarse de	*to be about*
el argumento	*plot*
el crimen	*crime*
la escena	*scene*
el guión, *pl.* los guiones	*script*
el personaje	*character*
¿Qué tal es . . . ?	*How is . . . ?*

¿Y qué quiere decir . . . ?

la ayuda
la dirección
los efectos especiales
la fotografía
la película de acción
esconderse
investigar
excelente
principal
típico, -a

* *Actuar* has an accent on the *u* in all present-tense forms except the *nosotros* and *vosotros* forms: *actúo, actúas, actúa, . . . actúan.*

Empecemos a conversar

Túrnate con un(a) compañero(a) para ser *Estudiante A* y *Estudiante B*. Reemplacen las palabras subrayadas en el modelo con palabras representadas o escritas en los recuadros. Si ven pueden dar su propia respuesta.

1 de terror

A —*¿Qué personaje es típico en una película de terror?*

B —*Un monstruo.*

Estudiante A

Estudiante B

a. romántica

b. de acción

c. de aventuras

d. del oeste

e. de ciencia ficción

2

investigar el crimen

A —*Generalmente, ¿investiga el crimen el galán?*
B —*No. El detective investiga el crimen.*

Estudiante A

a. enamorarse

b. montar a caballo

c. matar a la gente

d. arrestar al criminal

e. pedir ayuda

f. robar el banco

g. esconderse de la policía

Estudiante B

3 el argumento

A —*¿Qué tal es el argumento en (nombre de película)?*
B —*(Es) excelente.*

Estudiante A

a. la dirección
b. la actuación
c. los efectos especiales
d. el guión
e. la fotografía
f. la música

Estudiante B

excelente
un desastre
así, así
terrible

Una escena de la película *El Norte*

4 ***Romeo y Julieta***

A —*¿De qué se trata* Romeo y Julieta?

B —*Se trata de una muchacha y un muchacho que se enamoran.*

Estudiante A

a. *Frankenstein*

b. *Parque Jurásico*

c. *La bella y la bestia*

d. *Ricitos de oro* (Goldilocks)

e. *La bella durmiente*

f. *E.T.*

g. 

Estudiante B

una muchacha que duerme por muchos años y un galán que la despierta

un científico que hace un monstruo

un extraterrestre que llega a los Estados Unidos y un niño que lo protege

un monstruo que se enamora de la heroína

unos dinosaurios que viven en una isla

una niña que encuentra la casa de unos osos

Empecemos a escribir

Escribe tus respuestas en español.

5 ¿De qué se trata tu película favorita? ¿Qué tipo de película es? ¿Qué actor y actriz hacen los papeles principales? ¿Qué tal es la actuación? ¿La fotografía? ¿El guión? Describe tu escena favorita.

6 ¿Qué es más importante en una película, un buen director o buenos actores? ¿Un buen argumento o efectos especiales? Explica por qué. ¿Hay tipos de películas en que la fotografía es mejor en blanco y negro que en colores? ¿Cuáles? ¿Por qué piensas eso?

7 ¿Qué tipo de película te gustaría dirigir? ¿O en qué tipo te gustaría actuar? ¿Qué tipo de papel te gustaría hacer? ¿Por qué? ¿Qué te gustaría más, escribir un guión o hacer los efectos especiales? ¿Por qué?

También se dice

el marciano / la marciana

el héroe

el bandido
el villano
el malo
el maleante

¿En Qué Se Parece Cristina
A La Mona Lisa?

La Mona Lisa es trigueña, Cristina es rubia.
La Mona Lisa es Europea, Cristina es Latina.
La Mona Lisa es antigua, Cristina es moderna.
¿En qué se parece La Mona Lisa a Cristina?
En que las dos son únicas.

Cristina: Lunes a viernes 4pm/3pm Centro.
Cristina Edición Especial: Lunes 10pm/9pm Centro.

Univisión

Una escena de la película argentina *La historia oficial*

MORE PRACTICE

- Más práctica y tarea, p. 555
- Practice Workbook 10–1, 10–2

Vocabulario para conversar

¿No te parecen exageradas las telenovelas?

Aquí tienes el resto del vocabulario que necesitas en este capítulo para hablar sobre películas y programas de televisión.

el terremoto

el huracán, *pl.* los huracanes

la tormenta

la erupción, *pl.* las erupciones

el derrumbe

la inundación, *pl.* las inundaciones

el locutor

la locutora

el programa de compras

el programa de concursos

También necesitas . . .

el comentario (sobre)	*review (of)*	sensacionalista*	*sensational*
el fracaso	*failure*		
el hecho	*fact*		
dañar	*to damage*		
destruir:	*to destroy:*		
Ud. / él / ella destruyó	*you / he / she destroyed*		
hubo (*preterite of* haber)	*there was / were*		
tener éxito	*to be successful*		

¿Y qué quiere decir . . . ?

la entrevista	ocurrir
la información	(estar) basado, -a (en)
la violencia	exagerado, -a
violento, -a	internacional
cambiar	local

Empecemos a conversar

8 

A —*Generalmente, ¿qué hay en la televisión a <u>las seis de la tarde</u>?*

B —*<u>Las noticias</u>.*

Estudiante A

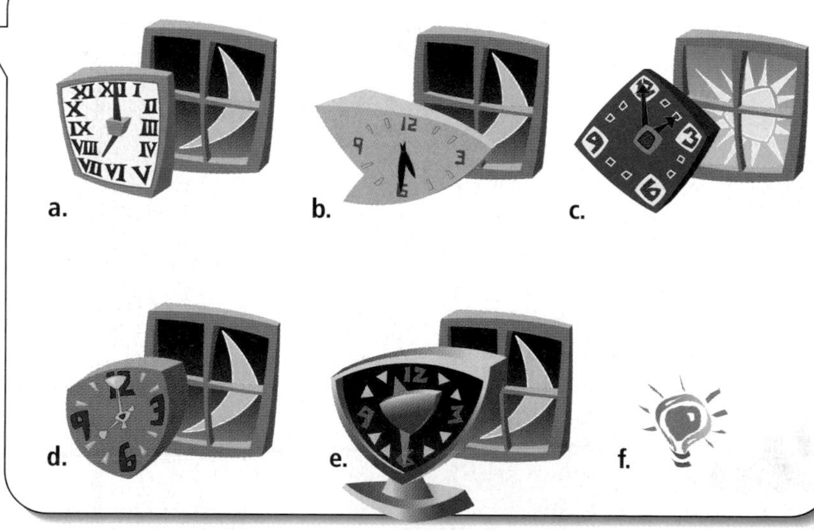

Estudiante B

- las noticias
- telenovelas
- programas de concursos
- programas de acción y comedias
- programas de entrevistas
- programas de compras
- dibujos animados
- documentales

**Sensacionalista* is used with both masculine and feminine singular nouns: *un programa de televisión sensacionalista; una noticia sensacionalista.*

9 **el pronóstico del tiempo**
A —*¿Viste el pronóstico del tiempo?*
B —*Sí. Va a llover este fin de semana.*

Estudiante A

a. las noticias locales
b. la información deportiva
c. el anuncio de perfume
d. el comentario sobre (nombre de película)
e. la entrevista con (nombre)
f. las noticias internacionales

Estudiante B

Dicen que la actuación es excelente.
La locutora dijo que estaba haciendo otro video.
Nuestro equipo perdió.
Dicen que hubo un derrumbe en Guatemala.
Lo venden en muchas farmacias.
Robaron un banco en el centro.

10 
Puerto Rico

A —*¿Viste que hubo un huracán en Puerto Rico?*
B —*Sí. Destruyó muchos edificios.*

Estudiante A

a. Costa Rica

b. Perú

c. Cuba

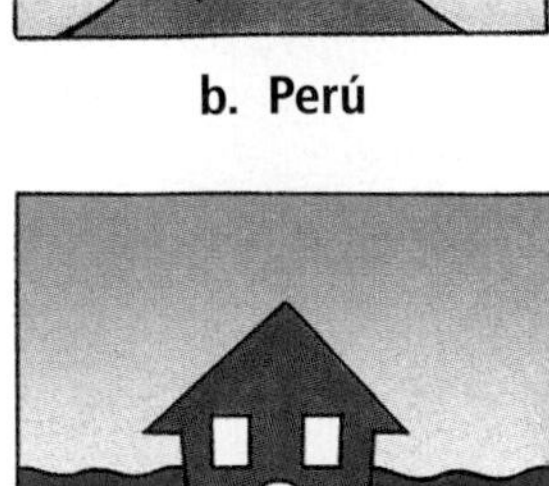
d. Argentina

e. Chile

f. 

Estudiante B

destruir ___
dañar ___
matar a ___

11 exagerado(a) / las telenovelas
A —*¿No te parecen exageradas las telenovelas?*
B —*Sí, no las soporto.*

Estudiante A

a. tonto(a) / los dibujos animados
b. sensacionalista / los programas de entrevistas
c. exagerado(a) / las comedias
d. aburrido(a) / los programas de compras
e. violento(a) / los programas de detectives

Estudiante B

Sí, no los (las) soporto.
Sí, pero me fascinan.
No. Me encantan.

También se dice

el presentador / la presentadora

Empecemos a escribir y a leer

Escribe tus respuestas en español.

12 En tu opinión, ¿qué programa de televisión tiene más éxito? ¿Por qué tiene éxito? ¿Qué personajes son populares hoy? ¿Quiénes hacen esos papeles? ¿Qué programa es un fracaso? ¿Por qué?

13 ¿Cómo se debe preparar alguien para participar en un programa de concursos?

14 ¿Conoces alguna película que está basada en un libro? ¿Leíste el libro? ¿Viste la película? ¿Cuál te gustó más? ¿Por qué? ¿Conoces alguna película basada en un hecho de la vida real? ¿Cuál? ¿Ocurre en la película lo mismo que en la realidad?

15 ¿Qué piensas de la violencia en la tele? ¿Crees que se debe hacer algo?

MORE PRACTICE

- Más práctica y tarea, pp. 555–556
- Practice Workbook 10-3, 10-4

16 Lee esta lista de programas de televisión. Sólo puedes ver la tele por dos horas. Escoge lo que quieres ver. Compara tus programas con los de un(a) compañero(a). Imaginen que hay un sólo televisor y que necesitan ponerse de acuerdo.

	Canal 2	Canal 4	Canal 6
6:00	Moda: La chica de hoy	Noticias locales	Busca tu fortuna
7:00	Información deportiva	Telenovela: *Marianela*	Música de hoy
8:00	Película: *Batman*	Telenovela: *Corazones tristes*	Palabra de Dios
9:00	El chef francés: pasteles	Telenovela: *Vidas exageradas*	¡Bailemos!
10:00	Cine 2: *El otoño de un vaquero*	Noticias locales	Película: *Derrumbe de noche*
11:00		Noticias latinoamericanas	Noticias internacionales

¡Comuniquemos!

Aquí tienes otra oportunidad para usar el vocabulario de este capítulo.

1 Con un(a) compañero(a), habla de las noticias en la televisión.

A —*¿Viste las noticias ayer?*
B —*Sí. Me interesaron mucho.*
A —*¿Y qué piensas de lo que dijo el locutor sobre . . . ?*
B — . . .

2 Con un(a) compañero(a), compara dos programas de televisión.

A —*¿Qué programa de televisión te gusta más, (nombre) o (nombre)?*
B —*A mí . . .*
A —*¿Por qué?*
B —*Porque los personajes son . . .*
A — . . .

3 Habla con un(a) compañero(a) sobre la película que tiene más éxito en estos días. Discutan por qué tiene éxito. Hablen de estas cosas:

- el nombre de la película
- el tipo de película
- el argumento
- los personajes
- la actuación y los actores
- la fotografía
- el guión
- la dirección

Esta joven puertorriqueña aprende sobre la televisión en la Universidad de San Juan.

Una locutora de un canal hispanohablante en Chicago

¿Qué sabes ahora?

Can you:

- **discuss a film?**
  —Lo que más me gustó de la película fue el ___ y la ___.
- **summarize the plot of a movie or television program?**
  —(Nombre) se trata de un(a) ___ que ___.
- **discuss a major news story?**
  —El terremoto en ___ fue horrible, pero no ___ muchas víctimas.

Perspectiva cultural

Según lo que ves en estas escenas de telenovelas venezolanas, ¿serían *(would be)* estos programas muy diferentes de las telenovelas estadounidenses?

Las telenovelas en español son muy populares. Generalmente se dan episodios todos los días por dos o tres meses. El episodio final tiene una audiencia muy grande y mucha gente se reúne con su familia y amigos para verlo. Éstas son dos escenas de la telenovela *Ladrón de corazones.*

La hermana mayor de la familia se divorció y regresó a vivir con sus padres. La hermana menor, Claudia, quiere tener su propio apartamento.

CLAUDIA: Pero, papá, ahora no hay espacio para mí en el dormitorio.

PAPÁ: Hija, tú eres el sol de esta casa. No lo olvides. Mientras este viejo cuerpo tenga vida, ¡no te voy a permitir vivir sola!

El presidente de Aerolíneas del Caribe, el señor Bastos, está hablando con su hijo David.

DAVID: Pero, papá, yo quiero ser músico. No me gusta el negocio, y me da miedo volar.

SR. BASTOS: ¡Eso no importa! Toma. *(Le da su carnet de identidad de las aerolíneas y lo besa.)* No te olvides de quién eres y de tus responsabilidades como el nuevo presidente de la línea aérea más grande del Caribe.

En todas las telenovelas, tanto en inglés como en español, la manera de hablar es exagerada porque se trata de situaciones exageradas. Pero en las culturas latinoamericanas, palabras y expresiones poéticas como "tú eres el sol de esta casa" y "mientras este viejo cuerpo tenga vida" se usan en la vida diaria y no son exageraciones.

María Conchita Alonso y Jorge Schubert hacen el papel de médicos en la telenovela venezolana *Alejandra.*

Inset: Flavio Caballero y Ruddy Rodríguez, el galán y la heroína de la telenovela venezolana *Volver a ti*

En las telenovelas en español también se expresa muy abiertamente el cariño (*affection*) entre parientes y amigos. En las telenovelas, como en la vida real, la gente se abraza y se besa con frecuencia. También los hombres expresan sus emociones más abiertamente. Por ejemplo, el papá besa a su hijo para felicitarlo en *Ladrón de corazones.*

Las telenovelas tienen argumentos, personajes y guiones muy exagerados, pero también pueden indicar cosas importantes sobre la cultura.

La cultura desde tu perspectiva

1 Imagina que hay una telenovela en inglés con el mismo argumento que *Ladrón de corazones.* ¿En qué sería diferente? ¿Qué nos dicen las diferencias sobre las dos culturas?

2 Si puedes ver telenovelas en español, ve un episodio. Haz una lista de por lo menos tres cosas que te parecen diferentes de las telenovelas en inglés.

Claudia Venturini actúa en la telenovela venezolana *Inocente en línea.*

Gramática en contexto

Ricitos de oro y los tres osos

Había una vez una familia de tres osos: El papá oso, la mamá osa y el bebé oso. Vivían en el bosque.

Un día la mamá osa preparó tres platos de avena. La familia decidió dar un paseo porque la avena estaba muy caliente.

Una niña estaba caminando en el bosque cuando encontró la casa de los osos. "¡Qué casita tan bonita!" dijo ella. La niña se llamaba Ricitos de oro.

Entró en la casa y vio los tres platos de avena. Ricitos de oro tenía mucha hambre y decidió probar la avena.

A In caption 1, what expression corresponds to "Once upon a time there was"? What is the verb? What tense is it in? What is the other verb in caption 1?

B In caption 3, which verb tells what action was going on when something happened? Which verb tells what happened? What tense is each verb in?

C In caption 3, which verb is used to tell what Ricitos de oro said? How is this form different from the equivalent preterite form of other *-ir* verbs?

D In caption 4, what expression tells what Ricitos de oro was feeling? What tense is the verb in? Find the verbs that tell what she did. What tense are they in?

El pretérito y el imperfecto 1

We often use the preterite and the imperfect together. The imperfect may be used to put an action in the context of what time it was or what the weather was like.

> **Eran** las seis de la mañana cuando Ricitos de oro **se despertó.**
> El día **estaba** muy bonito. **Hacía** sol. No **hacía** frío.

¡NO OLVIDES!

Remember these words and expressions to talk about the weather:

llover
nevar
hacer buen / mal tiempo
  sol
  calor
  frío
  fresco
  viento

1 ¿Qué tiempo hacía en España la semana pasada? Usa este pronóstico del tiempo y haz una frase por cada ciudad. Por ejemplo:

En Sevilla hacía mucho sol y viento. Hacía fresco.

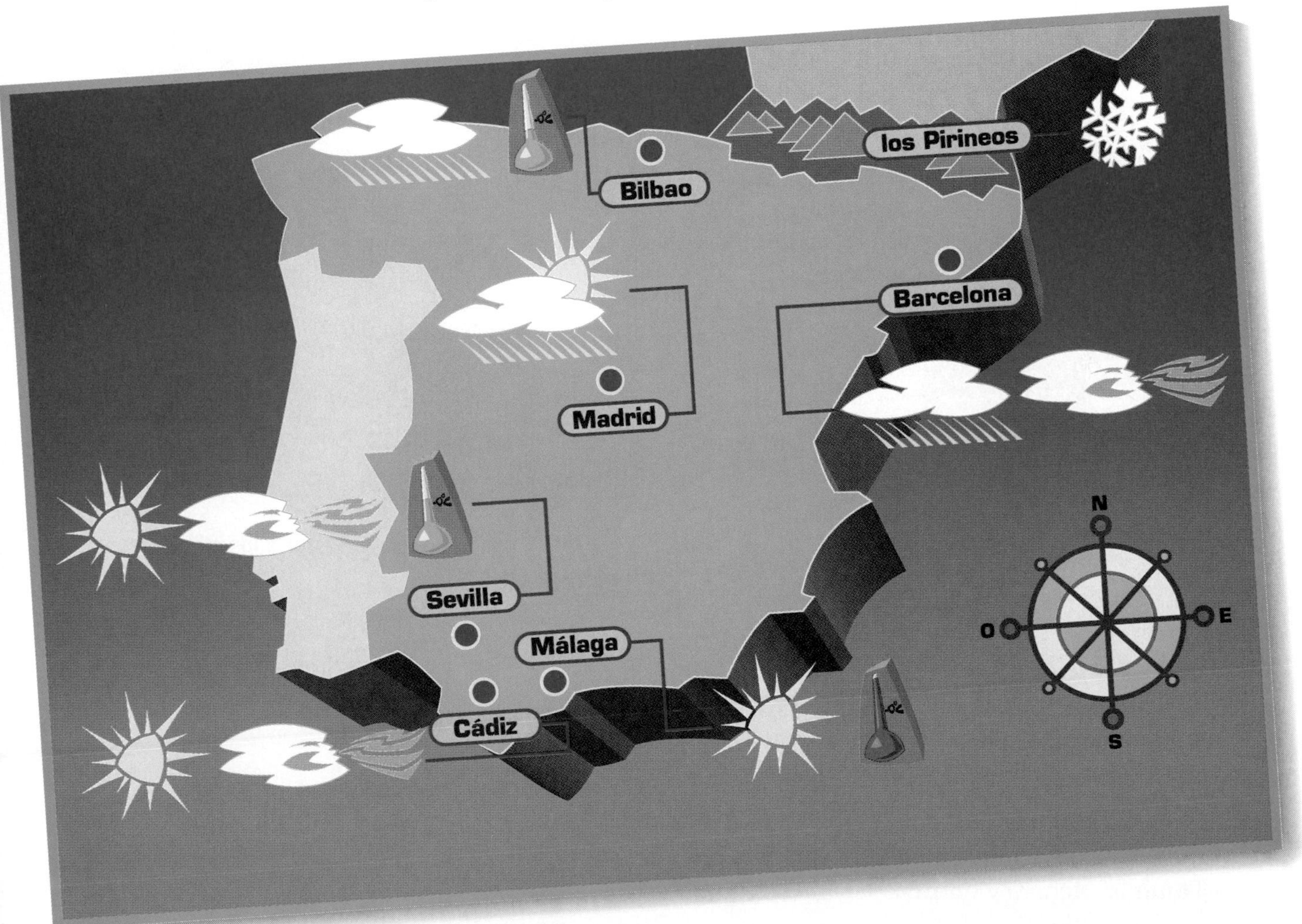

2 Aquí tienes posibles situaciones en las noticias del día. Con un(a) compañero(a), túrnense haciendo preguntas y contestando.

A —*¿Cuándo empezó la tormenta?*
B —*Eran las 9:45 de la noche cuando empezó.*

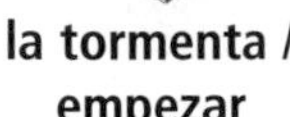

la tormenta / empezar

a. la víctima / subir a la ambulancia

b. el incendio / empezar

c. el ladrón / robar el banco

d. el niño / caerse del segundo piso

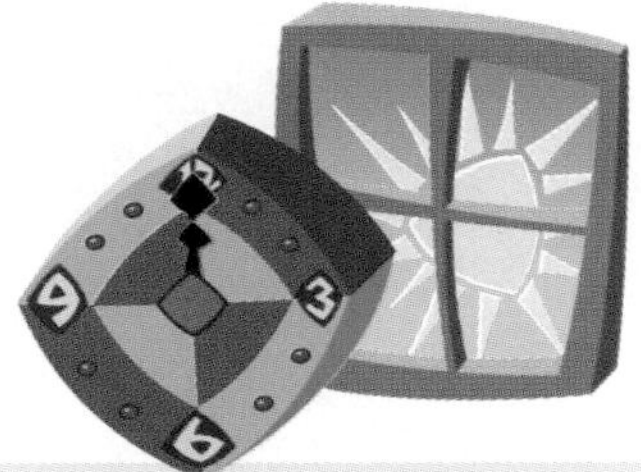

e. el ascensor / romperse

f. el científico / quemarse las manos

g. el derrumbe / ocurrir

h. la policía / arrestar a los criminales

El pretérito y el imperfecto 2

Sometimes we use the preterite and imperfect tenses to contrast a physical, mental, or emotional state with an action.

Ricitos de oro **vio** la avena. **Tenía** mucha hambre.
Ricitos de oro **quería** comerla. No **sabía** qué hacer.
Tomó la cuchara y **empezó** a comer.

3 Dí por qué están pasando estas cosas en un estudio de cine.

la heroína / ir al baño / sentirse mal	*La heroína fue al baño porque se sentía mal.*

a. el niño / esconderse / darle miedo el monstruo
b. el director y el galán / pelearse / estar de mal humor
c. el vaquero / acostarse / estar muy cansado
d. el caballo / comer las flores / tener hambre
e. el extraterrestre / quitarse el disfraz / tener calor
f. los músicos / salir de la escena / aburrirse

Delante de un cine en Madrid

4 Con un(a) compañero(a), termina estas excusas diciendo por qué. Puedes usar estos u otros verbos: *tener (que), querer, estar, poder* y *hacer.*

no ir a la escuela	A —*¿Por qué no fuiste a la escuela?* B —*No fui a la escuela porque tenía fiebre.*

a. no hacer la tarea
b. no ir al partido de fútbol
c. levantarse tarde
d. no ayudar a limpiar la casa
e. no tomar la medicina
f. no llamar a nadie

En Madrid

El pretérito y el imperfecto 3

Sometimes the preterite and the imperfect (or the imperfect progressive) contrast a continuing action with an action that has a definite beginning and end.

Una niña **estaba caminando** por el bosque cuando **vio** la casa de los osos.

5 Con un(a) compañero(a), di qué estaba pasando en los apartamentos del dibujo cuando ocurrió el terremoto. Escoge por lo menos seis situaciones.

A —*¿Qué estaba pasando en el apartamento 3-A cuando ocurrió el terremoto?*
B —*En el 3-A un señor estaba afeitándose en el baño.*

6 Inventa tres escenas divertidas para una película. Usa una sola frase para cada descripción.

Una señora estaba desayunando cuando el gato saltó y se cayó en el plato de cereal.

Después, formen un grupo para escoger las tres escenas más divertidas.

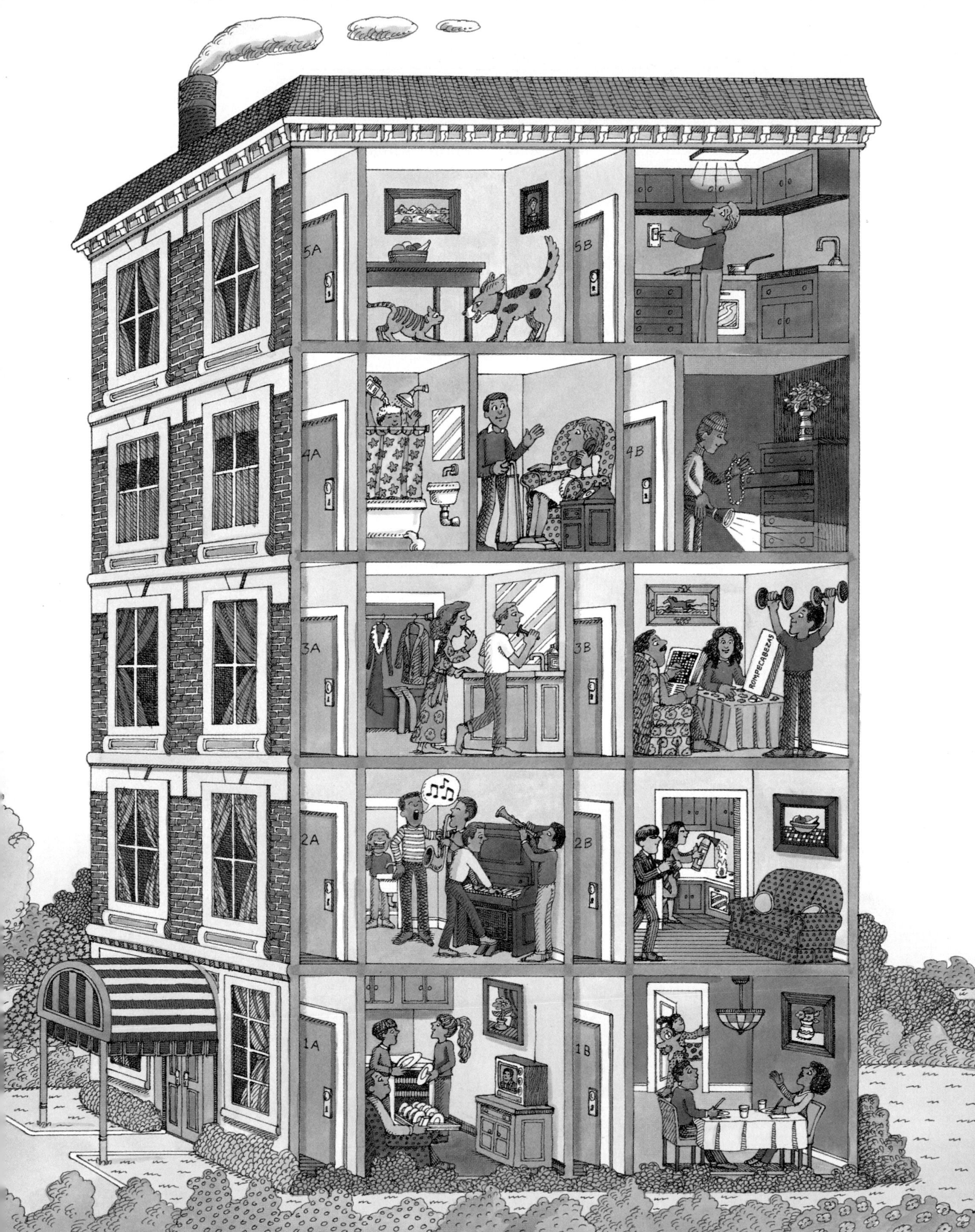
5A
5B
4A
4B
3A
3B
ROMPECABEZAS
2A
2B
1A
1B

El pretérito del verbo *decir*

In the preterite tense, the stem of *decir* is *dij-*, and the endings follow the pattern of *hacer, poder,* and *tener*. Notice that the *Uds. / ellos / ellas* form does not have an *i* in the ending.

(yo)	**dije**	(nosotros) (nosotras)	**dijimos**
(tú)	**dijiste**	(vosotros) (vosotras)	**dijisteis**
Ud. (él) (ella)	**dijo**	Uds. (ellos) (ellas)	**dijeron**

7 ¿Qué tal fueron los comentarios de estas personas sobre la última película que vieron? Con un(a) compañero(a), usa los dibujos para preguntar y contestar. Por ejemplo:

Marta

A —*¿Qué dijo Marta de la película de terror?*
B —*Dijo que era un fracaso.*

Estudiante A

a. (nombre) y tú

b. Felipe y Susana

c. Ramón

d. Roberto y Marina

e. (tú)

f. 

Estudiante B

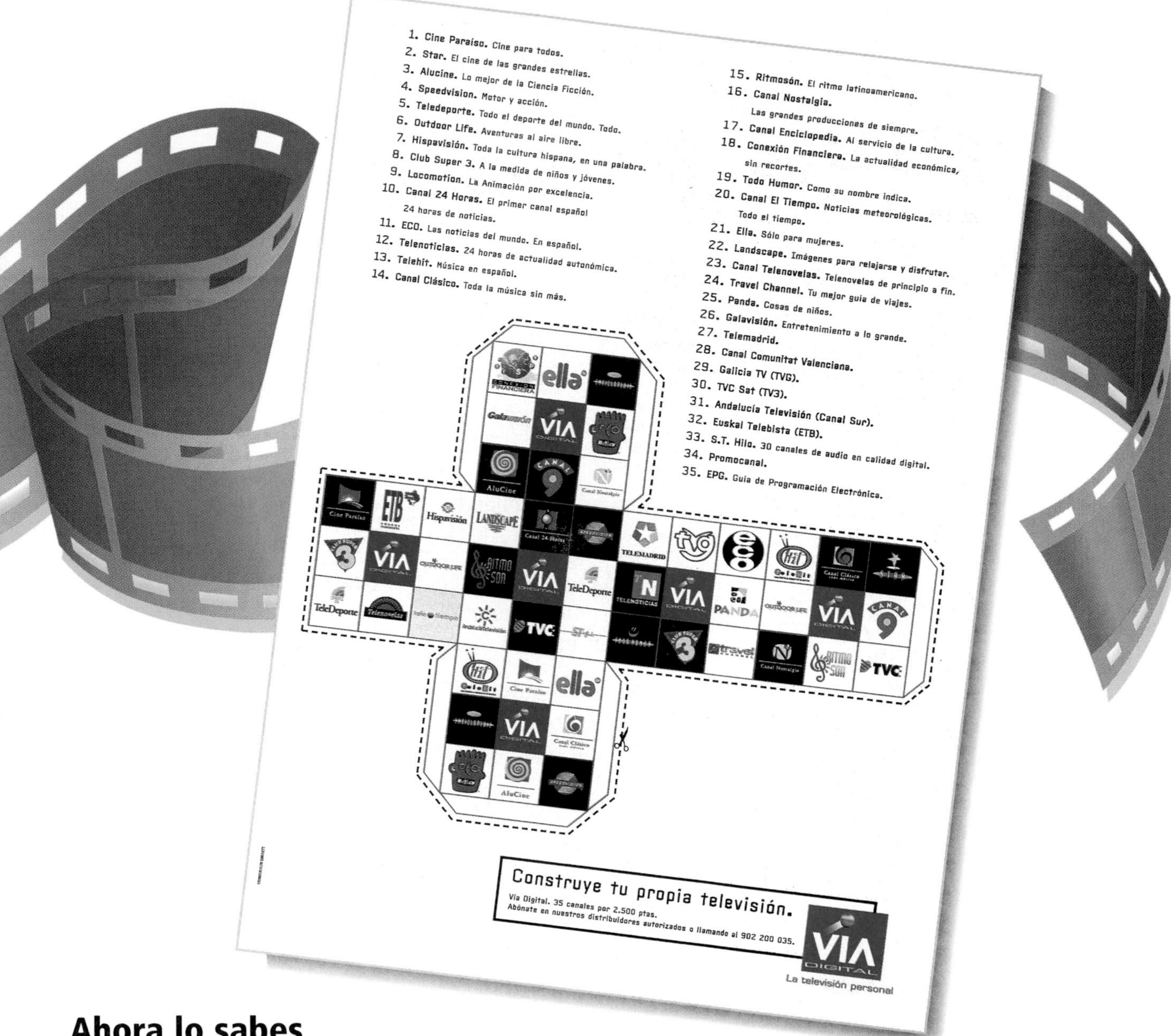

Ahora lo sabes

Can you:

- describe the conditions when something happened?
  —Cuando el incendio empezó, ___ mucho viento.
- tell what happened and why?
  —La película ___ éxito porque los actores principales ___ excelentes.
- report what someone said?
  —Felipe ___ que quería ver una película de acción, pero yo ___ que no.

MORE PRACTICE

Más práctica y tarea, pp. 556–557
Practice Workbook 10–5, 10–9

Actividades

1 Describe una ocasión cuando tuviste que:

- hacer un informe oral
- asistir a una boda (o a algún otro evento importante)
- recibir un premio (o un diploma)
- actuar, cantar, bailar o tocar un instrumento

En dos o tres frases dile a un(a) compañero(a) qué día era, qué tiempo hacía, cómo te sentías y por qué. Luego, formen grupos. Tu compañero(a) debe contarle al grupo lo que le dijiste.

Un día tuve que . . . Era . . .

2 Piensa en algún crimen o desastre natural reciente. Habla con un(a) compañero(a) sobre:

- qué pasó
- cuándo
- dónde

Usen palabras y expresiones como las siguientes:

(No) había . . .
ayudar
pedir ayuda
la ambulancia
los bomberos
la policía
la emergencia
estar muerto(a)
matar a
quedarse sin casa / ropa / comida
las víctimas
la vida

Conexiones

La estadística

¿Qué programas de tele prefieren?

Vas a hacer un pictograma para ilustrar los tipos de programas de televisión que prefiere tu clase. El pictograma de abajo refleja los gustos de los jóvenes españoles.

Preferencias televisivas de los jóvenes españoles

- Películas, series
- Noticias, documentales
- Deportes
- Musicales
- Telenovelas
- De la naturaleza y animales
- Concursos
- Debates y mesas redondas
- Programación infantil
- Anuncios
- Otros

CLAVE: [televisor] =10% [control remoto] =1%

Source: *Jóvenes: Lo que hacen y lo que piensan,* Materiales N° 17 (nov.–dic. 1994), Consejería de Educación, Embajada de España, p. 20

¿Qué dibujo indica el 10 por ciento? ¿Y el 1 por ciento? ¿Qué porcentaje de los jóvenes españoles prefieren los programas deportivos? ¿Y las telenovelas?

- Trabaja con toda la clase para hacer un pictograma que refleje la clase de programas que Uds. prefieren. Pueden usar la misma clave u otra.
- Comparen su pictograma con el de los jóvenes españoles. ¿Les gusta a Uds. la misma clase de programas que a los jóvenes españoles? ¿En qué se parecen sus gustos a los de ellos y en qué se diferencian?

¡Vamos a leer!

Antes de leer

STRATEGY ➤ Using prior knowledge

Decide which of the following events is likely to occur in a soap opera. Write down the numbers of those that are likely to occur, then compare your choices with those of a partner.

1. Alguien tiene un accidente grave.
2. Dos jóvenes se enamoran a primera vista.
3. Unos criminales roban una joyería.
4. Un joven va a clases todos los días y estudia mucho.
5. Alguien pierde la memoria.
6. Una joven monta a caballo.
7. Un hombre y una mujer se casan y no tienen ningún problema.
8. Madre e hijo se separan.
9. Un consejero de campamento se cae de un árbol.
10. La gente cree que la heroína mató a alguien.

Mira la lectura

STRATEGY ➤ Skimming

Read the selection once through to get the gist of it.

Cómo escribir una telenovela

Las telenovelas latinas no son tan complicadas como parecen. Todas están hechas con la misma fórmula.

La heroína es, por lo general, joven, linda e inocente. Es pobre y sufre mucho para pagar sus estudios.

Se cree todo lo que le dicen y por eso tiene tantos problemas. No es raro que, en un momento u otro, termine en la cárcel, acusada de un crimen que no cometió. Si tiene un hijo, no le permiten verlo y pasa mucho tiempo buscándolo. Últimamente, las pobres heroínas están perdiendo la memoria con frecuencia. Al final siempre recibe una gran fortuna y entonces puede vengarse.

Y, por supuesto, hay un galán. Es muy guapo, rico y se enamora de la heroína a primera vista. Pero es un muñeco en las manos de su mamá, que es un monstruo. Él también se cree todo lo que le dicen, sobre todo si es algo malo sobre la heroína. Es terrible ver cómo el galán trata a la heroína en el período en que la cree mala: la humilla y la maltrata delante de la gente. Al final, por supuesto, comprende que ella es buena y que la quiere de veras.

Si usted quiere escribir una telenovela, tiene que incluir estos personajes, y nunca olvide que todo es fórmula y repetición.

Infórmate

STRATEGIES➤ Distinguishing essential from nonessential words
Identifying supporting details

1. Now read the selection more carefully, and make a list of those words you don't know. Read the selection a third time, and cross out on your list the words that are not important for understanding the selection.

2. Were any of the events that you identified in *Antes de leer* mentioned in the selection? Read aloud to your partner the places in the selection where they are mentioned.

3. List at least four events that are part of the formula for soap operas in Spanish.

DE LUNES A SABADO
A LAS 9 DE LA NOCHE

Manuela

Un Apasionante Romance Para Tus Noches De Amor

Ahora, Grecia Colmenares te invita a vivir
nuevas y fuertes emociones. Con "Mànuela".
La dramática historia de dos hermanas,
Isabel y Manuela, enfrentadas por
el amor de un mismo hombre: Fernando.
Intrigas, celos, pasiones y odios. "Manuela".
La nueva telenovela de TELECINCO
que mantendrá tu corazón en vilo
desde el primer al último capítulo.
¡Vívela todas las noches
en tu pantalla amiga!.

Enchúfate a
TELE 5

Aplicación

Many kinds of books, movies, and television shows have their own formulas. List at least four events that are likely to occur in one of these: a teen romance, a western, a situation comedy, a detective story.

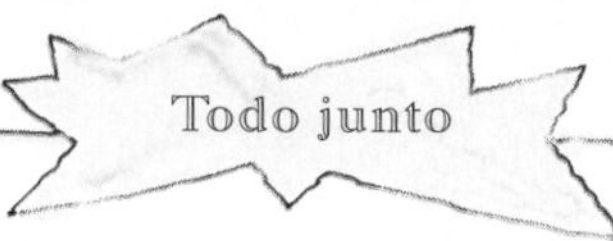

¡Vamos a escribir!

A veces tenemos una buena idea para una película. Vamos a inventar una película y a hacer un cartel para anunciarla al público.

1 Piensa en estas cosas:

- qué tipo de película es
- quiénes son los personajes principales
- de qué se trata
- los comentarios que van a escribir los críticos

Escribe el primer borrador y consulta con un(a) compañero(a). Sigue los otros pasos del proceso de escribir.

¿Eran seres humanos o . . . ?

LA TIERRA EN RUINAS

¿Por qué llegaron los extraterrestres a la Tierra?
¿Sólo buscaban agua, o querían algo más?

Rosalía Rodríguez (la heroína de *Marianela*) y Jorge Cantú (el galán de *Vidas exageradas*) en los papeles más emocionantes de su vida

Con la música de Tito Gómez y Los Muchachos

"¡Los efectos especiales son fantásticos, sobre todo la inundación de Caracas!"
—Francisco Rivera, *Telenoticias nacionales*

2 Ahora escoge el cartel que más te guste. Quieres que una compañía de cine filme esta película. Escribe una descripción de la película según este modelo.

nombre:	La Tierra en ruinas
personajes:	una científica y un policía
lugar:	Caracas en el año 2050
argumento:	Los extraterrestres necesitan agua. Llegan a la Tierra y empiezan a destruir las grandes ciudades.
audiencia:	jóvenes de 12 a 18 años

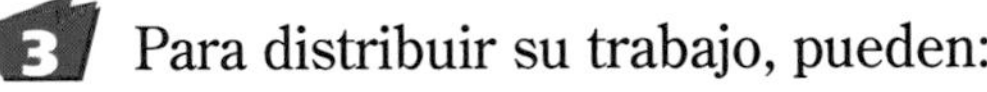

3 Para distribuir su trabajo, pueden:

- exhibir los carteles en la sala de clases
- exhibirlos en el vestíbulo o en la biblioteca escolar
- enviar las descripciones al periódico o a la revista escolar
- enviarlas a un periódico local
- escoger la mejor descripción, escribir el guión para una escena y presentarla a otras clases de español
- incluir todo en sus portafolios

Repaso ¿Lo sabes bien?

Esta sección te ayudará a prepararte para el examen de habilidades, donde tendrás que hacer tareas semejantes.

Listening

Can you understand when people talk about a movie or TV program? Listen as your teacher reads a sample similar to what you will hear on the test. What kind of movie is being discussed? Did the speaker like it or not?

Reading

Read what two critics have written about a film. List at least three words that you *would not* need to know in order to understand these reviews. Then assign the correct last sentence to each review.

1 En Tijuana, un detective investiga un crimen que se cometió hace varios años. El argumento es muy complicado, y nunca se explica el crimen. Después de muchas aventuras exageradas, escenas sensacionalistas y un derrumbe que casi no daña nada, termina la película. . . .

2 Un detective descubre un crimen horrible en Tijuana. Conoce a un anciano que puede ser el criminal y a su hija, de quien se enamora. Tienen muchas aventuras. Casi los mata un derrumbe. No comprendemos muy bien los sucesos, pero la película es divertida. . . .

a. No vale la pena verla.
b. La recomiendo.

Writing

Can you write a summary of a television drama or comedy? Here is an example for a teen drama.

Se trata de unos jóvenes que van a la misma escuela secundaria. Los muchachos son muy guapos y las muchachas muy bonitas. La semana pasada, uno de los muchachos se enamoró de una chica pobre. Los jóvenes se querían mucho y querían casarse, pero sus padres no lo permitieron y el joven se peleó con ellos.

Culture

Can you give three characteristics of a Spanish-language soap opera?

Speaking

Talk to your partner about your favorite actor. Discuss the actor's movies and / or television shows.

A —*¿Qué actor o actriz te gusta más?*
B —*Arnold Schwarzenegger.*
A —*¿Por qué?*
B —*Porque hace películas de acción y comedias muy buenas.*
A —*¿Te gustó su actuación en (nombre de película)?*
B —. . .

Resumen del vocabulario

Usa el vocabulario de este capítulo para:

- **summarize the plot of a movie or television program**
- **describe the characters and settings of a movie or television program**
- **describe conditions when something happened**

to talk about moviemaking

actuar
la actuación
dirigir *(g → j)*
el director, la directora
la dirección
los efectos especiales
la escena
la fotografía
el guión, *pl.* los guiones

to talk about various kinds of films

la película de acción
montar a caballo
el caballo
el vaquero, la vaquera
enamorarse (de)
el galán, *pl.* los galanes
la heroína
arrestar
investigar
matar
robar

el / la criminal
el crimen
el / la detective
el ladrón, *pl.* los ladrones; la ladrona
el / la policía
la víctima
el científico, la científica
el / la extraterrestre
el monstruo

to talk about natural disasters

dañar
destruyó *(from:* destruir)
el derrumbe
la erupción, *pl.* las erupciones
el huracán, *pl.* los huracanes
la inundación, *pl.* las inundaciones
el terremoto
la tormenta

to summarize movies and TV programs

(estar) basado, -a (en)
tratarse de
el argumento
hacer el papel (de)
el papel
el personaje principal
tener éxito
el fracaso
ocurrir
el hecho
la información
la violencia
violento, -a
exagerado, -a
excelente
sensacionalista
típico, -a

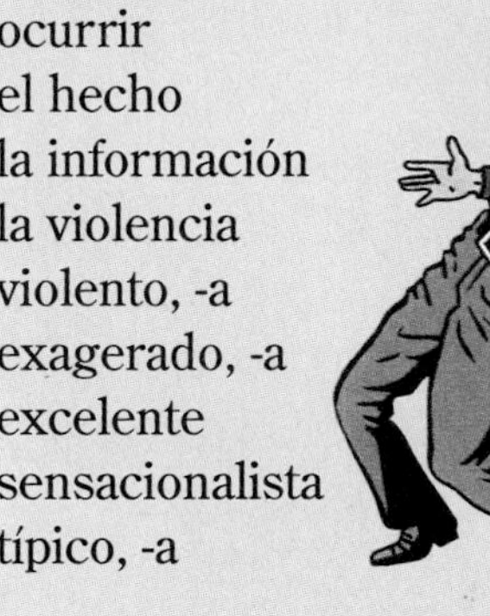

to talk about TV programs

el comentario (sobre)
la entrevista
el locutor, la locutora
el programa de compras
el programa de concursos
internacional
local

other useful words and expressions

la ayuda
cambiar
esconder(se)
hubo *(from:* haber)
¿Qué tal es . . . ?

CAPÍTULO 11

¿Cómo será el futuro?

Objectives

At the end of this chapter, you will be able to:

- discuss various professions
- say what you think the world will be like in the future
- discuss how to protect the environment
- compare attitudes toward the future in Latin America and the United States

PASO CULTURAL El Museo Guggenheim, situado en el centro de la antigua ciudad de Bilbao, abrió sus puertas al público en octubre de 1997. Es obra del arquitecto americano Frank Gehry, quien ganó un concurso internacional para diseñarlo. Fue diseñado y construido con la ayuda de un programa de computadora. Su dramático exterior es de piedra, titanio y cristal. Imagina que vas a entrevistar a Gehry. ¿Qué te gustaría preguntarle sobre su obra?

El Museo Guggenheim en Bilbao, España

¡Piensa en la CULTURA!

El futuro se enfrenta con el presente en Ecuador, España y México

Mira las fotos. ¿A qué piensas dedicarte en el futuro, o piensas raramente en eso? ¿Te interesa lo que hacen estas personas?

Madrid, España

"Todavía no sabemos todos los usos que este aceite pueda tener."

¿Te interesan las ciencias? ¿Te gustaría ser médico(a), enfermero(a) o científico(a)? ¿Por qué?

Científicos españoles investigando los usos del aceite de oliva

"¡Está muy bien! Pesa nueve kilos y doscientos gramos."

¿Por qué crees que los médicos pesan casi siempre a sus pacientes? ¿Puedes nombrar una o dos cosas más que hacen los médicos en un chequeo?

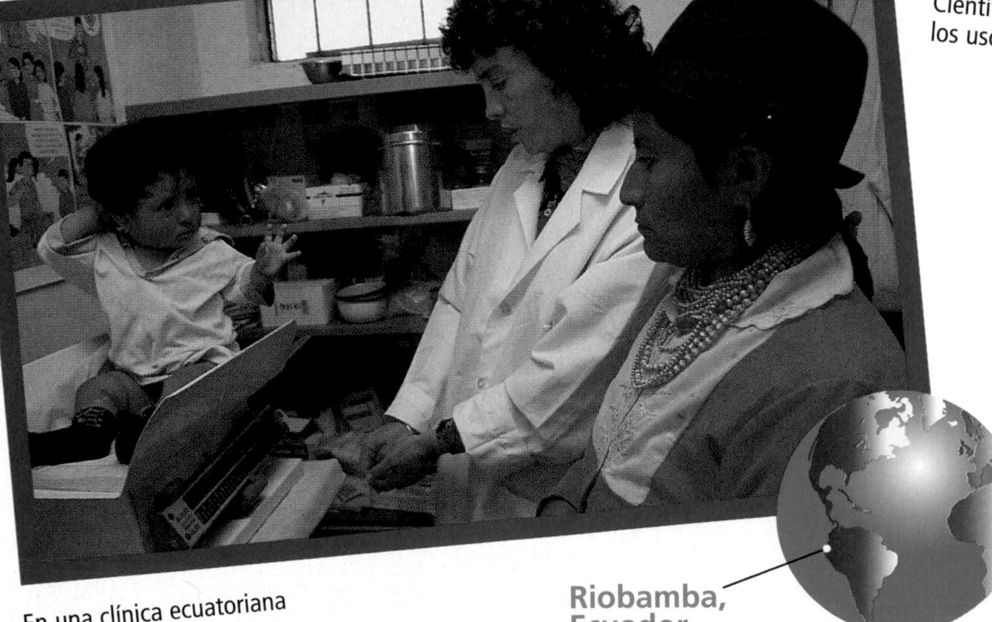

En una clínica ecuatoriana

Riobamba, Ecuador

"¿En qué puedo servirle?"

¿Te interesa algún trabajo de servicio público, como por ejemplo, el de policía, bombero(a) o paramédico(a)? ¿Por qué?

Esta policía mexicana patrulla las calles en su carrito.

la Ciudad de México, México

PASO CULTURAL Los tres millones de vehículos que circulan en la Ciudad de México causan problemas enormes de congestión y contaminación. La policía de la capital tiene programas que ayudan a remediar estos problemas. Por ejemplo, los coches tienen sus días asignados en que pueden y no pueden circular. ¿Qué programas hay en tu área para reducir la contaminación y la congestión de tráfico?

Cultural Exploration www.pasoapaso.com *Visit these countries on-line*

Vocabulario para conversar

¿A qué vas a dedicarte?

Vas a necesitar estas palabras y expresiones para hablar sobre el futuro. Después de leerlas varias veces, practícalas con un(a) compañero(a).

el / la astronauta

el / la deportista

el mecánico, la mecánica

el técnico, la técnica (de computadoras)

el obrero, la obrera

el político, la política

el veterinario, la veterinaria

el escritor, la escritora

la novela

el juez, *pl.* los jueces | la juez, *pl.* las jueces | el músico, la música

el / la cantante | el bailarín | la bailarina | el pintor, la pintora

el hombre de negocios | el secretario | la mujer de negocios | la secretaria

También necesitas . . .

la ventaja	*advantage*
querer: (yo) quisiera / (tú) quisieras	*I'd like; you'd like*
dedicarse (a)	*to be involved in*

¿Y qué quiere decir . . . ?

la desventaja
la educación
el futuro
los negocios
la política
la profesión, *pl.* las profesiones
la tecnología
la universidad
ganarse la vida

Empecemos a conversar

Túrnate con un(a) compañero(a) para ser *Estudiante A* y *Estudiante B*. Reemplacen las palabras subrayadas en el modelo con palabras representadas o escritas en los recuadros. Si ven pueden dar su propia respuesta.

¡NO OLVIDES!

Do you remember these words for professions?

el actor, la actriz
el bombero, la bombera
el / la dentista
el / la detective
el director, la directora (de cine, de orquesta, de una escuela)
el locutor, la locutora (de radio, de televisión)
el enfermero, la enfermera
el médico, la médica
el / la policía
el profesor, la profesora

1

A —*¿Conoces a algún dentista?**
B —*Sí, conozco a uno(a) / muchos(as).*
o: *No, no conozco a ninguno.*

Estudiante A — Estudiante B

*Note that whenever we make a general statement about a profession we use a masculine singular noun.

2 

A —¡Ah! ¿Entonces eres escritor(a)?
B —Sí, me dedico a escribir novelas.

Estudiante A

a.

b.

c.

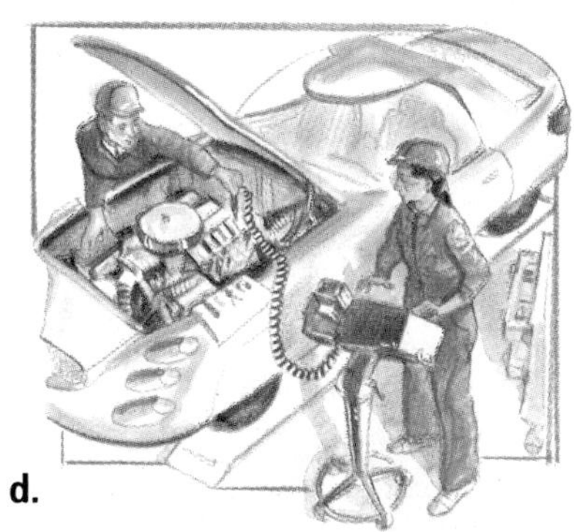
d.

e.

f.

g. 

Estudiante B

dar las noticias en el canal 7

enseñar física en la universidad

escribir novelas

hacer negocios en un banco

investigar crímenes

jugar ___

reparar coches

3 las ciencias

A —¿*Te* <u>*interesan las ciencias*</u>?
B —*Sí, quisiera* <u>*ser científico(a)*</u>.
o: *No, no me interesan. Prefiero . . .*

Estudiante A

a. los negocios
b. la música
c. la tecnología
d. la medicina
e. la educación
f. 

Estudiante B

ser ___
trabajar como ___
trabajar en un(a) ___

MARIA Y ROSA DESCUBREN LA GRAN DIFERENCIA

¿HAS OIDO DE ICS... LA INSTITUCION QUE AYUDA A UNO ESTUDIAR POR CORRESPONDENCIA?

SI, YO CONOZCO ICS. LA EMPRESA FUNDADA HACE MAS DE 100 AÑOS.

ES DEBIDO A ICS QUE HOY DIA TENGO MI PROPIO NEGOCIO.

¡AY QUE BUENO! YO TAMBIEN TOME UN CURSO DE DIBUJO Y HOY MISMO ME OFRECIERON UN AUMENTO.

QUE TE PARECE: LAS DOS HEMOS DESCUBIERTO LA FORMA DE GANAR MUCHO MAS DINERO. ICS ESTARA SIEMPRE CON NOSOTROS.

Mejores trabajos y más altos salarios para el mundo de hoy.

¿ Podría un título en una carrera ayudarlo a ganar de $25.000 a $100.000 más durante su vida?

Compare su sueldo actual con el dinero que usted podría ganar si estudia una de las carreras que figuran en el cupon. Y no es sólo el dinero, sino lo divertido que es trabajar en lo que a uno le gusta.

Seleccione una institución con 100 años de experiencia, y aprenda importantes carreras: Las INTERNATIONAL CORRESPONDENCE SCHOOLS (ICS).

Estudie en la intimidad de su hogar la carrera de su preferencia. Seleccione uno de éstos cursos y mande el cúpon que aparece aqui.

Recuerde:
En el saber ésta la diferencia...
y la diferencia es

ICS SINCE 1890 International Correspondence Schools, Depto. Mas: 35590
925 Oak Street, Scranton, PA 18540-9981

Favor de mandarme gratis, toda la información sobre cómo estudiar en mi casa, la carrera que yo prefiero. Entiendo que nada me obliga y que no recibire visitas de un vendedor.

SELECCIONE SOLAMENTE UN CURSO:

Asociado en especialización de programas en grados o títulos de COMERCIO
- ☐Administración Comercial 60
- ☐Contabilidad 61
- ☐Finanzas 81
- ☐Mercadeo 80

Asociado en especialización de programas en grados o títulos de TECNOLOGIA
- ☐Ingeniería Mécanica 62
- ☐Ingeniería Civil 63
- ☐Ingeniería Electricista 65
- ☐Tecnología Electrónica 67

- ☐Inglés como Segundo Idioma 11
- ☐Escuela Secundaria 7
- ☐Electricista 6
- ☐Programación de Computadoras 56
- ☐Administración Comercial de Pequeños Negocios 70
- ☐Especialista en PC (Computadora Personal) 38
- ☐Reparación de Micro Computadora 57
- ☐Ciencia Policíaca 29
- ☐Mecánica Automotriz 4
- ☐Fotografía 40
- ☐Topografía 52
- ☐Teneduría de Libros 18
- ☐Administración de Hotel y Restaurante 5
- ☐Agentes de Viajes 35
- ☐Electrónica 2
- ☐Reparación de TV y VCR 87
- ☐Aire Acondicionado y Refrigeración 14
- ☐Mecánica de Motores Diesel 55
- ☐Costura 42
- ☐Dibujo 32
- ☐Decoración Interior 12
- ☐Cuidado Infantil de Negocio 3
- ☐Secretaria 21
- ☐Secretaria Legal 9
- ☐Asistente Medico o Dental 20
- ☐Servicio de Comida (Catering) 59
- ☐Salud Física y Nutrición 94

X690

Estos cursos están acreditados por la Comisión de Acreditación del Consejo Nacional de Estudios en el Hogar (National Home Study Council).

Nombre/Apellido ______ Edad ______
Dirección ______ Apto.# ______
Ciudad/Estado ______ Zip(Zona Postal) ______
Teléfono ( ) ______

No pierda la oportunidad de ganar más dinero. Mande éste cúpon ahora mismo.

4 **detective / bombero(a)**

A —*¿Te gustaría ser detective o bombero(a)?*

B —*Bombero(a) porque quiero dedicarme a ayudar a la gente.*

o: *Ni detective ni bombero(a). Quisiera ser . . .*

Estudiante A

- **a. mecánico(a) / técnico(a) de computadoras**
- **b. astronauta / científico(a)**
- **c. hombre (mujer) de negocios / abogado(a)**
- **d. enfermero(a) / médico(a)**
- **e. político(a) / juez**
- **f. actor (actriz) / locutor(a)**
- **g. cantante / bailarín (bailarina)**
- **h.** 

Estudiante B

Empecemos a escribir

Escribe tus respuestas en español.

5 ¿Cuáles son tus actividades favoritas? ¿Qué materias escolares te gustan más? ¿En qué materias sacas las mejores notas?

6 ¿En qué profesiones podrías hacer lo que más te interesa? ¿Qué es más importante para ti, una profesión que te gusta mucho o una en que ganas mucho dinero? ¿Por qué? ¿Te gustaría ir a la universidad o a una escuela técnica? ¿Qué quisieras estudiar? ¿Cómo te gustaría ganarte la vida?

7 En tú opinión, ¿qué profesiones son mejores para el futuro? ¿Por qué? ¿Cuáles son las ventajas y desventajas de esas profesiones?

¿A ti te gustaría diseñar juguetes para niños?

La Nave, centro de diseño en Valencia, España

MORE PRACTICE

- Más práctica y tarea, p. 558
- Practice Workbook 11-1, 11-2

También se dice

el trabajador, la trabajadora

el bailador, la bailadora
el / la danzante

el cantador, la cantadora

Vocabulario para conversar

¿Qué cambios habrá en el futuro?

Aquí tienes el resto del vocabulario que necesitas en este capítulo para hablar sobre el futuro.

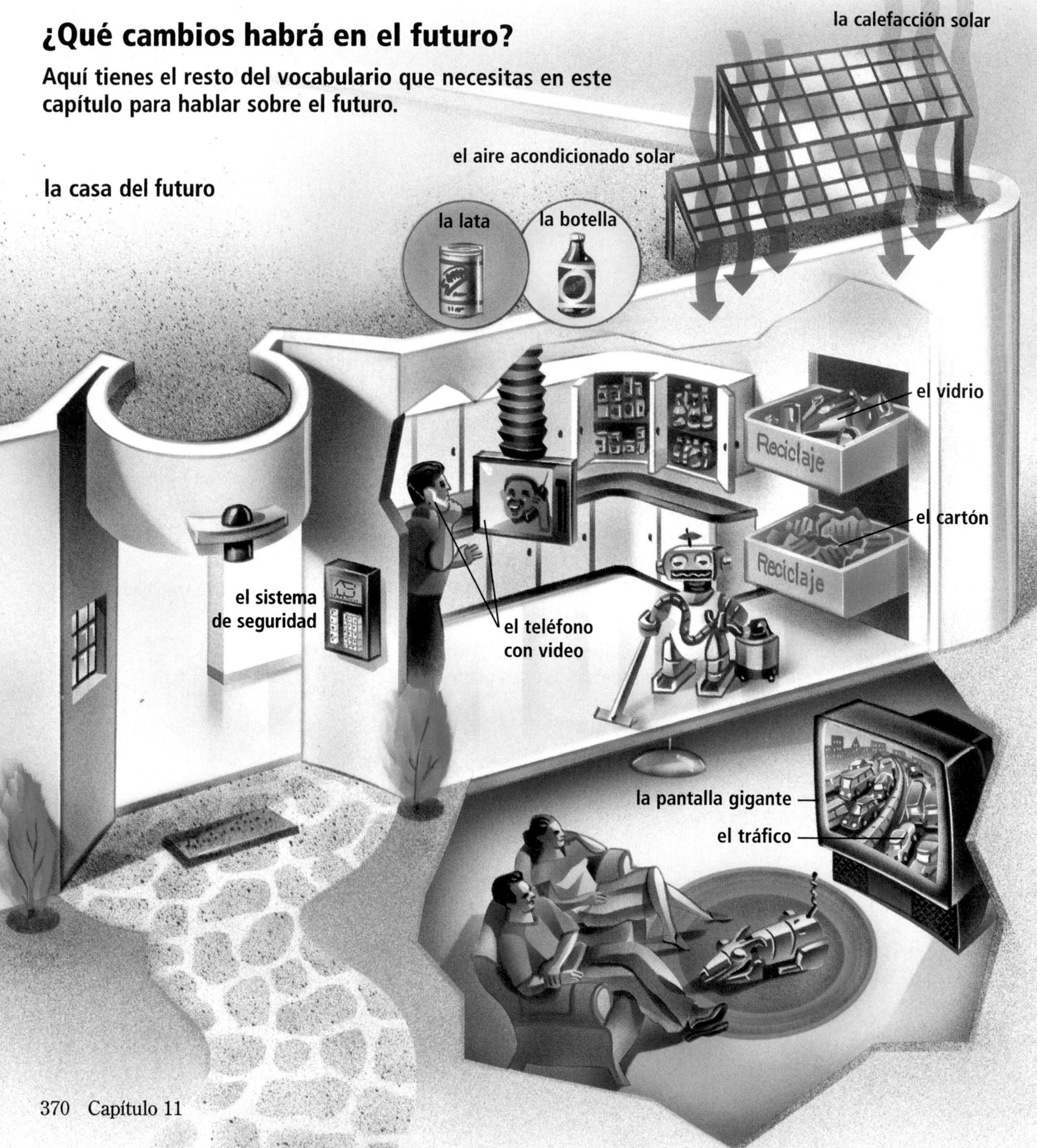

También necesitas . . .

el medio ambiente	*environment*
por supuesto	*of course*
echar	*to throw out; to dump*
gastar	here: *to waste*
haber: habrá	*there will be*
ser: (él / ella) será	*he / she / it will be*
tener: (Uds. / ellos / ellas) tendrán	*you / they will have*

¿Y qué quiere decir . . . ?

automático, -a	el ser humano
económico, -a	contaminar
eficiente	explorar
gigante	reciclar
solar	reducir *(c → zc)*
el cambio	separar

Empecemos a conversar

8 

A —*¿Te parece que en todas las casas del futuro habrá calefacción solar?*
B —*¡Por supuesto, es mucho más económico!*
o: *Creo que no, pero . . .*

Estudiante A

a. 
b. 
c. 
d. 
e. 
f. 
g. 

Estudiante B

es mucho más económico
es mucho más eficiente
será mejor para el medio ambiente
será más divertido
es necesario protegerse de los ladrones

9 

A —*¿Crees que es importante explorar la Luna?*
B —*Sí, por supuesto.*
o: *No. Pienso que hay cosas más importantes. Por ejemplo, debemos . . .*

Estudiante A

a. 
b. 
c. 
d. 
e. 

Estudiante B

10 **reducir la basura** A —*¿Cómo podemos reducir la basura?*
B —*Reciclando las botellas.*

Estudiante A

a. reducir el tráfico
b. no gastar agua
c. conservar energía
d. no contaminar el aire
e. proteger el océano
f. no dañar la selva
g. 

Estudiante B

¡NO OLVIDES!

Do you remember these words for talking about the environment?
el agua
la energía
la luz, *pl.* las luces
ahorrar
conservar
la electricidad
eléctrico, -a

Empecemos a escribir y a leer

Escribe tus respuestas en español.

11 ¿Qué profesión te gustaría tener? ¿Una profesión tradicional o una más moderna? ¿Cuál?

12 ¿Es más importante resolver los problemas de la Tierra o explorar el espacio? ¿Por qué piensas así?

13 ¿Debemos enviar a seres humanos o a robots a explorar los planetas? ¿Por qué?

14 ¿Crees que siempre habrá guerra en la Tierra? ¿Es posible tener paz en el futuro? En grupos pequeños, hagan una lista de lo que podemos hacer para tener paz. Después, todos juntos, hablen de las listas que hicieron.

15 Aquí tienes unas reglas *(rules)* para proteger el medio ambiente. Con un(a) compañero(a), léelas y escribe otras dos en cada categoría.

Para proteger el medio ambiente en la Tierra, debemos:
- hacer más bosques
- ir a pie o usar bicicletas

No debemos:
- usar tanto papel
- echar basura en los ríos, lagos y océanos

Después, todos juntos, hagan un cartel para la sala de clases. Pueden ponerle fotos y dibujos.

También se dice

el tránsito

MORE PRACTICE

- Más práctica y tarea, p. 558
- Practice Workbook 11-3, 11-4

¡Comuniquemos!

Aquí tienes otra oportunidad para usar el vocabulario de este capítulo.

1 Dile a un(a) compañero(a) qué profesión crees que debe tener él o ella en el futuro. Dile también por qué piensas así.

A —*Yo creo que debes ser . . .*
B —*¿ ___ ? ¿Yo? ¡Nunca! ¿Por qué lo dices?*
A —*Pues, porque . . .*
B — . . .

2 Con un(a) compañero(a), hablen de las ventajas y desventajas de varias profesiones. Hablen de:

- cuánto tiempo hay que estudiar
- en qué y cuánto hay que trabajar
- cuánto dinero se puede ganar
- si es interesante o no y por qué
- si sirve para el futuro y por qué

En la selva del Río Napo, Ecuador

3 Con un(a) compañero(a), imaginen que tienen un millón de dólares. Discutan estas dos alternativas para gastarlo:

la tecnología y el espacio
o la educación y el medio ambiente

A —*Creo que explorar el espacio es . . .*
B —*Pues, yo pienso que aquí se necesitan más escuelas y . . .*

¿Qué sabes ahora?

Can you:

- **discuss professions?**
  —Me gustaría ser ___ y trabajar en ___.
- **say what you think the world will be like in the future?**
  —Creo que en las casas del futuro habrá ___ y ___.
- **talk about protecting the environment?**
  —Creo que debemos ___ todos los (todas las) ___.

Perspectiva cultural

¿Crees que es importante hacer planes para el futuro? ¿Qué crees que los jóvenes en estas fotos piensan hacer después de terminar la escuela secundaria?

Aprendiendo a tocar la trompeta en una escuela en España

Una estudiante de arquitectura en Guadalajara

Rubén, un joven norteamericano, está hablando con Ricardo, un costarricense.

RUBÉN Estudiar en la universidad es muy caro. Por eso, cuando nací, mis padres abrieron una cuenta de ahorros para mis gastos universitarios.

RICARDO Los míos tienen algunos ahorros, pero no tienen ninguna cuenta bancaria especial para mis estudios. Yo no sé si estudiaré en los Estados Unidos o en Costa Rica.

(Los latinoamericanos hacen planes para el futuro, pero generalmente no para un futuro lejano. Por ejemplo, normalmente no hacen planes especiales para los gastos universitarios.)

RUBÉN Además, mis padres no me permiten gastar todo lo que gano cortando céspedes cada verano. Una gran parte de ese dinero es para pagar mis estudios.

RICARDO ¿Ahorras dinero para tus estudios?

RUBÉN Sí. ¿En Costa Rica no lo hacen?

RICARDO No es muy común. No cuesta mucho ir a la universidad allá. ¿Sabes ya lo que vas a estudiar?

RUBÉN Sí, química. Pienso ser ingeniero químico. ¿Y tú?

RICARDO Quizás estudiaré derecho.

RUBÉN ¿Quieres ser abogado?

RICARDO Realmente no, pero en Costa Rica es más fácil ser ejecutivo en una gran compañía si eres abogado.

Las universidades latinoamericanas dan mucha importancia a los estudios humanísticos, como la filosofía, la literatura y el arte. También dan importancia a las profesiones tradicionales, como el derecho y la medicina. Por eso, muchas veces un graduado no practica la profesión que estudió.

La cultura desde tu perspectiva

1 ¿Cómo crees que muchos norteamericanos ven el futuro?

2 ¿Qué ventajas y desventajas ves en la manera que tienen los latinoamericanos de ver el futuro?

En Nueva York, una locutora entrevista a la reina del desfile dominicano.
(inset) Este joven de Málaga, España, quizás será locutor.

10° COMITE DEL DESFILE
REINA
10° COMITE DEL DESFILE

Gramática en contexto

Una estación espacial en el año 2002

¿Viviremos en el espacio algún día? ¿Podremos viajar a las estrellas fácilmente? Algunos científicos norteamericanos dicen que el espacio será nuestro.

Diseño de una estación espacial (1994)

El primer paso será la construcción de una estación espacial en el año 2002. Se harán experimentos de biología y se estudiará el medio ambiente. Al principio, los científicos tendrán que dirigir la estación desde la Tierra.

Pero luego, seis astronautas vivirán allí. Dormirán en la nave y trabajarán en la estación. El proyecto costará mucho dinero, pero si tiene éxito, habrá bases en la Luna y, más tarde, se harán viajes a Marte.

A Some of the verb forms in this article contain an infinitive. Can you find the Spanish infinitives for *live, study, sleep*, and *work?* Now look at the complete forms. What has been added to the infinitive? What period of time is being talked about? What verb form do you think you would use to tell what the astronauts will eat?

B Now look for the expression *tendrán que.* What do you think the infinitive is? What word follows it? Look for the verb *podremos.* What do you think the infinitive is?

El futuro

You have learned two ways to talk about future events. One way is by using the present tense with a time expression.

El tren **sale** a las dos.

The other way is by using *ir a* + infinitive.

Este sábado **voy a reciclar** todas las botellas.

A third way is to use the future tense. For most verbs, the stem for the future tense is the infinitive, so learning this tense is easy.

En el futuro, la gente **vivirá** en la Luna.

Here are all the forms of *hablar, aprender*, and *vivir* in the future tense. Note that all three kinds of verbs have the same endings.

hablar

hablar**é**	hablar**emos**
hablar**ás**	hablar**éis**
hablar**á**	hablar**án**

aprender

aprender**é**	aprender**emos**
aprender**ás**	aprender**éis**
aprender**á**	aprender**án**

vivir

vivir**é**	vivir**emos**
vivir**ás**	vivir**éis**
vivir**á**	vivir**án**

- Note that all the forms need a written accent except the *nosotros / nosotras* form.

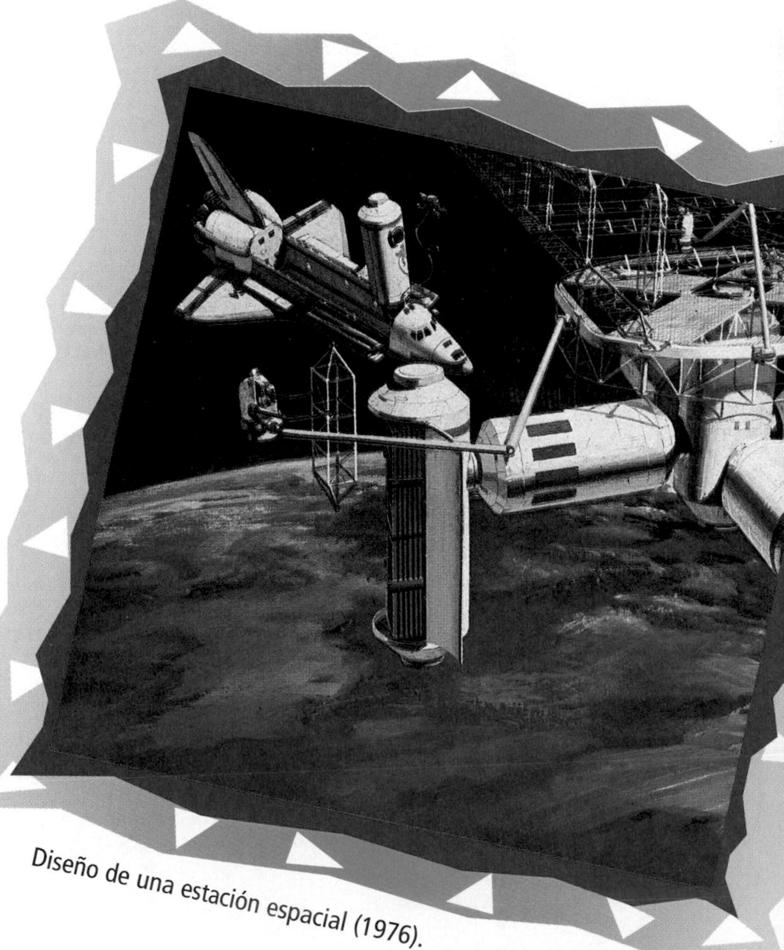

Diseño de una estación espacial (1976).

1 ¿Qué vas a hacer después de la escuela secundaria? Pregunta y contesta según lo que piensas hacer.

trabajar

A —*¿Trabajarás después de la escuela secundaria?*
B —*Sí, trabajaré en un banco.*
o: *No. Pienso . . .*

a. vivir solo(a)
b. ir a la universidad
c. dedicarse a . . .
d. ser . . .
e. aprender (a) . . .
f. ganar tu propio dinero
g. casarse
h. echar en la basura todos los cuadernos escolares
i.

2 Di qué serán estas personas en el futuro. Después, escoge elementos de la lista y di lo que harán. Pregunta y contesta según el modelo.

Sonia

A —*¿Qué será Sonia en el futuro?*
B —*Creo que será música. Tocará en una orquesta.*

proteger a las víctimas de crímenes
trabajar en una clínica de animales
dirigir un banco
correr en los Juegos Olímpicos
explorar nuevos planetas
reparar calefacciones solares
escribir una novela
servir al país

a. Andrés

b. Miguel y yo

c. tus hermanas

d. (tú)

e. Uds.

f. Claudia

g. tu hermano

h. (yo)

3 Es el fin de año. Dile a un(a) compañero(a) cinco resoluciones que vas a hacer para el año nuevo. Por ejemplo:

Estudiaré por lo menos una hora y media todos los días.

El futuro: continuación

The verbs *tener, poder, saber*, and *hacer* have irregular stems in the future tense: *tendr-, podr-, sabr-, har-*. The endings, however, are the same as for regular verbs.

Si viajas al espacio, **¿tendrás que** llevar un traje especial?
Claro, **tendré que** llevar un traje de astronauta.

¿Podrás ver la Tierra desde la Luna?
Sí, creo que **podré** verla.

¿Sabrás qué hacer en caso de emergencia?
Sí, me parece que **sabré**.

¿Harás informes todos los días?
Pienso que **haré** muchos informes.

- *Habrá* is the future of *haber*. The future stem is *habr-*.

  ¿Crees que en el futuro **habrá** una comunidad de seres humanos en el espacio?

- The future is often used with *si* + a verb in the present tense.

  Si viajas al espacio, **¿tendrás que** comer comida especial?

¡NO OLVIDES!
Like *hay, había*, and *hubo, habrá* is used only in the singular.

4 ¿Cómo será el futuro? Forma frases con los siguientes elementos.

(nosotros) / poder verse en los teléfonos con video	*En el futuro, podremos vernos en los teléfonos con video.*

a. (tú y yo) / poder vivir debajo del océano
b. las familias / hacer viajes en coches solares
c. los científicos / saber más sobre los otros planetas
d. un robot / hacer todos nuestros quehaceres
e. nuestro planeta / no tener bastante comida para todos
f. nuestros océanos / tener menos contaminación
g. haber ciudades en el espacio

5 Con un(a) compañero(a), hagan los papeles de un escritor y un científico en una entrevista sobre el futuro. Escojan un elemento de cada columna para hacer por lo menos siete preguntas. Por ejemplo:

ESCRITOR — *¿Dónde podremos echar la basura?*
CIENTÍFICO — *No tendremos basura, por supuesto. La reciclaremos.*

¿Quién?	hacer
¿Qué?	tener
¿Cómo?	haber
¿Cuándo?	poder
¿Dónde?	saber

En el parque de Chapultepec piden a la gente que recicle.

6 Combina elementos de las dos columnas para hacer frases como la siguiente.

si mi papá me presta el coche — *Si mi papá me presta el coche, tú y yo iremos (o: podremos ir) a la playa mañana.*

a. si te interesa la tecnología	tú
b. si compro un sistema de seguridad	tú y yo
	yo
c. si hay seres extraterrestres	nosotros / nosotras
d. si trabajo todo el verano	(nombre)
e. si viajas al espacio	(dos nombres)
f. si hay paz en la Tierra	
g. si se puede vivir en la Luna	
h. si pensamos en el medio ambiente	
i. si reducimos la contaminación	
j.	

También piden que la gente proteja el parque.

Ahora lo sabes

Can you:

- say what will happen in the future?
  —El próximo año (yo) ___ química.
- say what you and your friends will be in the future?
  —Yo ___ médico(a) y dos de nosotros(as) ___ abogados(as).
- talk about possibilities in the future?
  —Si tengo tiempo mañana, ___ al centro comercial.

MORE PRACTICE

Más práctica y tarea, p. 559
Practice Workbook 11-5, 11-9

Actividades

1 Formen grupos. Díganle a su grupo lo que quisieran ser en el futuro. Cada miembro les dará un consejo *(advice)*.

A —*Quisiera ser . . .*
B —*Si quieres ser . . . tendrás que . . .*
C —*Para ser . . . , habrá que estudiar . . .*
D —*Podrás . . .*

2 ¿Cómo será el futuro de tus compañeros(as) de clase? Dividan la clase en cuatro grupos. Cada grupo va a predecir el futuro de los miembros de otro grupo.

Juan escribirá una novela.
Julia será veterinaria, por supuesto.

3 ¿Qué cambios crees que son necesarios para tener un futuro mejor? En grupo, escriban frases como la siguiente:

Si el sistema escolar tiene más dinero, tendremos mejor educación.
Si hay paz en la Tierra, . . .
Si vamos a la Luna, . . .
Si . . .

Conexiones

¿Qué pasará aquí?

En este cuadro se ve una escena de fines del siglo diecinueve en Montevideo, Uruguay. Míralo con un(a) compañero(a).

Candombe, cuadro del pintor uruguayo Pedro Figari (1861–1938)

1 Describe qué están haciendo los personajes del cuadro. Puedes hacer una tabla como la siguiente.

Personajes	¿Qué están haciendo?
Los bailarines	están bailando
El músico	está . . .
El hombre detrás de la ventana	
Las mujeres delante de la puerta	

2 Imagina qué va a pasar después del baile. Agrega *(Add)* una tercera columna a la tabla: *¿Qué harán los personajes después?* Usa tu imaginación para llenar *(fill in)* esa columna para cada uno de los personajes.

3 En grupos de cinco o seis, túrnense para leer sus descripciones del futuro de la escena.

4 Cada grupo escogerá las dos descripciones más imaginativas y las leerá a la clase.

¡Vamos a leer!

Antes de leer

STRATEGY ➤ Using prior knowledge

Look at the photo of this energy-efficient solar-powered car. List in English four or five features relating to energy sources and body design that it might have.

Mira la lectura

STRATEGY ➤ Scanning

Now scan the selection to see if you can find Spanish cognates of the features you listed. Write them next to the corresponding English terms on your list.

Tonatiuh: Automóvil Solar

Tonatiuh, el hijo del Sol para los aztecas, dio su nombre al primer automóvil solar mexicano. El coche Tonatiuh fue diseñado por un grupo de jóvenes universitarios que querían ayudar a controlar el alto nivel de contaminación de muchos lugares en México. El proyecto está basado en la alta eficiencia y en el uso de fuentes renovables de energía. Por eso se usaron materiales ligeros y se diseñó un área frontal aerodinámica que ofrece muy poca resistencia al viento.

El chasis está hecho de fibras compuestas que pueden soportar un conjunto pesado de baterías y toda la electrónica. Tiene un panel solar orientable, es decir, que se puede mover para recibir los rayos del Sol. Tiene tres ruedas y tracción en la de atrás. Pesa alrededor de 180 kilogramos. El proyecto costó aproximadamente 150 mil dólares.

Infórmate

STRATEGIES Using cognates
Understanding suffixes

1 There are many cognates in this selection that will help you understand it. Among them are the words *renovables* and *orientable*. *Renovable* is formed from the verb *renovar*. It has the same Latin root as the adjective *nuevo*. Given what you know of prefixes *(re-)* and suffixes *(-able)*, what do you think *renovable* means?

In the same way, *orientable* is formed from the verb *orientar*. What do you think it means?

2 Now list in Spanish the three most important features of the solar car. Compare your list with that of a partner. Discuss any differences in your lists and agree on one set of the most important features.

PASO CULTURAL El tren eléctrico AVE (alta velocidad española) puede llegar a más de 350 kilómetros por hora. Hay 28 trenes AVE que salen todos los días de la Estación de Atocha en Madrid y llegan en dos horas y quince minutos a la Estación de Santa Justa en Sevilla. Hay trenes de alta velocidad en varios otros países, por ejemplo, Francia y Japón. ¿Te gustaría tener acceso a un tren como el AVE donde tú vives? ¿Por qué crees que no hay más trenes en los Estados Unidos?

Tren de alta velocidad española

Aplicación

Think about the features of the car described in this selection and, with a partner, compare them to corresponding features of cars you are familiar with.

¡Vamos a escribir!

Los aparatos electrónicos de hoy están cambiando. ¿Cómo será el televisor del futuro? ¿La radio? ¿El teléfono? Vamos a describirlos.

1 Primero, escoge un aparato y piensa en cómo será en el futuro. Dibuja el aparato. Luego, escribe una breve descripción según este modelo. Pídele comentarios a un(a) compañero(a) y sigue los otros pasos del proceso de escribir. Por ejemplo:

APARATO:	teléfono con video de bolsillo
DESCRIPCIÓN:	un teléfono celular con una pantalla pequeña
VENTAJAS:	las personas que hablan se pueden ver; tamaño de bolsillo; no daña el medio ambiente
COSTO:	30 dólares

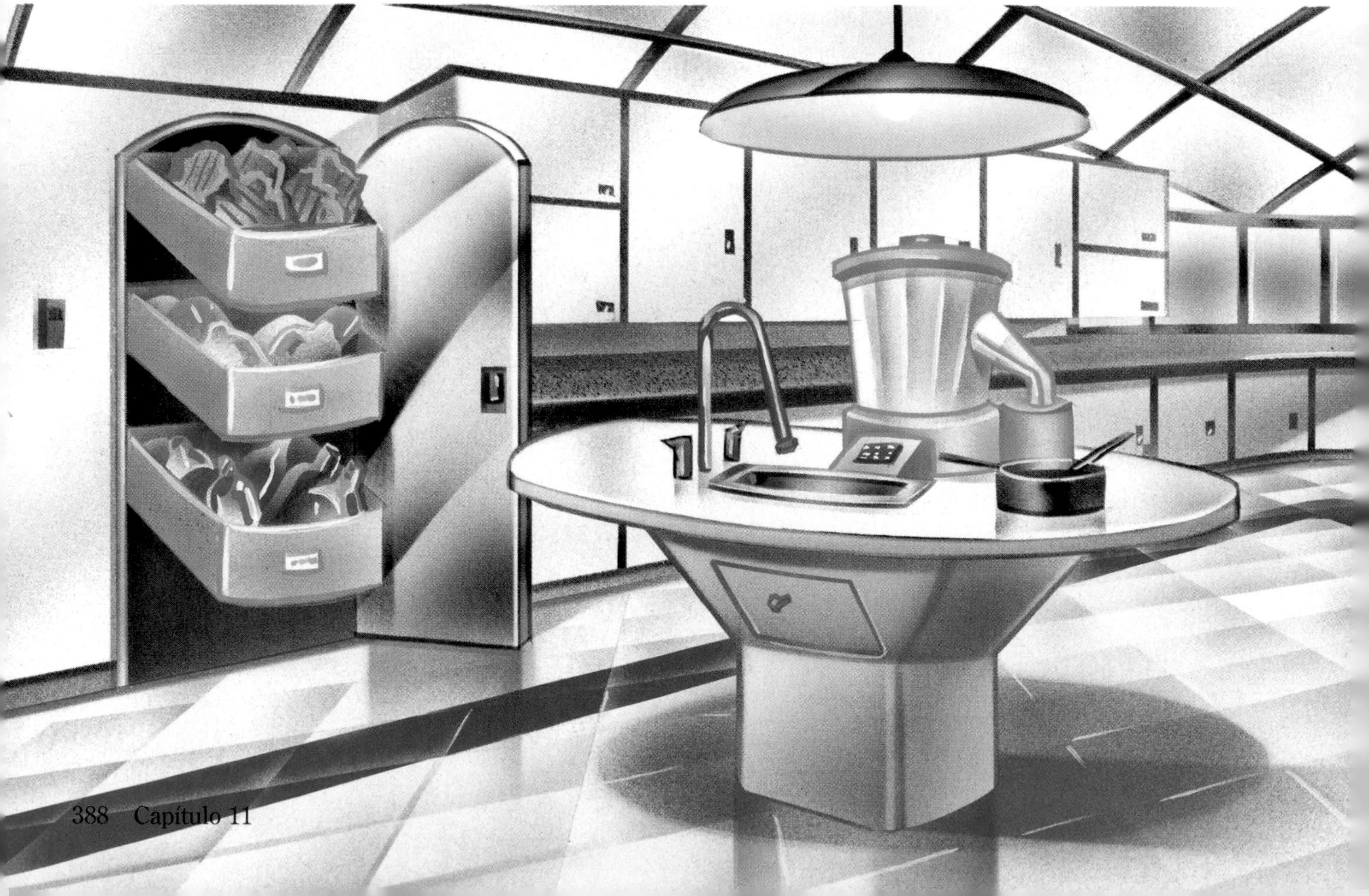

2 Ahora lee todas las descripciones y escoge uno de los aparatos del futuro. Piensa en los cambios sociales que traerá. Por ejemplo, el videoteléfono traerá los siguientes cambios:

- Las personas que se conocen no necesitarán identificarse.
- Será necesario peinarse y maquillarse antes de hablar con alguien que no conoces.
- Las familias se sentirán más unidas.

Escribe un párrafo breve sobre los cambios que traerá el aparato.

3 Para distribuir su trabajo, pueden:

- enviar las descripciones y los ensayos al periódico o a la revista escolar
- coleccionarlos en un libro titulado *Nuestro futuro electrónico*
- exhibirlos en la sala de clases
- incluirlos en sus portafolios

Repaso ¿Lo sabes bien?

Esta sección te ayudará a prepararte para el examen de habilidades, donde tendrás que hacer tareas semejantes.

Listening

Can you understand when people talk about professions? Listen as your teacher reads a sample similar to what you will hear on the test. What high-school courses would you recommend to the speaker? And to her sister?

Reading

Óscar is reading an ad in his favorite magazine. What is the ad for? What verbs do *combinable* and *adaptable* come from? What do the verbs mean?

El futuro ya llegó.

Tiene una pantalla gigante de 41 pulgadas.

Tiene control remoto.

Tiene ajuste automático de color y de sonido.

Combinable con sus videojuegos y adaptable al cable.

La pantalla se puede colgar de la pared o montarse en el aparato.

¡Llévese el futuro a casa por sólo 725 dólares!

Writing

Can you interview a scientist about the planet Earth in the year 3000? Write three more questions like the following one. Then write a logical answer to each.

1. ¿En qué tipo de casa vivirá la gente en el año 3000?

Culture

Can you compare how a North American and a Latin American might plan for the future?

Speaking

Create a dialogue in which you talk to your partner about a possible future career.

A —*¿A qué piensas dedicarte?*
B —*Pienso estudiar para ser abogado.*
A —*Necesitarás estudiar por muchos años, ¿no?*
B —*Sí, pero trabajaré mientras estudio. Y tú, ¿cómo te ganarás la vida?*
A — . . .

Resumen del vocabulario

Usa el vocabulario de este capítulo para:

- **discuss various professions**
- **say what you think the world will be like in the future**
- **discuss how to protect the environment**

to discuss professions
la profesión, *pl.* las profesiones
el abogado, la abogada
el / la juez, *pl.* los / las jueces
el político, la política
la política
el / la astronauta
el bailarín, la bailarina
el / la cantante
el músico, la música
el escritor, la escritora
la novela
el pintor, la pintora
el / la deportista
el mecánico, la mecánica
el obrero, la obrera
el técnico, la técnica (de computadoras)
la tecnología
el hombre de negocios, la mujer de negocios
los negocios
el secretario, la secretaria
el veterinario, la veterinaria

to talk about career education
la educación
la universidad
la ventaja
la desventaja
dedicarse (a)
ganarse la vida

to describe homes of the future
la pantalla gigante
el sistema de seguridad
el teléfono con video
automático, -a
económico, -a
eficiente
gigante
solar

to describe the world of the future
el cambio
el futuro
la guerra
la paz
el espacio
la Luna
el planeta

el ser humano
la Tierra
explorar

to discuss the environment
el medio ambiente
el bosque
el océano
el río
la botella
el cartón
la lata
el tráfico
el vidrio
contaminar
echar
gastar
reciclar
reducir *(c → zc)*
separar

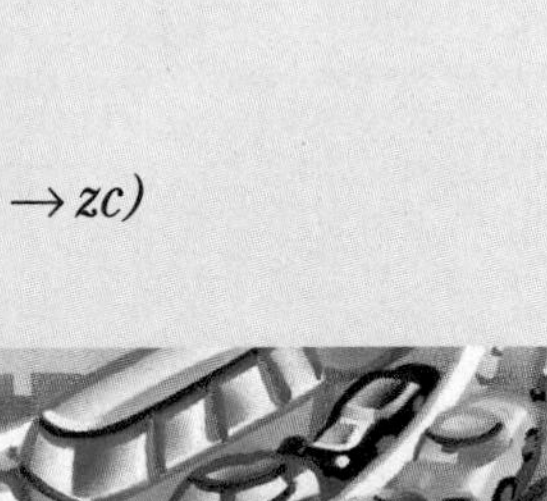

other useful words and expressions
querer: (yo) quisiera, (tú) quisieras
por supuesto

Capítulo 12

¡El pasaporte, por favor!

Objectives

At the end of this chapter, you will be able to:

- give advice
- discuss travel arrangements
- make recommendations about what to do and see in your community
- discuss the variety of travel accommodations in Spain

Paso Cultural

Machu Picchu fue una ciudad construida por los incas en un lugar tan alto en las montañas de Perú que los españoles nunca la encontraron. En algún momento los incas se fueron de Machu Picchu, y nadie sabe por qué. En 1911, un habitante de la región le mostró las ruinas a un profesor estadounidense, y pronto una expedición arqueológica de la Universidad de Yale llegó para estudiarlas. ¿Qué tipo de ruinas se pueden ver en los Estados Unidos? ¿Cómo son similares y diferentes las ruinas de Machu Picchu?

Machu Picchu, Perú

¡Piensa en la CULTURA!

PASO CULTURAL El Parc Güell en Barcelona es una de las creaciones más famosas del arquitecto Antonio Gaudí (1852-1926). Miles de azulejos *(tiles)* de muchos colores decoran las estructuras fantásticas del parque. El banco *(bench)* en esta foto es un ejemplo del estilo ondeante *(curving)* de Gaudí. Imagina que eres arquitecto(a) y vas a construir un parque fantástico. ¿Cómo va a ser tu parque, y cuáles son los materiales naturales de tu área que puedes usar para construirlo?

De viaje en la República Dominicana, Argentina y España

Mira las fotos. Los estudiantes que vemos están hablando de viajes. ¿Hiciste un viaje alguna vez? ¿Adónde fuiste? ¿Crees que hiciste lo mismo que estos jóvenes?

Santo Domingo, República Dominicana

"Es agradable hacer una excursión en bote."

Cada día, muchas personas en la región del delta del río Paraná, al norte de Buenos Aires, van a su trabajo en bote.

"¿Sabías que ésta es la iglesia más antigua del Caribe? ¡Tiene más de 450 años!"

Jóvenes turistas francohablantes de Martinique visitan la catedral en Santo Domingo.

Tigre, Argentina

Barcelona, España

"Nuestra guía nos dijo que Antonio Gaudí fue un arquitecto muy importante. Yo sé que nunca vi nada parecido al Parc Güell."

Cuando viajas, ¿a veces vas a ver edificios o monumentos importantes? Por ejemplo, ¿vas a museos?

Un grupo escolar visita el Parc Güell en Barcelona.

Vocabulario para conversar

¿Compraste un boleto de ida y vuelta?

Vas a necesitar estas palabras y expresiones para hablar sobre viajes. Después de leerlas varias veces, practícalas con un(a) compañero(a).

También necesitas . . .

el boleto (de ida y vuelta)	*(round-trip) ticket*	con destino a	*going to*
la escala	*stopover*	procedente de	*arriving from*
el retraso	*delay*		
la tarjeta de embarque	*boarding pass*		
el vuelo	*flight*		
facturar	*to check (baggage)*		
conseguir *(e → i)*	*to get, to obtain*		
pasar por	*to pass / go through*		
registrar	*to inspect, to search*		
viajar	*to travel*		
a mano	*by hand*		

¿Y qué quiere decir . . . ?
el cheque de viajero
el viajero, la viajera
la línea aérea
la reservación,
pl. las reservaciones
sin escala
sólo de ida

* Notice that *des-* is the equivalent of *un-* in English.

Empecemos a conversar

Túrnate con un(a) compañero(a) para ser *Estudiante A* y *Estudiante B*. Reemplacen las palabras subrayadas en el modelo con palabras representadas o escritas en los recuadros. Si ven 💡 pueden dar su propia respuesta.

1 **necesitar tarjetas de embarque**

A —*¿Quiénes <u>necesitan tarjetas de embarque</u>?*
B —*<u>Los pasajeros</u>.*

Estudiante A

a. servir la comida en el avión
b. facturarles el equipaje a los pasajeros
c. abrocharse el cinturón
d. mostrar la tarjeta de embarque
e. registrar las maletas
f. pasar por la aduana
g. decir que hay que abrocharse los cinturones
h. vender boletos

Estudiante B

2 salir / el avión para Pasto

A —*Perdone, señor (señora / señorita), ¿a qué hora sale el avión para Pasto?*
B —*A las 9:25. Tiene un retraso de 25 minutos.*

Estudiante A

a. llegar / el vuelo número 115 procedente de Medellín
b. aterrizar / el vuelo 093 de Bogotá
c. salir / el vuelo con destino a Cali
d. llegar / el vuelo de Cartagena
e. aterrizar / el avión procedente de Barranquilla
f. despegar / el vuelo con destino a Santa Marta

Estudiante B

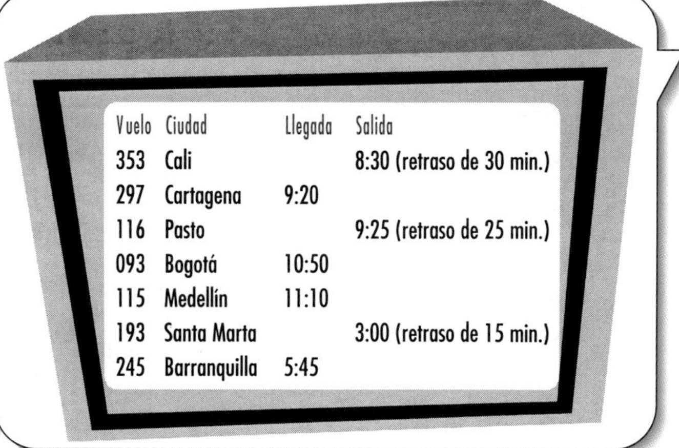

3 el piloto

A —*¿Qué dijo el piloto?*
B —*Dijo que íbamos a aterrizar en 20 minutos.*

Estudiante A

a. el empleado de la línea aérea
b. la auxiliar de vuelo
c. ese mecánico
d. el agente de viajes
e. esa pasajera
f. el aduanero
g. 

Estudiante B

íbamos a aterrizar en (20) minutos
íbamos a salir por la puerta número 3
quería un asiento cerca de la ventanilla
había que registrar todas las maletas
había que comprar los boletos en seguida
tenía que reparar algo en el avión
debíamos abrocharnos el cinturón

4 comprar un boleto de ida y vuelta a Santiago

A —*¿Compraste un boleto de ida y vuelta a Santiago?*
B —*No, sólo de ida.*

Estudiante A

a. conseguir un vuelo sin escala
b. conseguir un asiento cerca de la ventanilla
c. comprar un boleto sólo de ida
d. cambiar la reservación
e. conseguir un vuelo por la mañana
f. hacer reservaciones en el hotel en Montevideo
g. comprar un boleto barato
h. 

Estudiante B

No, sólo de ida.
No, prefiero estar cerca del pasillo.
Por suerte no fue demasiado caro.
No, allí nunca hay mucha gente.
No, conseguí uno a las 3:00.
No, había que pagar $100 más.
No, todos hacen escala en Panamá.
No, de ida y vuelta.

En Portugal
El Que No Corre, Vuela.

Ven a jugar. Al juego que más te guste. Golf. Tenis. Pesca. Hípica. Windsurfing. Ala Delta. Ven a Portugal. A cualquiera de sus 27 campos de Golf. Las más hermosas vistas. Los rincones más sorprendentes. Donde todo es verde. Como en un green eterno. O ven a navegar. A disfrutar de un oleaje único bajo el sol que te acompañará allí donde vayas. En Portugal encontrarás de todo.

Todo para pasar unos días inolvidables. Ven cuanto antes. Ven volando.

portugal
MAS DE LO QUE TE IMAGINAS.

OFICINAS DE TURISMO DE PORTUGAL: Gran Vía, 27 - 1.° • 28013 MADRID • Teléfono 522 93 54 • Télex 27283 • Fax 522 23 82
Ronda de San Pedro, 7 - 1.°-2.° • 08010 BARCELONA • Teléfono 317 79 99 • Fax 412 26 14 • Marqués de Valladares, 29-31 • 36201 VIGO • Teléfono 22 49 59

Pasajeros después de aterrizar en Santo Domingo

Empecemos a escribir

Escribe tus respuestas en español.

5 ¿Tienes pasaporte? ¿Cuánto tiempo hace que lo tienes? ¿Para qué lo necesitaste? Si no tienes uno, ¿a quién conoces que tiene pasaporte? ¿A qué país viajaba cuando lo consiguió?

6 ¿Viajaste en avión alguna vez? ¿Adónde fuiste? ¿Por qué prefiere la gente los vuelos sin escala? ¿Te gusta (o te gustaría) viajar en avión o te da miedo?

7 Cuando viajas, ¿llevas mucho o poco equipaje? Cuando haces la maleta, ¿es difícil decidir qué llevar? ¿Cuál es mejor, facturar el equipaje o llevarlo en la mano? ¿Por qué?

8 En tú opinión, ¿cuáles son las ventajas y desventajas de ser piloto o auxiliar de vuelo? ¿Y las ventajas de ser agente de viajes o empleado(a) de una línea aérea?

9 ¿Sabes cuándo y por qué hay que pasar por la aduana? ¿Crees que los aduaneros deben registrar todas las maletas o no? ¿Por qué?

También se dice

la aeromoza, el aeromozo
la azafata

In addition to saying *facturar,* we also say *chequear.*

MORE PRACTICE

- Más práctica y tarea, p. 560
- Practice Workbook 12–1, 12–2

Vocabulario para conversar

¿Dónde puedo cambiar cheques de viajero?

También necesitas . . .

el pueblo	*town*
la pensión, *pl.* las pensiones	*inexpensive lodging*
la naturaleza	*nature*
cambiar	here: *to cash*
disfrutar de	*to enjoy*
incluir: incluye	*to include: it includes*
planear	*to plan*
regatear	*to bargain*
ir: ve; no vayas	*go!; don't go!*
tener cuidado (con): ten cuidado	*to be careful (of / with): be careful!*
indígena	*indigenous, native*
pintoresco, -a	*picturesque*

¿Y qué quiere decir . . . ?
el palacio
el viaje
hacer una excursión
recomendar *(e → ie)*

¡Comuniquemos!

Aquí tienes otra oportunidad para usar el vocabulario de este capítulo.

1 Con un(a) compañero(a), planea un viaje o una excursión a algún país o lugar específico. Hablen de:

- adónde irán
- en qué irán
- qué necesitarán hacer primero
- cuánto tiempo se quedarán
- qué llevarán
- qué harán allá

2 Con un(a) compañero(a), hagan los papeles de un(a) agente de viajes y un(a) cliente.

A —*Quisiera un . . . para ir a . . .*
B — . . .
A —*¿Dónde puedo . . . ?*
B —*En . . .*
A —*¿Sabe Ud. si hay que . . . ?*
B — . . .

3 Con un(a) compañero(a), hagan los papeles de un(a) auxiliar de vuelo y un(a) pasajero(a). Escojan por lo menos tres de las situaciones que siguen.

A —*Señor (Señorita), por favor, ¿(me) podría . . . ?*
B —*Claro que sí, señor(ita) . . .*
o: *Lo siento, señor(ita), pero . . .*

1. Tienes sed. El/La auxiliar te ofrece varias bebidas.
2. Quieres leer un periódico y sólo hay revistas.
3. No puedes abrocharte el cinturón de seguridad. Crees que está roto.
4. Quieres cambiar de asiento.
5. Tu maleta es demasiado grande y no puedes ponerla debajo del asiento.
6. Pediste pollo para la cena, pero no hay más.

La playa de Acapulco

¿Qué sabes ahora?

Can you:

- discuss travel arrangements?
  —Quisiera un ___ de ___ y ___ para ir a Bogotá.
- ask for recommendations at a tourist office?
  —¿Dónde puedo encontrar un(a) ___ barato(a)?
- suggest what to do and what not to do in your hometown?
  —Ve a ___. No ___ a ___.

Perspectiva cultural

¿Qué son estos edificios? ¿Castillos o palacios? ¿Museos? ¿Casas privadas? ¿Hoteles o edificios de apartamentos? ¿Por qué crees eso?

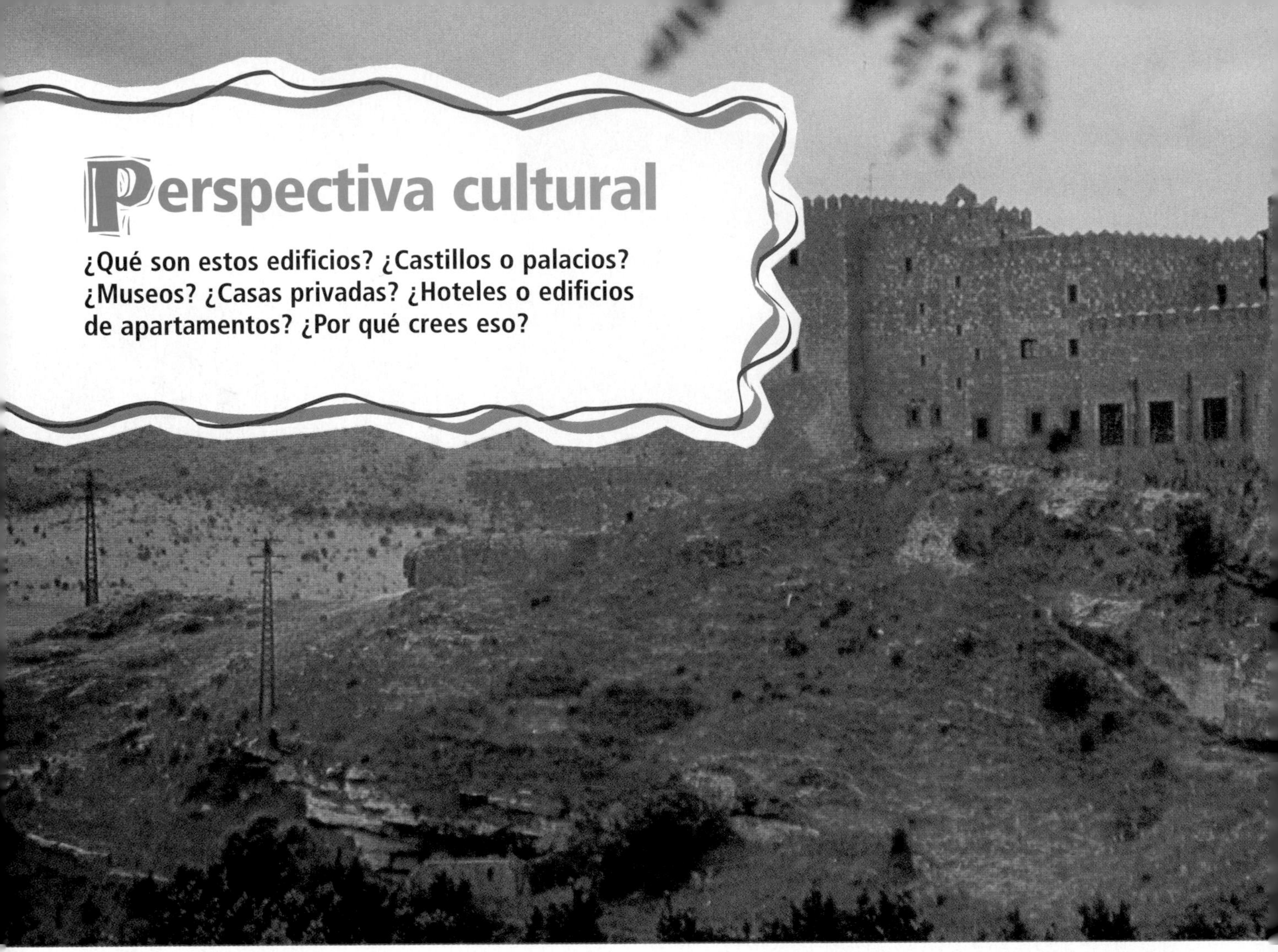

El parador de Sigüenza

¿Te gustaría pasar una noche en el Hospital Real fundado por Isabel de Castilla y Fernando de Aragón en 1499? ¿Quisieras quedarte en un castillo construido hace mil años? ¿Qué tal un convento franciscano del siglo dieciséis? ¿O quizás prefieres un edificio que fue primero un templo romano, luego una basílica visigoda y después un convento de la Orden de Santiago? Es posible quedarte en todos estos lugares si vas a España.

En España estos hoteles especiales se llaman *paradores*. En 1926 el gobierno español decidió establecer una cadena de paradores para atraer a los turistas a los lugares donde no había hoteles.

Los primeros paradores estaban a una distancia de un día de viaje uno de otro. Claro que ahora, con las carreteras modernas, el mismo viaje toma mucho menos tiempo. En total, hay 85 paradores en toda España.

Además de paradores, también hay varios tipos de hoteles y albergues (pensiones) para jóvenes en España. Desde la Expo 92 en Sevilla y los Juegos Olímpicos en Barcelona en el mismo año, también es posible pasar la noche en muchas casas privadas. Por lo general, le ofrecen al viajero la habitación y una comida al día. Es una manera muy buena de conocer a la gente y la vida de España.

Cultural Activity www.pasoapaso.com

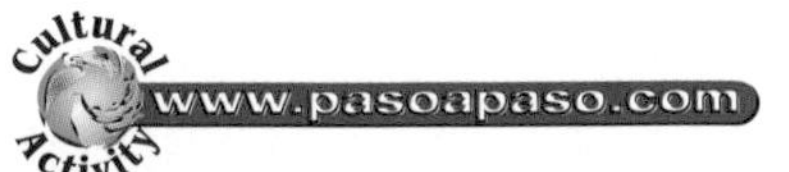

El parador de Sigüenza

El parador de Zamora

La cultura desde tu perspectiva

1 Compara un parador con un hotel o motel norteamericano.

2 Imagina que vas a ir a España. ¿Dónde piensas quedarte y por qué?

Gramática en contexto

América Latina: Destino de jóvenes

¿Tienes poco dinero y quieres viajar?

¡Ve a América Latina en cualquier época del año!

Busca una de nuestras pensiones para jóvenes. Están en todas las ciudades grandes y operan todo el año. Búscalas en las oficinas de turismo.

Consigue un carnet estudiantil. Así podrás conseguir descuento en muchos lugares.

Usa el transporte público. Es fácil de usar y siempre barato.

¡Y no olvides! Aprende algunas palabras del idioma—¡y no seas tímido! Habla con la gente. ¡Es amable, alegre . . . vital!

A These tips for student travelers address the reader as *tú*. What are the command forms meaning "look for," "get," "use," "learn," and "talk"? What forms of the present tense are the same? What do you think the *tú* command forms of *viajar, vender,* and *escribir* might be?

B Find the command form of *ir*. What would you expect it to be if it were regular?

C The reader is also urged *not* to do two things. What verbs do you think they come from? How do you think you might tell a friend, "Don't check your baggage"?

Repaso: Mandatos afirmativos con *tú*

You already know how to give affirmative commands to someone you address as *tú*.

Pasa por la aduana.
Aprende a regatear.
Escribe tarjetas postales.

- You also know the irregular command forms *pon (poner)*, *haz (hacer)*, and *di (decir)*. Here are some other verbs that have irregular command forms.

salir
Sal por las escaleras en caso de emergencia.

ir
Ve al aeropuerto por lo menos dos horas antes del vuelo.

ser
Sé amable con los otros pasajeros.

tener
¡**Ten** cuidado!

¡NO OLVIDES!

Remember that pronouns can be attached to commands. When a pronoun is added to a command form of two or more syllables, a written accent mark is needed.
—¿Dónde facturo el equipaje?
—Factúralo en el mostrador de la línea aérea.

1 Imagina que estás haciendo un viaje con tu compañero(a).

necesitar una tarjeta de embarque

A *—Necesito una tarjeta de embarque.*
B *—Pues, habla con el empleado de la línea aérea.*

a. querer planear un viaje
b. necesitar conseguir cheques de viajero
c. querer saber qué tiempo hace
d. no querer hacer escala
e. preferir otro asiento
f. tener que enviar mi dirección a casa

hablar con el empleado de la línea aérea
escribir una tarjeta postal
preguntarle al auxiliar de vuelo
leer el pronóstico de tiempo
cambiar la reservación
visitar una agencia de viajes
comprarlos en una casa de cambio

2 Vas a viajar a otro país por primera vez y le pides consejos *(advice)* a un(a) amigo(a). Por ejemplo:

dónde / cambiar cheques de viajero
A —*¿Dónde cambio cheques de viajero?*
B —*Ve a la casa de cambio.*

a. **dónde / poner la maleta**
b. **qué / hacer si el avión aterriza de emergencia**
c. **dónde / encontrar las maletas**
d. **qué / hacer en la aduana**
e. **cómo / regatear bien**
f. **dónde / poder poner mi pasaporte**
g. **cuándo / deber hacer reservaciones**
h.

ir a la casa de cambio
ir a la terminal de equipaje
hacerlas en seguida
tener cuidado y guardarlo en un bolsillo
ser amable con los vendedores
ponerla debajo del asiento
salir rápido del avión
decir lo que tienes en tu maleta

Los mandatos negativos con *tú*

To form negative *tú* commands with regular verbs, we drop the *o* of the present-tense *yo* form and add the following endings:

hablar
hablo → habl- + **es** — **No hables** ahora.

comer
como → com- + **as** — **No comas** eso.

abrir
abro → abr- + **as** — **No abras** esa puerta.

Notice that *-ar* verbs take the ending *-es* and that *-er* and *-ir* verbs take the ending *-as*.

- In stem-changing verbs the stem change remains.

  No devuelvas el boleto todavía.
  No recomiendes esa pensión a nadie.
  No sigas a esa guía.

3 ¿Qué se debe hacer para proteger el medio ambiente? Con un(a) compañero(a), haz estas reglas y por lo menos dos reglas más.

echar las pilas viejas en la basura	*No eches las pilas viejas en la basura.*

a. depender sólo de la energía eléctrica
b. contaminar el agua
c. echar las botellas de vidrio ni de plástico en la basura
d. escribir en las paredes de los edificios
e. cortar las flores
f. usar lo que no puedes reciclar
g.

4 Tú y tu compañero(a) tienen una habitación doble en una pensión. Uds. se pelean desde la mañana hasta la noche. Túrnense para ser la persona mandona *(bossy)*.

encender el televisor

A —*No enciendas el televisor.*
B —*¿Por qué?*
A —*Porque no quiero verlo.*

a. cerrar la ventana
b. encender la luz
c. perder las llaves
d. mostrar mis fotos a nadie
e. pedir comida ahora
f. devolver el secador de pelo todavía
g. 

La iglesia de la misión San José (1720) en San Antonio, Texas

Los mandatos negativos: continuación

Verbs ending in *-car, -gar,* and *-zar* have the following spelling changes in negative *tú* commands in order to maintain the original sound.

-car ***(c → qu)***
tocar
toco → to**qu-** + **es** **No toques** el piano.

-gar ***(g → gu)***
llegar
llego → lle**gu-** + **es** **No llegues** tarde.

-zar ***(z → c)***
cruzar
cruzo → cru**c-** + **es** **No cruces** aquí.

- Verbs whose present-tense *yo* form ends in *-go (caerse, decir, hacer, poner, salir, tener, traer)* form their negative *tú* commands according to the regular rule.

  No pongas la maleta sobre el asiento.
  No hagas ruido en el avión.
  No le **digas** eso a la auxiliar de vuelo.
  No salgas de tu asiento.

- Some verbs, such as *ir* and *ser,* have irregular negative *tú* command forms.

  No vayas al bosque por la noche.
  No seas tímido. Pide lo que necesitas.

5 Imagina que alguien viaja solo(a) por primera vez. Tú y tu compañero(a) le dan consejos. ¿Qué le dicen?

poner la artesanía en el equipaje
A —*No pongas la artesanía en el equipaje.*
B —*De acuerdo. Ponla en un bolso.*

a. salir solo(a)
b. hacer reservaciones en un hotel
c. poner el pasaporte en la maleta
d. llegar tarde al aeropuerto
e. ir al centro solo(a) por la noche
f. ser maleducado(a)
g. traer muchos regalos
h. cruzar la calle cuando el semáforo está en rojo
i. 💡

6 Un estudiante nuevo llega a tu escuela. Con un(a) compañero(a), dile lo que debe hacer y lo que no. Recomiéndale por lo menos ocho cosas. Por ejemplo:

Ve a todos los partidos de fútbol.
Visita . . .
No vayas . . .

Ahora lo sabes

Can you:

- **advise a friend or relative what he or she should do?**
  —___ el boleto, y ___ una reservación en la agencia de viajes.
- **tell a friend or relative what not to do?**
  —No ___ la maleta grande y no ___ al aeropuerto tarde.

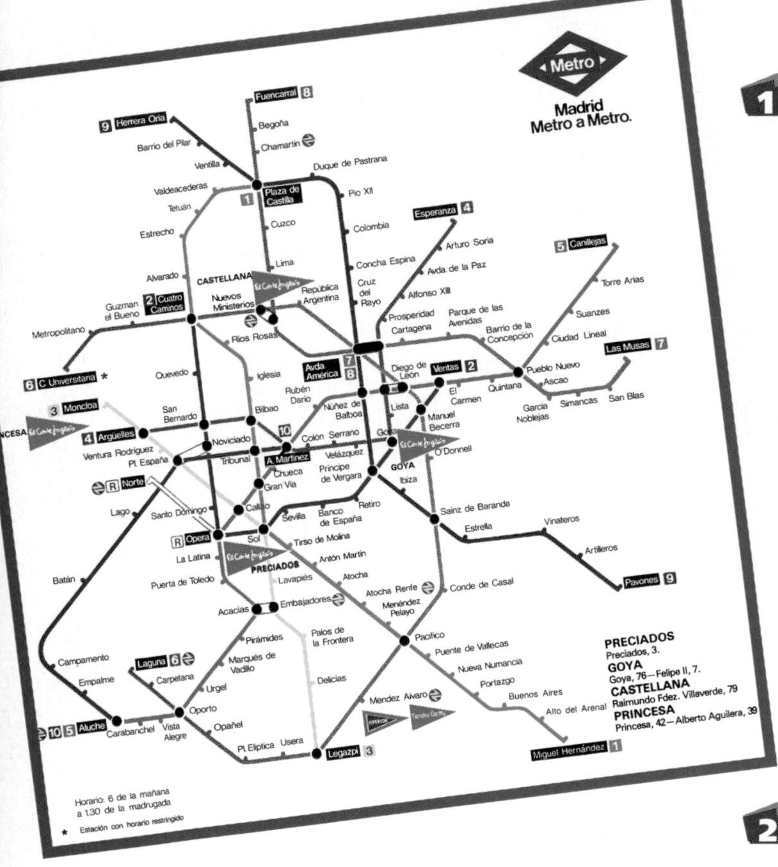

Actividades

1 Imagina que llega a la escuela un estudiante de un país hispanohablante. En grupo, preparen una lista de direcciones para ir de la escuela a varios lugares importantes o populares. Incluyan un mapa y varios mandatos. Pueden decirle:

- ir a . . .
- seguir por . . .
- no tomar la calle/la carretera . . .
- doblar en la calle . . .
- no doblar en la calle . . .
- buscar . . .
- no ir a . . .

Si hay transporte público, pueden decirle:

- comprar el boleto en . . .
- tomar el autobús/el metro en . . .
- no tomar el número . . .
- bajar en la calle . . .

2 ¿Qué se debe hacer si ocurre una emergencia durante un viaje? En grupo, hablen de eso. Luego, hagan recomendaciones a la clase usando mandatos. ¿Qué debe hacer alguien si . . . ?

- se enferma
- tiene un accidente
- pierde los anteojos o los lentes de contacto
- pierde el pasaporte o el boleto de avión
- alguien le roba

Conexiones

¿Se necesita pasaporte o no?

Tú y un(a) amigo(a) están haciendo planes para viajar. Con un(a) compañero(a), mira estos itinerarios para decidir adónde irán.

- Con tu compañero(a), escoge dos de estos itinerarios. Uno de los viajes debe ser desde los Estados Unidos.
- Hagan una tabla similar a ésta para cada itinerario y complétenla.

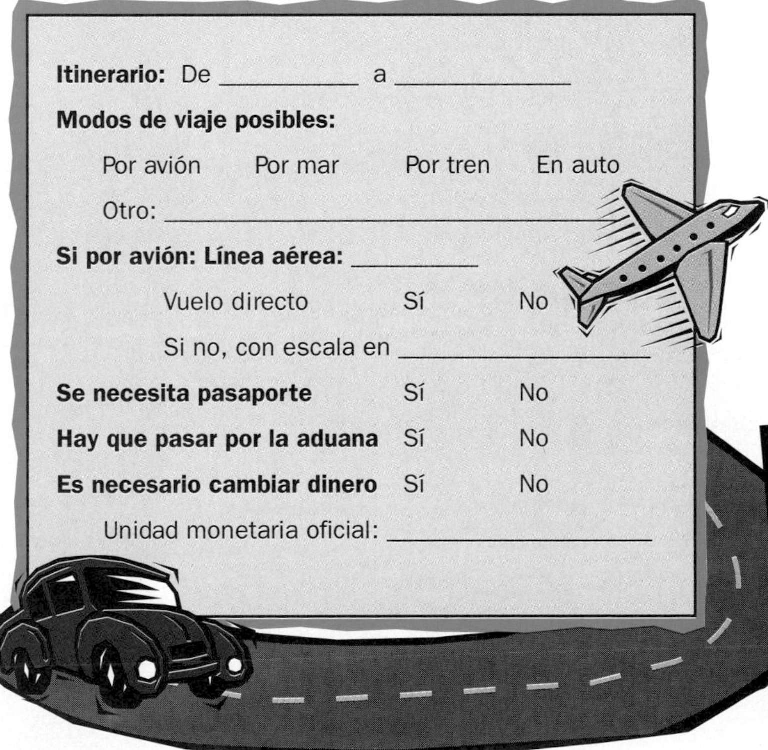

Itinerario: De __________ a ____________

Modos de viaje posibles:

Por avión   Por mar   Por tren   En auto

Otro: ______________________________

Si por avión: Línea aérea: _________

Vuelo directo   Sí   No

Si no, con escala en _________________

Se necesita pasaporte   Sí   No

Hay que pasar por la aduana   Sí   No

Es necesario cambiar dinero   Sí   No

Unidad monetaria oficial: __________________

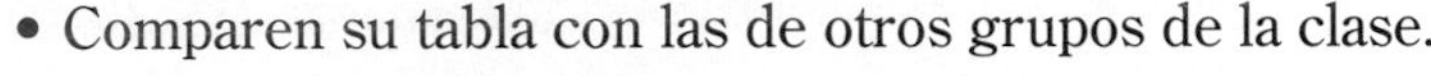

- Comparen su tabla con las de otros grupos de la clase.
- Presenten sus resultados a la clase.

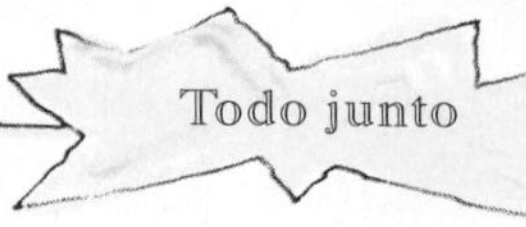

¡Vamos a leer!

Antes de leer

STRATEGY➤ Using prior knowledge

This is a public service ad about protecting your house before you go on vacation. Make a list in English of six things you think you should do.

Mira la lectura

STRATEGY➤ Skimming

Now skim the reading selection to get a general idea of what it's about.

ACOSTUMBRE A SU CASA A QUEDARSE SOLA

Este verano, usted va a disfrutar de unas merecidas vacaciones, pero su vivienda se quedará sola, sin su protección. No se preocupe, unas sencillas medidas de seguridad, ayudarán a que su hogar no quede tan vulnerable como usted imagina. Además, las Fuerzas y Cuerpos de Seguridad del Estado, van a dedicar todo su esfuerzo para que a su regreso, encuentre todo tal y como usted lo dejó.

1. Recuerde que la puerta de su casa debe reunir unas condiciones mínimas de seguridad.
2. Haga un inventario de sus efectos personales, indicando marca, tipo y número de fabricación, y procure marcar sus objetos de valor.
3. Compruebe que todas las posibles entradas de la casa quedan perfectamente cerradas, incluyendo las ventanas que dan a patios.
4. No conviene dejar señales visibles de que su vivienda está desocupada: encargue a algún vecino la recogida de la correspondencia de su buzón.
5. No comente su ausencia con personas desconocidas ni deje notas indicando cuando piensa volver.
6. Existen diferentes entidades de crédito que durante sus vacaciones pueden hacerse cargo de sus objetos de valor: no los deje nunca en casa, ni tampoco dinero.

Para más información llame al:

900 150 000

OPERACION VERANO 91

Ministerio del Interior
Secretaría de Estado para la Seguridad

Infórmate

STRATEGY Coping with unknown words

1 Check your list against the ad. Which of your suggestions were included in the selection?

Remember, you already know several ways to figure out unknown words:

- recognizing a cognate
- recognizing a stem that appears in another Spanish word you know
- using the meaning of the phrases before and after the unknown word

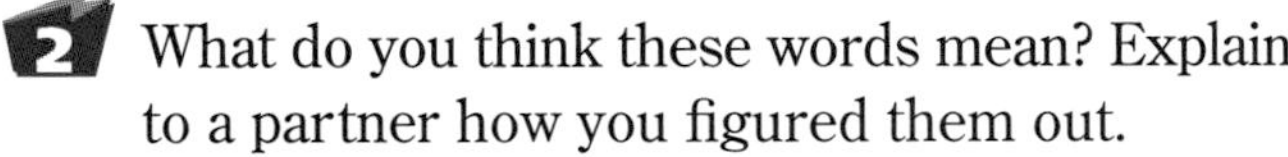

2 What do you think these words mean? Explain to a partner how you figured them out.

merecidas	valor
vivienda	encargue
regreso	recogida
marca	ausencia
fabricación	hacerse cargo de

3 Now read the selection again and try out your meanings. If you prefer, try out these choices and identify the correct meanings.

1. merecidas
   a. merciful
   b. deserved
   c. safe
2. vivienda
   a. living
   b. life
   c. house
3. regreso
   a. return
   b. regret
   c. leaving
4. marca
   a. mark
   b. brand
   c. stain
5. número de fabricación
   a. serial number
   b. how many you own
   c. manufacturer's phone number
6. valor
   a. bravery
   b. value
   c. validity
7. encargue
   a. drive
   b. put in charge of
   c. send
8. recogida
   a. collecting
   b. recognizing
   c. knowing
9. ausencia
   a. absence
   b. audience
   c. plan
10. hacerse cargo de
    a. to park
    b. to send
    c. to take charge of

Aplicación

Can you understand the meaning of these sentences? Confirm your understanding with a partner.

1. El viaje que le regalaron sus padres era muy merecido.
2. Para su viaje compró una cámara de marca japonesa.
3. En el avión dieron la película *El regreso de Godzilla*.
4. Va a hacer muchas compras; el valor del dólar es alto.

¡Vamos a escribir!

¿Prefieres viajar solo(a) o con un grupo? Vamos a comparar un viaje independiente a uno de excursión.

1 Primero, piensa en las ventajas y desventajas de las dos maneras de viajar. Piensa en estas cosas, entre otras:

- el costo
- los compañeros
- la necesidad de planear el transporte y los hoteles
- la oportunidad de conocer un lugar nuevo
- la oportunidad de practicar otro idioma

Escribe un párrafo breve empezando con la frase *Prefiero viajar solo(a) / con un grupo porque . . .*

Un policía en Barcelona ayudando a una turista

2 Ahora piensa en la gente que viaja: jóvenes, familias, ancianos *(senior citizens)*. Escoge un tipo de viajero y recomienda la mejor manera de viajar para esta persona. Empieza con la frase *Para (un anciano) es mejor viajar solo/con un grupo porque . . .*

3 Para distribuir tu trabajo, puedes:

- hacer un debate sobre el tema *Para un(a) jóven es mejor viajar solo(a)*
- enviarlo a la revista o al periódico escolar
- exhibirlo en la escuela o en la sala de clases
- incluirlo en tu portafolio

Una chilena lee su revista en la playa.

Un grupo escolar visita el Jardín Botánico en Madrid.

Repaso ¿Lo sabes bien?

Esta sección te ayudará a prepararte para el examen de habilidades, donde tendrás que hacer tareas semejantes.

Listening

Can you understand when people talk about places at an airport? Is this passenger leaving or arriving? Is it an international flight or not? How do you know?

Reading

This is a notice given to hotel guests. Match the Spanish words with their English meanings.

En caso de robo, el primer paso es denunciarlo en la estación de policía más cercana; en caso de emergencias solamente, llamar al 911. Si pierde o le roban el pasaporte, hay que acudir al consulado de su país para su reemplazo temporal.

1. denunciar	a. *temporary*
2. cercana	b. *go to*
3. acudir	c. *replacement*
4. reemplazo	d. *report*
5. temporal	e. *near*

Writing

Can you fill out a customs form for Spanish-speaking travelers arriving in the United States? Your teacher will give you a copy to fill out. Imagine that you have purchased *at least* one item that has to be declared.

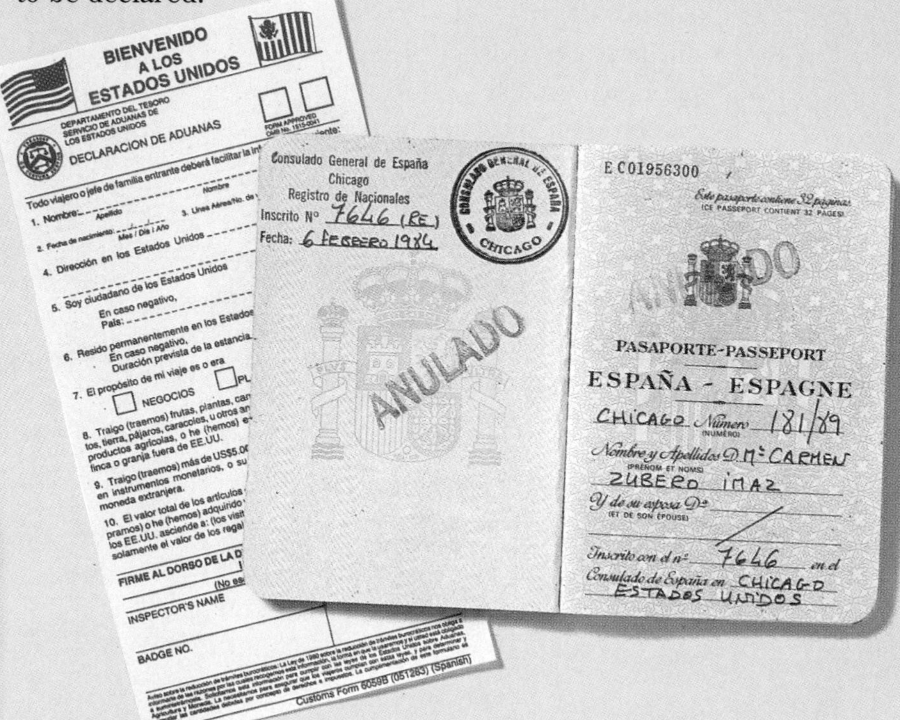

Culture

Can you name three kinds of places to stay in Spain and describe at least one of them?

Speaking

Create a dialogue in which you buy an airline ticket at a travel agency.

A —*¿Cuánto cuesta un boleto de ida y vuelta a Cancún?*
B —*Esta semana la línea aérea Aeroméxico tiene una excursión de seis días a Cancún por sólo $569.*
A —*¿Incluye el hotel?*
B —*Sí, incluye un boleto de ida y vuelta, el hotel y el almuerzo.*
A —*¡Fantástico!*

Resumen del vocabulario

Usa el vocabulario de este capítulo para:

- **give advice**
- **discuss travel arrangements**
- **make recommendations about what to do and see in your community**

to discuss travel arrangements

el viaje
el viajero, la viajera
la agencia de viajes
el / la agente (de viajes)
planear
viajar
la reservación, *pl.* las reservaciones
el boleto (de ida y vuelta)
sólo de ida
el cheque de viajero
el equipaje
la terminal de equipaje
facturar
hacer la maleta
deshacer la maleta
recomendar *(e → ie)*

to describe a plane trip

el aeropuerto
el avión, *pl.* los aviones
la línea aérea
el pasillo
el / la piloto
la puerta
la tarjeta de embarque
la ventanilla
el vuelo
aterrizar
despegar
la escala
sin escala
con destino a
procedente de
el / la auxiliar de vuelo
el empleado, la empleada (de la línea aérea)
abrocharse
desabrocharse
pasar por
registrar
la aduana
el aduanero, la aduanera
el cinturón (de seguridad)
el pasajero, la pasajera

to discuss tourist accommodations

la habitación, *pl.* las habitaciones
una (habitación) doble
una (habitación) individual
la pensión, *pl.* las pensiones

to discuss tourist activities

el / la guía
la guía
la oficina telefónica
el / la turista
la oficina de turismo
hacer una excursión
la casa de cambio
cambiar
la artesanía
el mercado
la naturaleza
el palacio
el pueblo
regatear
indígena
pintoresco, -a

other useful words and expressions

el retraso
conseguir *(e → i)*
disfrutar de
incluir: incluye
tener cuidado (con): ten cuidado
ir: ve; no vayas
a mano

Capítulo 13

¿Qué sugieres que pida?

Objectives

At the end of this chapter, you will be able to:

- describe different types of foods and dishes
- recommend and suggest various foods and dishes
- talk about nutrition
- discuss food preparation customs in Spanish-speaking cultures

Paso Cultural El mercado de Quetzaltenango es el más grande del oeste de Guatemala, donde la mayoría de la gente son indios mayas. En un día típico en el mercado se pueden escuchar idiomas mayas como *mam, cakchiquel* y *quiché*. Turistas que hablan otros idiomas van al mercado también para comprar ropa, comida y artesanías. ¿Qué piensas que hacen todas estas personas para comunicarse?

Mercado de Quetzaltenango, Guatemala

¡Piensa en la CULTURA!

Restaurantes en Colombia y España

Mira las fotos. Las personas que vemos están hablando de la alimentación. ¿Hay comida en estas fotos que reconoces?

"A toda la familia le gustan las barbacoas y los picnics."

A ti, ¿qué te gusta comer en una barbacoa?

PASO CULTURAL Cada región de España tiene sus platos especiales, como el gazpacho de Andalucía y la paella de Valencia. Pero como España tiene costas extensas con el Atlántico y el Mediterráneo, los españoles comen mucho pescado. Y como España produce muchas frutas y verduras, éstas también forman gran parte de la dieta allí. Mira lo que esta familia española está comiendo en su picnic. ¿Qué diferencias ves entre este picnic y un picnic americano?

Granada, España

Una familia española disfrutando de un picnic

"Para nosotros, la comida rápida es muy sabrosa. Pero comemos comida más nutritiva en el desayuno y la cena."

¿Cuántas veces a la semana comes comida rápida? ¿Tratas también de comer comida nutritiva frecuentemente?

Cali, Colombia

Jóvenes en un restaurante en Cali, Colombia

Barcelona, España

Comiendo paella en un restaurante al lado del mar, Barcelona

"¿Hay algo más delicioso que la paella? Para mí, ¡no!"

¿Pruebas comida nueva cuando tienes la oportunidad, o siempre pides lo que sueles comer? ¿Has probado la paella? Si te gustan los mariscos y el arroz, te gustaría mucho la paella.

Visit these countries on-line

Vocabulario para conversar

¿Quieres probar los camarones?

Vas a necesitar estas palabras y expresiones para hablar sobre la alimentación. Después de leerlas varias veces, practícalas con un(a) compañero(a).

la piña

el durazno

el limón, *pl.* los limones

el espárrago

el champiñón, *pl.* los champiñones

guisado, -a

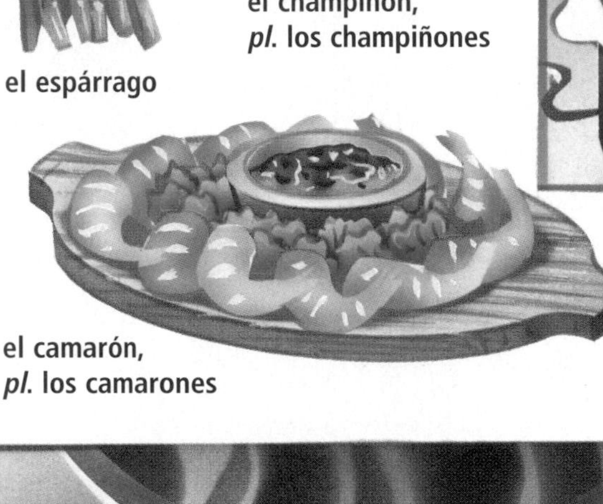

el camarón, *pl.* los camarones

al horno

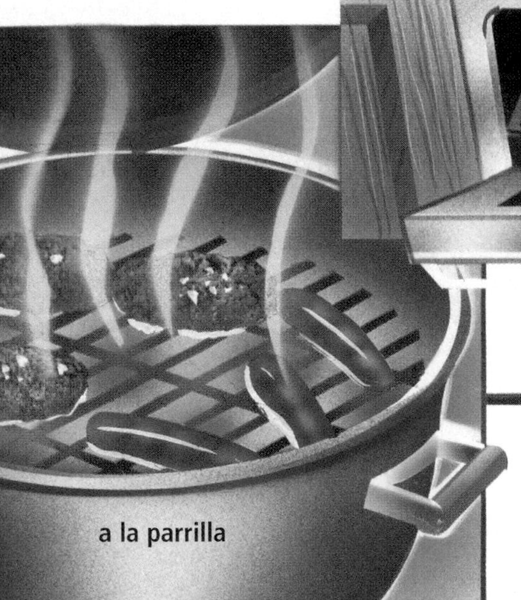

a la parrilla

hacer una barbacoa

asado, -a

También necesitas . . .

la alimentación	*nourishment, food*	dulce	*sweet*
hacer daño a	*to make ill; not to agree with (food)*	grasoso, -a	*greasy*
		soso, -a	*tasteless*
mantenerse* sano, -a	*to stay healthy*		
amargo, -a	*bitter*		
agrio, -a	*sour*		
salado, -a	*salty*		

¿Y qué quiere decir . . . ?

la caloría	la proteína
el carbohidrato	la vitamina

**Mantenerse* follows the pattern of *tener.*

Empecemos a conversar

Túrnate con un(a) compañero(a) para ser *Estudiante A* y *Estudiante B.* Reemplacen las palabras subrayadas en el modelo con las palabras representadas o escritas en los recuadros. Si ven 💡 pueden dar su propia respuesta.

1 

A —*¿Quieres probar las papas fritas?*
B —*Sí. Me encantan las papas fritas.*
o: *No. Prefiero las papas asadas.*

¡NO OLVIDES!

Do you remember these words for common foods?

la carne de res
el pollo
el pescado
las frutas
la leche
el pan
el arroz
las verduras
las papas

Estudiante A

a.
b. 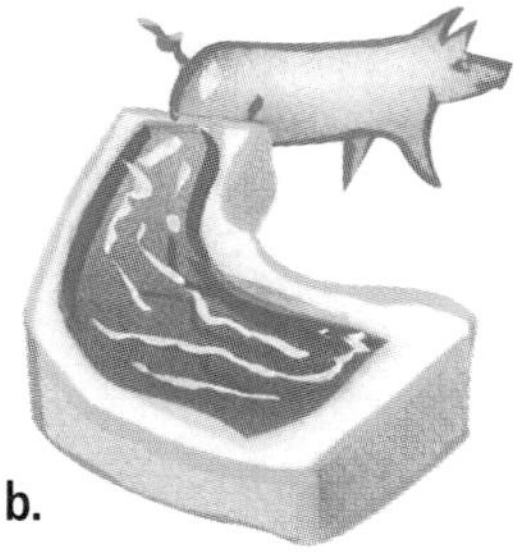
c. 
d. 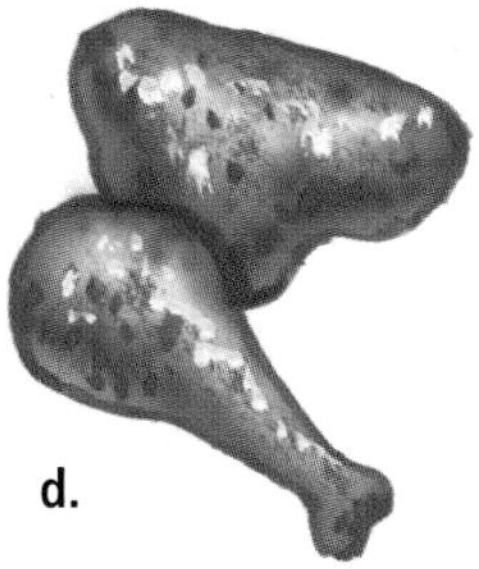
e. 
f. 

Estudiante B

2 

A —*¿Prefieres café o té?*
B —*Té, por favor. El café es demasiado amargo.*
o: *Ninguno, gracias. Prefiero ____.*

Estudiante A

a.

b.

c.

d.

e.

f.

Estudiante B

amargo, -a	grasoso, -a
agrio, -a	dulce
soso, -a	salado, -a

Letrero de una frutería en San Francisco

3 

A —*¿Quieres refresco?*
B —*No, gracias. Los refrescos me hacen daño.*
o: *Sí, un poco, por favor.*

Estudiante A

a.

b.

c.

d.

e.

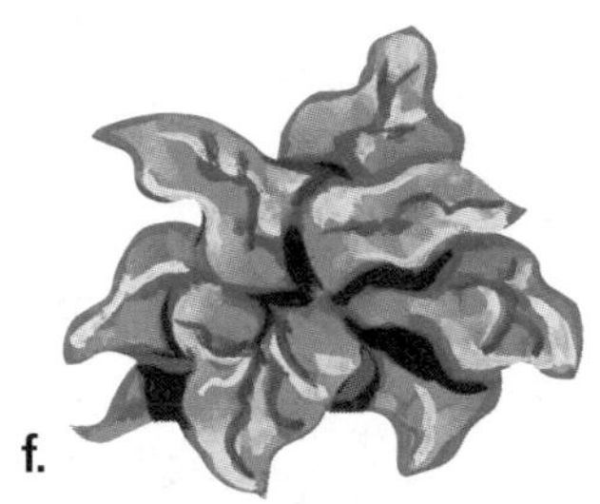
f.

g.

Estudiante B

___ me hace(n) daño.
No me gusta(n) ___.
Nunca como ___.
Tiene(n) muchas calorías.

4

A —*¿Qué servimos, jamón fresco o enlatado?*
B —*Enlatado. Es más práctico.*
o: *¿Por qué no servimos ___?*

Estudiante A

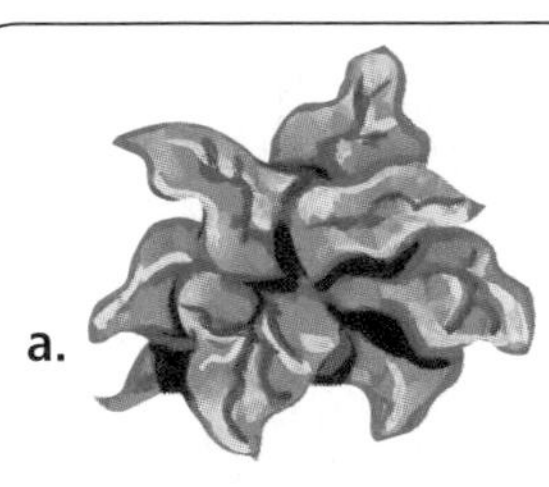
a.

b.

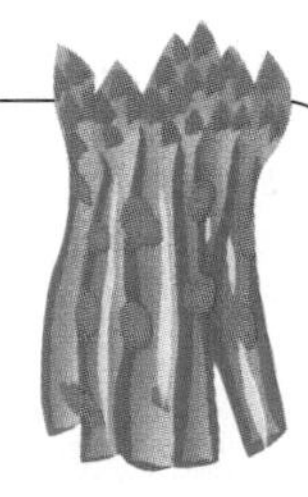
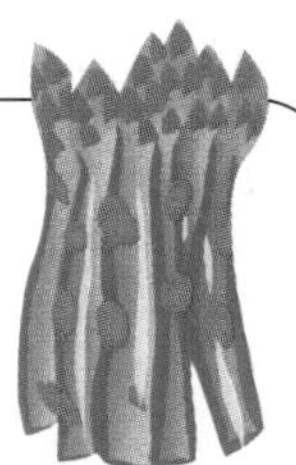
c.

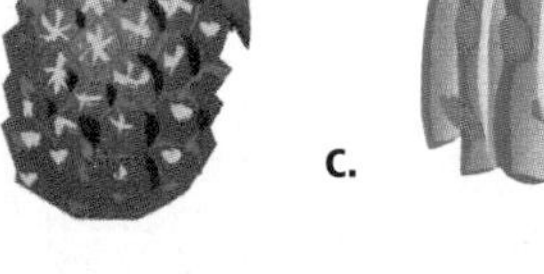

d.

e.

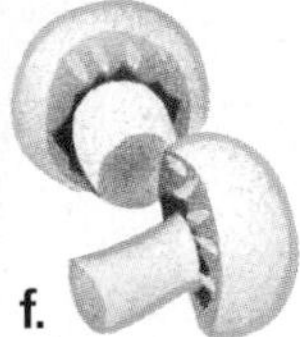
f.

g.

Estudiante B

Tiene(n) más vitaminas.
Es más práctico.
Se consigue(n) durante todo el año.
Es (Son) mejor(es).
Es (Son) muy bueno(a)(s) para la salud.
También podemos servir ___ congelado(a).

Empecemos a escribir

Escribe tus respuestas en español.

5 ¿Qué frutas y verduras comen en tu casa? Generalmente, ¿son frescas, congeladas o enlatadas? ¿Qué otras cosas enlatadas o congeladas comen? ¿Crees que es mejor comer comidas frescas? ¿Por qué?

6 ¿Cuándo hacen barbacoas en tu casa? Generalmente, ¿qué comidas sirven en una barbacoa? ¿Cuál es tu comida favorita en una barbacoa? ¿Cómo prefieres las carnes—asadas, fritas, al horno o a la parrilla?

7 ¿Le pones aceite y vinagre o alguna otra salsa a la ensalada? ¿A qué le pones mayonesa? ¿Y mostaza?

8 ¿Sabes qué tipos de alimentación tienen muchas calorías? ¿Y pocas? ¿En qué comidas hay muchos carbohidratos? ¿Y proteínas? ¿Qué alimentación debe tener una persona para mantenerse sana?

También se dice

el caramelo
el confite

el ananá

el hongo
la seta

el aderezo
el aliño

el melocotón

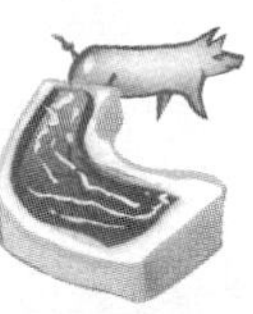

el chancho
el cochino
el gorrino
el guarro
el marrano
el puerco

al carbón
a la plancha

rostizado, -a

In addition to *hacer una barbacoa*, we also say *hacer un asado.*

MORE PRACTICE

- Más práctica y tarea, p. 563
- Practice Workbook 13-1, 13-2

Vocabulario para conversar

¿De qué está hecha una empanada?

Aquí tienes el resto del vocabulario que necesitas en este capítulo para hablar sobre la alimentación.

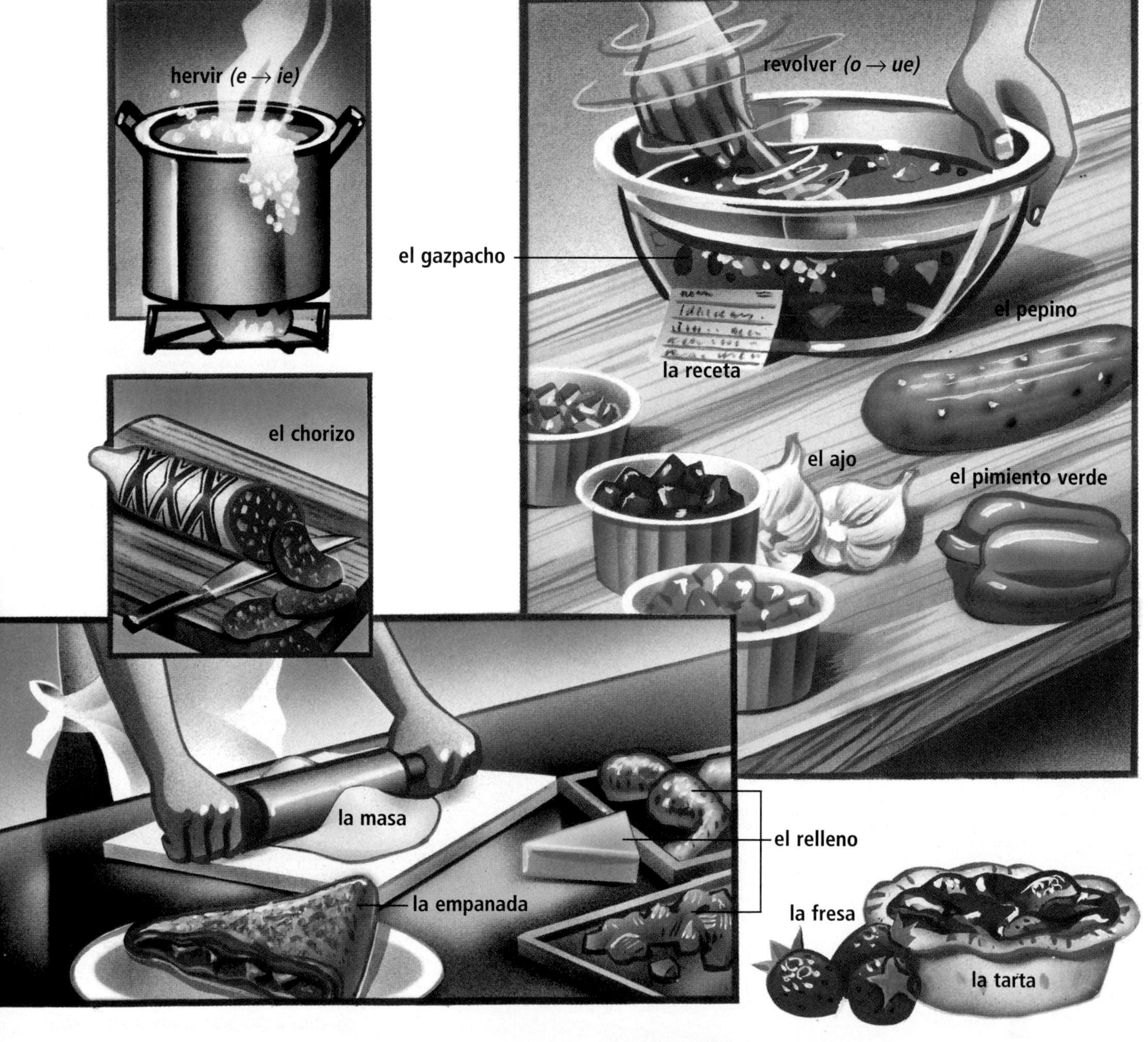

También necesitas . . .

el bocadillo	*Spanish sandwich made with French-type roll*
las tapas	*appetizer-size dishes served in restaurants in Spain*
mezclar	*to mix*
sugerir *(e → ie)*	*to suggest*
cocido, -a	*cooked*
(estar) hecho, -a (de)	*(to be) made (of)*
que pidas *(from:* pedir)	*that you ask for / order*
que haga (*from*: hacer)	*that I do*

¿Y qué quiere decir . . . ?
el cocinero, la cocinera
el ingrediente
cortar

Empecemos a conversar

9 

A —*¿De qué está hecho un pastel?*
B —*Está hecho de harina, huevos, leche, mantequilla y azúcar.*

Estudiante A

Estudiante B

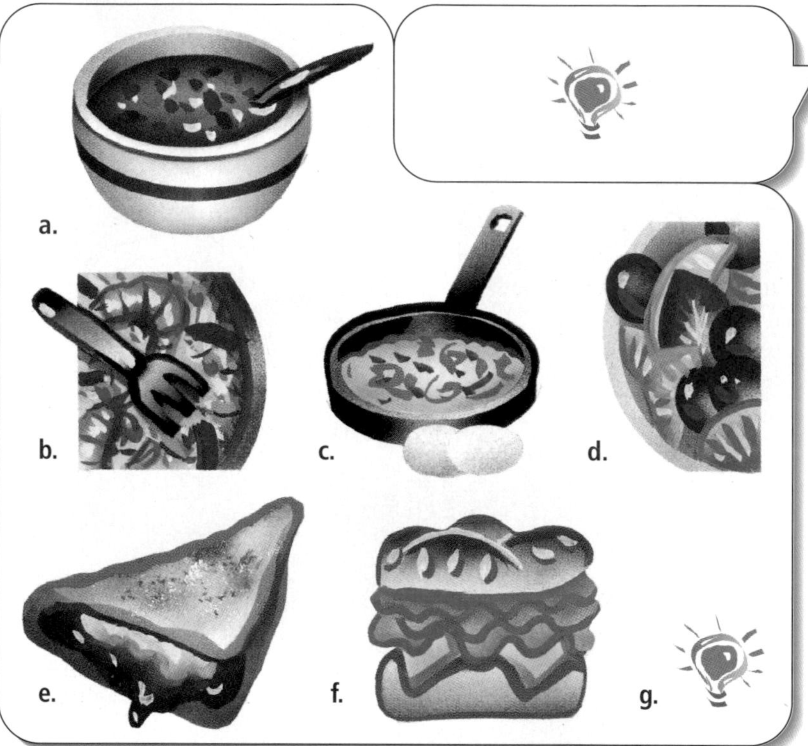

¡NO OLVIDES!

Do you remember these words for foods and seasonings?

el azúcar
la cebolla
la harina
los mariscos
el queso
el flan
la sal
la pimienta

10 un pastel de ___

A —*Te sugiero que pidas un pastel de chocolate.*
B —*Sí, buena idea, y además, quiero un café.*
o: *No, prefiero una ensalada de frutas.*

Estudiante A

a. un bocadillo de ___
b. una empanada de ___
c. unas tapas
d. una tortilla española
e. una sopa de ___
f. un perro caliente
g. 

Estudiante B

11 

el Día de Gracias

A —*¿Hacemos pavo para el Día de Gracias?*
B —*Sí, y tarta de calabaza también.*
o: *¿Por qué no hacemos ___?*

Estudiante A

a. tu cumpleaños

b. el picnic

c. el Día de la Independencia

d. la fiesta de sorpresa

e. la fiesta de graduación

f. la barbacoa

g. 

Estudiante B

12 el café

A —*¿Qué quieres que haga para el café?*
B —*Primero, hierve el agua.*

Estudiante A

a. la barbacoa
b. el pastel
c. los camarones fritos
d. el gazpacho
e. la paella
f. las empanadas
g.

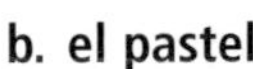

Estudiante B

picar la cebolla
cortar los chorizos
conseguir los perros calientes
revolver el relleno
mezclar la harina y el azúcar
preparar el aceite
hervir el agua

Empecemos a escribir y a leer

Escribe tus respuestas en español.

13 ¿Has probado alguna vez la comida española? ¿Qué probaste? ¿Dónde? Imagina que estás en un restaurante español. ¿Qué piensas pedir?

14 ¿Qué comida española te gustaría hacer tú mismo(a)? ¿Te gusta la comida con ajo? ¿Y con cebolla?

15 ¿Cómo se prepara el pavo en los Estados Unidos? ¿De qué es el relleno? ¿Cómo ayudarás a preparar el pavo la próxima vez? ¿En qué otras cosas ayudarás? ¿Crees que ser cocinero(a) es una buena profesión? ¿Por qué?

16 Aquí tienes unas recetas para hacer diferentes cosas. Adivina *(guess)* para qué son y completa los nombres de las recetas.

a. ____ de papas

4 papas cocidas
2 huevos duros
1 cebolla
mayonesa
sal y pimienta

Corta las papas y los huevos. Pica la cebolla. Mezcla todos los ingredientes.

b. ____ vinagreta

2 cucharadas de vinagre
$\frac{1}{2}$ taza de aceite de oliva
sal y pimienta

Con un tenedor, mezcla los ingredientes.

c. ____ de manzanas

5–6 manzanas
2 tazas de harina
4 onzas de mantequilla
$\frac{1}{2}$ taza de azúcar
sal
agua

Antes de comenzar, enciende el horno a 450 grados. Para preparar la masa, mezcla primero la harina y la mantequilla con un tenedor. Después, ponle un poco de sal y agua. Extiende la masa y ponla en un molde. Corta las manzanas y ponlas sobre la masa. Por último, espolvorea el azúcar sobre las manzanas. Ponlo en el horno por 10 minutos. Después, reduce la temperatura a 350 grados y cocina por 30 minutos más.

Vocabulary Practice www.pasoapaso.com

MORE PRACTICE

- Más práctica y tarea, p. 563
- Practice Workbook 13–3, 13–4

¡Comuniquemos!

Aquí tienes otra oportunidad para usar el vocabulario de este capítulo.

1 Compara tu almuerzo con el de un(a) compañero(a).

A —*Para el almuerzo como . . . ¿Qué comes tú?*
B —*Yo como . . .*
A —*Me parece que comes mucho(a) / poco(a) . . . No debes comer tanto(a) / Debes comer más . . .*

Puedes usar las siguientes frases:

muchas / pocas proteínas — dulce
suficiente carbohidratos — fresco
algunas vitaminas — es mejor

2 Túrnate con un(a) compañero(a) para hablar del mejor cocinero o cocinera que tú conoces.

A —*(Mi abuelita) es la mejor cocinera que conozco.*
B —*¿Por qué?*
A —*Porque hace / Siempre cocina / Sabe preparar . . .*

3 Consigue una receta de alguna comida que te gusta mucho. Prepara una lista de los ingredientes. Explícale a tu compañero(a) cómo hacerla.

A —*Aquí tienes una receta para hacer un(a) . . .*
B —*¿De qué está hecho(a)?*
A — . . .
B —*¿Cómo se hace?*
A — . . .

¿Qué sabes ahora?

Can you:

- **discuss food preferences and explain why?**
  —No me gusta el (la) ___ frito(a) porque es muy ___.
- **describe dishes and ingredients?**
  —La tortilla española está ___ de ___, ___ y ___.
- **suggest to a friend or relative which dishes to order?**
  —Te sugiero que ___ un(a) ___.

También se dice

el huevo cocido

el ayote
el zapallo

el chile dulce
el chiltoma
el ají

la salchicha

el melón de agua

Perspectiva cultural

¿En qué se parece lo que ves en estas fotos a lo que hacen tú y tu familia? ¿En qué se diferencia?

Mercado al lado de la catedral, Granada

Muchas familias latinoamericanas viven en casas o apartamentos pequeños. Los padres trabajan, y padres e hijos comen un almuerzo ligero y cenan platos que se compran ya hechos.

Pero otras familias todavía viven de una manera tradicional. En estas casas, la cocina es un cuarto muy importante. Tiene que ser grande porque se usa todos los días y es un lugar de reunión. La preparación de los platos dura mucho tiempo. Por eso, mientras la madre o la abuela cocina, los miembros de la familia entran y salen, se sientan a charlar y ayudan a cocinar.

En la familia tradicional, la abuela vive con su hijo o hija y sus nietos. Tiene un papel muy importante. Puede encargarse de la casa o cuidar a los niños. Pero sobre todo, se encarga de la comida. Hace las compras por la mañana. Después pasa muchas horas lavando, cortando y preparando los ingredientes de sopas y guisados deliciosos para la cena familiar.

Las familias que viven de una manera tradicional siempre compran por la mañana los ingredientes para las comidas de ese día. Así la familia puede disfrutar de una cena fresca y sabrosa todos los días.

La cultura desde tu perspectiva

1 Compara la cocina tradicional latinoamericana con la norteamericana. ¿Quiénes pasan mucho tiempo en la cocina? ¿Qué hacen?

2 Muchas familias que compran comida fresca todos los días tienen refrigerador y no tienen que hacer las compras tan a menudo. ¿Qué valor cultural tienen estas familias?

Preparando camarones en Punta Santiago, Puerto Rico

Una familia cenando en Bogotá

Gramática en contexto

¡Lo felicitamos!

Compró Ud. la mejor barbacoa que se fabrica hoy, la Barbacoa Barcelona.

Le recomendamos que encienda su Barbacoa Barcelona en un lugar seguro. Si la enciende dentro de la casa o cerca de un árbol puede provocar un incendio.

Le sugerimos que use su Barbacoa Barcelona sólo para asar. Nunca la use para hornear o guisar.

Le sugerimos que lave su barbacoa con agua, detergente y un cepillo de metal. ¡Y ahora, que la disfrute! Estamos seguros que estará Ud. satisfecho con su Barbacoa Barcelona.

A A recommendation is made in the first caption. Look at the verb form *encienda.* Is it an *-ar, -er,* or *-ir* verb? What is the present-tense *tú* form? What is the negative *tú* command form? What do you think *Le recomendamos que encienda* means?

B A suggestion is made in the second caption. What form of *usar* is used? What is the related form that you know? How is this different from what you might expect? Find another suggestion in the third caption. How does the verb form that comes after *que* differ from what you might expect?

Repaso: Mandatos negativos

You already know how to give negative commands to someone you address as *tú*.

1 Imagina que cuidas a un(a) niño(a) que siempre quiere hacer lo que no debe. Tú le dices que no y él (ella) siempre pregunta por qué. Turnándote con un compañero(a), hagan los dos papeles. Por ejemplo:

beber otro refresco

A —*No bebas otro refresco.*
B —*¿Por qué no?*
A —*Porque te puede hacer daño.*

a. patinar en el pasillo
b. comer más dulces
c. cortar las flores
d. mezclar la sal con el azúcar
e. abrir ese guardarropa
f. saltar a la cuerda en la casa
g. echar los espárragos en la basura

El subjuntivo

Up to now you have been using verbs in the *indicative mood,* which is used to talk about facts or actual events. For example:

Tomás no **come** camarones.
Javier y yo **mezclamos** los ingredientes.
Tú **escribes** toda la receta.

Spanish has another way of using verbs called the *subjunctive mood.* We use it to say what one person does or doesn't want, tell, suggest, or recommend someone else to do. A sentence that includes the subjunctive form has two parts connected by the word *que.* For example:

Sus padres **no quieren que** Tomás **coma** camarones.
La profesora **sugiere que** Javier y yo **mezclemos** los ingredientes.
El cocinero **recomienda que escribas** toda la receta.

- We form the present subjunctive of most verbs the same way we form negative *tú* commands. We drop the *-o* of the present-tense indicative *yo* form and add the subjunctive endings.

infinitive *-ar*

que (yo)	habl**e**	que (nosotros) que (nosotras)	habl**emos**
que (tú)	habl**es**	que (vosotros) que (vosotras)	habl**éis**
que Ud. que (él) que (ella)	habl**e**	que Uds. que (ellos) que (ellas)	habl**en**

infinitive *-er/-ir*

que (yo)	com**a** / viv**a**	que (nosotros) que (nosotras)	com**amos** / viv**amos**
que (tú)	com**as** / viv**as**	que (vosotros) que (vosotras)	com**áis** / viv**áis**
que Ud. que (él) que (ella)	com**a** / viv**a**	que Uds. que (ellos) que (ellas)	com**an** / viv**an**

- We form the *yo, tú,* and *Ud./él/ella* forms of the subjunctive of stem-changing verbs the same way as regular verbs. We drop the *-o* of the present-tense *yo* form and add the subjunctive endings.

  El camarero quiere que **pruebes** la tarta de limón.
  El cocinero no quiere que **hierva** el agua.
  Te recomiendo que **pidas** una tarta de cerezas.

- Verbs whose infinitives end in *-car, -gar*, and *-zar* have a spelling change in all the forms of the present subjunctive in order to retain the original sound.

-car *(c → qu)*
buscar
Buscamos ajo y cebolla para el gazpacho.
Mamá quiere que **busquemos** ajo y cebolla para el gazpacho.

-gar *(g → gu)*
apagar
Juan apaga la barbacoa con un poco de agua.
Recomendamos que Juan **apague** la barbacoa con un poco de agua.

-zar *(z → c)*
cruzar
Cruzamos la calle para ir a la pescadería.
Sugiero que **crucemos** la calle para ir a la pescadería.

2 ¿Qué les recomienda el médico a sus pacientes que quieren mantenerse sanos?

Gloria / desayunar cereal, melón y leche *El médico recomienda que Gloria desayune cereal, melón y leche.*

a. Tomás / no comer tanta comida salada
b. Sra. González / tomar más vitaminas
c. los estudiantes / escribir una lista de lo que comen
d. (nosotros) / beber ocho vasos de agua al día
e. (tú) / cambiar tu alimentación
f. (yo) / preparar platos de verduras y frutas frescas
g. nadie / comer comida grasosa
h. Graciela y Ricardo / cocinar la carne a la parrilla
i. María Elena y yo / tomar una clase de ejercicio

Una frutería en la Ciudad de México

3 Túrnate con un(a) compañero(a). Imagina que estás preparando una cena y un(a) amigo(a) está ayudándote. Dile lo que tiene que hacer. Por ejemplo:

lavar los camarones
A —*¿Qué quieres que haga?*
B —*Quiero que laves los camarones.*

a. picar la cebolla
b. mezclar los huevos y la leche
c. abrir la lata de champiñones
d. sacar el pollo congelado
e. buscar chorizos en la carnicería
f. apagar el horno
g. cortar la sandía
h.

4 ¡No sé qué tipo de ejercicio hacer! Todo el mundo me dice algo diferente. Túrnate con un(a) compañero(a). Por ejemplo:

mis hermanas / levantar pesas
A —*Mis hermanas me dicen que levante pesas. ¿Qué me sugieres tú?*
B —*Te sugiero que juegues básquetbol.*

a. mi mamá / montar en bicicleta o a caballo
b. mi entrenador(a) / correr dos kilómetros tres veces a la semana
c. mis amigos / nadar por la mañana
d. mi papá / caminar en el parque
e. mi abuela / patinar por una hora
f.

5 Hay muchas cosas que nuestros padres no quieren que hagamos. Di lo que no te permiten a ti tus padres. Usa los dibujos u otras ideas. Por ejemplo:

Mis padres no quieren que lleve arete.

6 Imagina que es tu primer día de trabajo en un restaurante. Pregúntale al (a la) cocinero(a) qué hacer.

A —*¿Qué hago con la leche?*
B —*Te sugiero que no la hiervas.*

no hervirla
recomendarla
servirla en seguida
revolverlos con el tomate y la cebolla
encenderlo a 345 grados
probarlo antes de servirlo
devolverlo a la cocina

7 Imagina que quieres organizar una barbacoa con tus compañeros de clase. Diles, a por lo menos siete de ellos, lo que recomiendas que hagan. Usa estos verbos u otros:

cambiar	encontrar	llevar	preparar
cocinar	gastar	pedir	querer
comprar	invitar	pedir prestado(a)	sugerir

Ahora lo sabes

Can you:

- **say that you want someone to do something?**
  —Quiero que ___ tres cebollas, por favor.
- **say that you are telling someone to do something?**
  —Le digo a Carlos que ___ unas empanadas para la cena.
- **make suggestions and recommendations?**
  —Señor, le recomiendo que ___ un café con esa tarta de piña.

MORE PRACTICE

Más práctica y tarea, p. 564
Practice Workbook 13–5, 13–10

Todo junto

En Madrid

Actividades

1 En grupo, preparen algunas sugerencias para unos visitantes hispanohablantes que quieren probar comida típica de los Estados Unidos. Recomiéndenles restaurantes, a qué hora comer y qué deben pedir. Usen estas frases u otras:

• Yo sugiero que . . .	beber	empezar
• Yo recomiendo que . . .	buscar	pedir
	cenar	planear
	comer	probar
	desayunar	visitar

2 En grupos de cinco, hagan los papeles de cuatro clientes en un restaurante y un(a) camarero(a). Primero, preparen un menú con sus precios, y después, pregúntenle y pídanle al (a la) camarero(a) la comida que quieren. Usen estos verbos u otros:

beber	costar	pedir
cambiar	devolver	preparar
cocinar	encontrar	recomendar
comer	gastar	servir
cortar	llevar	sugerir

Conexiones

La pirámide de la alimentación

Mira la Pirámide Nutritiva del Departamento de Agricultura de los Estados Unidos. De los alimentos que se muestran, ¿cuáles son tus favoritos? ¿Cuáles comes menos?

Los estudiantes se van a dividir en seis grupos para preparar informes sobre la alimentación. Cada grupo escogerá uno de los seis grupos de alimentos.

1 Investiguen:

- las sustancias nutritivas (proteínas, vitaminas, carbohidratos) que tienen los alimentos de este grupo
- la cantidad que se debe comer diariamente
- en qué consiste una porción

2 Hagan recomendaciones o sugerencias sobre esos alimentos. Por ejemplo:

Se recomienda . . . / Se sugiere . . .

El Departamento de Agricultura sugiere / recomienda que . . .

Los médicos /científicos dicen que . . .

3 Presenten su informe a la clase oralmente o por escrito.

¡Vamos a leer!

Antes de leer

STRATEGY Using prior knowledge

Do you know where the olive tree originated? Where do olive trees grow nowadays? How did they get there?

Mira la lectura

STRATEGY Skimming

Skim the article "El aceite de oliva" to get the gist of it.

El aceite de oliva

El aceite de oliva se extrae de la aceituna, que es el fruto de un árbol llamado olivo. La palabra española se deriva del árabe "azzait."

Su historia El olivo se considera originario de Asia Menor, y desde allí su cultivo se extendió a todos los países del Mediterráneo y a sus islas. En el sur de Europa — Grecia, Italia y España — se cultivaba ya el olivo antes de la era cristiana. Se cree que los fenicios introdujeron el olivo en España. Los romanos y más tarde los árabes intensificaron su cultivo en Andalucía, y desde entonces el olivo es el árbol más representativo de la región andaluza. Los españoles llevaron el olivo a Perú, México, Chile y, más tarde, a California.

El aceite de oliva en la dieta mediterránea

Las propiedades beneficiosas del aceite de oliva residen en su alto contenido en ácido oléico (el ácido mejor absorbido por el organismo humano) y vitamina E.

Este aceite siempre ha constituido uno de los elementos claves de la dieta mediterránea, reconocida en la actualidad como una de las más saludables. La cocina española, tanto tradicional como moderna, utiliza el aceite de oliva en la mayoría de sus platos: ensaladas, salsas, vinagretas, paellas, etc.

Infórmate

By now you have learned many strategies for helping you to understand a reading selection. Read this article carefully. Use what you know about articles and essays, the subject of olive oil, and reading strategies to help you. Which of the following strategies do you think will help you the most?

- Using prior knowledge
- Recognizing word families
- Using cognates

To check your comprehension, read these statements. Some are true, and some are false. Change the false ones to true ones.

1. Los árabes introdujeron el olivo en España.
2. El olivo se cultiva en California.
3. El olivo se cultiva en los países del Mediterráneo.
4. La palabra “olivo” es el nombre del árbol, no de la fruta.
5. El aceite de oliva no es ni bueno ni malo para la salud.

Aplicación

1 The olive was brought to the Americas by Europeans. Name three foods that were taken to Europe from the Americas.

2 What do some people use in place of olive oil? Where do those foods come from?

¡Vamos a escribir!

¿Comes mucha comida rápida? ¿Debes comer más comida nutritiva y saludable? Vamos a escribir algunas sugerencias.

1 Primero, piensa en las siguientes cosas:

- ¿Qué tipo de comida rápida es saludable?
- ¿Qué comida saludable puede sustituir a la comida rápida?
- ¿Qué meriendas saludables conoces?

Escribe una lista de sugerencias. Luego, ponlas en grupos lógicos. Pídele comentarios a un(a) compañero(a), y sigue los otros pasos del proceso de escribir.

2 Ahora, basándote en las sugerencias de todos los estudiantes, prepara un cartel sobre meriendas saludables. Usa mandatos afirmativos y negativos. Por ejemplo:

3 Para distribuir su trabajo, pueden:

- enviar las sugerencias al periódico o a la revista escolar
- exhibirlas en la sala de clases o en la escuela
- usarlas para preparar un folleto
- enviar los carteles a una escuela primaria donde hay alumnos hispanohablantes
- enviarlos a una clínica que tenga clientes hispanohablantes
- incluir las sugerencias y los carteles en su portafolio

Repaso ¿Lo sabes bien?

Esta sección te ayudará a prepararte para el examen de habilidades, donde tendrás que hacer tareas semejantes.

Listening

Can you understand when people talk about food? Listen as your teacher reads a sample similar to what you will hear on the test. How is this food being cooked?

Reading

Luisa is reading a recipe. Is it for a soup, a main dish, or an appetizer?

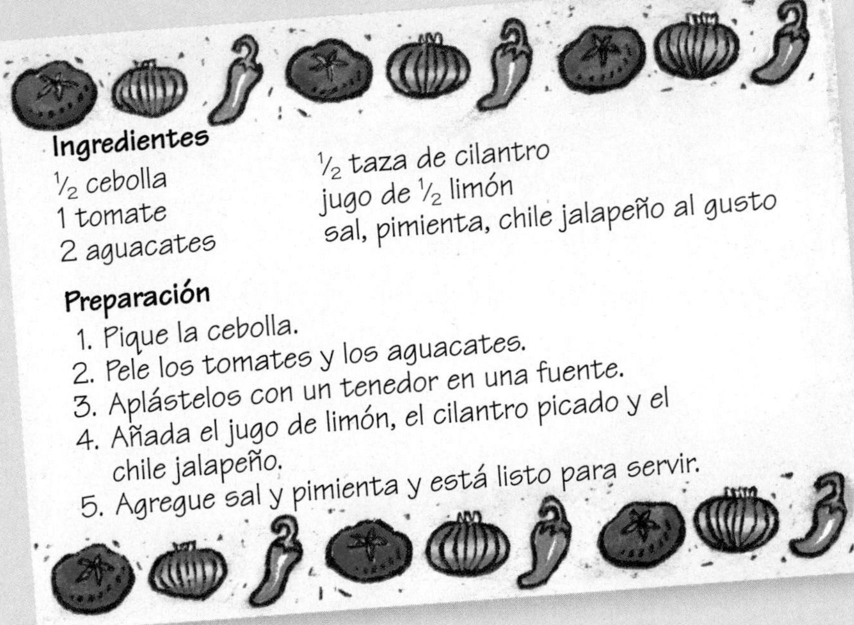

Ingredientes

½ cebolla
1 tomate
2 aguacates
½ taza de cilantro
jugo de ½ limón
sal, pimienta, chile jalapeño al gusto

Preparación

1. Pique la cebolla.
2. Pele los tomates y los aguacates.
3. Aplástelos con un tenedor en una fuente.
4. Añada el jugo de limón, el cilantro picado y el chile jalapeño.
5. Agregue sal y pimienta y está listo para servir.

Writing

The Spanish Club has asked you to help them write a letter suggesting that Spanish and Latin American food be served in the cafeteria. Here is one reason:

Sugerimos que preparen comida que nos ayudará a aprender sobre las culturas de otros países.

Write two more reasons.

Culture

Can you describe the role of the kitchen in a traditional Latin American home?

Speaking

Create a dialogue with your partner in which you are deciding what to order in a Spanish restaurant.

A —*¿Qué vas a probar primero?*
B —*Pues, me encantan las tapas, pero si como muchas, no podré comer otra cosa.*
A —*Entonces sugiero que pidas sólo unos camarones y unos espárragos frescos.*
B —*Bueno. ¿Y cómo es la paella en este restaurante?*
A —*Sabrosa. Va bien con una ensalada de lechuga y tomate.*
B — . . .

Resumen del vocabulario

Usa el vocabulario de este capítulo para:

- **describe different types of foods and dishes**
- **recommend and suggest various foods and dishes**
- **talk about nutrition**

to name foods
el camarón, *pl.* los camarones
el cerdo
el perro caliente
el huevo duro
la calabaza
el champiñón, *pl.* los champiñones
la cereza
el durazno
la fresa
el limón, *pl.* los limones
el melón, *pl.* los melones
la piña
la sandía
el espárrago
las espinacas

to describe dishes and their ingredients
la paella
el ajo
el chorizo
el gazpacho
el aceite
el vinagre
la salsa
la mayonesa
la mostaza
el pepino
el pimiento verde
la empanada
la masa
el relleno
la ensalada de frutas
la tortilla española
la tarta
agrio, -a
amargo, -a
dulce
grasoso, -a
salado, -a
soso, -a

to discuss cooking
el cocinero, la cocinera
el ingrediente
la receta
estar hecho, -a de
cortar
hervir *(e → ie)*
mezclar
picar
revolver *(o → ue)*
congelado, -a
enlatado, -a
fresco, -a
al horno
a la parrilla
asado, -a
cocido, -a
frito, -a
guisado, -a
hacer una barbacoa

to discuss nutrition
la alimentación
la caloría
el carbohidrato
la proteína
la vitamina
hacer daño a
mantenerse sano, -a

to name snacks and beverages
el bocadillo
el dulce
las tapas

to make suggestions
que haga (*from:* hacer)
que pidas (*from:* pedir)
sugerir *(e → ie)*

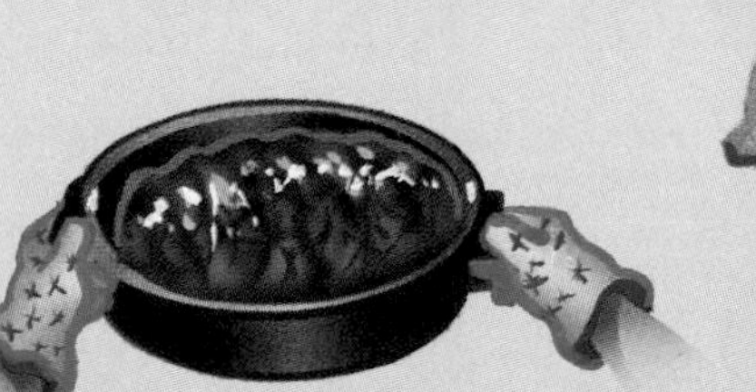

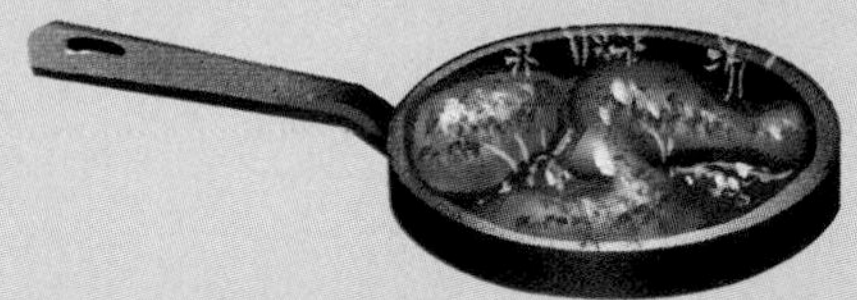

VISIT
www.pasoapaso.com

CAPÍTULO 14

¡Me encanta la naturaleza!

Objectives

At the end of this chapter, you will be able to:

- discuss popular outdoor activities
- describe the natural environment
- express attitudes and opinions about the environment
- explain why it may be unwise to drink the water in unfamiliar places

PASO CULTURAL El volcán Cotopaxi tiene una historia muy larga. Los indígenas de la región lo veneraban y consideraban la actividad volcánica como un mensaje divino. En 1534, los conquistadores llegaron a Ecuador y escribieron sus impresiones de esta extraña montaña con humo. Después, durante una batalla entre los conquistadores y los indígenas, el Cotopaxi entró en erupción. ¿Qué diferencias crees que hubo entre la reacción de los conquistadores y la de los indígenas?

Campamento en un valle cerca de El Cotopaxi, Ecuador, el volcán activo más alto (5.896 m.) del mundo

¡Piensa en la CULTURA!

Preservando la naturaleza en España, Perú y Ecuador

Mira las fotos. Los estudiantes que vemos están hablando de la naturaleza. ¿Te gustaría viajar a estos lugares? ¿Por qué sí o por qué no?

PASO CULTURAL Muchas agencias de viajes internacionales dicen que ir de camping en los Andes, como lo están haciendo aquí en la Cordillera Vilcanota en Perú, es muy diferente de ir de camping en otros lugares. ¿Qué diferencias puede haber entre la experiencia de escalar montañas en los Andes y en los Estados Unidos? ¿Cómo puedes disfrutar más de un viaje a los Andes sabiendo algo de la cultura de la región?

"Me gustaría ir de camping a las montañas: poca gente, aire puro, agua limpia de la nieve . . ."

¿Fuiste de camping alguna vez? ¿Adónde fuiste? ¿Cuándo lo hiciste? ¿Con quiénes? ¿Por cuánto tiempo?

Campamento en la Cordillera Vilcanota, Perú

Perú

"Cuando hace buen tiempo, nos gusta mucho dar caminatas por el bosque."

¿Disfrutas mucho de la naturaleza? ¿Dan caminatas tú y tus amigos? ¿Dónde? ¿Hay bosques donde vives? Si hay bosques, ¿cómo son?

En el parque nacional de Ordesa, en los Pirineos, España

los Pirineos, España

PASO CULTURAL

Las Islas Galápagos de Ecuador son picos *(peaks)* de volcanes sumergidos en el Océano Pacífico que tienen más de tres millones de años. Los habitantes de las islas son pingüinos, tortugas gigantes, iguanas y otras especies, muchas de las cuales están en peligro de extinción. Se limita el número de turistas que puede visitar las islas cada año. ¿Por qué crees que se puso ese límite? ¿Cuáles pueden ser las ventajas y desventajas del turismo para las islas?

"Sólo una foto más . . . ¡No te muevas, iguana!"

¿Tienes una cámara? ¿De qué sacas fotos? ¿De la gente? ¿De tu familia y tus amigos? ¿De los edificios? ¿De los animales y la naturaleza?

Cultural Exploration www.pasoapaso.com *Visit these countries on-line*

Vocabulario para conversar

¿Das caminatas a menudo?

Vas a necesitar estas palabras y expresiones para hablar sobre la naturaleza. Después de leerlas varias veces, practícalas con un(a) compañero(a).

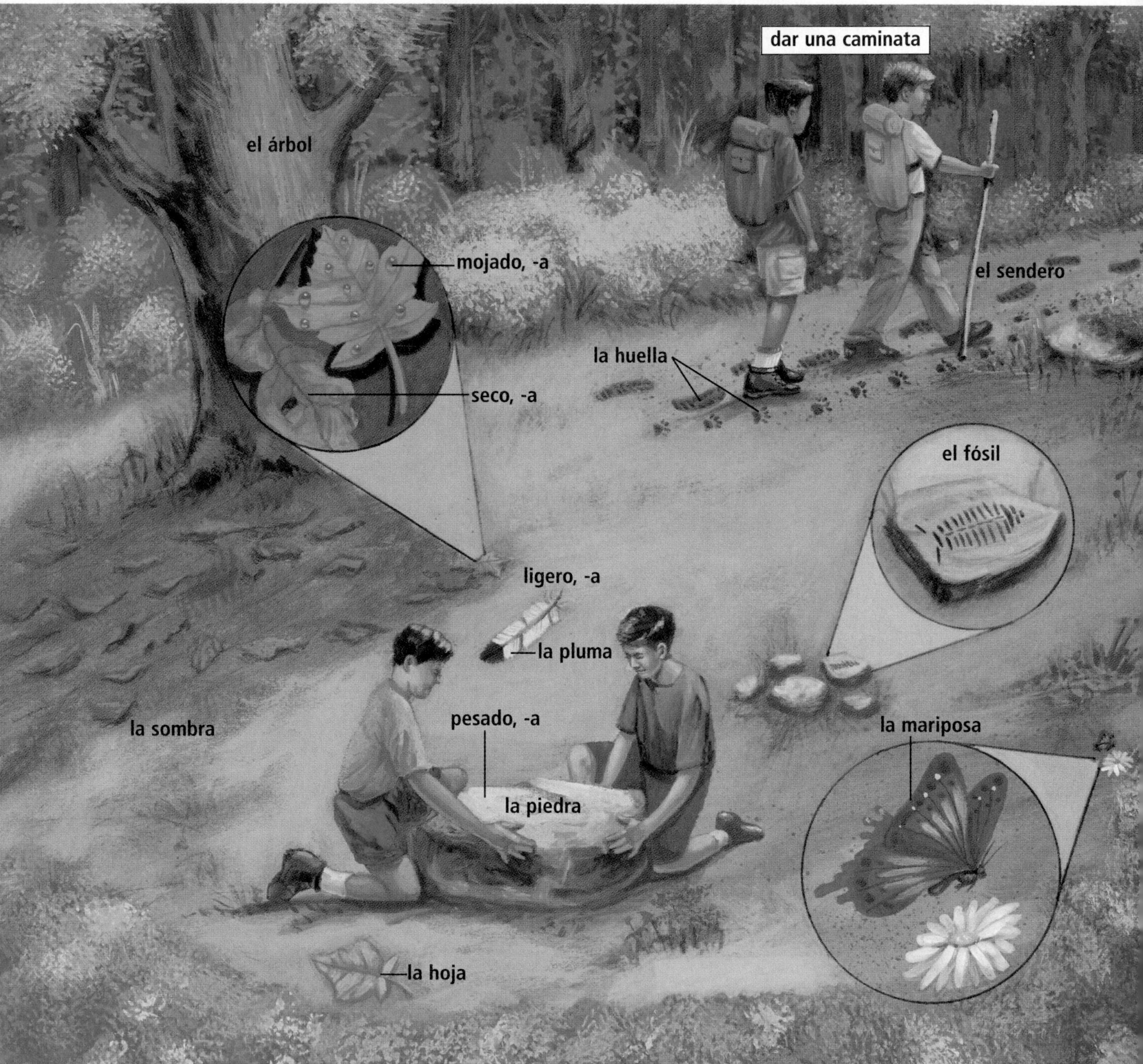

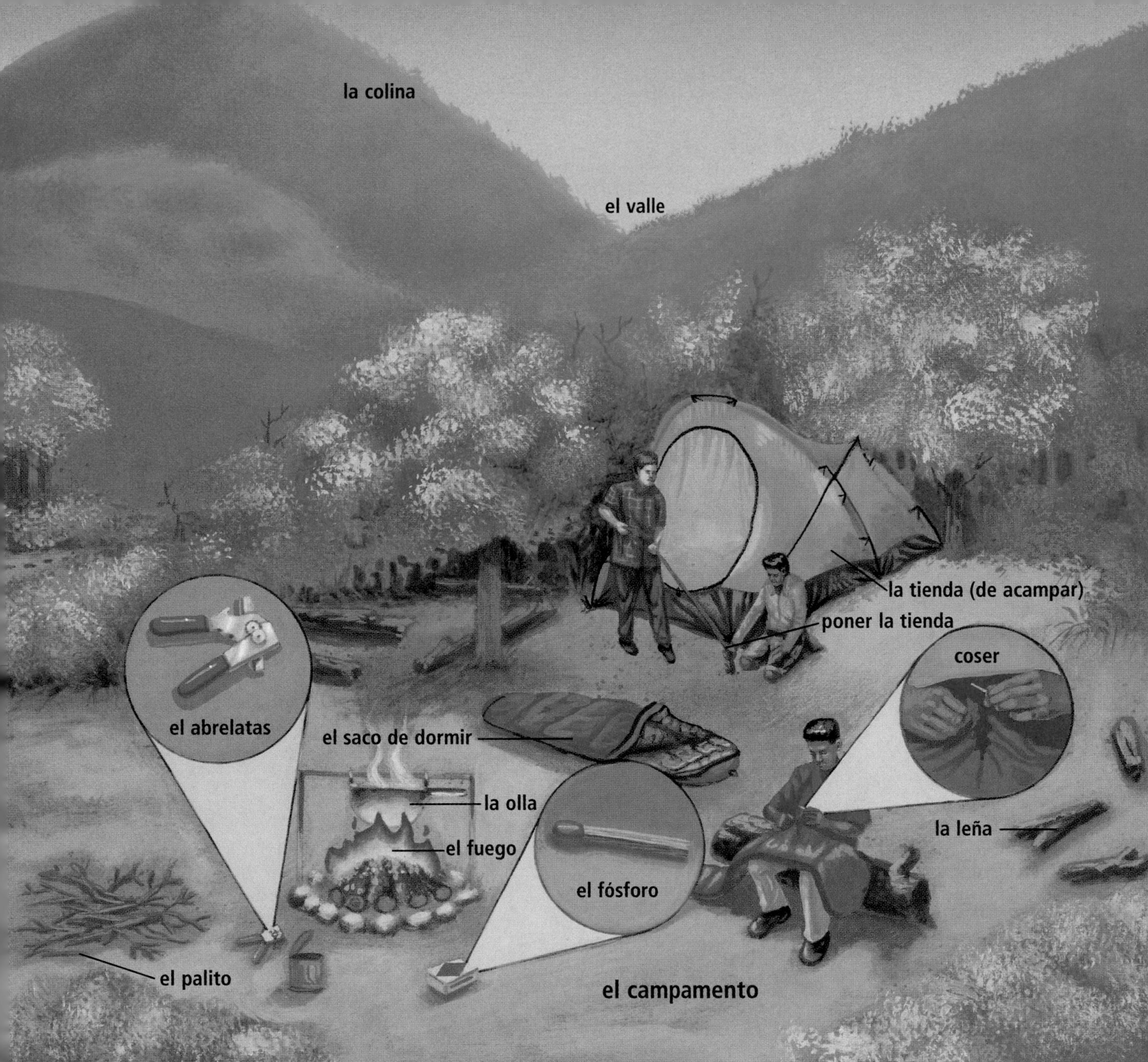

También necesitas . . .

recoger *(g → j)* *to pick up, to gather*
roto, -a here: *torn*
al aire libre *outdoors*

¿Y qué quiere decir . . . ?

contaminado, -a	que lo (la) hagamos
ir de camping	que lo (la) pongamos
secar *(c → qu)*	que lo (la) recojamos

Empecemos a conversar

Túrnate con un(a) compañero(a) para ser *Estudiante A* y *Estudiante B*. Reemplacen las palabras subrayadas en el modelo con palabras representadas o escritas en los recuadros. Si ven 💡 pueden dar su propia respuesta.

¡NO OLVIDES!

Do you remember these words related to camping?

apagar	el bosque
encender	la catarata
ir de pesca	la flor
pasear en bote	la naturaleza
el pájaro	la linterna
la tortuga	

1 

roto

A —*¿Qué hago? El plato está roto.*
B —*Pues, tendrás que usar otra cosa.*

Estudiante A

a. mojado(a)

b. contaminado(a)

c. sucio(a)

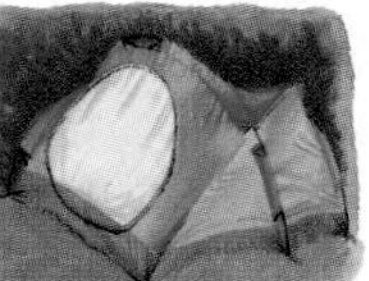

d. roto(a)

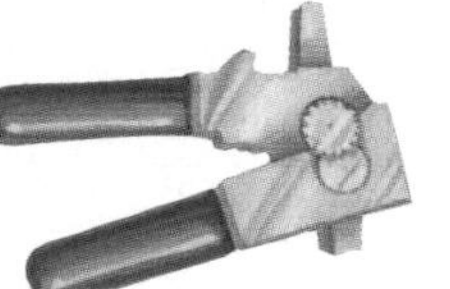

e. roto(a)

f. demasiado pesado(a)

g. 

Estudiante B

usar otra cosa
lavarlo(la)
hervirlo(la)
coserlo(la)
secarlo(la)
sacarle algo
buscar otro(a)

La etiqueta en esta mariposa sirve para que los científicos estudien su migración. Millones de mariposas monarcas pasan el invierno en México.

2

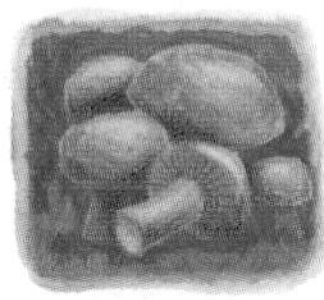

A —*No encontré los champiñones.*
B —*¿Los buscaste en la sombra, debajo de los árboles?*

Estudiante A

a.

b.

c.

d.

e.

f.

Estudiante B

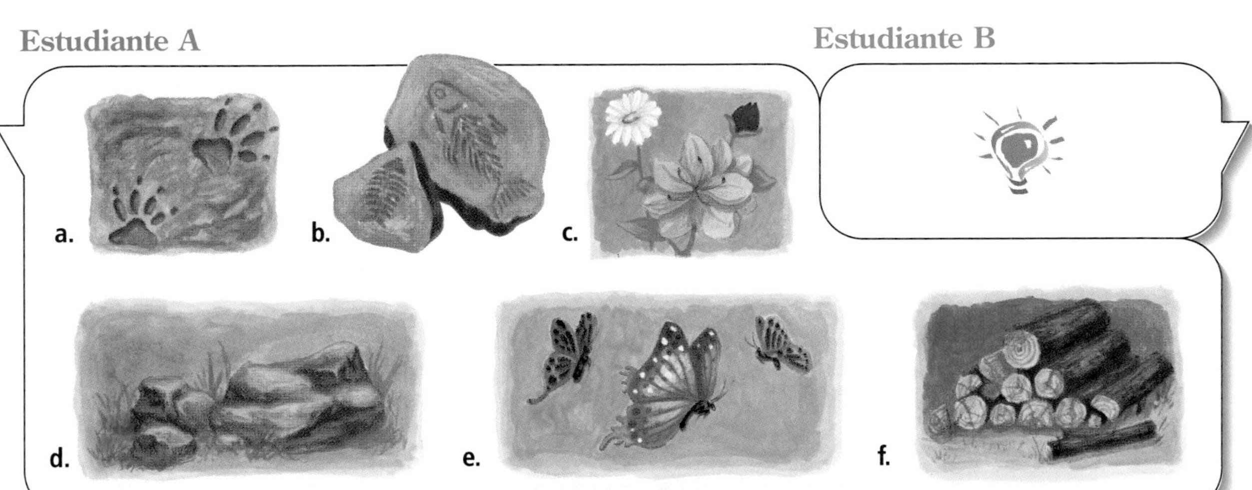

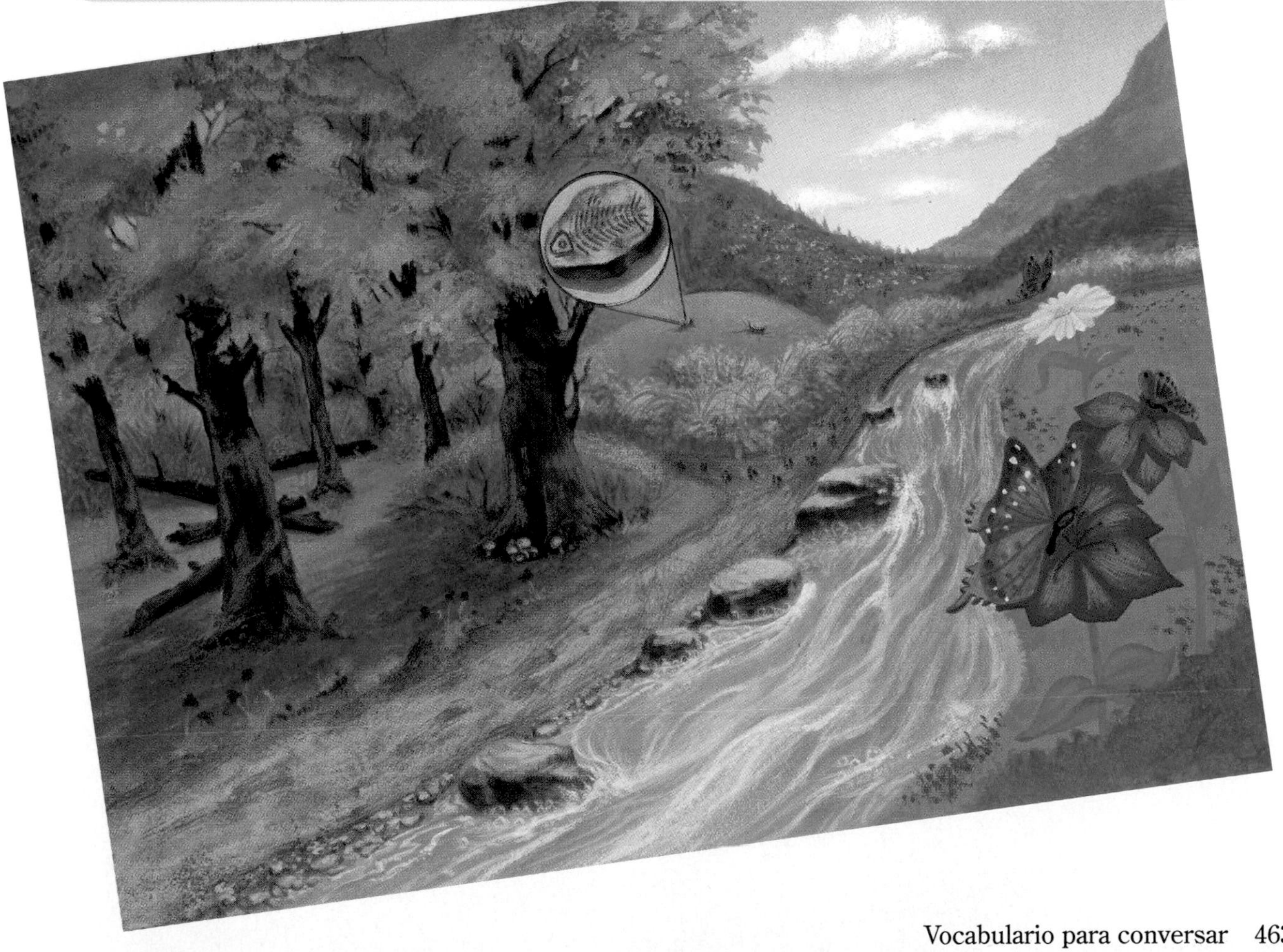

3

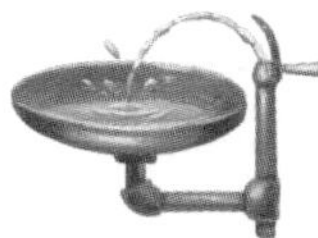

A —*¿Qué se debe hacer con el agua?*
B —*Es necesario que la hiervas.*

Estudiante A

a.
b.
c.
d.
e.
f.
g.
h.

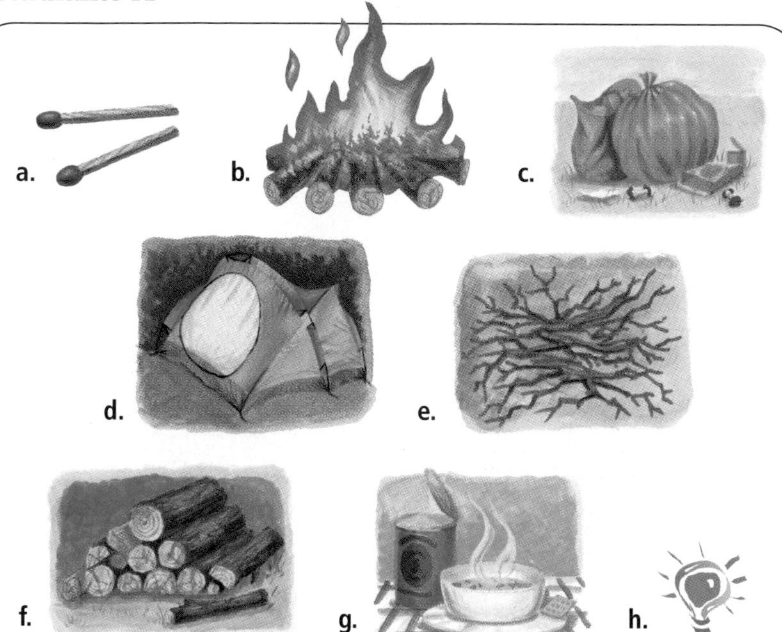

Estudiante B

apagues
busques
consigas
enciendas
hagas
hiervas
pongas
recojas
seques

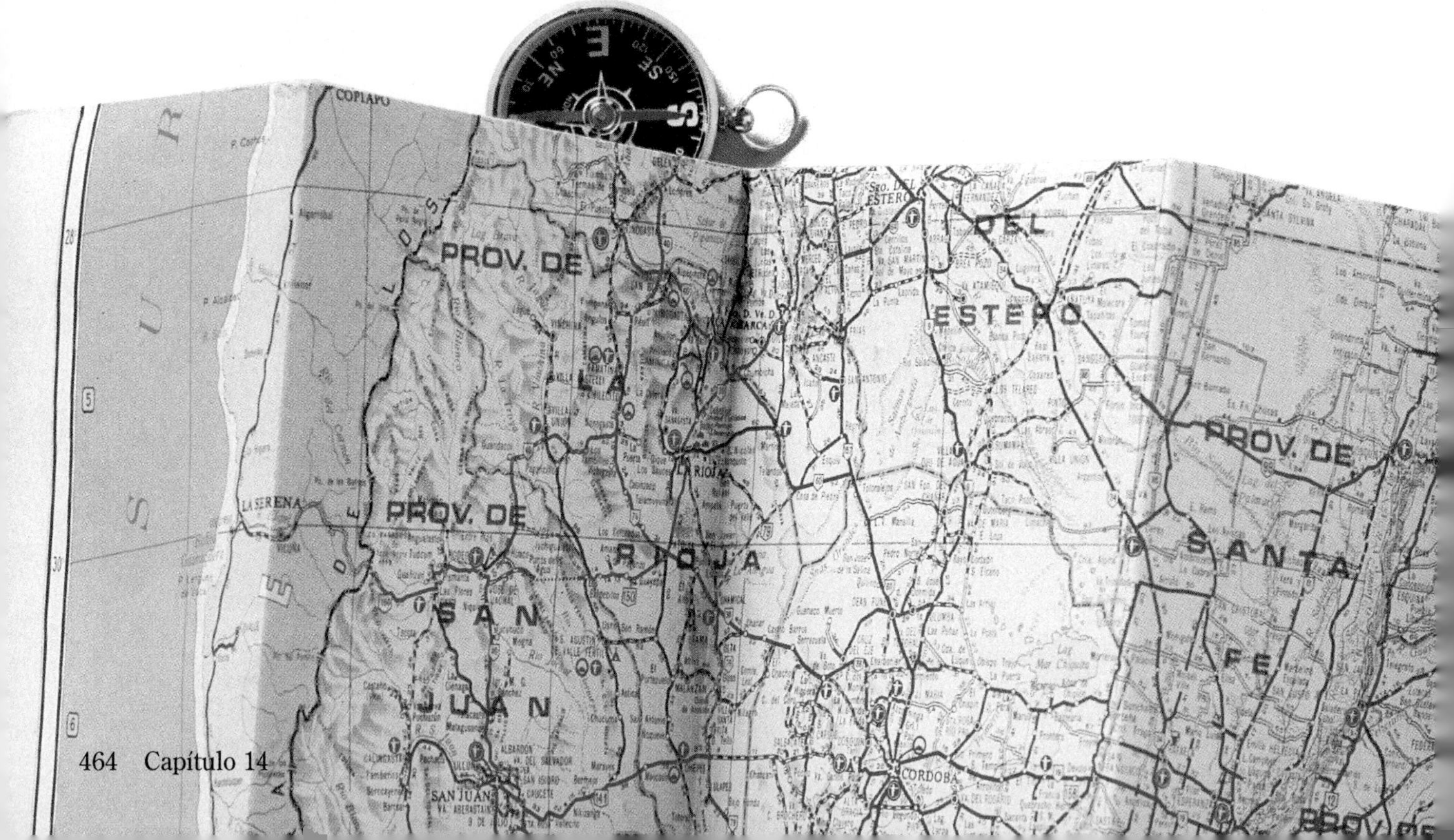

Empecemos a escribir

Escribe tus respuestas en español.

4 ¿Fuiste a un campamento alguna vez o te gustaría ir a alguno? ¿Adónde? ¿Qué actividades hay en un campamento que te gustan mucho? ¿Crees que es importante saber cocinar si vas de camping? ¿Qué más es importante saber?

5 Si das una caminata en el campo, ¿con qué hay que tener cuidado? ¿Con qué hay que tener cuidado en el bosque? ¿Qué te gusta hacer cuando das una caminata?

6 ¿Qué se necesita para hacer un fuego? ¿Cómo se enciende? ¿Cómo se apaga? ¿Cómo se puede proteger el bosque de un incendio?

7 ¿Qué te gusta hacer al aire libre?

8 ¿Crees que es importante llevar cosas ligeras cuando vas de camping? Haz una lista de lo que hay que llevar y una de lo que no se debe llevar. Haz una lista de lo que te gustaría recomendarle a alguien para que no contamine ni haga ningún daño a la naturaleza.

Este joven argentino va de camping a los Andes.

También se dice

la fogata

la cerilla
el cerillo

el abridor de latas

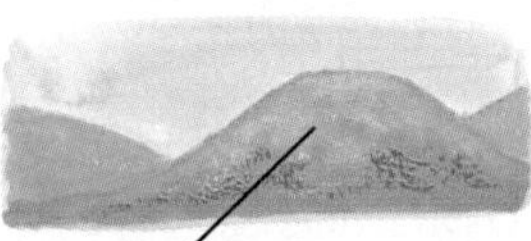

la loma

el caminito

la pisada

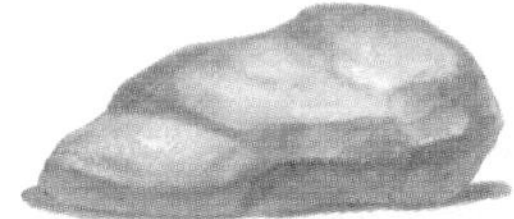

la roca

MORE PRACTICE

- Más práctica y tarea, p. 565
- Practice Workbook 14-1, 14-2

Vocabulario para conversar

¿Qué ves en el desierto?

Aquí tienes el resto del vocabulario que necesitas en este capítulo para hablar sobre la naturaleza.

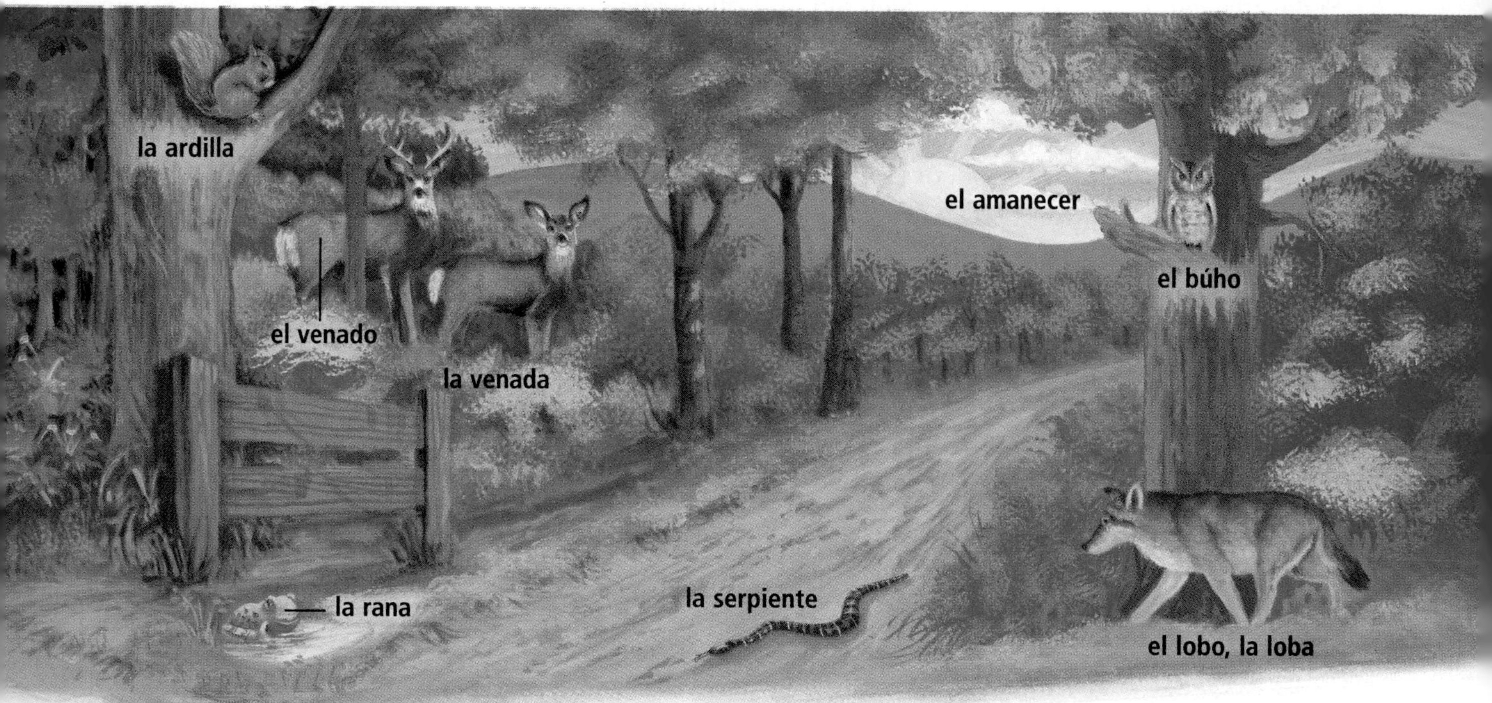
la ardilla
el venado
la venada
el amanecer
el búho
la rana
la serpiente
el lobo, la loba

el parque nacional

el desierto

la espina
el atardecer
el cacto

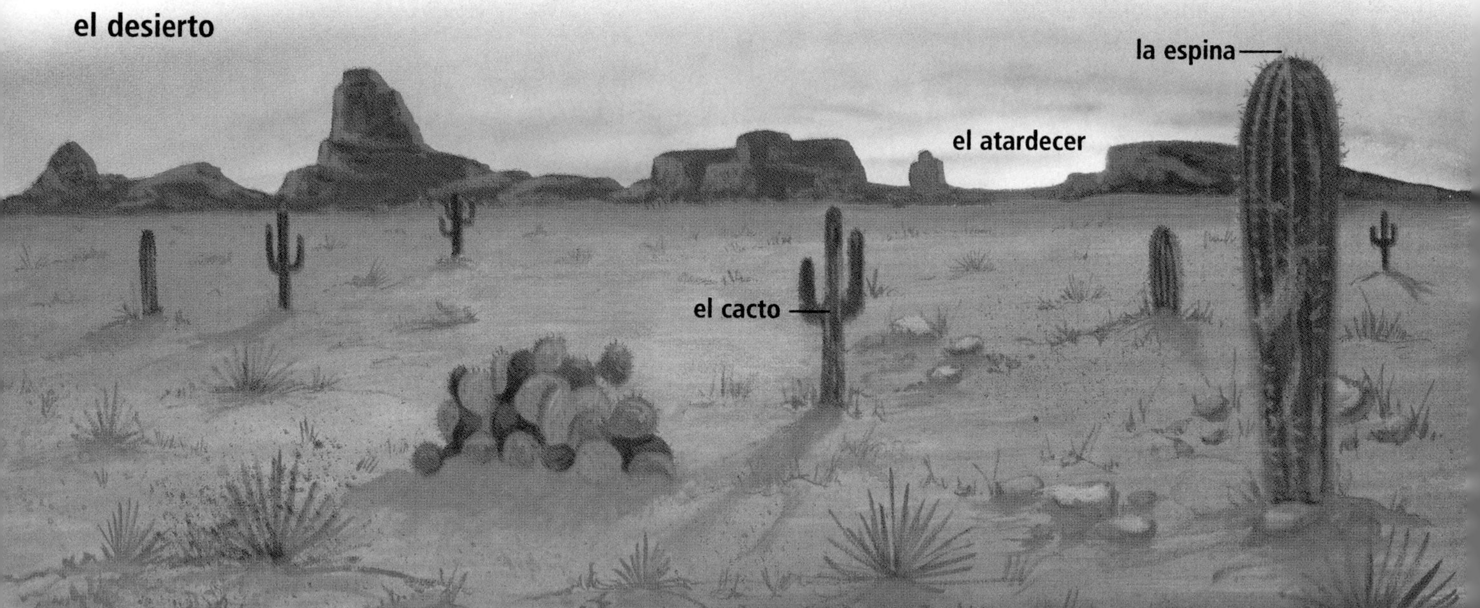

También necesitas . . .

el animal salvaje	*wild animal*
la planta silvestre	*wild plant*
venenoso, -a	*poisonous*

¿Y qué quiere decir . . . ?
el oxígeno
doméstico, -a
peligroso, -a
los animales en peligro de extinción

Empecemos a conversar

9 

A —*¿Qué te gustaría hacer este verano, dar caminatas o montar a caballo?*
B —*Montar a caballo. Es más divertido.*
o: *Ni una cosa ni la otra. Prefiero ___.*

¡NO OLVIDES!

Do you remember these words associated with sports?
bucear
correr
esquiar
los esquíes
el campeón, la campeona
el entrenador, la entrenadora
la piscina

Estudiante A **Estudiante B**

a.

b.

c.

d.

e.

f.

g.

10 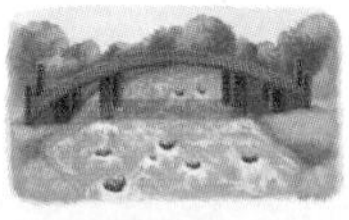
ver

A —*Si voy a un río, ¿qué puedo ver?*
B —*Ranas, peces, serpientes y plantas silvestres.*

Estudiante A

a. hacer

b. ver

c. ver

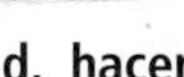

d. hacer

e. hacer

f. ver

g.

Estudiante B

11 los bosques

A —*¿Por qué es necesario que protejamos los bosques?*
B —*Porque allí viven los animales salvajes.*

Estudiante A

a. los desiertos
b. los océanos
c. los parques nacionales
d. los elefantes
e. las selvas tropicales
f. el medio ambiente
g. los búhos
h. 

Estudiante B

allí viven los animales salvajes
están en peligro de extinción
los seres humanos los están matando
sus plantas y árboles nos dan oxígeno
necesitamos aire y agua limpios
allí viven los lobos y los coyotes
allí viven las ballenas y los peces
allí protegen la naturaleza

Empecemos a escribir y a leer

Escribe tus respuestas en español.

12 ¿Cómo es el desierto? ¿Qué animales hay? ¿Qué no hay en un desierto?

13 ¿Cómo es el campo donde vives? ¿Qué animales hay? ¿Qué se puede hacer? ¿Se pueden hacer deportes acuáticos? ¿Cuáles? ¿Cuáles haces tú? ¿Cuál prefieres? ¿Cuál te parece el deporte acuático más peligroso? ¿Y el más divertido? ¿Por qué?

14 ¿Te gusta ver los amaneceres o los atardeceres? Describe uno de los dos. ¿Por qué no es prudente quedarse en el bosque después del atardecer?

15 ¿Qué animales salvajes te dan miedo? ¿Por qué? ¿Por qué se debe tener cuidado con algunos animales? ¿Con cuáles? ¿Y con qué plantas? ¿Por qué?

16  Lee el texto sobre el zumaque venenoso. Luego, dale recomendaciones de la lista a un(a) compañero(a). Agrega *(add)* otra recomendación tuya.

El zumaque venenoso abunda en los Estados Unidos. Causa una alergia muy dolorosa y en algunos casos muy peligrosa, sobre todo para los niños pequeños. Para protegerte del zumaque te recomiendo que:

a. nunca caminar sin zapatos
b. usar guantes si quieres recoger flores o plantas silvestres
c. llevar camisas de manga larga y pantalones largos
d. abrocharse todos los botones de la camisa
e. llevar siempre la camisa dentro de los pantalones y los pantalones dentro de las botas
f.

Mono araña en la selva panameña

Una foca con su recién nacido en las islas Galápagos

MORE PRACTICE

- Más práctica y tarea, p. 566
- Practice Workbook 14-3, 14-4

¡Comuniquemos!

Aquí tienes otra oportunidad para usar el vocabulario de este capítulo.

1 En grupo, hablen de adónde quisieran ir durante las vacaciones y por qué.

A —*¿Te gustaría ir a un desierto?*
B —*A un desierto, no. Allí no hay . . . Hay que llevar . . . Prefiero . . .*
C —*A mí me gustaría ir a un desierto porque . . .*

2 Habla con un(a) compañero(a) sobre algunas actividades o deportes que le pueden hacer daño a la naturaleza. Por ejemplo:

coleccionar plantas silvestres
esquiar
hacer esquí acuático
hacer moto acuática
ir de camping
ir de pesca

A —*¿Qué piensas de hacer moto acuática?*
B —*Creo que es un . . .*
A —*Estoy de acuerdo, pero . . .*

3 Habla con un(a) compañero(a) sobre el campamento ideal. Hablen sobre:

- dónde está el campamento
- cómo es el campo por allí
- qué animales se pueden ver allí
- si es necesario hacer una reservación
- qué hay que llevar
- si hay agua, electricidad, servicios, duchas, etc.
- qué se puede hacer y qué no se puede hacer

¿Qué sabes ahora?

Can you:

- **talk about water sports?**
  —Me encanta ___. Es un deporte ___, pero muy divertido.
- **discuss our natural environment?**
  —En el estado donde vivo hay ___, ___ y ___.
- **talk about protecting animals and the environment?**
  —Es necesario que protejamos los ___ porque ___.

También se dice

el tecolote
la lechuza

la culebra

surfear

hacer saltos de trampolín
hacer clavados

la piragua

hacer alpinismo

Perspectiva cultural

¿Hay comida y bebidas que puedes identificar en las fotos? Imagina que vas a ir a estos lugares. ¿Qué comida comerás? ¿Qué bebidas beberás? ¿Cuáles no? ¿Por qué?

Imagina que estás visitando la ciudad de Guadalajara en México con unos compañeros. Hace mucho calor y tienen sed. En un quiosco ven a un vendedor de aguas frescas. Tiene botellas grandes de vidrio que contienen pedazos de hielo y de naranjas, piñas o sandía flotando en el líquido refrescante. Algunos de tus compañeros quieren comprar un vaso de agua fresca. Otros no. ¿Qué harás tú?

¿Es verdad que los turistas no deben beber el agua en ciertos países? Toda agua contiene microbios. Diversos países usan diversos sistemas para purificarla. Y, por lo general, la gente está acostumbrada al agua de su país. En otras palabras, el agua no le hace daño porque suele beberla. Por eso, los viajeros deben tomar precauciones para no tener problemas.

¿Qué precauciones debes tomar? Primero, bebe sólo agua hervida o agua mineral que se venda en botella. Cepíllate los dientes con esa misma agua. No bebas bebidas hechas con agua regular. No comas verduras o frutas lavadas con agua regular. Pela la fruta. Si quieres, antes de viajar, puedes pedirle a tu médico que te recete un antibiótico para protegerte.

Además del agua, hay otras causas de problemas del estómago. En la mayoría de los casos, se deben a la deshidratación o al cansancio (*fatigue*), no al agua.

La cultura desde tu perspectiva

1 ¿Por qué los microbios les hacen daño a algunas personas y a otras no?

2 ¿Qué le puedes decir a un(a) turista que está en los Estados Unidos por primera vez que te pregunta si debe beber el agua?

Vendedor de aguas frescas en el mercado de San Miguel de Allende, México

Vendedor de aguas frescas pelando un mango en el parque de Chapultepec

Gramática en contexto

Para hacer un fuego

Primero, es importante limpiar bien el área. Es necesario quitar las piedras, los palos y las hojas del lugar.

El fuego debe quedar limitado al área que escogiste. Para eso es necesario que hagas un círculo con piedras en el centro del área.

Pon palitos y papeles dentro del círculo. Es importante que uses palitos secos. Si están mojados, será difícil encenderlos.

Luego, pon la leña sobre los palitos y los papeles. Es importante que cruces los palitos y la leña para permitir la entrada del aire.

Al final, enciende los palitos de abajo con un fósforo. Pronto se encenderá la leña. Recuerda: Es muy importante que apagues el fuego antes de acostarte o de salir del área.

A You have seen *es importante* and *es necesario* followed by infinitives. Find two examples in the first caption. In the second caption, the writer is saying that it is necessary for someone to do something. What word follows *es necesario?* What happens to the verb form after *que?* What is the infinitive of *hagas?* What is the negative *tú* command form?

B Each of the other captions contains a suggestion using *es importante.* Look at the verbs that follow *que* and identify the infinitive of each. What form of *llevar* would you use to complete this sentence: *Es importante que tú (llevar) fósforos secos?*

El subjuntivo de ciertos verbos irregulares

As in negative commands, irregular verbs that add a *g* to the stem in the present-tense *yo* form (including *caerse, decir, hacer, poner, salir, tener,* and *traer)* also have a *g* in the present subjunctive.

hacer → ha**g-o** → **haga**
tener → ten**g-o** → **tenga**

Mi papá quiere que yo **haga** esquí acuático.
Mi mamá quiere que **tengamos** mucho cuidado.

¡NO OLVIDES!
We form the present subjunctive of most verbs in the same way we form negative *tú* commands. Add the subjunctive endings to the stem of the present-tense *yo* form.

1 La directora del campamento les da recomendaciones a un grupo de excursionistas.

los mosquitos
A —*¿Qué debemos hacer con tantos mosquitos?*
B —*Les recomiendo que traigan repelente.*

a. con las tiendas de acampar
b. con los fuegos
c. con los fósforos
d. en las caminatas
e. con los animales salvajes
f. con las latas
g. con lo que hay que llevar

ponerlos en un lugar seco
hacer una mochila con sólo cosas necesarias
no salir muy lejos del campamento
traer un abrelatas
no hacerlos cerca de las tiendas
no ponerlas donde hay piedras
tener mucho cuidado con ellos

Ahora tú, dales otras tres recomendaciones a los excursionistas.

h. con las flores y las plantas silvestres
i. con la comida
j. con la leña y los palitos

El subjuntivo de los verbos *ir* y *ser*

Ir and *ser* have irregular subjunctive forms. They are just like the negative *tú* command forms.

(yo)	**vaya / sea**	(nosotros) (nosotras)	**vayamos / seamos**
(tú)	**vayas / seas**	(vosotros) (vosotras)	**vayáis / seáis**
Ud. (él) (ella)	**vaya / sea**	Uds. (ellos) (ellas)	**vayan / sean**

2 Pregúntale a un(a) compañero(a) qué recomienda.

me

A —*¿Me recomiendas que vaya a una playa?*
B —*Sí. Y te recomiendo también que seas prudente con la tabla de surf.*

a. me **b. le** **c. nos** **d. les** **e. me** **f. nos** **g.**

paciente
(no) desobediente
ordenado, -a
(no) desordenado, -a
limpio, -a
sociable
(no) tímido, -a
(no) perezoso, -a

El subjuntivo con expresiones impersonales

You know how to make suggestions and recommendations using certain impersonal expressions with the infinitive. For example:

Es mejor dar una caminata por la mañana.

When we want to specify *who* should do something, we use the subjunctive.

Es mejor que Samuel y sus amigos vayan de camping a un parque nacional.

Some of the expressions that we use this way are *es mejor, es necesario*, and *es importante*.

¿Es necesario que yo vaya con ellos?
Es importante que regresen antes del atardecer.

Navegando en canoa en el Río Napa, Ecuador

Dando una caminata en las montañas de California

3 Túrnate con un(a) compañero(a) para decir qué es mejor, qué es necesario o qué es importante hacer en un campamento.

proteger el parque nacional

A —*¿Qué debemos hacer para proteger el parque nacional?*
B —*Es necesario que recojamos toda la basura.*

a. ver los animales salvajes
b. dar una caminata larga
c. cocinar al aire libre
d. poner la tienda de acampar
e. escalar una montaña
f. proteger el bosque
g. proteger la comida de las hormigas

recoger toda la basura
quitar las piedras
guardarla en el coche
llevar agua pura para beber
ser paciente y estar callado(a)
recoger palitos y leña para el fuego
llevar una cuerda
apagar bien el fuego

4 Dile a un(a) compañero(a) lo que quisieras hacer este verano. Tu compañero(a) te dará algunas ideas.

escalar una montaña

A —*Este verano quisiera escalar una montaña.*
B —*Es importante que consigas unas botas buenas.*

a. hacer . . .
b. ir a . . .
c. ir de camping . . .
d. navegar en . . .
e. practicar . . .
f. recoger . . .
g. ver . . .
h. viajar . . .

es necesario que . . .
es importante que . . .
es mejor que . . .

Subiendo un árbol en la selva de San Blas, Panamá

Ahora lo sabes

Can you:

- tell someone what it is necessary, important, or advisable to do?
  —Es mejor que (nosotros) ___ la tienda antes de comer.
- recommend that someone not go somewhere?
  —Te recomiendo que no ___ al desierto en el verano.
- say that it is important for someone not to be a certain way?
  —Es importante que los niños no ___ maleducados.

MORE PRACTICE

Más práctica y tarea, pp. 566–567
Practice Workbook 14-5, 14-10

Actividades

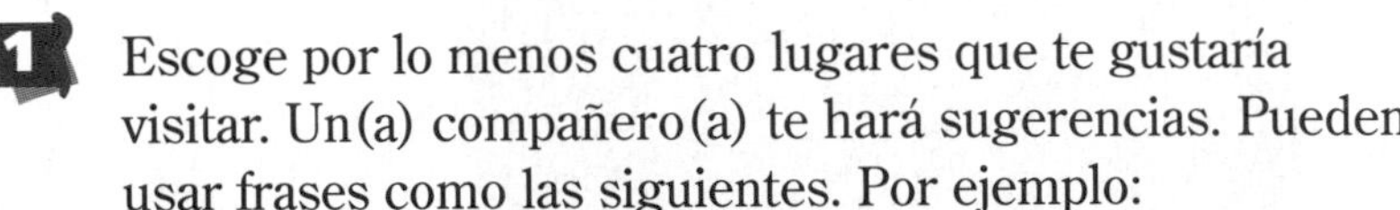

1 Escoge por lo menos cuatro lugares que te gustaría visitar. Un(a) compañero(a) te hará sugerencias. Pueden usar frases como las siguientes. Por ejemplo:

A —*¿Qué recomiendas que haga si voy al océano?*
B —*Te sugiero que traigas mucho bronceador. Te recomiendo que hagas surf de vela y que seas muy prudente.*

- aprender a . . .
- ir a . . .
- divertirse
- ser prudente
- no ser desordenado(a) / demasiado atrevido(a)
- escalar la montaña
- ponerse / quitarse
- hacer una excursión en coche / autobús / tren
- navegar en . . .
- traer . . .
- salir / llegar antes del amanecer / atardecer
-

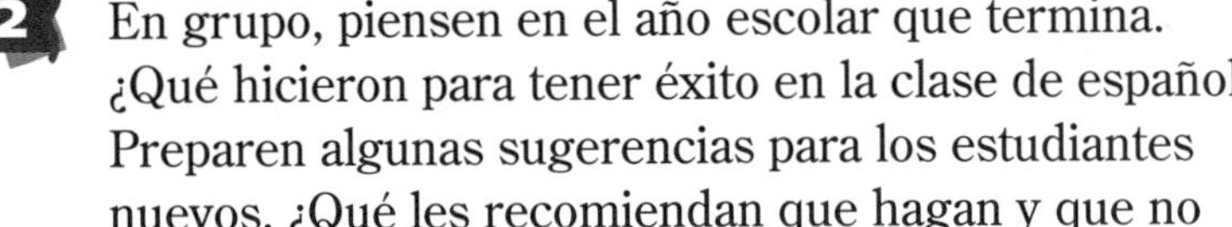

2 En grupo, piensen en el año escolar que termina. ¿Qué hicieron para tener éxito en la clase de español? Preparen algunas sugerencias para los estudiantes nuevos. ¿Qué les recomiendan que hagan y que no hagan? Usen frases como éstas:

- Es necesario / importante (que) . . .
- Les sugerimos / les recomendamos que . . .
- El (la) profesor(a) quiere que . . .

Pueden escribir sus sugerencias en un cartel y ponerlo en la pared de la sala de clases para los estudiantes del año próximo.

Conexiones

La contaminación del agua

Mira este diagrama.

1 Trabajando en grupo, comenten:

- las diferentes clases de contaminación y los efectos que tiene en el agua cada una de ellas
- cuál(es) de esas clases existe(n) en la región donde Uds. viven
- otras clases de contaminación del agua que Uds. conozcan

2 Digan qué se debe hacer para mejorar la calidad del agua. Por ejemplo:

Es importante que las fábricas . . .

Es necesario que tengamos cuidado . . .

Es mejor que las personas no echen . . .

3 Compartan *(share)* dos o tres de las recomendaciones de su grupo con la clase.

¡Vamos a leer!

Cultural Activity www.pasoapaso.com

Antes de leer

STRATEGY➤ Using prior knowledge

Ecotourism is travel to areas that need protection because they have endangered species of plants and/or animals. What would you expect to find in an ad for ecotours?

Mira la lectura

STRATEGY➤ Scanning

Scan the ad to find three attractions in Ecuador for travelers who are interested in protecting the environment.

Entre las miles de especies que viven en las islas Galápagos, hay piqueros (pájaros de patas azules), muchos tipos de iguanas terrestres y marinas y tortugas gigantes que tienen cientos de años.

Infórmate

STRATEGY➤ Coping with unknown words

1. Read the ad carefully and make a list of words you don't know. Underline the ones that you think are important to know. Work with a partner to figure them out. Then use a dictionary to verify the meanings.

2. Now read the ad again. Then read the following sentences based on it. Some are true and some are false. Change the false sentences to true ones.

   a. Hay más especies de peces en Ecuador que en Europa.
   b. No hay montañas en Ecuador.
   c. Hay sólo dos tipos de bosques en Ecuador.
   d. Samoa Turismo tiene un catamarán y un yate a motor.
   e. Los Estados Unidos tiene un número mayor de especies animales y vegetales que Ecuador.

Aplicación

What would be an attractive destination in the United States for an ecotourist? Write three sentences in Spanish telling why.

ECUADOR: ¡Bienvenido a la experiencia!

La primera consideración de Samoa Turismo al ofrecerle visitar Ecuador es naturaleza, mezclada con comodidad, seguridad y mucha simpatía.

Visitar nuestro país de apenas 283.561 kilómetros cuadrados, realmente es una hermosa experiencia; es uno de los países de mayor biodiversidad de la Tierra, tomando en cuenta su pequeña superficie, y con una riqueza florística excepcional que corresponde al 50% de la flora de Brasil y al 10% de la flora mundial.

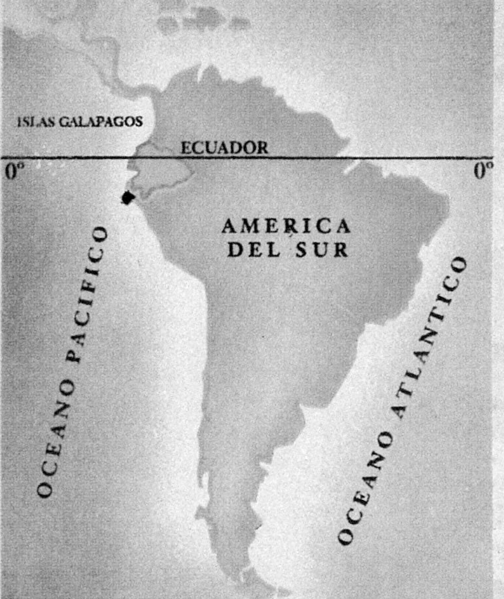

Posee más del doble de especies animales y vegetales que toda Norteamérica y podemos citar que en un solo río de la Amazonía ecuatoriana habitan 473 especies de peces mientras que todo el continente europeo tiene 70.

En Sudamérica existen 3.500 especies de aves y en todo el mundo 8.600, en Ecuador viven 1.800 especies que representarían más del 20% de la avifauna mundial.

Posee tres de los puntos excepcionales para la conservación de las especies: las estribaciones orientales de los Andes, el bosque lluvioso noroccidental y los bosques secos, semihúmedos y húmedos tropicales.

Samoa Turismo también le brinda la oportunidad de visitar las Islas Galápagos, una de las maravillas naturales del mundo, Patrimonio de la Humanidad y la selva Amazónica, considerada el pulmón de la tierra.

Al ofrecerle nuestros servicios, Samoa Turismo garantiza una operación segura, en nuestros propios yates: **"American Enterprise"**, lujoso catamarán para 16 pasajeros y 8 tripulantes; y **"Samoa I"**, yate a motor, clase turista superior para 12 pasajeros y 6 tripulantes, además de su **"Amazon Jungle Resort Village"** en la selva Amazónica ecuatoriana y sus demás servicios en el resto del país, Andes y Costa que harán de su visita algo realmente inolvidable.

SAMOA TURISMO
Bienvenido a la experiencia ...

¡Vamos a escribir!

Vamos a escribir unos poemas haiku. Los poemas haiku tienen tres líneas. La primera tiene 5 sílabas, la segunda tiene 7 y la tercera tiene 5. Por lo general, tratan de la naturaleza y de los sentimientos que inspira.

1 Para empezar, piensa en los lugares al aire libre que te gustan más, por ejemplo, un parque, un bosque o una playa. ¿Qué sientes cuando estás en uno de esos lugares? Trata de expresar tus sentimientos de una manera muy concreta y sencilla. Aquí hay unos ejemplos.

En el desierto,
la serpiente descansa.
Comió ardilla.

Al aire libre,
las hojas, el sendero,
tú y yo, tristes.

Montañas altas,
dar una caminata,
estoy cansado.

Cuenta las sílabas. No olvides que necesitas 5, 7 y 5 sílabas. Pídele sus comentarios a un(a) compañero(a) y revisa tu haiku si quieres.

2 Un libro de poesía generalmente tiene datos sobre los poetas y las poetisas. Escoge un haiku que te gusta mucho y entrevista al (a la) compañero(a) que lo escribió. Luego, haz una nota biográfica sobre él o ella. Incluye estos datos:

- cómo se llama
- cuándo y dónde nació
- qué actividades le gustan más
- cuánto tiempo hace que escribe poesía
- qué piensa ser en el futuro

3 Para distribuir su trabajo, pueden:

- hacer un libro que se llama *La naturaleza en haiku*
- enviar su trabajo al periódico o revista escolar
- enviarlo a un periódico o revista local
- exhibirlo en la sala de clases o en otro lugar de la escuela
- incluirlo en su portafolio

Repaso ¿Lo sabes bien?

Esta sección te ayudará a prepararte para el examen de habilidades, donde tendrás que hacer tareas semejantes.

Listening

Can you understand when people talk about outdoor activities? Listen as your teacher reads a sample similar to what you will hear on the test. What happened to Julio?

Reading

How well can you understand signs that deal with wildlife? Where might you see this sign?

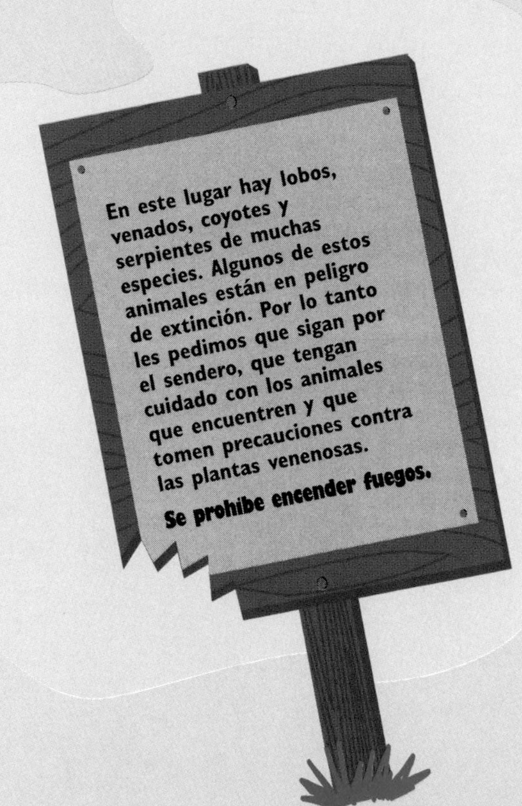

Writing

This is an excerpt from a brochure that gives advice on camping. Finish statements 2 to 4.

1. Es importante que lleven fósforos secos.
2. Se recomienda que . . .
3. Es mejor que . . .
4. Es necesario que . . .

Culture

Can you explain why a foreigner traveling in the United States might have stomach upsets?

Speaking

You and your partner have gone camping. Create a dialogue in which you solve a problem. Here is an example:

A —*¡Vaya! ¡Los fósforos están mojados!*
B —*Yo sé encender palitos con un lente de mis anteojos.*
A —*¡No me digas! ¿De verdad?*
B —*Créeme. Pero necesito que me ayudes.*
A —*Bueno. ¿Qué hago?*
B —*Primero, busca palitos y hojas secas. Luego, . . .*

MORE PRACTICE

- Más práctica y tarea, pp. 568–571

Resumen del vocabulario

Usa el vocabulario de este capítulo para:

- **discuss popular outdoor activities**
- **describe the natural environment**
- **express attitudes and opinions about the environment**

to discuss camping
ir de camping
al aire libre
el campamento
la tienda (de acampar)
poner la tienda
el saco de dormir
el fósforo
el fuego
la leña
el palito
el abrelatas
la olla
ligero, -a
pesado, -a
mojado, -a
seco, -a
contaminado, -a
roto, -a

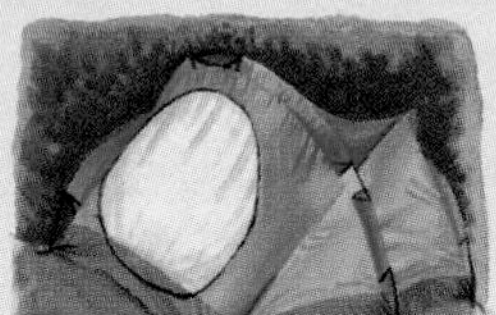

to describe nature
el amanecer
el atardecer
el desierto
el parque nacional
la colina
el valle
el fósil
la huella
la piedra
el sendero
la sombra

to discuss outdoor activities
dar una caminata
dar saltos
el trampolín, *pl.* los trampolines
escalar montañas
hacer esquí acuático
hacer moto acuática
la moto acuática
hacer surf
hacer surf de vela
la tabla (de surf)
la vela
navegar en balsa
la balsa
navegar en canoa
la canoa

to discuss plants and animals
el animal salvaje
la ardilla
la ballena
el búho
el coyote
el elefante
el gorila
el lobo, la loba
la mariposa
la pluma
la rana
la serpiente
el venado, la venada
los animales en peligro de extinción
doméstico, -a
peligroso, -a
venenoso, -a
el árbol
la hoja
el cacto
la espina
la planta silvestre

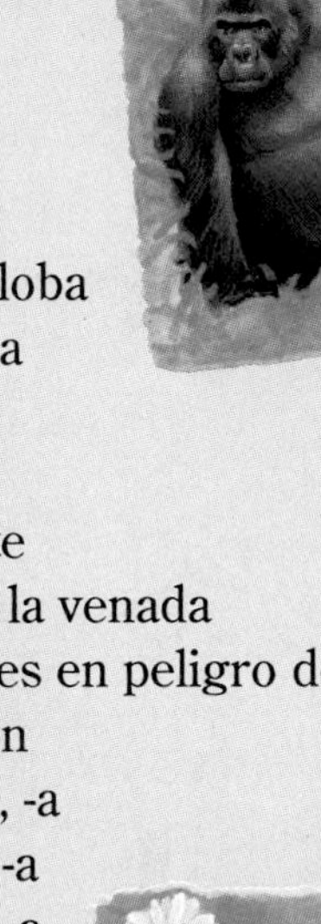

other useful words and expressions
el oxígeno
coser
recoger
secar

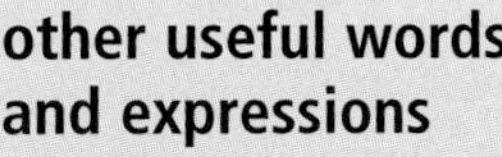

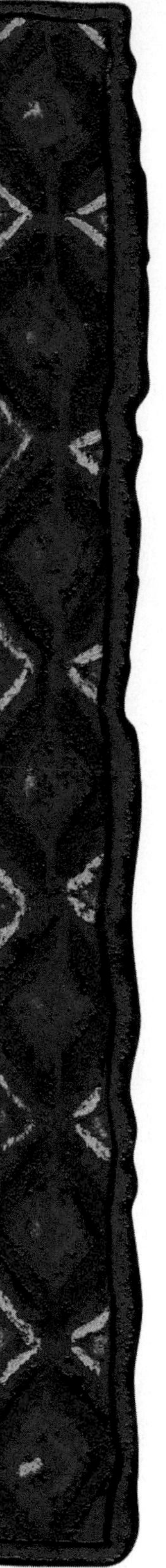

Verbos

Regular Verbs

estudiar	PRESENT INDICATIVE	estudio, estudias, estudia; estudiamos, estudiáis, estudian
	PRESENT SUBJUNCTIVE	estudie, estudies, estudie; estudiemos, estudiéis, estudien
	PRETERITE	estudié, estudiaste, estudió; estudiamos, estudiasteis, estudiaron
	IMPERFECT	estudiaba, estudiabas, estudiaba; estudiábamos, estudiabais, estudiaban
	FUTURE	estudiaré, estudiarás, estudiará; estudiaremos, estudiaréis, estudiarán
	TÚ COMMANDS	estudia, no estudies
	PRESENT PARTICIPLE	estudiando
comer	PRESENT INDICATIVE	como, comes, come; comemos, coméis, comen
	PRESENT SUBJUNCTIVE	coma, comas, coma; comamos, comáis, coman
	PRETERITE	comí, comiste, comió; comimos, comisteis, comieron
	IMPERFECT	comía, comías, comía; comíamos, comíais, comían
	FUTURE	comeré, comerás, comerá; comeremos, comeréis, comerán
	TÚ COMMANDS	come, no comas
	PRESENT PARTICIPLE	comiendo
vivir	PRESENT INDICATIVE	vivo, vives, vive; vivimos, vivís, viven
	PRESENT SUBJUNCTIVE	viva, vivas, viva; vivamos, viváis, vivan
	PRETERITE	viví, viviste, vivió; vivimos, vivisteis, vivieron
	IMPERFECT	vivía, vivías, vivía; vivíamos, vivíais, vivían
	FUTURE	viviré, vivirás, vivirá; viviremos, viviréis, vivirán
	TÚ COMMANDS	vive, no vivas
	PRESENT PARTICIPLE	viviendo

Reflexive Verbs

lavarse	PRESENT INDICATIVE	me lavo, te lavas, se lava; nos lavamos, os laváis, se lavan
	PRESENT SUBJUNCTIVE	me lave, te laves, se lave; nos lavemos, os lavéis, se laven
	PRETERITE	me lavé, te lavaste, se lavó; nos lavamos, os lavasteis, se lavaron
	IMPERFECT	me lavaba, te lavabas, se lavaba; nos lavábamos, os lavabais, se lavaban
	FUTURE	me lavaré, te lavarás, se lavará; nos lavaremos, os lavaréis, se lavarán
	TÚ COMMANDS	lávate, no te laves
	PRESENT PARTICIPLE	lavándose

Stem-Changing Verbs *(You will learn the forms that are in italics next year.)*

cerrar (e → ie)	PRESENT INDICATIVE	cierro, cierras, cierra; cerramos, cerráis, cierran
	PRESENT SUBJUNCTIVE	cierre, cierres, cierre; *cerremos, cerréis, cierren*
	PRETERITE	cerré, cerraste, cerró; cerramos, cerrasteis, cerraron
	IMPERFECT	cerraba, cerrabas, cerraba; cerrábamos, cerrabais, cerraban
	FUTURE	cerraré, cerrarás, cerrará; cerraremos, cerraréis, cerrarán
	TÚ COMMANDS	cierra, no cierres
	PRESENT PARTICIPLE	cerrando

Other verbs that follow the pattern of **cerrar: despertarse, pensar,** *and* **recomendar**.

dormir (o → ue)	PRESENT INDICATIVE	duermo, duermes, duerme; dormimos, dormís, duermen
	PRESENT SUBJUNCTIVE	duerma, duermas, duerma; *durmamos, durmáis, duerman*
	PRETERITE	dormí, dormiste, durmió; dormimos, dormisteis, durmieron
	IMPERFECT	dormía, dormías, dormía; dormíamos, dormíais, dormían
	FUTURE	dormiré, dormirás, dormirá; dormiremos, dormiréis, dormirán
	TÚ COMMANDS	duerme, no duermas
	PRESENT PARTICIPLE	durmiendo
empezar (e → ie)	PRESENT INDICATIVE	See *cerrar.*
	PRESENT SUBJUNCTIVE	empiece, empieces, empiece; *empecemos, empecéis, empiecen*
	PRETERITE	empecé, empezaste, empezó; empezamos, empezasteis, empezaron
	IMPERFECT	See *cerrar.*
	FUTURE	See *cerrar.*
	TÚ COMMANDS	See *cerrar.*
	PRESENT PARTICIPLE	See *cerrar.*
jugar (u → ue)	PRESENT INDICATIVE	juego, juegas, juega; jugamos, jugáis, juegan
	PRESENT SUBJUNCTIVE	juegue, juegues, juegue; *juguemos, juguéis, jueguen*
	PRETERITE	jugué, jugaste, jugó; jugamos, jugasteis, jugaron
	IMPERFECT	jugaba, jugabas, jugaba; jugábamos, jugabais, jugaban
	FUTURE	jugaré, jugarás, jugará; jugaremos, jugaréis, jugarán
	TÚ COMMANDS	juega, no juegues
	PRESENT PARTICIPLE	jugando
llover (o → ue)	PRESENT INDICATIVE	llueve
	PRESENT SUBJUNCTIVE	llueva
	PRETERITE	llovió
	IMPERFECT	llovía
	FUTURE	lloverá
	PRESENT PARTICIPLE	lloviendo
nevar (e → ie)	PRESENT INDICATIVE	nieva
	PRESENT SUBJUNCTIVE	nieve
	PRETERITE	nevó
	IMPERFECT	nevaba
	FUTURE	nevará
	PRESENT PARTICIPLE	nevando

pedir (e → i)	PRESENT INDICATIVE	pido, pides, pide; pedimos, pedís, piden
	PRESENT SUBJUNCTIVE	pida, pidas, pida; *pidamos, pidáis, pidan*
	PRETERITE	pedí, pediste, pidió; pedimos, pedisteis, pidieron
	IMPERFECT	pedía, pedías, pedía; pedíamos, pedíais, pedían
	FUTURE	pediré, pedirás, pedirá; pediremos, pediréis, pedirán
	TÚ COMMANDS	pide, no pidas
	PRESENT PARTICIPLE	pidiendo

Other verbs that follow the pattern of pedir: **conseguir, despedirse, seguir, servir,** *and* **vestirse.**

perder (e → ie)	PRESENT INDICATIVE	pierdo, pierdes, pierde; perdemos, perdéis, pierden
	PRESENT SUBJUNCTIVE	pierda, pierdas, pierda; *perdamos, perdáis, pierdan*
	PRETERITE	perdí, perdiste, perdió; perdimos, perdisteis, perdieron
	IMPERFECT	perdía, perdías, perdía; perdíamos, perdíais, perdían
	FUTURE	perderé, perderás, perderá; perderemos, perderéis, perderán
	TÚ COMMANDS	pierde, no pierdas
	PRESENT PARTICIPLE	perdiendo
poder (o → ue)	See Irregular Verbs.	
preferir (e → ie)	PRESENT INDICATIVE	prefiero, prefieres, prefiere; preferimos, preferís, prefieren
	PRESENT SUBJUNCTIVE	prefiera, prefieras, prefiera; *prefiramos, prefiráis, prefieran*
	PRETERITE	preferí, preferiste, prefirió; preferimos, preferisteis, prefirieron
	IMPERFECT	prefería, preferías, prefería; preferíamos, preferíais, preferían
	FUTURE	preferiré, preferirás, preferirá; preferiremos, preferiréis, preferirán
	TÚ COMMANDS	prefiere, no prefieras
	PRESENT PARTICIPLE	prefiriendo

Other verbs that follow the pattern of **preferir: divertirse, encender, hervir, mentir, sentirse,** *and* **sugerir.**

probar (o → ue)	PRESENT INDICATIVE	pruebo, pruebas, prueba; probamos, probáis, prueban
	PRESENT SUBJUNCTIVE	pruebe, pruebes, pruebe; *probemos, probéis, prueben*
	PRETERITE	probé, probaste, probó; probamos, probasteis, probaron
	IMPERFECT	probaba, probabas, probaba; probábamos, probabais, probaban
	FUTURE	probaré, probarás, probará; probaremos, probaréis, probarán
	TÚ COMMANDS	prueba, no pruebes
	PRESENT PARTICIPLE	probando

Other verbs that follow the pattern of **probar: acostarse, colgar, encontrar, mostrar, probarse,** *and* **recordar**.

querer (e → ie)	See Irregular Verbs.	
soler (o → ue)	PRESENT INDICATIVE	suelo, sueles, suele; solemos, soléis, suelen
	PRESENT SUBJUNCTIVE	suela, suelas, suela; *solamos, soláis, suelan*
	PRETERITE	solí, soliste, solió; solimos, solisteis, solieron
	IMPERFECT	solía, solías, solía; solíamos, solíais, solían
	FUTURE	soleré, solerás, solerá; soleremos, soleréis, solerán
	TÚ COMMANDS	suele, no suelas
	PRESENT PARTICIPLE	soliendo

Other verbs that follow the pattern of **soler: devolver** *and* **revolver**.

Verbs with Spelling Changes

actuar (u → ú)	PRESENT INDICATIVE	actúo, actúas, actúa; actuamos, actuáis, actúan
	PRESENT SUBJUNCTIVE	actúe, actúes, actúe; actuemos, actuéis, actúen
	PRETERITE	actué, actuaste, actuó; actuamos, actuasteis, actuaron
	IMPERFECT	actuaba, actuabas, actuaba; actuábamos, actuabais, actuaban
	FUTURE	actuaré, actuarás, actuará; actuaremos, actuaréis, actuarán
	TÚ COMMANDS	actúa, no actúes
	PRESENT PARTICIPLE	actuando

Other verbs that follow the pattern of **actuar: graduarse**.

apagar (g → gu)	PRESENT INDICATIVE	apago, apagas, apaga; apagamos, apagáis, apagan
	PRESENT SUBJUNCTIVE	apague, apagues, apague; apaguemos, apaguéis, apaguen
	PRETERITE	apagué, apagaste, apagó; apagamos, apagasteis, apagaron
	IMPERFECT	apagaba, apagabas, apagaba; apagábamos, apagabais, apagaban
	FUTURE	apagaré, apagarás, apagará; apagaremos, apagaréis, apagarán
	TÚ COMMANDS	apaga, no apagues
	PRESENT PARTICIPLE	apagando

Other verbs that follow the pattern of **apagar: despegar, entregar, investigar, llegar, navegar,** *and* **pagar**.

buscar (c → qu)	PRESENT INDICATIVE	busco, buscas, busca; buscamos, buscáis, buscan
	PRESENT SUBJUNCTIVE	busque, busques, busque; busquemos, busquéis, busquen
	PRETERITE	busqué, buscaste, buscó; buscamos, buscasteis, buscaron
	IMPERFECT	buscaba, buscabas, buscaba; buscábamos, buscabais, buscaban
	FUTURE	buscaré, buscarás, buscará; buscaremos, buscaréis, buscarán
	TÚ COMMANDS	busca, no busques
	PRESENT PARTICIPLE	buscando

Other verbs that follow the pattern of **buscar: explicar, indicar, picar, practicar, sacar, secar(se),** *and* **tocar**.

conocer (c → zc)	PRESENT INDICATIVE	conozco, conoces, conoce; conocemos, conocéis, conocen
	PRESENT SUBJUNCTIVE	conozca, conozcas, conozca; conozcamos, conozcáis, conozcan
	PRETERITE	conocí, conociste, conoció; conocimos, conocisteis, conocieron
	IMPERFECT	conocía, conocías, conocía; conocíamos, conocíais, conocían
	FUTURE	conoceré, conocerás, conocerá; conoceremos, conoceréis, conocerán
	TÚ COMMANDS	conoce, no conozcas
	PRESENT PARTICIPLE	conociendo

Other verbs that follow the pattern of **conocer: desobedecer, obedecer,** *and* **parecer**.

creer (e → y)	PRESENT INDICATIVE	creo, crees, cree; creemos, creéis, creen
	PRESENT SUBJUNCTIVE	crea, creas, crea; creamos, creáis, crean
	PRETERITE	creí, creíste, creyó; creímos, creísteis, creyeron
	IMPERFECT	creía, creías, creía; creíamos, creíais, creían
	FUTURE	creeré, creerás, creerá; creeremos, creeréis, creerán
	TÚ COMMANDS	cree, no creas
	PRESENT PARTICIPLE	creyendo

Other verbs that follow the pattern of **creer: leer**.

cruzar (z → c)	PRESENT INDICATIVE	cruzo, cruzas, cruza; cruzamos, cruzáis, cruzan
	PRESENT SUBJUNCTIVE	cruce, cruces, cruce; crucemos, crucéis, crucen
	PRETERITE	crucé, cruzaste, cruza; cruzamos, cruzasteis, cruzaron
	IMPERFECT	cruzaba, cruzabas, cruzaba; cruzábamos, cruzabais, cruzaban
	FUTURE	cruzaré, cruzarás, cruzará; cruzaremos, cruzaréis, cruzarán
	TÚ COMMANDS	cruza, no cruces
	PRESENT PARTICIPLE	cruzando

Other verbs that follow the pattern of **cruzar: lanzar.**

dirigir (g → j)	PRESENT INDICATIVE	dirijo, diriges, dirige; dirigimos, dirigís, dirigen
	PRESENT SUBJUNCTIVE	See *escoger.*
	PRETERITE	See *escoger.*
	IMPERFECT	See *escoger.*
	FUTURE	See *escoger.*
	TÚ COMMANDS	See *escoger.*
	PRESENT PARTICIPLE	See *escoger.*

empezar (z → c) See Stem-Changing Verbs.

escoger (g → j)	PRESENT INDICATIVE	escojo, escoges, escoge; escogemos, escogéis, escogen
	PRESENT SUBJUNCTIVE	escoja, escojas, escoja; escojamos, escojáis, escojan
	PRETERITE	escogí, escogiste, escogió; escogimos, escogisteis, escogieron
	IMPERFECT	escogía, escogías, escogía; escogíamos, escogíais, escogían
	FUTURE	escogeré, escogerás, escogerá; escogeremos, escogeréis, escogerán
	TÚ COMMANDS	escoge, no escojas
	PRESENT PARTICIPLE	escogiendo

Other verbs that follow the pattern of **escoger: proteger(se)** *and* **recoger.**

incluir (i → y)	PRESENT INDICATIVE	incluyo, incluyes, incluye; incluimos, incluís, incluyen
	PRESENT SUBJUNCTIVE	incluya, incluyas, incluya; incluyamos, incluyáis, incluyan
	PRETERITE	incluí, incluiste, incluyó; incluimos, incluisteis, incluyeron
	IMPERFECT	incluía, incluías, incluía; incluíamos, incluíais, incluían
	FUTURE	incluiré, incluirás, incluirá; incluiremos, incluiréis, incluirán
	TÚ COMMANDS	incluye, no incluyas
	PRESENT PARTICIPLE	incluyendo

Other verbs that follow the pattern of **incluir: destruir.**

jugar (g → gu) See Stem-Changing Verbs.

Irregular Verbs *(You will learn the forms that are in italics next year.)*

caerse	PRETERITE	me caí, te caíste, se cayó; nos caímos, os caísteis, se cayeron *For all other forms, see* **traer** and Reflexive Verbs.

dar	PRESENT INDICATIVE	doy, das, da; damos, dais, dan
	PRESENT SUBJUNCTIVE	*dé, des, dé; demos, deis, den*
	PRETERITE	di, diste, dio; dimos, disteis, dieron
	IMPERFECT	daba, dabas, daba; dábamos, dabais, daban
	FUTURE	daré, darás, dará; daremos, daréis, darán
	TÚ COMMANDS	da, *no des*
	PRESENT PARTICIPLE	dando

decir	PRESENT INDICATIVE	digo, dices, dice; decimos, decís, dicen
	PRESENT SUBJUNCTIVE	diga, digas, diga; digamos, digáis, digan
	PRETERITE	dije, dijiste, dijo; dijimos, dijisteis, dijeron
	IMPERFECT	decía, decías, decía; decíamos, decíais, decían
	FUTURE	diré, dirás, dirá; diremos, diréis, dirán
	TÚ COMMANDS	di, no digas
	PRESENT PARTICIPLE	diciendo
estar	PRESENT INDICATIVE	estoy, estás, está; estamos, estáis, están
	PRESENT SUBJUNCTIVE	*esté, estés, esté; estemos, estéis, estén*
	PRETERITE	estuve, estuviste, estuvo; estuvimos, estuvisteis, estuvieron
	IMPERFECT	estaba, estabas, estaba; estábamos, estabais, estaban
	FUTURE	estaré, estarás, estará; estaremos, estaréis, estarán
	TÚ COMMANDS	está, *no estés*
	PRESENT PARTICIPLE	estando
haber	PRESENT INDICATIVE	hay
	PRESENT SUBJUNCTIVE	*haya*
	PRETERITE	hubo
	IMPERFECT	había
	FUTURE	habrá
hacer	PRESENT INDICATIVE	hago, haces, hace; hacemos, hacéis, hacen
	PRESENT SUBJUNCTIVE	haga, hagas, haga; hagamos, hagáis, hagan
	PRETERITE	hice, hiciste, hizo; hicimos, hicisteis, hicieron
	IMPERFECT	hacía, hacías, hacía; hacíamos, hacíais, hacían
	FUTURE	haré, harás, hará; haremos, haréis, harán
	TÚ COMMANDS	haz, no hagas
	PRESENT PARTICIPLE	haciendo
ir	PRESENT INDICATIVE	voy, vas, va; vamos, vais, van
	PRESENT SUBJUNCTIVE	vaya, vayas, vaya; vayamos, vayáis, vayan
	PRETERITE	fui, fuiste, fue; fuimos, fuisteis, fueron
	IMPERFECT	iba, ibas, iba; íbamos, ibais, iban
	FUTURE	iré, irás, irá; iremos, iréis, irán
	TÚ COMMANDS	ve, no vayas
	PRESENT PARTICIPLE	*yendo*
mantenerse	See *tener* and Reflexive Verbs.	
nacer	PRETERITE	nací, naciste, nació; nacimos, nacisteis, nacieron
poder	PRESENT INDICATIVE	puedo, puedes, puede; podemos, podéis, pueden
	PRESENT SUBJUNCTIVE	pueda, puedas, pueda; *podamos, podáis, puedan*
	PRETERITE	pude, pudiste, pudo; pudimos, pudisteis, pudieron
	IMPERFECT	podía, podías, podía; podíamos, podíais, podían
	FUTURE	podré, podrás, podrá; podremos, podréis, podrán
	TÚ COMMANDS	puede, no puedas
	PRESENT PARTICIPLE	*pudiendo*
poner	PRESENT INDICATIVE	pongo, pones, pone; ponemos, ponéis, ponen
	PRESENT SUBJUNCTIVE	ponga, pongas, ponga; pongamos, pongáis, pongan
	PRETERITE	puse, pusiste, puso; pusimos, pusisteis, pusieron
	IMPERFECT	ponía, ponías, ponía; poníamos, poníais, ponían
	FUTURE	pondré, pondrás, pondrá; pondremos, pondréis, pondrán
	TÚ COMMANDS	pon, no pongas
	PRESENT PARTICIPLE	poniendo

querer	PRESENT INDICATIVE	quiero, quieres, quiere; queremos, queréis, quieren
	PRESENT SUBJUNCTIVE	quiera, quieras, quiera; *queramos, queráis, quieran*
	PRETERITE	quise, quisiste, quiso; quisimos, quisisteis, quisieron
	IMPERFECT	quería, querías, quería; queríamos, queríais, querían
	FUTURE	querré, querrás, querrá; querremos, querréis, querrán
	TÚ COMMANDS	quiere, no quieras
	PRESENT PARTICIPLE	queriendo
saber	PRESENT INDICATIVE	sé, sabes, sabe; sabemos, sabéis, saben
	PRESENT SUBJUNCTIVE	*sepa, sepas, sepa; sepamos, sepáis, sepan*
	PRETERITE	*supe, supiste, supo; supimos, supisteis, supieron*
	IMPERFECT	sabía, sabías, sabía; sabíamos, sabíais, sabían
	FUTURE	sabré, sabrás, sabrá; sabremos, sabréis, sabrán
	TÚ COMMANDS	sabe, *no* sepas
	PRESENT PARTICIPLE	sabiendo
salir	PRESENT INDICATIVE	salgo, sales, sale; salimos, salís, salen
	PRESENT SUBJUNCTIVE	salga, salgas, salga; salgamos, salgáis, salgan
	PRETERITE	salí, saliste, salió; salimos, salisteis, salieron
	IMPERFECT	salía, salías, salía; salíamos, salíais, salían
	FUTURE	saldré, saldrás, saldrá; saldremos, saldréis, saldrán
	TÚ COMMANDS	sal, no salgas
	PRESENT PARTICIPLE	saliendo
ser	PRESENT INDICATIVE	soy, eres, es; somos, sois, son
	PRESENT SUBJUNCTIVE	sea, seas, sea; seamos, seáis, sean
	PRETERITE	fui, fuiste, fue; fuimos, fuisteis, fueron
	IMPERFECT	era, eras, era; éramos, erais, eran
	FUTURE	seré, serás, será; seremos, seréis, serán
	TÚ COMMANDS	sé, no seas
	PRESENT PARTICIPLE	*siendo*
tener	PRESENT INDICATIVE	tengo, tienes, tiene; tenemos, tenéis, tienen
	PRESENT SUBJUNCTIVE	tenga, tengas, tenga; tengamos, tengáis, tengan
	PRETERITE	tuve, tuviste, tuvo; tuvimos, tuvisteis, tuvieron
	IMPERFECT	tenía, tenías, tenía; teníamos, teníais, tenían
	FUTURE	tendré, tendrás, tendrá; tendremos, tendréis, tendrán
	TÚ COMMANDS	ten, no tengas
	PRESENT PARTICIPLE	teniendo
traer	PRESENT INDICATIVE	traigo, traes, trae; traemos, traéis, traen
	PRESENT SUBJUNCTIVE	traiga, traigas, traiga; traigamos, traigáis, traigan
	PRETERITE	traje, trajiste, trajo; trajimos, trajisteis, trajeron
	IMPERFECT	traía, traías, traía; traíamos, traíais, traían
	FUTURE	traeré, traerás, traerá; traeremos, traeréis, traerán
	TÚ COMMANDS	trae, no traigas
	PRESENT PARTICIPLE	trayendo
ver	PRESENT INDICATIVE	veo, veas, ve; vemos, veis, ven
	PRESENT SUBJUNCTIVE	vea, veas, vea; veamos, veáis, vean
	PRETERITE	vi, viste, vio; vimos, visteis, vieron
	IMPERFECT	veía, veías, veía; veíamos, veíais, veían
	FUTURE	veré, verás, verá; veremos, veréis, verán
	TÚ COMMANDS	ve, no veas
	PRESENT PARTICIPLE	viendo

VOCABULARIO ESPAÑOL-INGLÉS

This *Vocabulario* contains all active vocabulary from PASO A PASO 1 and 2.

A dash (—) represents the main entry word. For example, **al —** after **el horno** means **al horno.**

The number following each entry indicates the chapter in which the word or expression is presented. A Roman numeral (I) indicates that the word was presented in PASO A PASO 1.

The following abbreviations are used: *adj.* (adjective), *dir. obj.* (direct object), *f.* (feminine), *fam.* (familiar), *ind. obj.* (indirect object), *inf.* (infinitive), *m.* (masculine), *pl.* (plural), *prep.* (preposition), *pron.* (pronoun), *sing.* (singular).

a, al ***(a + el)*** at; to (I)
la **abeja** bee (9)
el **abogado, la abogada** lawyer (11)
abrazarse to hug, to embrace (6)
el **abrelatas** can opener (14)
el **abrigo** coat (I)
abril April (I)
abrir to open (I)
abrocharse to fasten (12)
el **abuelo, la abuela** grandfather, grandmother (I)
los **abuelos** grandparents (I)
aburrido, -a boring (I)
aburrir to bore (I)
  —se to be bored (4)
acampar: la tienda de — tent (14)
el **accidente** accident (9)
acción: la película de — action film (10)
Acción *see* **Día**
el **aceite** oil (13)
acondicionado *see* **aire**
acostarse *(o → ue)* to go to bed (2)
la **actividad** activity (2)
el **actor, la actriz** actor, actress (I)
la **actuación** acting (10)
actuar to act (10)
acuático, -a *see* **esquí, moto**
acuerdo: estar de — to agree (I)
además in addition, besides (9)
adiós good-by (I)
¿adónde? (to) where? (I)
la **aduana** customs (12)
el **aduanero, la aduanera** customs agent (12)
aérea: la línea — airline (12)
el **aeropuerto** airport (12)
afeitar:
  —se to shave (8)
  la crema de — shaving cream (8)
  la máquina de — razor (8)
la **agencia de viajes** travel agency (12)
el/la **agente (de viajes)** (travel) agent (12)
agosto August (I)
agrio, -a sour (13)
el **agua** *f.* water (I)
el **aguacate** avocado (I)
ahora now (I)
ahorrar to save (7)
el **aire** air (I)
  al — libre outdoors (14)
  el — acondicionado air conditioning (7)
el **ajedrez** chess (4)
el **ajo** garlic (13)
alegre happy, festive (4)
el **alemán** German *(language)* (1)
la **alergia** allergy (9)
alérgico, -a (a) allergic (to) (9)
el **álgebra** *f.* algebra (1)
algo something (I)
  — más something else (I)
el **algodón** cotton (3)
alguien someone, somebody (I, 3)
alguno (algún), -a some (I, 1)
  —a vez ever (I)
la **alimentación** nourishment, food (13)
allí there (I)
  — está there it is (I)
el **almacén** department store (I)
el **almuerzo** lunch (I)
  en el — for lunch (I)
alto, -a tall (I)
el **alto: la señal de —** stop sign (8)
el **aluminio** aluminum (I)
amable kind, nice (I)
el **amanecer** dawn, sunrise (14)
amargo, -a bitter (13)
amarillo, -a yellow (I)
el **ambiente** atmosphere (I)
  el medio — environment (I, 11)
la **ambulancia** ambulance (9)
la **amenaza** threat (I)
el **amigo, la amiga** friend (I)
el **análisis** medical test (9)
anaranjado, -a orange *(color)* (I)
el **anillo** ring (7)
el **animal** animal (I, 5)
  el — de peluche stuffed animal (5)
el **aniversario (de boda)** (wedding) anniversary (6)
anoche last night (I)
los **anteojos (de sol)** (sun)glasses (I, 7)
antes de + *verb* before + *verb* + -ing (2)
antialérgico, -a non-allergenic (9)
el **antibiótico** antibiotic (9)
antiguo, -a old, traditional (I)
antipático, -a unfriendly, unpleasant (I)
el **anuario** yearbook (2)
el **anuncio** ad, commercial (I)
el **año** year (I)
  a los . . . —s at the age of . . . (6)
  el — Nuevo New Year's Day (6)
  ¿cuántos — tienes? how old are you? (I)
  cumplir —s to have a birthday (6)
  la fiesta de fin de — New Year's Eve party (I)
  el fin de — New Year's Eve (6)
  tener . . . —s to be . . . years old (I)
apagar to turn off (I, 7); to blow out *(candles)* (6)
el **aparato** appliance, device (7)
el **apartamento** apartment (I)
aprender to learn (I)
apretado, -a tight *(clothing)* (3)
aquel, aquella; aquellos, -as that (over there); those (over there) (3)
aquél, aquélla; aquéllos, -as *pron.* that one (over there); those (over there) (3)
aquí here (I)
  — está here it is (I)
  por — around here (I)
la **araña** spider (9)
el **árbol** tree (I, 14)
la **ardilla** squirrel (14)
el **arete** earring (I, 7)
el **argumento** plot (10)
el **armario** locker (1)
arreglar to clean up (I)
arrestar to arrest (10)

el **arroz** rice (I)
el **arte** art (I, 4)
las—s marciales martial arts (2)
la **artesanía** handcrafts (12)
artístico, -a artistic (I)
asado, -a roasted (13)
el **ascensor** elevator (8)
asco: ¡qué —! yuck! that's disgusting! (I)
así, así so-so, fair (I)
el **asiento** seat (1)
la **aspiradora** vacuum cleaner (I)
pasar la — to vacuum (I)
el/la **astronauta** astronaut (11)
el **atardecer** sunset (14)
aterrizar to land (12)
atractivo, -a attractive (I)
atrevido, -a bold, daring (I)
el **auditorio** auditorium (1)
el **autobús** bus (I)
la parada del — bus stop (I)
automático, -a automatic (11)
el/la **auxiliar de vuelo** flight attendant (12)
la **avenida** avenue (I)
aventura: la película de —s adventure film (I)
el **avión** airplane (12)
¡ay! ouch! (I)
ayer yesterday (I)
la **ayuda** help, assistance (10)
ayudar to help (I)
el **azúcar** sugar (I)
azul, *pl.* **azules** blue (I)

bailar to dance (I, 6)
el **bailarín, la bailarina** dancer (11)
el **baile** dance (I, 6)
baja: el sube y — seesaw (5)
bajo, -a short *(height)* (I)
la **ballena** whale (I, 14)
el **balón** *(inflated)* ball (4)
la **balsa** raft (14)
navegar en — to go river rafting (14)
bañarse to take a bath (2)
el **banco** bank (I)
la **banda** band (2)
la **bandera** flag (1)
el **baño** bathroom (I)
el traje de — bathing suit (I)
barato, -a cheap, inexpensive (I)
la **barbacoa** barbecue (13)
hacer una — to have a barbecue (13)
basado, -a (en) based (on) (10)
básquetbol: jugar — to play basketball (I)
bastante rather, quite (I, 4)
la **basura** garbage (I)
el **bate** (baseball) bat (4)
beber to drink (I)
la **bebida** beverage (I)
el **béisbol** baseball (I)
besarse to kiss (6)
la **biblioteca** library (I)
la **bicicleta** bicycle (I, 4)
montar en — to ride a bike (4)
bien well (I)
la **biología** biology (1)
el **bisabuelo, la bisabuela** great-grandfather, great-grandmother (6)
el **bistec** steak (I)
blanco, -a white (I)
el **bloque** block *(toy)* (5)
la **blusa** blouse (I)
la **boca** mouth (I)
el **bocadillo** Spanish-style sandwich (13)
la **boda** wedding (6)
el **boleto (de ida y vuelta)** (round-trip) ticket (12)
el **bolígrafo** pen (I)
los **bolos** bowling (4)
el **bolsillo** pocket (3)
el **bolso** gym bag, book bag (1); purse (3)
el **bombero, la bombera** firefighter (8)
la estación de —s fire station (8)
el **bombillo** light bulb (7)
bonito, -a pretty (I)
el **bosque** woods (11)
la **bota** boot (I)
el **bote** rowboat (I)
pasear en — to row (I)
la **botella** bottle (I, 11)
el **botín** half boots (3)
el **botón** button (3)
el **brazo** arm (I)
el **bronceador** suntan lotion (I)
bucear to skin-dive (I)
bueno (buen), -a good (I)
bueno OK, fine, all right (I)
la **bufanda** muffler, scarf (I)
el **bufet de ensaladas** salad bar (1)
el **búho** owl (14)
el **burrito** burrito (I)
buscar to look for (I)
el **buzón** mailbox (8)
el **caballero: la ropa para —s** men's wear (8)
el **caballo** horse (10)
montar a — to ride a horse (10)
la **cabeza** head (I)
tener dolor de — to have a headache (I)
el **cacto** cactus (14)
la **cadena** chain (7)
caerse to fall down (9)
el **café** coffee (I)
la **cafetería** cafeteria (1)
la **caja** cashier's station (8)
el **cajero, la cajera** cashier (3)
el **cajón de arena** sandbox (5)
la **calabaza** pumpkin (13)
la **calamina** calamine lotion (9)
el **calcetín** sock (I)
la **calculadora** calculator (I)
la **calefacción** heating (7)
el **calentador** heater (7)
caliente: el perro — hot dog (13)
callado, -a quiet (I)
la **calle** street (I)
calor:
hace — it's hot (out) (I)
tener — to be hot *(person)* (I)
la **caloría** calorie (13)
la **cama** bed (I)
la **cámara** camera (I)
el **camarero, la camarera** waiter, waitress (I)
el **camarón** shrimp (13)
cambiar to change (10); to cash (12)
el **cambio** change (11)
la casa de — currency exchange (12)
caminar to walk (5)
caminata: dar una — to go hiking (14)
el **camión** truck (5)
la **camisa** shirt (I)
la **camiseta** T-shirt (I)
el **campamento** campground (14)
el **campeón, la campeona** champion (4)
el **campeonato** championship (4)
camping: ir de — to go camping (14)
el **campo** countryside (I)
el **canal** (TV) channel (I)
la **canción** song (2)
la **canoa** canoe (14)
navegar en — to go canoeing (14)
canoso: pelo — gray hair (I)
cansado, -a tired (I)

el/la **cantante** singer (11)
cantar to sing (I, 2)
el **capítulo** chapter (1)
la **cara** face (2)
el **carbohidrato** carbohydrate (13)
cariñoso, -a affectionate, loving (I)
la **carne (de res)** beef (I)
el **carnet de identidad** ID card (7)
la **carnicería** butcher shop (8)
caro, -a expensive (I)
la **carpeta** pocket folder (I)
  la — de argollas three-ring binder (I)
la **carretera** highway (8)
el **carrusel** merry-go-round (5)
la **carta** letter (I)
  a la — a la carte (I)
el **cartel** poster (I)
la **cartera** wallet (3)
el **cartón** cardboard (I, 11)
la **casa** house (I)
  la — de cambio currency exchange (12)
  en — at home (I)
  la especialidad de la — house specialty (I)
casado, -a (con) married (to) (6)
casarse (con) to marry, to get married to (6)
el **casco** helmet (4)
el **casete** cassette (4)
casi almost (I)
caso: en — de in case of (7)
castaño: pelo — brown (chestnut) hair (I)
el **catálogo** catalog (3)
las **cataratas** waterfall (I)
la **catedral** cathedral (I)
catorce fourteen (I)
la **cebolla** onion (I)
la **celebración** celebration (6)
celebrar to celebrate (6)
la **cena** dinner (I)
central central (7)
el **centro** center (I); downtown (8)
  el — comercial mall (I)
cepillarse (los dientes) to brush (one's teeth) (2)
el **cepillo** brush (8)
  el — de dientes toothbrush (8)
cerca (de) near (I)
el **cerdo** pork (13)
el **cereal** cereal (I)
la **cereza** cherry (13)
cero zero (I)
cerrar *(e → ie)* to close (I)
el **césped** lawn (I)

el **cesto de la ropa sucia** laundry hamper (3)
el **chaleco** vest (3)
el **champiñón** mushroom (13)
el **champú** shampoo (I)
el **chandal** sweatsuit (3)
la **chaqueta** jacket (I)
el **chaquetón** car coat (3)
charlar to chat (6)
el **cheque** check (3)
  el — de viajero traveler's check (12)
el **chile** chili pepper (I)
  el — con carne beef with beans (I)
  el — relleno stuffed pepper (I)
el **chocolate** hot chocolate (I)
el **chorizo** sausage (13)
el **churro** churro (I)
cien one hundred (I)
la **ciencia ficción** science fiction (I)
las **ciencias** science (I)
  — de la salud health (science) (I)
  — sociales social studies (I)
el **científico, la científica** scientist (10)
ciento uno, -a; ciento dos; etc. 101, 102, etc. (I)
cinco five (I)
cincuenta fifty (I)
el **cine** movies, movie theater (I)
el **cinturón** belt (3)
  el — de seguridad seatbelt (12)
la **ciudad** city (I)
el **clarinete** clarinet (2)
claro: ¡— que sí/no! of course (not) (I)
claro, -a light *(color)* (3)
la **clase (de)** class; kind, type (I)
  después de las —s after school (I)
  la sala de —s classroom (I)
clásico, -a classical (4)
la **clínica** clinic (I)
el **club** club (2)
el **coche** car (I)
cocido, -a cooked (13)
la **cocina** kitchen (I)
cocinar to cook (I)
el **cocinero, la cocinera** cook (13)
el **codo** elbow (9)
la **colección** collection (5)
coleccionar to collect (5)
colgar *(o → ue)* to hang (3)
la **colina** hill (14)
el **collar** necklace (I, 7)

el **color** color (I)
  ¿de qué —? what color? (I)
  en —es in color (I)
el **columpio** swing (5)
la **comedia** comedy, sitcom (I)
el **comedor** dining room (I)
el **comentario (sobre)** review (of) (10)
comer to eat (I)
los **comestibles** groceries (I)
cómico, -a comical (I)
la **comida** meal, food (I)
como like, as (I)
  tan + *adj.* + **—** as + *adj.* + as (1)
  tanto(s), -a(s) + noun + **—** as much (many) + *noun* + as (3)
¿cómo? how? (I)
  ¿— eres? what are you like? (I)
  ¿— estás/está Ud.? how are you? (I)
  ¡— no! certainly! (I)
  ¿— se dice . . . ? how do you say . . . ? (I)
  ¿— se llama(n)? what is his/her/their name? (I)
  ¿— te llamas? what's your name? (I)
la **cómoda** dresser (I)
cómodo, -a comfortable (I)
el **compañero, la compañera** classmate (I)
la **composición** composition (1)
comprar to buy (I)
compras:
  hacer las — to shop (8)
  ir de — to go shopping (I)
  el programa de — home shopping show (10)
la **computadora** computer (1)
la **comunidad** community (I)
con with (I)
el **concierto** concert (I)
concursos: el programa de — game show (10)
congelado, -a frozen (13)
conmigo with me (I)
conocer *(c → zc)* to know, to be aquainted with (I, 1)
conseguir *(e → i)* to get, to obtain (12)
el **consejero, la consejera** counselor (1)
el **consejo estudiantil** student council (2)
consentido, -a spoiled *(child)* (5)
conservar to conserve, to save (I, 7)
contaminado, -a contaminated, polluted (I, 14)

contaminar to pollute (11)
contestar to answer (1)
contigo with you (I)
el **contrabajo** bass (2)
el **control remoto** remote control (7)
la **corbata** necktie (I, 3)
el **coro** chorus, choir (2)
el **correo** post office (I)
correr to run, to jog (4)
cortar to cut (I, 13)
—se to cut oneself (9)
corto, -a short *(length)* (I)
la **cosa** thing (I)
coser to sew (14)
costar *(o → ue)* to cost (I)
el **coyote** coyote (14)
crédito: la tarjeta de — credit card (3)
creer to think, to believe (I)
creo que sí (no) I (don't) think so (I)
la **cremallera** zipper (3)
el **crimen** crime (10)
el/la **criminal** criminal (10)
el **cruce** intersection (8)
el **crucigrama** crossword puzzle (4)
cruzar to cross (8)
el **cuaderno** spiral notebook (I)
la **cuadra** block (I)
cuadrado, -a square (I)
el **cuadro** picture (I)
cuadros: a — plaid, checked (3)
¿cuál(es)? what? which? which one(s)? (I)
cuando, ¿cuándo? when (I)
de vez en — sometimes (7)
¿cuánto? how much? (I)
¿— (tiempo) hace que . . . ? how long has it been since . . . ? (I)
¿cuántos, -as? how many? (I)
¿— años tiene . . . ? how old is . . . ? (I)
cuarenta forty (I)
cuarto, -a quarter; fourth (I)
y — *(time)* quarter after, quarter past (I)
el **cuarto** room (I)
cuatro four (I)
cuatrocientos four hundred (I)
la **cucaracha** cockroach (9)
la **cuchara** spoon (I)
el **cuchillo** knife (I)
el **cuello** neck (I)
el suéter de — alto turtleneck (3)
la **cuenta** bill *(restaurant)* (I)
la **cuerda** rope (5)
saltar a la — to jump rope (5)
el **cuero** leather (I)
de — (made of) leather (I)
el **cuerpo** body (I)
cuidado: tener — (con) to be careful (with / of) (12)
cuidar niños to baby-sit (2)
el **cumpleaños** birthday (I, 6)
¡feliz —! happy birthday! (I)
la fiesta de — birthday party (I)
la tarjeta de — birthday card (I)
cumplir años to have a birthday (6)
el **cuñado, la cuñada** brother-in-law, sister-in-law (6)

damas: la ropa para — ladies' wear (8)
las **damas** checkers (4)
dañar to damage (10)
daño: hacer — a to make ill, not to agree with *(food)* (13)
dar to give (I)
— + *movie or TV program* to show (I)
— una caminata to go hiking (14)
— miedo a to scare (I)
— saltos to dive (14)
—se la mano to shake hands (6)
(me) da igual it's all the same (to me) (3)
de, del *(de + el)* from; of; — 's, — s' (I)
— + *material* made of (I)
— nada you're welcome (I)
— postre for dessert (I)
¿— veras? really? (I)
debajo de under(neath) (I)
deber ought to, should (I)
decir to say, to tell (I)
¿cómo se dice . . . ? how do you say . . . ? (I)
—se "¡Hola!" to say hello (6)
¡no me digas! really?, you don't say! (I)
¿qué quiere — . . . ? what does . . . mean? (I)
se dice . . . it is said (I)
la **decoración** decoration (I)
dedicarse (a) to be involved in; to devote oneself (to) (11)
el **dedo** finger (I)
el — del pie toe (I)
delante de in front of (I)
demasiado too (I)
dental: la seda — dental floss (8)
el/la **dentista** dentist (I)
depender (de) to depend (on) (I, 2)
los **deportes** sports (I)
deportista athletic (I)
el/la **deportista** athlete (11)
deportivo, -a *adj.* sports (I)
depositar to deposit (I)
derecha: a la — (de) to the right (of) (I)
derecho, -a right (I)
el **derrumbe** landslide (10)
desabrocharse to unfasten (12)
el **desastre** disaster (4)
desayunar to have breakfast (2)
el **desayuno** breakfast (I)
descansar to rest (I)
el **descuento: la tienda de —s** discount store (I)
desde (que + *verb*) since, from (6)
desear: ¿qué desea Ud? may I help you? (I)
el **desfile** parade (4)
el **desierto** desert (14)
desobedecer *(c → zc)* to disobey (5)
desobediente disobedient (5)
el **desodorante** deodorant (8)
desordenado, -a messy (I)
despedirse *(e → i)* **(de)** to say goodby (to) (6)
despegar *(plane)* to take off (12)
el **despertador** alarm clock (2)
despertarse *(e → ie)* to wake up (2)
después de + *inf.* after + *verb* + -ing (I, 2)
destino: con — a going to (12)
destruir to destroy (10)
la **desventaja** disadvantage (11)
el/la **detective** detective (10)
el programa de —s detective show (I)
el **detector de humo** smoke detector (7)
detrás (de) behind (I)
devolver *(o → ue)* to return *(something)* (I)
el **día** day (I)
buenos —s good morning (I)
el — de fiesta holiday (6)
el plato del — daily special (I)
¿qué — es hoy? what day is it? (I)
todos los —s every day (I)
el **Día de (Acción de) Gracias** Thanksgiving (6)
el **Día de los Enamorados** Valentine's Day (6)
el **Día de la Independencia** Independence Day (6)

el **Día de la Madre** Mother's Day (6)
el **Día del Padre** Father's Day (6)
el **Día de la Raza** Columbus Day (6)
la **diapositiva** slide (1)
dibujar to draw (I)
el **dibujo** drawing (I)
  los —s animados cartoons (I)
el **diccionario** dictionary (I)
diciembre December (I)
diecinueve nineteen (I)
dieciocho eighteen (I)
dieciséis sixteen (I)
diecisiete seventeen (I)
los **dientes** teeth (2)
  el cepillo de — toothbrush (8)
  diez ten (I)
difícil difficult, hard (I)
digas *see* **decir**
el **dinero** money (I)
el **dinosaurio** dinosaur (5)
la **dirección** address (8); direction (10)
el **director, la directora** *(school)* principal (1); *(film)* director (10)
dirigir *(g → j)* to direct (10)
el **disco** disk (4)
  el — compacto compact disk (4)
  el — (de hockey) (hockey) puck (4)
disfraces: la fiesta de — costume party (I, 4)
disfrutar de to enjoy (12)
la **distancia** distance (8)
la **diversión** fun, entertainment (4)
  el parque de —es amusement park (I)
divertido, -a amusing, funny (I)
divertirse *(e → ie)* to have fun (4)
divorciado, -a (de) divorced (from) (6)
doblar to turn (8)
doble double (12)
doce twelve (I)
el **documental** documentary (I)
el **dólar** dollar (I)
doler *(o → ue)* to hurt, to ache (I)
dolor: tener — de . . . to have a . . . ache (I)
doméstico, -a domestic (14)
domingo Sunday (I)
  el — on Sunday (I)
donde, ¿dónde? where (I)
dormir *(o → ue)* to sleep (I)
  el saco de — sleeping bag (14)
el **dormitorio** bedroom (I)
dos two (I)
doscientos two hundred (I)
ducharse to take a shower (2)
dulce sweet (13)
el **dulce** candy (13)
durar to last (I)
el **durazno** peach (13)
duro: el huevo — hard-boiled egg (13)

echar to throw out, to dump (11)
económico, -a economical (11)
la **edad: ¿a qué —?** at what age? (6)
el **edificio** building (1)
la **educación** education (11)
educado, -a polite, well-mannered (5)
educativo, -a educational (I)
efectivo: (el dinero) en — cash (3)
los **efectos especiales** special effects (10)
eficiente efficient (11)
el **ejercicio** exercise (I, 1)
  hacer — to exercise (I)
el the *m. sing.* (I)
él he; him *after prep.* (I)
la **electricidad** electricity (7)
eléctrico, -a electric (7)
el **elefante** elephant (I, 14)
elegante elegant (I, 3)
ella she; her *after prep.* (I)
ellos, ellas they; them *after prep.* (I)
el **embarque: la tarjeta de —** boarding pass (12)
la **emergencia** emergency (7)
  en caso de — in case of emergency (7)
  la sala de — emergency room (9)
emocionante exciting, funny (I)
la **empanada** turnover (13)
empatar to tie *(in scoring)* (4)
empezar *(e → ie)* to begin, to start (I)
el **empleado, la empleada** employee (12)
en in, at, on (I)
  — + *vehicle* by (I)
Enamorados *see* **Día**
enamorarse (de) to fall in love (with) (10)
encantado, -a delighted (I)
encantar to love (I)
encender *(e → ie)* to light (6); to turn on (7)
la **enchilada** enchilada (I)
encima (de) on (top of) (I)
encontrar *(o → ue)* to find (3)
  —se *(o → ue)* to meet (6)
la **energía** energy (I, 7)
enero January (I)
la **enfermedad** illness (9)
la **enfermería** nurse's office (I)
el **enfermero, la enfermera** nurse (9)
enfermo, -a ill, sick (I)
enfrente (de) facing, opposite, in front of (I)
enlatado, -a canned (13)
la **ensalada** salad (I)
  el bufet de —s salad bar (1)
  la — de frutas fruit salad (13)
enseñar to teach (I)
la **entrada** entrance (8)
entre between, among (I)
entregar to deliver (I); to hand in (1)
el **entrenador, la entrenadora** coach (4)
la **entrevista** interview (10)
  el programa de —s talk show (I)
enviar to send, to mail (I)
el **equipaje** baggage (12)
  la terminal de — baggage claim (12)
el **equipo** team (2)
  el — de sonido stereo (I)
la **erupción** eruption (10)
la **escala** stopover (12)
  sin — nonstop (12)
escalar montañas to go mountain climbing (14)
la **escalera** stairs (8)
  la — mecánica escalator (8)
la **escena** scene (10)
el **escenario** stage (1)
escoger *(g → j)* to choose (I, 3)
escolar *adj.* school (1)
esconder to hide *(something)* (10)
  —se to hide (10)
escribir to write (I, 1)
  ¿cómo se escribe . . . ? how do you spell . . . ? (I)
  —se to write each other (6)
el **escritor, la escritora** writer (11)
el **escritorio** desk (I)
escuchar to listen (to) (I)
la **escuela** school (I)
ese, -a; -os, -as that; those (I, 3)
ése, -a; -os, -as *pron.* that one; those (3)
el **esmalte de uñas** nail polish (8)
eso: por — that's why (I)
el **espacio** space (11)
la **espalda** back (I)
el **español** Spanish *(language)* (I)
el **espárrago** asparagus (13)
especial special (6)

la **especialidad de la casa** house specialty (I)
el **espejo** mirror (I)
la **espina** thorn, spine (14)
las **espinacas** spinach (13)
el **esposo, la esposa** husband, wife (6)
el **esquí** ski (4)
el — acuático water skiing (14)
hacer — acuático to water ski (14)
esquiar to ski (I)
la **esquina** corner (I)
la **estación** season; station (I)
el **estadio** stadium (I)
el **estante** shelf (7)
estar to be (I)
¿cómo estás/está Ud.? how are you? (I)
la sala de — family room (I)
este, -a; -os, -as this; these (I, 3)
éste, -a; -os, -as *pron.* this one; these (3)
el **estómago** stomach (I)
tener dolor de — to have a stomachache (I)
estornudar to sneeze (9)
el/la **estudiante** student (I)
estudiantil *adj.* student (2)
estudiar to study (I)
la **estufa** stove (I)
exagerado, -a exaggerated (10)
el **examen** exam, test (1)
excelente excellent (10)
la **excursión** excursion, short trip (12)
hacer una — to take an excursion (12)
éxito: tener — to be successful (10)
explicar to explain (1)
explorar to explore (I, 11)
la **exposición (de arte)** (art) exhibit (4)
la **extinción: en peligro de —** endangered (I, 14)
extracurricular extracurricular (2)
el/la **extraterrestre** alien (10)

la **fábrica** factory (I)
fácil easy (I)
fácilmente easily (2)
facturar to check *(baggage)* (12)
la **falda** skirt (I)
faltar to be lacking, to be missing (I)
la **familia** family (I)
familiar *adj.* family (6)
fantástico, -a fantastic (I)
la **farmacia** drugstore (I)
fascinante fascinating (I)
fascinar to fascinate (I)
febrero February (I)
la **fecha** date (I)
¡felicidades! congratulations! (6)
felicitar to congratulate (6)
¡feliz cumpleaños! happy birthday! (I)
feo, -a ugly (I)
la **fiebre** fever (I)
tener — to have a fever (I)
la **fiesta** party (I, 3)
el día de — holiday (6)
la — de cumpleaños birthday party (I, 6)
la— de disfraces costume party (I, 4)
la — de fin de año New Year's Eve party (I, 6)
la — de sorpresa surprise party (I, 6)
fila: hacer — to line up, to stand in line (1)
el **fin:**
el— de año New Year's Eve (6)
el — de semana on the weekend (I)
la fiesta de — de año New Year's Eve party (I)
físico, -a: la educación —a physical education (I)
el **flan** flan (I)
la **flauta** flute (2)
flojo, -a loose *(clothing)* (3)
la **flor** flower (I, 6)
floreado, -a flowered (3)
la **floristería** flower shop (8)
fondo: al — in the back (8)
formar parte de to be a part of (I)
el **fósforo** match (14)
el **fósil** fossil (14)
la **foto** photo (I)
sacar —s to take pictures (I)
la **fotografía** photography (10)
el **fracaso** failure (10)
el **francés** French *(language)* (1)
el **fregadero** sink (7)
los **frenillos** braces (9)
la **fresa** strawberry (13)
fresco, -a fresh (13)
fresco: hace — it's cool outside (I)
el **frijol** bean (I)
los —es refritos refried beans (I)
frío:
hace — it's cold outside (I)
tener — to be cold *(person)* (I)
frito, -a fried (13)
la **fruta** fruit (I)
la **frutería** fruit store (8)
el **fuego** fire (14)
los —s artificiales fireworks (6)
fuerte strong (9)
fui, fuiste *see* **ir, ser**
funcionar to work, to function (7)
el **fútbol** soccer (I)
el — americano football (I)
el **futuro** future (11)

el **galán** *(film)* hero (10)
ganar to earn money (2); to win (4)
—se la vida to earn a living (11)
la **ganga** bargain (I)
el **garaje** garage (I)
la **garganta** throat (I)
las pastillas para la — throat lozenges (I)
tener dolor de — to have a sore throat (I)
gastar to spend (8); to waste (11)
el **gato** cat (I)
el **gazpacho** gazpacho (I, 13)
el **gemelo, la gemela** twin (I)
generalmente usually, generally (I)
generoso, -a generous (I)
¡genial! great! wonderful! (I)
la **gente** people (I)
la **geografía** geography (1)
la **geometría** geometry (1)
gigante: la pantalla — big screen TV (11)
el **gimnasio** gymnasium (I)
el **gol** goal (4)
el **golf** golf (4)
el **gorila** gorilla (I, 14)
la **gorra** cap (3)
el **gorro** ski cap (I)
las **gotas (para los ojos)** (eye)drops (9)
la **grabadora** tape recorder (I)
gracias thank you (I)
las **Gracias** *see* **Día**
gracioso, -a funny (I)
la **graduación** graduation (6)
graduarse to graduate (6)
grande big, large (I, 3)
la **grapadora** stapler (1)
grasoso, -a greasy (13)
la **gripe** flu (I)
tener — to have the flu (I)
gris gray (I)

el **guacamole** avocado dip (I)
el **guante** glove (I)
guapo, -a handsome, good-looking (I)
guardar to put away, to keep (3)
el **guardarropa** closet (I)
la **guardería infantil** day-care center (5)
la **guerra** war (11)
el/la **guía** guide (12)
la **—** guidebook (12)
la **— telefónica** phone book (I)
el **guión** script (10)
guisado, -a stewed (13)
el **guisante** pea (I)
la **guitarra** guitar (I)
gustar to like (I)
me (te) gustaría I'd (you'd) like . . . (I)

haber:
hay there is / are (I)
hubo there was / were (10)
la **habitación** hotel room (12)
hablar to talk, to speak (I)
—se to talk to each other (6)
se habla is spoken (8)
hacer to do, to make (I)
hace + *(time)* . . . ago (I)
hace + *(time)* + **que** it's been *(time)* since (I)
— ejercicio to exercise (I)
se hace(n) con . . . it's (they're) made with . . . (I)
hambre: tener — to be hungry (I)
la **hamburguesa** hamburger (I)
la **harina** flour (I)
hasta until (I)
— luego see you later (I)
hay there is /are (I)
— que + *inf.* it's necessary to (I, 2)
hecho, -a (de) made (of) (I, 13)
el **hecho** fact (I, 10)
la **heladería** ice cream shop (8)
helado: el té — iced tea (I)
el **helado** ice cream (I)
el **hermano, la hermana** brother, sister (I)
los **hermanos** brothers; brother(s) and sister(s) (I)
la **heroína** heroine (10)
hervir *(e → ie)* to boil (13)
hice, hiciste *see* **hacer**
el **hielo** ice (4)
el **hijo, la hija** son, daughter (I)
los **hijos** sons; children (I)
la **historia** history (1)
histórico, -a historic(al) (8)
el **hockey** hockey (4)
la **hoja** leaf (14)
la — de papel sheet of paper (I)
¡hola! hi!, hello! (I)
el **hombre** man (I)
el — de negocios businessman (11)
la **hora** period ; time (I)
¿a qué —? at what time? (I)
¿qué — es? what time is it? (I)
el **horario** schedule (I)
la **hormiga** ant (9)
el **horno** oven (7)
al — baked (13)
horrible horrible (I)
el **horror** horror (4)
el **hospital** hospital (I)
el **hotel** hotel (I)
hoy today (I)
— no not today (I)
hubo *see* **haber**
la **huella** footprint (14)
el **hueso** bone (9)
el **huevo** egg (I)
el — duro hard-boiled egg (13)
humano, -a human (11)
humo: el detector de — smoke detector (7)
humor: de buen / mal — in a good / bad mood (2)
el **huracán** hurricane (10)

ida *see* **boleto**
sólo de — one way (12)
la **identidad: el carnet de —** ID card (7)
la **identificación** identification (7)
el **idioma** language (1)
la **iglesia** church (I)
igual: (me) da — it's all the same (to me) (3)
igualmente likewise (I)
impaciente impatient (I)
el **impermeable** raincoat (I)
el **incendio** fire (7)
el extinguidor de —s fire extinguisher (7)
incluir to include (12)
incómodo, -a uncomfortable (I)
indicar to indicate, to show, to point out (8)
indígena indigenous, native (12)
individual: la habitación — single room (12)
infantil *see* **guardería**
la **infección** infection (9)
la **información** information (10)
el **informe** report (1)
el **inglés** English *(language)* (I)
el **ingrediente** ingredient (I, 13)
el **insecticida** insecticide (9)
el **instrumento** instrument (2)
inteligente intelligent (I)
el **interés** interest (I)
interesante interesting (I)
interesar to interest (I)
internacional international (10)
la **inundación** flood (10)
investigar to investigate (10)
el **invierno** winter (I)
la **invitación** invitation (I, 6)
el **invitado, la invitada** guest (I)
invitar to invite (I, 6)
la **inyección** injection, shot (9)
poner una — to give an injection (9)
ir to go (I)
— a + *inf.* to be going to + *verb* (I)
izquierda: a la — (de) to the left (of) (I)
izquierdo, -a left (I)

el **jabón** soap (I)
el **jaguar** jaguar (I)
el **jamón** ham (I)
el **jarabe (para la tos)** cough syrup (9)
los **jeans** jeans (I)
joven *adj.* young (I)
el/la **joven** young man, young woman (I)
los **jóvenes** young people (I)
las **joyas** jewelry (I)
las **judías verdes** green beans (I)
jueves Thursday (I)
el — on Thursday (I)
el/la **juez** judge (11)
el **jugador, la jugadora** player (4)
jugar *(u → ue)* to play (I)
el **juguete** toy (5)
de — *adj.* toy (5)
el **jugo** juice (I)
julio July (I)
junio June (I)

el **kilómetro** kilometer (8)
el **kindergarten** kindergarten (5)

la the *f.sing.;* her, it *dir. obj. pron.* (I)
los **labios** lips (8)
el lápiz de— lipstick (8)
el **laboratorio** laboratory (1)

	lado: al — de next to, beside (I)
el	**ladrón, la ladrona** thief (10)
el	**lago** lake (I)
la	**lámpara** lamp (I)
la	**lana** wool (3)
	lanzar to shoot (6)
el	**lápiz** pencil (I)
	el — de labios lipstick (8)
	largo, -a long (I)
	las the *f.pl.;* them *dir. obj. pron.* (I)
	lástima: ¡qué —! that's too bad! what a shame! (I)
	lastimar to hurt (I)
la	**lata** can (I, 11)
el	**lavadero** laundry room (I)
la	**lavadora** (clothes) washer (7)
el	**lavaplatos** dishwasher (7)
	lavar to wash (I)
	—se (la cara, etc.) to wash (one's face, etc.) (2)
	le *ind. obj. pron.* (to) him, her, it, you (I)
la	**lección** lesson (1)
la	**leche** milk (I)
la	**lechuga** lettuce (I)
	leer to read (I)
	lejos (de) far (from) (I)
la	**leña** firewood (14)
los	**lentes de contacto** contact lenses (7)
	les *ind. obj. pron.* (to) them (I)
	levantar to lift (4)
	—se to get up (2)
	leve light, minor (9)
	libre: al aire — outdoors (14)
la	**librería** bookstore (I)
el	**libro** book (I)
la	**liga** league (4)
	ligero, -a light *(weight)* (14)
el	**limón** lemon, lime (13)
la	**limonada** lemonade (I)
	limpiar to clean (I)
	limpio, -a clean (I)
la	**línea aérea** airline (12)
la	**linterna** flashlight (7)
la	**liquidación** sale (3)
	estar en — to be on sale (3)
	liso, -a plain (3)
	literario, -a literary (2)
la	**literatura** literature (1)
	llamar to call (I)
	—se to be named (I)
la	**llave** key (7)
el	**llavero** keychain (7)
	llegar to arrive (I)
	llevar to wear; to take, to carry along (I)
	llorar to cry (5)
	llover *(o → ue)* to rain (I)
	llueve it rains, it's raining (I)
la	**lluvia** rain (I)
	lo *dir. obj. pron.* him, it (I)
	— que what (3)
	— siento I'm sorry (I)
el	**lobo, la loba** wolf (I, 14)
	local local (10)
el	**locutor, la locutora** announcer (10)
la	**lona** canvas (3)
	los the *m.pl.; dir. obj. pron.* them (I)
	— + *day of week* on (I)
	luego then, if (I)
el	**lugar** place (I)
el	**lujo** luxury (7)
la	**Luna** moon (11)
	lunes Monday (I)
	el — on Monday (I)
la	**luz** light (I)
la	**madera** wood (I)
	de — (made of) wood (I)
la	**madre** mother (I)
el	**maíz** corn (I)
	mal badly (I)
	menos — que . . . it's a good thing that . . . (I)
	me siento — I feel ill (I)
	maleducado, -a rude, impolite (5)
la	**maleta** suitcase (I, 12)
	(des)hacer la — to (un)pack (12)
	malo, -a bad (I)
	manera: de ninguna — not at all (I)
la	**manga** sleeve (3)
la	**mano** hand (I)
	a — by hand (12)
	darse la — to shake hands (6)
	hecho, -a a — handmade (I)
el	**mantel** tablecloth (I)
	mantenerse sano, -a to stay healthy (13)
la	**mantequilla** butter (I)
la	**manzana** apple (I)
	mañana tomorrow (I)
la	**mañana** morning (I)
	de/por la — in the morning (I)
el	**mapa** map (1)
el	**maquillaje** make-up (8)
	maquillarse to put on makeup (8)
el	**mar** sea (I)
el	**marcador** marker (I)
la	**mariposa** butterfly (14)
los	**mariscos** seafood (9)
	marrón brown (I)
	martes Tuesday (I)
	el — on Tuesday (I)
	marzo March (I)
	más more, *adj.* + -er (I)
	el/la/los/las — + *adj.* the most + *adj.*, the *adj.* + -est (I, 1)
la	**masa** dough (13)
	matar to kill (10)
las	**matemáticas** mathematics (I)
la	**materia** school subject (1)
	mayo May (I)
la	**mayonesa** mayonnaise (13)
	mayor older (I)
	el — the oldest, biggest (I)
	me *obj. pron.* me (I)
	mecánico, -a: la escalera —a escalator (8)
el	**mecánico, la mecánica** mechanic (11)
	media:
	una hora y — an hour and a half (I)
	— hora *f.* half an hour (I)
	y — half-past (I)
	mediano, -a medium *(in sizes)* (3)
la	**medianoche** midnight (I)
la	**medicina** medicine (9)
el	**médico, la médica** doctor (I)
	medio: *(número)* **y —** and a half *(in sizes)* (3)
el	**medio ambiente** environment (I, 11)
el	**mediodía** noon (I)
	mejor better (I)
	el/la — the best (I)
el	**melón** cantaloupe (13)
	menor younger (I)
	menos:
	el/la/los/las — + *adj.* the least + *adj.* (I, 1)
	— mal que . . . it's a good thing that . . . (I)
	por lo — at least (2)
	mentir *(e → ie)* to lie (5)
el	**menú** menu (I)
	menudo: a — often (I)
el	**mercado** market (12)
la	**merienda** afternoon snack (I)
	de — for a snack (I)
el	**mes** month (I)
la	**mesa** table (I)
	la — de noche night table (7)
	metal: de — (made of) metal (I)
	meter un gol to score a goal (4)
el	**metro** subway (I); meter *(measurement)* (8)
	mezclar to mix (13)

mi, mis my (I)
mí me *after prep.* (I)
el **microondas** microwave (oven) (7)
el **miembro** member (2)
ser — de to be a member of (2)
mientras while (8)
miércoles Wednesday (I)
el — on Wednesday (I)
mil one thousand (I)
la **milla** mile (8)
el **minuto** minute (I)
mío, -a my, (of) mine (7)
el **mío, la mía** mine (7)
mismo, -a same (2)
lo — the same thing (I)
(yo) — myself (7)
el **mocasín** loafer (3)
la **mochila** backpack (I)
la **moda** fashion (3)
estar de — to be fashionable (3)
moderno, -a modern (I)
mojado, -a wet (14)
molestar to bother, to annoy (5)
la **moneda** coin (7)
el **monstruo** monster (10)
la **montaña** mountain (I)
montar:
— a caballo to ride horseback (10)
— en bicicleta to ride a bike (I, 4)
el **monumento** monument (I)
morado, -a purple (I)
la **mosca** fly (9)
el **mosquito** mosquito (9)
la **mostaza** mustard (13)
el **mostrador** counter (8)
mostrar *(o → ue)* to show (7)
la **moto acuática** jet skiing (14)
hacer — to jet ski (14)
el **muchacho, la muchacha** boy, girl (I)
mucho, -a a lot of, much (I)
—as veces many times (I)
—gusto pleased / nice to meet you (I)
los **muebles** furniture (I)
las **muelas: tener dolor de —** to have a toothache (I)
muerto, -a dead (6)
la **mujer** woman (I)
la — de negocios business-woman (11)
las **muletas** crutches (9)
la **muñeca** doll (5); wrist (9)
el **muñeco** action figure (5)
el **músculo** muscle (9)
el **museo** museum (I)
la **música** music (I)
musical *adj.* musical (I, 2)
el video — music video (4)
el **músico, la música** musician (11)
muy very (I)

nacer to be born (6)
nacional national (14)
nada nothing, not at all (I)
de — you're welcome (I)
nadar to swim (I)
nadie no one (I)
la **naranja** orange (I)
la **nariz** nose (I)
la **naturaleza** nature (12)
navegar *see* **balsa, canoa**
la **Navidad** Christmas (6)
necesario, -a necessary (2)
la **necesidad** necessity (7)
necesitar to need (I)
los **negocios** business (11)
el hombre / la mujer de — businessman, businesswoman (11)
negro, -a black (I)
en blanco y — in black and white (I)
nevar: nieva it snows, it's snowing (I)
ni . . . ni neither . . . nor, not . . . or (I)
el **nieto, la nieta** grandson, grand-daughter (6)
la **nieve** snow (I)
el **nilón** nylon (3)
ninguno (ningún), -a no, not any (I, 8)
—a parte nowhere, not anywhere (I)
el **niño, la niña** boy, girl (5)
cuidar niños to baby-sit (2)
los niños children (5)
no no, not (I)
¿no? don't you?, aren't I?, etc. (I)
la **noche** evening (I)
buenas —s good evening, good night (I)
de la — at night (I)
por la — in the evening (I)
la **Nochebuena** Christmas Eve (6)
el **nombre** name (I)
nos *obj. pron.* us (I)
nosotros, -as we (I); us *after prep.* (I)
la **nota** grade (1)
las **noticias** news (I)
novecientos nine hundred (I)
la **novela** novel (11)
noventa ninety (I)
noviembre November (I)
el **novio, la novia** boyfriend, girlfriend (I)
nuestro, -a our (I); (of) ours (7)
el **nuestro, la nuestra** ours (7)
nueve nine (I)
nuevo, -a new (I)
de — again (6)
el **número** number (I); (shoe) size (3)
nunca never (I)

o or (I)
obedecer *(c → zc)* to obey (5)
obediente obedient (5)
la **obra de teatro** play (4)
el **obrero, la obrera** laborer (11)
el **océano** ocean (I, 11)
ochenta eighty (I)
ocho eight (I)
ochocientos eight hundred (I)
octavo, -a eighth (I)
octubre October (I)
ocupado, -a busy (I)
ocurrir to occur, to happen (10)
el **oeste: la película del —** western (I)
la **oficina** office (1)
el **oído** ear (I)
tener dolor de — to have an earache (I)
el **ojo** eye (I)
la **olla** pot (14)
once eleven (I)
la **operación** operation (9)
ordenado, -a neat, tidy (I)
el **oro** gold (7)
de — (made of) gold (7)
la **orquesta** orchestra (2)
oscuro, -a dark *(color)* (3)
el **oso** bear (I, 5)
el **otoño** fall, autumn (I)
otro, -a another, other (I)
el **oxígeno** oxygen (14)

paciente *adj.* patient (I)
el **padre** father (I)
los —s parents (I)
la **paella** paella (13)
pagar to pay (I)
la **página** page (1)
el **país** country (I)
el **pájaro** bird (I, 5)
el **palacio** palace (12)
el **palito** twig; *pl.* kindling (14)

el **palo (de golf, de hockey)** golf club, hockey stick (4)
el **pan** bread (I)
el **— tostado** toast (I)
la **panadería** bakery (8)
la **pantalla** screen (11)
los **pantalones** pants (I)
las **pantimedias** pantyhose (I)
el **pañuelo** scarf (3)
la **papa** potato (I)
la **— frita** French fry (I)
el **papel** paper (I); part, role (10)
hacer el — (de) to play the part (of) (10)
la hoja de — sheet of paper (I)
para for, in order to (I)
la **parada del autobús** bus stop (I)
el **paraguas** umbrella (I)
parecer to appear, to seem (7)
la **pared** wall (1)
el **pariente, la parienta** relative (I, 6)
el **parque** park (I)
el — de diversiones amusement park (I)
la **parrilla: a la —** grilled (13)
partes: por todas — all over, everywhere (3)
participar (en) to participate (in) (2)
el **partido** match, game (I, 4)
pasado, -a last, past (I)
el **pasajero, la pasajera** passenger (12)
el **pasaporte** passport (I)
pasar to pass; to happen (I)
— la aspiradora to vacuum (I)
—lo bien / mal to have a good / bad time (I, 4)
¿qué pasa? what's the matter? (I)
el **pasatiempo** pastime, hobby (I)
pasear:
ir a — to take a walk (I)
— en bote to row (I)
el **pasillo** aisle (12)
la **pasta dentífrica** toothpaste (I)
el **pastel** cake (I, 6)
la **pastilla** pill (I, 9)
el **patín** skate (4)
patinar to skate (I)
— sobre hielo to ice skate (4)
el **patio de recreo** playground (5)
el **pavo** turkey (6)
la **paz** peace (11)
pedir *(e → i)* to ask for, to order (I)
— prestado, -a (a) to borrow (from) (4)
peinarse to comb one's hair (2)

el **peine** comb (7)
pelearse to fight (5)
la **película** film, movie (I)
el **peligro** danger (I, 14)
en — de extinción endangered (I, 14)
peligroso, -a dangerous (14)
pelirrojo, -a red-haired (I)
el **pelo** hair (I, 2)
el secador de — hair dryer (7)
la **pelota** ball (4)
peluche:
el animal de — stuffed animal (5)
el oso de — teddy bear (5)
pensar *(e → ie)* to think (I)
— + *inf.* to plan (I)
la **pensión** inexpensive lodging (12)
peor worse (I)
el/la — the worst (I)
el **pepino** cucumber (13)
pequeño, -a small (I, 3)
de — as a child (5)
perder *(e → ie)* to lose (4)
perdón excuse me (I)
perdonar to excuse, to pardon (8)
perdone (Ud.) excuse me, pardon me (8)
perezoso, -a lazy (I)
el **perfume** perfume (8)
el **periódico** newspaper (I, 2)
permitir to permit, to allow (1)
se permite it's allowed (1)
pero but (I)
el **perro** dog (I)
el — caliente hot dog (13)
la **persona** person (I)
el **personaje** character (10)
personal personal (I)
pesado, -a heavy (14)
las **pesas** weights (4)
pesca: ir de — to go fishing (I)
la **pescadería** fish store (8)
el **pescado** fish *(cooked)* (I)
el **pez,** *pl.* **los peces** fish *(live)* (5)
el **piano** piano (2)
la **picadura (de insecto)** insect bite, sting (9)
picante spicy, peppery, hot *(flavor)* (I)
no — mild *(flavor)* (I)
picar to sting (9); to chop (13)
el **picnic** picnic (4)
hacer un — to have a picnic (4)
el **pie** foot (I)
a — walking, on foot (I)
el dedo del — toe (I)
la **piedra** rock, stone (14)

la **piel** fur (I)
la **pierna** leg (I)
la **pila** battery (7)
el/la **piloto** pilot (12)
la **pimienta** pepper *(seasoning)* (I)
el **pimiento verde** green pepper (13)
la **piña** pineapple (13)
el **pintor, la pintora** painter (11)
pintoresco, -a picturesque (12)
la **pirámide** pyramid (I)
la **piscina** pool (I)
el **piso** story, floor (I)
la **pistola (de agua)** (water) pistol (5)
la **pizarra** chalkboard (I)
planear to plan (12)
el **planeta** planet (11)
la **planta** plant (I, 14)
el **plástico** plastic (I, 3)
de — (made of) plastic (I)
la **plata** silver (7)
de — (made of) silver (7)
el **plátano** banana (I)
el **platillo** saucer (I)
el **plato** dish, plate (I)
el — del día daily special (I)
la **playa** beach (I)
la **plaza** town square (I)
la **pluma** feather (14)
poco: un — (de) a little (I)
poder *(o → ue)* can, to be able (I)
¿podría(s)? could you? (8)
el **polen** pollen (9)
el/la **policía** police officer (10)
la — the police (I)
la **política** politics (11)
el **político, la política** politician (11)
el **pollo** chicken (I)
el **polvo** dust (9)
poner to put, to place (I)
—la mesa to set the table (I)
—se to put on *(clothing, make-up, etc.)* (8)
—una tienda to pitch a tent (14)
por for (I, 9); *(+ place)* by, through, at (8)
— aquí around here (I)
— eso that's why, therefore (I)
— la mañana / la tarde / la noche in the morning / afternoon / evening (I)
— lo menos at least (2)
¿— qué? why? (I)
— supuesto of course (I, 11)
— todas partes all over, everywhere (3)
porque because (I)
portarse (bien / mal) to behave (well / badly) (5)

la **posesión** possession (7)
el **postre** dessert (I)
de — for dessert (I)
practicar to practice (I)
práctico, -a practical (I)
preferir *(e → ie)* to prefer (I)
la **pregunta** question (1)
hacer una — to ask a question (1)
preguntar to ask (1)
preparar to prepare (I)
presentar to introduce (I)
te presento a . . . I'd like you to meet . . . (I)
prestado, -a: pedir — (a) to borrow (from) (4)
prestar to lend (4)
primaria: la escuela — elementary school (5)
la **primavera** spring (I)
primero (primer), -a first (I)
el **primo, la prima** cousin (I)
principal *adj.* main, principal (10)
probar *(o → ue)* to try, to taste (I)
—se to try on (3)
el **problema** problem (1)
procedente de arriving from (12)
la **profesión** profession (11)
el **profesor, la profesora** teacher (I)
el **programa** program (I)
prohibir to prohibit (1)
se prohibe it's prohibited (1)
el **pronóstico del tiempo** weather forecast (I)
propio, -a own (7)
proteger(se) *(g → j)* to protect (oneself) (I, 9)
la **proteína** protein (13)
próximo, -a next (1)
el **proyector** projector (1)
prudente cautious (I)
la **prueba** quiz (1)
público, -a public (8)
pude, pudiste *see* **poder**
el **pueblo** town (12)
la **puerta** door (I); gate (12)
pues well *(to indicate pause)* (I)
la **pulsera** bracelet (I, 7)
el reloj — wristwatch (I, 7)
las **puntadas** stitches (9)
hacer — to stitch *(surgically)* (9)
punto: en — sharp, on the dot (I)
puntualmente on time (I)
el **pupitre** student desk (I)
puro, -a pure, clean (I)
puse, pusiste *see* **poner**

que that, who (I)
lo — what (3)
¿qué? what? (I)
¿de — es...? what's it made of? (3)
¡— + *adj.***!** how + *adj.!* (I)
¿— tal? how's it going? (I)
¿— tal es . . . ? how is . . . ? (10)
quedar to fit; to be located (I)
—se (en la cama) to stay (in bed) (I)
el **quehacer (de la casa)** (household) chore (I)
quemar(se) to burn (oneself) (9)
querer *(e → ie)* to want (I)
¿qué quiere decir . . . ? what does . . . mean? (I)
quisiera(s) I'd / you'd like (I, 11)
la **quesadilla** quesadilla (I)
el **queso** cheese (I)
¿quién(es)? who? whom? (I)
la **química** chemistry (1)
quince fifteen (I)
quinientos five hundred (I)
quinto, -a fifth (I)
el **quiosco (de periódicos)** newsstand (8)
quisiera *see* **querer**
quitar la mesa to clear the table (I)
quitarse to take off *(clothing, make-up, etc.)* (8)

el **radio** radio (set) (7)
la **radiografía** X-ray (9)
sacar una — to take an X-ray (9)
la **rana** frog (14)
la **raqueta (de tenis)** (tennis) racket (4)
rayas: a — striped (3)
la **Raza** *see* **Día**
razón: (no) tener — to be right (wrong) (I)
la **reacción** reaction (9)
real real (I)
realista realistic (I)
la **receta** prescription (9); recipe (13)
recetar to prescribe (9)
recibir to receive (I)
el **reciclaje: el centro de —** recycling center (I)
reciclar to recycle (I, 11)
recoger *(g → j)* to gather, to pick up (I, 14)
recomendar *(e → ie)* to recommend (12)

recordar *(o → ue)* to remember (5)
recreo: el patio de — playground (5)
el **recuerdo** souvenir (I)
redondo, -a round (I)
reducir *(c → zc)* to reduce (I, 11)
el **refresco** soft drink (I)
el **refrigerador** refrigerator (I)
regalar to give a gift (I, 6)
el **regalo** gift (I)
la tienda de —s gift shop (I)
regatear to bargain (12)
registrar to inspect, to search (12)
la **regla** ruler (I)
regresar to come back, to return (I)
regular so-so, fair (I)
el **relleno** filling (13)
el **reloj** clock (1)
el — (pulsera) wristwatch (I, 7)
reparar to repair, to fix (7)
repartir to deliver (2)
repasar review (1)
el **repelente** insect repellent (9)
la **reservación** reservation (12)
el **resfriado** cold (I)
la **respuesta** answer (1)
el **restaurante** restaurant (I)
el **retraso** delay (12)
la **reunión** gathering, get-together (I, 6)
la **revista** magazine (I, 2)
revolver *(o → ue)* to stir (13)
el **río** river (11)
robar to rob (10)
el **robot** robot (5)
rock: la música — rock music (4)
la **rodilla** knee (9)
rojo, -a red (I)
romántico, -a romantic (I)
el **rompecabezas** jigsaw puzzle (4)
romperse to break *(a bone)* (9)
la **ropa** clothes (I)
la — para caballeros men's wear (8)
la — para damas ladies' wear (8)
la — para niños children's wear (8)
rosado, -a pink (I)
roto, -a broken (9); torn (14)
rubio, -a blonde (I)
la **rueda: la silla de —s** wheelchair (9)
las **ruinas** ruins (I)

sábado Saturday (I)
el — on Saturday (I)
saber to know (how) (I, 4)
sabroso, -a delicious, tasty (I)
el **sacapuntas** pencil sharpener (1)
sacar to take; to take out (I)
— dinero to withdraw money (I)
— fotos to take pictures (I)
— una buena / mala nota to get a good / bad grade (1)
— un libro to check out a book (I)
el **saco de dormir** sleeping bag (14)
sacudir to dust (I)
la **sal** salt (I)
la **sala** living room (I)
la — de clases classroom (I)
la — de emergencia emergency room (9)
la — de estar family room (I)
salado, -a salty (13)
la **salida** exit (8)
salir to go out, to leave (I)
la **salsa** sauce, dressing (I, 13)
saltar a la cuerda to jump rope (5)
saltos: dar — to dive (14)
la **salud** health (I)
saludar to greet (6)
salvaje wild *(animals)* (14)
la **sandía** watermelon (13)
el **sandwich** sandwich (I)
la **sangre** blood (9)
sano, -a healthy (13)
el **saxofón** saxophone (2)
el **secador de pelo** hair dryer (7)
la **secadora** (clothes) dryer (7)
secar to dry (14)
—se (el pelo) to dry (one's hair) (2)
la **sección** section (8)
seco, -a dry (14)
el **secretario, la secretaria** secretary (11)
sed: tener — to be thirsty (I)
la **seda dental** dental floss (8)
seguida: en — right away (I)
seguir *(e → i)* to follow; to continue (8)
según according to (2)
segundo, -a second (I)
la **seguridad:**
el cinturón de — seatbelt (12)
el sistema de — security system (11)
seis six (I)
seiscientos six hundred (I)
el **sello** stamp (I)
la **selva** forest (I)
la — tropical rain forest (I)
el **semáforo** traffic light (8)
la **semana** week (I)
el fin de — on the weekend (I)
el **semestre** semester (I)
sencillo, -a simple (3)
el **sendero** path (14)
sensacionalista sensationalistic (10)
sentir:
lo siento I'm sorry (I)
—se *(e → ie)* to feel (9)
la **señal de alto** stop sign (8)
señor Mr.; sir (I)
señora Mrs.; ma'am (I)
señorita Miss; miss (I)
separado, -a (de) separated (from) (6)
separar to separate; to sort (I, 11)
septiembre September (I)
séptimo, -a seventh (I)
ser to be (I)
el **ser humano** human being (11)
serio, -a serious (I)
la **serpiente** snake (I, 14)
el **servicio: la estación de —** gas station (I)
los **servicios** restroom (8)
la **servilleta** napkin (I)
servir *(e → i)* to serve (I)
sesenta sixty (I)
setecientos seven hundred (I)
setenta seventy (I)
sexto, -a sixth (I)
si if, whether (I)
sí yes; do + *verb (emphatic)* (I)
siempre always (I)
siete seven (I)
la **silla** chair (I)
la — de ruedas wheelchair (9)
el **sillón** armchair (I)
silvestre wild *(plants)* (14)
simpático, -a nice, friendly (I)
sin without (2)
sintético, -a synthetic (3)
el **síntoma** symptom (9)
el **sistema de seguridad** security system (11)
sobre about; on (I)
patinar — hielo to ice skate (4)
el **sobrino, la sobrina** nephew, niece (6)
sociable outgoing (I)
el **sofá** sofa (I)
el **sol** sun (I)
los anteojos de — sunglasses (I)
hace — it's sunny (I)
tomar el — to sunbathe (I)
solar solar (11)
soler *(o → ue) + inf.* to be in the habit of (I, 2)
solo, -a alone (I)
sólo only (I)
soltero, -a single, unmarried (6)
la **sombra** shade (14)
sonido: el equipo de — stereo (I)
la **sopa** soup (I)
soportar to tolerate, to stand (4)
la **sorpresa: la fiesta de —** surprise party (I, 6)
soso, -a tasteless (13)
el **sótano** basement (I)
su, sus his, her; your *formal;* their (I)
el **sube y baja** seesaw (5)
subir to climb (I)
sucio, -a dirty (I)
la **sudadera** sweatshirt (I)
el **suelo** floor (3)
sueño: tener — to be sleepy (I)
suerte: por — luckily (1)
el **suéter** sweater (I)
el — de cuello alto turtleneck (3)
suficiente sufficient, enough (7)
sugerir *(e → ie)* to suggest (13)
el **sujetapapeles** paper clip (1)
el **supermercado** supermarket (I)
supuesto: por — of course (I, 11)
surf:
hacer — to surf (14)
hacer — de vela to windsurf (14)
la tabla de — surfboard (14)
suyo, -a (of) his, her (of hers), your (of yours), their (of theirs) (7)
el **suyo, la suya** yours, his, hers, theirs (7)

la **tabla (de surf)** surfboard (14)
tacaño, -a stingy (I)
el **taco** taco (I)
el **tacón** heel (I, 3)
tal:
¿qué —? how's it going? (I)
¿qué — es . . . ? how is? (10)
la **talla** clothing size (3)
el **tamaño** size (3)
también also, too (I)
el **tambor** drum (2)

tampoco neither, not either (I)
tan + *adj.* + **como** as + *adj.* + as (1)
tanto, -a + noun + **como** as much / many + *noun* + as (3)
las **tapas** Spanish-style appetizers (13)
tarde late (I)
la **tarde** afternoon (I)
buenas —s good afternoon, good evening (I)
de/por la — in the afternoon (I)
la **tarea** homework (I)
la **tarjeta** card (I)
la — de crédito credit card (3)
la — de embarque boarding pass (12)
la — postal post card (I)
la **tarta** pie (13)
el **taxi** taxi (I)
la **taza** cup (I)
el **tazón** bowl (I)
te *fam. obj. pron.* you (I)
el **té** tea (I)
el — helado iced tea (I)
el **teatro** theater (I)
la obra de — play (4)
el **técnico, la técnica (de computadoras)** (computer) technician (11)
la **tecnología** technology (11)
la **tela** fabric, cloth (3)
telefónico, -a: la oficina —a telephone office (12)
el **teléfono** telephone (I)
el número de — phone number (I)
por — on the telephone (I)
el — con video video telephone (11)
el — público public (pay) phone (8)
la **telenovela** soap opera (I)
la **tele(visión)** television (I)
el **televisor** TV set (7)
el **templo** temple (I)
temprano early (I)
el **tenedor** fork (I)
tener to have (I)
¿qué tienes? what's wrong? (I)
— que + *inf.* to have to (I)
el **tenis** tennis (I)
los **tenis** sneakers (I)
tercer, -a third (I)
la **terminal de equipaje** baggage claim (12)
terminar to end (I)
el **terremoto** earthquake (10)
terrible terrible (I)
terror: la película de — horror film (I)
ti you *fam. after prep.* (I)
el **tiempo** time; weather (I)
hace buen/mal — the weather is nice/bad (I)
el pronóstico del — weather forecast (I)
¿qué — hace? what's the weather like? (I)
tener — de + *inf.* to have time + *inf.* (4)
la **tienda** store (I)
poner una — to pitch a tent (14)
la — (de acampar) tent (14)
la **Tierra** Earth (I, 11)
el **tigre** tiger (I)
tímido, -a shy (5)
el **tío, la tía** uncle, aunt (I)
los tíos uncles; aunts and uncles (I)
típico, -a typical (I, 10)
el **tobillo** ankle (9)
el **tobogán** slide (5)
el **tocacintas** tape player (7)
tocar to play (I)
todavía still (I)
— no not yet (I)
todos, -as all; everyone (I)
— los días every day (I)
tomar to take (I)
— el sol to sunbathe (I)
el **tomate** tomato (I)
tonto, -a silly, dumb (I)
la **tormenta** storm (10)
la **tortilla** tortilla (I)
la — española potato and onion omelet (13)
la **tortuga** turtle (5)
la **tos** cough (9)
el jarabe (para la —) cough syrup (9)
toser to cough (9)
tostado: el pan — toast (I)
el **tostador** toaster (7)
trabajador, -a hardworking (I)
trabajar to work (I)
traer to bring (I)
el **tráfico** traffic (11)
el **traje** suit (I, 3)
el — de baño bathing suit (I)
el **trampolín** diving board (14)
el **transporte** transportation (8)
tratarse de to be about (10)
travieso, -a mischievous, naughty (5)
trece thirteen (I)
treinta thirty (I)
el **tren** train (I)
el — de juguete train *(toy)* (5)
tres three (I)
trescientos three hundred (I)
el **triciclo** tricycle (5)
montar en — to ride a tricycle (5)
triste sad (I)
la **trompeta** trumpet (2)
tu, tus your *fam.* (I)
tú you *fam.* (I)
turismo: la oficina de — tourist office (12)
el/la **turista** tourist (12)
el **tutor, la tutora** tutor (2)
tuve, tuviste *see* **tener**
tuyo, -a your, (of) yours (7)
el **tuyo, la tuya** yours (7)

último, -a last (4)
la **uña** fingernail (8)
el esmalte de —s nail polish (8)
único, -a only (I)
la **universidad** university (11)
uno (un), una a, an, one (I)
es la una it's one o'clock (I)
— one, a person (2)
unos, -as a few, some (I)
usar to use (I, 1); to wear (3)
usted (Ud.) you *formal sing.* (I)
ustedes (Uds.) you *formal pl.* (I)
la **uva** grape (I)

la **vaca** cow (I)
las **vacaciones** vacation (I)
ir de — to go on vacation (I)
valer: (no) vale la pena it's (not) worthwhile (I)
el **valle** valley (14)
el **vaquero, la vaquera** cowboy, cowgirl (10)
el **vaso** glass (I)
¡vaya! my goodness! gee! wow! (I)
el **vecino, la vecina** neighbor (5)
veinte twenty (I)
veintiuno (veintiún) twenty-one (I)
la **vela** candle (6); sail (14)
el **venado, la venada** deer (14)
la **venda** bandage (8)
el **vendedor, la vendedora** salesperson (3)
vender to sell (I)
— se to be sold (8)
venenoso, -a poisonous (14)
la **ventaja** advantage (11)
la **ventana** window (I)
la **ventanilla** *(plane)* window (12)

el ventilador electric fan (7)
ver to see, to watch (I)
a — let's see (I)
—se to see each other (6)
el verano summer (I)
veras: ¿de — ? really? (I)
la verdad truth (5)
¿—? isn't that so?, right? (I)
verde green (I)
la verdulería greengrocer (8)
las verduras vegetables (I)
el vestido dress (I)
vestirse *(e → i)* to get dressed (2)
el veterinario, la veterinaria veterinarian (11)
la vez, *pl.* **las veces** time (I)
a la — at the same time (I)
alguna — ever (I)
a veces at times, sometimes (I)
de — en cuando sometimes (7)
dos veces twice (I)
muchas veces many times (I)
una — one time, once (I)
viajar to travel (12)
el viaje trip, voyage (12)
la agencia de —s travel agency (12)
el / la agente de —s travel agent (12)
el viajero, la viajera traveler (12)
el cheque de — traveler's check (12)
la víctima victim (10)
la vida life (I)
ganarse la — to earn a living (11)
el programa de hechos de la — real fact-based program (I)
el video video (4)
la videocasetera VCR (I)
el videojuego video game (I)
el vidrio glass (I, 11)
de — (made of) glass (I)
viejo, -a old (I)
el viento wind (I)
hace — it's windy (I)
viernes Friday (I)
el — on Friday (I)
el vinagre vinegar (13)
la violencia violence (10)
violento, -a (10)
el violín violin (2)
el virus virus (9)
visitar to visit (I)
la vitamina vitamin (13)
vivir to live (I)
el vóleibol volleyball (I)
voluntario(a): trabajar como — to volunteer (2)
vomitar to vomit (9)
vosotros(as) you *pl.* (I)
el vuelo flight (12)
el/la auxiliar de — flight attendant (12)
vuelta *see* **boleto**

y and (I)
ya already (I)
— no no longer, not anymore (I)
el yeso cast (9)
yo I (I)

la zanahoria carrot (I)
la zapatería shoe store (I)
el zapato shoe (I)
los —s de tacón alto high-heeled shoes (I, 3)
el zoológico zoo (I)

ENGLISH-SPANISH VOCABULARY

This *Vocabulary* contains all active vocabulary from PASO A PASO 1 and 2.

A dash (—) represents the main entry word. For example, **to — for** following **to ask** means **to ask for.**

The number following each entry indicates the chapter in PASO A PASO 2 in which the word or expression is first introduced. Two numbers indicate that it is introduced in one chapter and elaborated upon in a later chapter. A Roman numeral (I) indicates that the word was presented in PASO A PASO 1.

The following abbreviations are used: *adj.* (adjective), *dir. obj.* (direct object). *f.* (feminine), *fam.* (familiar), *ind. obj.* (indirect object), *inf.* (infinitive), *m.* (masculine), *pl.* (plural), *prep.* (preposition), *pron.* (pronoun), *sing.* (singular).

a, an un, una (I)
able: to be — poder *(o → ue)* (I)
about sobre (I)
  to be — tratarse de (10)
accident el accidente (9)
according to según (2)
ache el dolor (I)
acquainted: to be — with conocer (I, 1)
to **act** actuar (10)
acting la actuación (10)
action:
  — figure el muñeco (5)
  — film la película de acción (10)
activity la actividad (2)
actor, actress el actor, la actriz (I)
ad el anuncio (I)
addition: in — además (9)
address la dirección, *pl.* las direcciones (8)
advantage la ventaja (11)
adventure film la película de aventuras (I)
affectionate cariñoso, -a (I)
after después (de) (I)
  — + *verb* + -ing después de + *inf.* (2)
  — school después de las clases (I)
afternoon la tarde (I)
  — snack la merienda (I)
  good — buenas tardes (I)
  in the — por la tarde (I)
again de nuevo (6)
age:
  at the age of... a los... años (6)
  at what — ? ¿a qué edad? (6)
ago hace + *(time)* . . . (I)
to **agree** estar de acuerdo (I)
  not to — with *(food)* hacer daño a (13)
air el aire (I)
  — conditioning el aire acondicionado (7)
airline la línea aérea (12)
airplane el avión, *pl.* los aviones (12)
airport el aeropuerto (12)
aisle el pasillo (12)
alarm clock el despertador (2)
algebra el álgebra *f.* (1)
alien el / la extraterrestre (10)
all todo, -a (I)
  — over por todas partes (3)
  — right bueno (I)
  — the same (to me) (me) da igual (3)
allergic (to) alérgico, -a (a) (9)
allergy la alergia (9)
to **allow** permitir (1)
  it's —ed se permite (1)
almost casi (I)
alone solo, -a (I)
already ya (I)
also también (I)
aluminum el aluminio (I)
always siempre (I)
ambulance la ambulancia (9)
among entre (I)
amusement park el parque de diversiones (I)
amusing divertido, -a (I)
and y (I)
animal el animal, *pl.* los animales (I, 5)
  stuffed — el animal de peluche (5)
  wild — el animal salvaje (14)
ankle el tobillo (9)
anniversary el aniversario (6)
announcer el locutor, la locutora (10)
to **annoy** molestar (5)
another otro, -a (I)
answer la respuesta (1)
to **answer** contestar (1)
ant la hormiga (9)
antibiotic el antibiótico (9)
any: not — ningúno (ningún), -a (I, 8)
anywhere: not — ninguna parte (I)
apartment el apartamento (I)
appetizers *(Spanish-style)* las tapas (13)
apple la manzana (I)
appliance el aparato (7)
April abril (I)
arm el brazo (I)
armchair el sillón, *pl.* los sillones (I)
around here por aquí (I)
to **arrest** arrestar (10)
to **arrive** llegar (I)
arriving from procedente de (12)
art el arte (I, 4)
  — exhibit la exposición, *pl.* las exposiciones de arte (4)
artistic artístico, -a (I)
as:
  — + *adj.* **—** tan + *adj.* + como (1)
  — much (many) + *noun* + **—** tanto, -a (tantos, -as) + *noun* + como (3)
to **ask** preguntar (1)
  to — a question hacer una pregunta (1)
  to — for pedir (I)
asparagus el espárrago (13)
assistance la ayuda (10)
astronaut el / la astronauta (11)
at en; a (I); por (8)
athlete el / la deportista (11)
athletic deportista (I)
atmosphere el ambiente (I)
attractive atractivo, -a (I)
auditorium el auditorio (1)
August agosto (I)
aunt la tía (I)
  —s and uncles los tíos (I)
automatic automático, -a (11)
autumn el otoño (I)
avenue la avenida (I)
avocado el aguacate (I)
  — dip el guacamole (I)

to **baby-sit** cuidar niños (2)
back la espalda (I)
in the — al fondo (8)
backpack la mochila (I)
bad mal, -a (I)
to have a — time pasarlo mal (I, 4)
baggage el equipaje (12)
— claim la terminal de equipaje (12)
baked *adj.* al horno (13)
bakery la panadería (8)
ball la pelota (4); *(inflated)* el balón, *pl.* los balones (4)
banana el plátano (I)
band la banda (2)
bandage la venda (8)
bank el banco (I)
barbecue la barbacoa (13)
to have a — hacer una barbacoa (13)
bargain la ganga (I)
to **bargain** regatear (12)
baseball el béisbol (I)
based (on) basado, -a (en) (10)
basement el sótano (I)
basketball el básquetbol (I)
bass el contrabajo (2)
bat *(baseball)* el bate (de béisbol) (4)
bath: to take a — bañarse (2)
bathing suit el traje de baño (I)
bathroom el baño (I)
battery la pila (7)
to **be** estar; ser (I)
to — about tratarse de (10)
beach la playa (I)
beans los frijoles (I)
green — las judías verdes (I)
refried — los frijoles refritos (I)
bear el oso (I)
because porque (I)
bed la cama (I)
to go to — acostarse *(o → ue)* (2)
bedroom el dormitorio (I)
bee la abeja (9)
beef la carne (de res) (I)
before + *verb* + -ing antes de + *inf.* (2)
to **begin** empezar *(e → ie)* (I)
to **behave (well / badly)** portarse (bien / mal) (5)
behind detrás (de) (I)
to **believe** creer (I)
belt el cinturón, *pl.* los cinturones (3)
beside al lado de (I)
besides además (9)
best el / la mejor (I)
better mejor (I)
between entre (I)
beverage la bebida (I)
bicycle la bicicleta (I, 4)
to ride a — montar en bicicleta (I, 4)
big grande (I)
— screen TV la pantalla gigante (11)
bike *see* **bicycle**
bill *(restaurant)* la cuenta (I)
binder (3-ring) la carpeta de argollas (I)
biology la biología (1)
bird el pájaro (I, 5)
birthday el cumpleaños (I)
— card la tarjeta de cumpleaños (I)
— party la fiesta de cumpleaños (I, 6)
happy —! ¡feliz cumpleaños! (I)
to have a — cumplir años (6)
bite *(insect)* la picadura (9)
to **bite** *(insect)* picar (9)
bitter amargo, -a (13)
black negro, -a (I)
in — and white en blanco y negro (I)
block la cuadra (I); *(toy)* el bloque (5)
how many —s (from . . .)? ¿a cuántas cuadras (de . . .)? (I)
blond rubio, -a (I)
blood la sangre (9)
blouse la blusa (I)
to **blow out** *(candles)* apagar (6)
blue azul (I)
boarding pass la tarjeta de embarque (12)
body el cuerpo (I)
to **boil** hervir *(e → ie)* (13)
bold atrevido, -a (I)
bone el hueso (9)
to break a — romperse (9)
book el libro (I)
— bag el bolso (1)
bookstore la librería (I)
boot la bota (I)
half — el botín, *pl.* los botines (3)
to **bore** aburrir (I)
bored: to be — aburrirse (4)
boring aburrido, -a (I)
born: to be — nacer (6)
to **borrow (from)** pedir prestado, -a (a) (4)
to **bother** molestar (5)
bottle la botella (I, 11)
bowl el tazón, *pl.* los tazones (I)
bowling los bolos (4)
boy el muchacho (I); el niño (5)
boyfriend el novio (I)
bracelet la pulsera (I, 7)
braces los frenillos (9)
bread el pan (I)
to **break** *(a bone)* romperse (9)
breakfast el desayuno (I)
for — en el desayuno (I)
to have — desayunar (2)
to **bring** traer (I)
broken roto, -a (9)
brother el hermano (I)
—s and sisters los hermanos (I)
—-in-law el cuñado (6)
brown marrón, *pl.* marrones; *(hair)* castaño (I)
to **brush** *(one's teeth, hair, etc.)* cepillarse (los dientes, el pelo, etc.) (2)
building el edificio (1)
to **burn** quemar (9)
to — oneself quemarse (9)
burrito el burrito (I)
bus el autobús, *pl.* los autobuses (I)
— stop la parada del autobús (I)
business los negocios (11)
—man, —woman el hombre / la mujer de negocios (11)
busy ocupado, -a (I)
but pero (I)
butcher shop la carnicería (8)
butter la mantequilla (I)
butterfly la mariposa (14)
button el botón, *pl.* los botones (3)
to **buy** comprar (I)
by por; + *vehicle* en (I)

cactus el cacto (14)
cafeteria la cafetería (1)
cake el pastel (6)
calamine lotion la calamina (9)
calculator la calculadora (I)
to **call** llamar (I)
calorie la caloría (13)
camera la cámara (I)
campground el campamento (14)
camping: to go — ir de camping (14)
can poder *(o → ue)* (I); la lata (I, 11)
— opener el abrelatas (14)
candle la vela (6)

candy el dulce (13)
canned enlatado, -a (13)
canoe la canoa (14)
  to go —ing navegar en canoa (14)
cantaloupe el melón, *pl.* los melones (13)
canvas la lona (3)
cap la gorra (3)
  ski — el gorro (I)
car el coche (I)
  — coat el chaquetón, *pl.* los chaquetones (3)
carbohydrate el carbohidrato (13)
card la tarjeta (I)
  ID — el carnet de identidad (7)
cardboard el cartón (I, 11)
careful: to be — (of / with) tener cuidado (con) (12)
carousel el carrusel (5)
carrot la zanahoria (I)
carte: a la — a la carta (I)
cartoons los dibujos animados (I)
case: in — of en caso de (7)
cash (el dinero) en efectivo (3)
to **cash** cambiar (12)
cashier el cajero, la cajera (3)
  —'s station la caja (8)
cassette el casete (4)
cast el yeso (9)
cat el gato (I)
catalog el catálogo (3)
cathedral la catedral (I)
cautious prudente (I)
CD el disco compacto (4)
to **celebrate** celebrar (6)
celebration la celebración, *pl.* las celebraciones (6)
center el centro (I)
  recycling — el centro de reciclaje (I)
  shopping — el centro comercial (I)
central central (7)
cereal el cereal (I)
chain la cadena (7)
  key— el llavero (7)
chair la silla (I)
chalkboard la pizarra (I)
champion el campeón, *pl.* los campeones; la campeona (4)
championship el campeonato (4)
change el cambio (11)
to **change** cambiar (10)
channel el canal (I)
chapter el capítulo (1)
character el personaje (10)
to **chat** charlar (6)
cheap barato, -a (I)
check el cheque (3)
to **check** *(baggage)* facturar (12)
  to — out a book sacar un libro (I)
checked *(design)* a cuadros (3)
checkers las damas (4)
cheese el queso (I)
chemistry la química (1)
cherry la cereza (13)
chess el ajedrez (4)
chestnut(-colored) castaño, -a (I)
chicken el pollo (I)
  — soup la sopa de pollo (I)
child el niño, la niña (5)
  as a — de pequeño, -a (5)
  only — el hijo único, la hija única (I)
children los niños (5)
  —'s wear la ropa para niños (8)
chili pepper el chile (I)
chocolate: hot — el chocolate (I)
choir el coro (2)
to **choose** escoger *(g → j)* (I, 3)
to **chop** picar (13)
chore el quehacer(I)
  household — el quehacer de la casa (I)
chorus el coro (2)
Christmas la Navidad (6)
  — Eve la Nochebuena (6)
church la iglesia (I)
churro el churro (I)
city la ciudad (I)
clarinet el clarinete (2)
class la clase (de) (I)
classical clásico, -a (4)
classmate el compañero, la compañera (I)
classroom la sala de clases (I)
clean limpio, -a; puro, -a (I)
to **clean** limpiar (I)
  to — up arreglar (I)
to **clear the table** quitar la mesa (I)
to **climb** subir (I)
clinic la clínica (I)
clock el reloj (1)
  alarm — el despertador (2)
to **close** cerrar *(e → ie)* (I)
closet el guardarropa (I)
cloth la tela (3)
clothes la ropa (I)
club el club, *pl.* los clubes (2)
coach el entrenador, la entrenadora (4)
coat el abrigo (I)
  car — el chaquetón, *pl.* los chaquetones (3)
cockroach la cucaracha (9)
coffee el café (I)
coin la moneda (7)
cold frío, -a (I)
  to be (very) — tener (mucho) frío (I)
  to have a — tener (un) resfriado (I)
  it's — out hace frío (I)
to **collect** coleccionar (5)
collection la colección, *pl.* las colecciones (5)
color el color (I)
  in — en colores (I)
  what —? ¿de qué color? (I)
Columbus Day el Día de la Raza (6)
comb el peine (2)
to **comb one's hair** peinarse (2)
comedy la comedia (I)
comfortable cómodo, -a (I)
comical cómico -a (I)
commercial el anuncio (de televisión) (I)
community la comunidad (I)
compact disc el disco compacto (4)
composition la composición (1)
computer la computadora (1)
  — technician el técnico, la técnica de computadoras (11)
concert el concierto (I)
congratulations! ¡felicidades! (6)
to **congratulate** felicitar (6)
to **conserve** conservar (I, 7)
contact lenses los lentes de contacto (7)
to **contaminate** contaminar (11)
contaminated contaminado, -a (I, 11)
cook el cocinero, la cocinera (13)
to **cook** cocinar (I)
cooked cocido, -a (13)
cool: it's — out hace fresco (I)
corn el maíz (I)
  — tortilla la tortilla de maíz (I)
corner la esquina (I)
to **cost** costar *(o → ue)* (I)
costume party la fiesta de disfraces (I, 4)
cotton el algodón (3)
cough la tos (9)
  — syrup el jarabe (para la tos) (9)
to **cough** toser (9)
could you...? ¿podría (Ud.) / podrías (tú) + *inf.?* (8)

counselor el consejero, la consejera (1)
counter el mostrador (8)
country el país (I)
countryside el campo (I)
course: of — claro que sí (I); por supuesto (I, 11)
cousin el primo, la prima (I)
cow la vaca (I)
cowboy, cowgirl el vaquero, la vaquera (10)
coyote el coyote (14)
credit card la tarjeta de crédito (3)
crime el crimen (10)
criminal el / la criminal (10)
to **cross** cruzar (8)
crossword puzzle el crucigrama (4)
crutches las muletas (9)
to **cry** llorar (5)
cucumber el pepino (13)
cup la taza (I)
currency exchange la casa de cambio (12)
customs la aduana (12)
  — agent el aduanero, la aduanera (12)
to **cut** cortar (I)
  to — oneself cortarse (9)

daily special el plato del día (I)
to **damage** dañar (10)
dance el baile (I, 6)
to **dance** bailar (I, 6)
dancer el bailarín, la bailarina (11)
danger el peligro (I, 14)
dangerous peligroso, -a (14)
daring atrevido, -a (I)
dark *(color)* oscuro, -a (3)
date la fecha (I)
  what's today's —? ¿cuál es la fecha de hoy? (I)
daughter la hija (I)
dawn el amanecer (14)
day el día (I)
  every — todos los días (I)
day-care center la guardería infantil (5)
dead muerto, -a (6)
December diciembre (I)
decoration la decoración, *pl.* las decoraciones (I)
deer el venado, la venada (14)
delay el retraso (12)
delicious sabroso, -a (I)
delighted encantado, -a (I)
to **deliver** repartir (2)
dental floss la seda dental (8)
dentist el / la dentista (I)
deodorant el desodorante (8)
department store el almacén, *pl.* los almacenes (I)
to **depend (on)** depender (de) (I, 2)
to **deposit** depositar (I)
desk el escritorio; *(student)* el pupitre (I)
desert el desierto (14)
dessert el postre
  for — de postre (I)
to **destroy** destruir (10)
detective el / la detective (10)
  — show el programa de detectives (I)
device el aparato (7)
to **devote oneself (to)** dedicarse (a) (11)
dictionary el diccionario (I)
difficult difícil (I)
dining room el comedor (I)
dinner la cena (I)
  for — en la cena (I)
dinosaur el dinosaurio (5)
to **direct** dirigir *(g → j)* (10)
direction la dirección, *pl.* las direcciones (10)
director *(film)* el director, la directora (10)
dirty sucio, -a (I)
disadvantage la desventaja (11)
to **disagree** no estar de acuerdo (I)
disaster el desastre (4)
discount store la tienda de descuentos (I)
disgusting: that's — ! ¡qué asco! (I)
dish el plato (I)
dishwasher el lavaplatos (7)
disk el disco (4)
disobedient desobediente (5)
to **disobey** desobedecer *(c → zc)* (5)
distance la distancia (8)
to **dive** dar saltos (14)
diversion la diversión, *pl.* las diversiones (4)
diving board el trampolín, *pl.* los trampolines (14)
divorced (from) divorciado, -a (de) (6)
to **do** hacer (I)
documentary el documental (I)
dog el perro (I)
doll la muñeca (5)
dollar el dólar (I)
domestic doméstico, -a (14)
door la puerta (I)
dot: on the — en punto (I)
double doble (12)
dough la masa (13)
downtown el centro (8)
to **draw** dibujar (I)
drawing el dibujo (I)
dress el vestido (I)
  party — el vestido de fiesta (I)
dressed: to get — vestirse *(e → i)* (2)
dresser la cómoda (I)
to **drink** beber (I)
drops las gotas (9)
drugstore la farmacia (I)
drum el tambor (2)
dry seco, -a (14)
to **dry** secar (14)
  to — one's hair secarse el pelo (2)
dryer:
  clothes — la secadora (7)
  hair — el secador de pelo (7)
dumb tonto, -a (I)
to **dump** echar (11)
dust el polvo (9)
to **dust** sacudir (I)

ear el oído (I)
  —ache el dolor de oído (I)
early temprano (I)
to **earn** ganar (2)
  to — a living ganarse la vida (11)
earring el arete (I, 7)
Earth la Tierra (I, 11)
earthquake el terrremoto (10)
easily fácilmente (2)
easy fácil (I)
to **eat** comer (I)
economical económico, -a (11)
education la educación (11)
educational educativo, -a (I)
efficient eficiente (11)
egg el huevo (I)
  hard-boiled — el huevo duro (13)
eight ocho (I)
  — hundred ochocientos (I)
eighteen dieciocho (I)
eighth octavo, -a (I)
eighty ochenta (I)
either: not — no ... tampoco (I)
elbow el codo (9)
electric eléctrico, -a (7)
  — fan el ventilador (7)
electricity la electricidad (7)
elegant elegante (I, 3)

elementary school la escuela primaria (5)
elephant el elefante (I, 14)
elevator el ascensor (8)
eleven once (I)
else: anything — algo más (I)
to **embrace** abrazarse (6)
emergency la emergencia (7)
  — room la sala de emergencia (9)
  in case of — en caso de emergencia (7)
employee el empleado, la empleada (12)
enchilada la enchilada (I)
to **end** terminar (I)
endangered en peligro de extinción (I, 14)
energy la energía (I, 7)
English (*language*) el inglés (I)
to **enjoy** disfrutar de (12)
enough suficiente (7)
entertainment la diversión, *pl.* las diversiones (4)
entrance la entrada (8)
environment el medio ambiente (I, 11)
eruption la erupción, *pl.* las erupciones (10)
escalator la escalera mecánica (8)
evening la noche (I)
  good — buenas noches / tardes (I)
  in the — por la noche / tarde (I)
ever alguna vez (I)
every day todos los días (I)
everyone todos, -as (I)
everywhere por todas partes (3)
exaggerated exagerado, -a (10)
exam el examen, *pl.* los exámenes (1)
excellent excelente (10)
exciting emocionante (I)
excursion la excursión, *pl.* las excursiones (12)
  to take an — hacer una excursión (12)
to **excuse** perdonar (8)
  — me perdón (I); perdone (Ud.) (8)
exercise el ejercicio (I, 1)
to **exercise** hacer ejercicio (I)
exhibit *(art)* la exposición, *pl.* las exposiciones (de arte) (4)
exit la salida (8)
expensive caro, -a (I)
to **explain** explicar (1)
to **explore** explorar (I)
extracurricular extracurricular (2)
eye el ojo (I)
  — drops las gotas para los ojos (9)

fabric la tela (3)
face la cara (2)
facing enfrente (de) (I)
fact el hecho (I, 10)
  —-based program el programa de hechos de la vida real (I)
factory la fábrica (I)
failure el fracaso (10)
fair regular; así, así (I)
fall el otoño (I)
to **fall (down)** caerse (9)
  to — in love (with) enamorarse (de) (10)
family la familia (I); *adj.* familiar (6)
  — room la sala de estar (I)
fan *(electric)* el ventilador (7)
fantastic fantástico, -a (I)
far (from) lejos (de) (I)
to **fascinate** fascinar (I)
fascinating fascinante (I)
fashion la moda (3)
fashionable: to be — estar de moda (3)
to **fasten** abrocharse (12)
father el padre (I)
  —'s Day el Día del Padre (6)
feather la pluma (14)
February febrero (I)
to **feel** sentirse *(e → ie)* (9)
  how do you —? ¿cómo te sientes? (I)
festive alegre (4)
fever la fiebre (I)
  to have a — tener fiebre (I)
few: a — unos, unas (I)
fifteen quince (I)
fifth quinto, -a (I)
fifty cincuenta (I)
to **fight** pelearse (5)
filling el relleno (13)
film la película (I)
to **find** encontrar *(o → ue)* (3)
finger el dedo (I)
fingernail la uña (8)
  — polish el esmalte de uñas (8)
fire el incendio (7); el fuego (14)
  — extinguisher el extinguidor de incendios (7)
  — station la estación de bomberos (8)
firefighter el bombero, la bombera (8)
firewood la leña (14)
fireworks los fuegos artificiales (6)
  to shoot — lanzar fuegos artificiales (6)
first primero (primer), -a (I)
fish *(cooked)* el pescado (I); *(live)* el pez, *pl.* los peces (5)
  — store la pescadería (8)
  to go —ing ir de pesca (I)
to **fit** quedar (I)
five cinco (I)
  — hundred quinientos (I)
to **fix** reparar (7)
flag la bandera (1)
flan el flan (I)
flashlight la linterna (7)
flight el vuelo (12)
  — attendant el / la auxiliar de vuelo (12)
flood la inundación, *pl.* las inundaciones (10)
floor *(story)* el piso (I); el suelo (3)
floss: dental — la seda dental (8)
flour la harina (I)
  — tortilla la tortilla de harina (I)
flower la flor (I, 6)
  — shop la floristería (8)
flowered floreado, -a (3)
flu la gripe (I)
  to have the — tener gripe (I)
flute la flauta (2)
fly la mosca (9)
folder la carpeta (I)
to **follow** seguir *(e → i)* (8)
food la comida (I); la alimentación (3)
foot el pie (I)
  on — a pie (I)
football el fútbol americano (I)
footprint la huella (14)
for para; por (I)
  — + *time expression* por (9)
forest la selva (I)
  rain — la selva tropical (I)
fork el tenedor (I)
forty cuarenta (I)
fossil el fósil (14)
four cuatro (I)
  — hundred cuatrocientos (I)
fourteen catorce (I)
French *(language)* el francés (1)
  — fries las papas fritas (I)
fresh fresco, -a (13)
Friday viernes (I)
  on — el viernes (I)

fried frito, -a (13)
friend el amigo, la amiga (I)
friendly simpático, -a (I)
frog la rana (14)
from de (I); desde (6)
front: in — of enfrente de; delante de (I)
frozen congelado, -a (13)
fruit la fruta (I)
— **salad** la ensalada de frutas (13)
— **shop** la frutería (8)
fun: to have — divertirse *(e → ie)* (4)
to **function** funcionar (7)
funny gracioso, -a; emocionante; divertido, -a (I)
fur la piel (I)
furniture los muebles (I)
future el futuro (11)

game el partido (I, 4)
— **show** el programa de concursos (10)
garage el garaje (I)
garbage la basura (I)
garlic el ajo (13)
gas station la estación de servicio (I)
gate la puerta (12)
to **gather** recoger (14)
gathering la reunión, *pl.* las reuniones (I, 6)
gazpacho el gazpacho (13)
gee! ¡vaya! (I)
generally generalmente (I)
generous generoso, -a (I)
geography la geografía (1)
geometry la geometría (1)
German *(language)* el alemán (1)
to **get** conseguir *(e → i)* (12)
to — up levantarse (2)
get-together la reunión, *pl.* las reuniones (I, 6)
gift el regalo (I)
— **shop** la tienda de regalos (I)
to give a — regalar (I, 6)
girl la muchacha (I); la niña (5)
girlfriend la novia (I)
to **give** dar (I)
to — a gift regalar (I, 6)
to — an injection poner una inyección (9)
glass el vaso (I); *(material)* el vidrio (I, 11)
(made of) — de vidrio (I)
glasses los anteojos (I, 7)
glove el guante (I)
baseball — el guante de béisbol (4)
to **go** ir (I)
to be —ing to + *verb* ir a + *inf.* (I)
to — fishing ir de pesca (I)
— on! ¡vaya! (I)
to — on a trip hacer una excursión (12)
to — on vacation ir de vacaciones (I)
to — shopping ir de compras (I)
to — to bed acostarse *(o → ue)* (2)
to — to school ir a la escuela (I)
to — through pasar por (12)
goal el gol (4)
going to con destino a (12)
gold el oro (7)
(made of) — de oro (7)
good bueno (buen), -a (I)
— afternoon buenas tardes (I)
— evening buenas noches (I)
— morning buenos días (I)
— night buenas noches (I)
it's a — thing that . . . menos mal que . . . (I)
golf el golf (4)
— club el palo (de golf) (4)
good buen(o), -a (I)
to have a — time pasarlo bien (I, 4)
good-by adiós (I)
to say — (to) despedirse *(e → i)* (de) (6)
good-looking guapo, -a (I)
goodness: my —! ¡vaya! (I)
gorilla el gorila (I, 14)
grade la nota (1)
to get a good / bad — sacar una buena / mala nota (1)
to **graduate** graduarse (6)
graduation la graduación, *pl.* las graduaciones (6)
granddaughter la nieta (6)
grandfather el abuelo (I)
grandmother la abuela (I)
grandparents los abuelos (I)
grandson el nieto (6)
grape la uva (I)
gray gris, *pl.* grises (I)
— hair pelo canoso (I)
greasy grasoso, -a (13)
great! ¡genial! (I)
great-grandfather / grandmother el bisabuelo, la bisabuela (6)
green verde (I)
— beans las judías verdes (I)
— pepper el pimiento verde (13)
greengrocer la verdulería (8)
to **greet** saludar (6)
grilled a la parrilla (13)
groceries los comestibles (I)
guest el invitado, la invitada (I)
guide el / la guía (12)
guidebook la guía (12)
guitar la guitarra (I)
gym el gimnasio (I)
— bag el bolso (1)

habit: to be in the — of soler *(o → ue)* + *inf.* (I, 2)
hair el pelo (I)
to comb one's — peinarse (2)
— dryer el secador de pelo (7)
half:
and a — *(in sizes)* y medio (3)
— an hour media hora (I)
— boots el botín, *pl.* los botines (3)
—-past y media (I)
ham el jamón (I)
hamburger la hamburguesa (I)
hamper: laundry — el cesto de la ropa sucia (3)
hand la mano (I)
by — a mano (12)
—made hecho, -a a mano (I)
to shake —s darse la mano (6)
to **hand in** entregar (1)
handcrafts la artesanía (12)
handsome guapo, -a (I)
to **hang** colgar *(o → ue)* (3)
to **happen** pasar (I); ocurrir (10)
what —ed to you? ¿qué te pasó? (9)
happy alegre (4)
hard difícil (I)
hard-boiled egg el huevo duro (13)
hard-working trabajador, -a (I)
to **have** tener (I)
to — fun divertirse *(e → ie)* (4)
to — a good / bad time pasarlo bien / mal (I, 4)
to — time + *inf.* tener tiempo de + *inf.* (4)
to — to tener que + *inf.* (I)
he él (I)
head la cabeza (I)
—ache el dolor de cabeza (I)

health la salud (I); *(class)* las ciencias de la salud (I)
healthy sano, -a (13)
to stay — mantenerse sano, -a (13)
heater el calentador (7)
heating la calefacción (7)
heavy pesado, -a (14)
hello! ¡hola! (I)
helmet el casco (4)
help la ayuda (10)
to **help** ayudar (I)
may I — you? ¿qué desea (Ud.)? (I)
her *adj.* su, sus (I); suyo, -a (7); *dir. obj. pron.* la; *ind. obj. pron.* le (I)
here aquí (I)
around — por aquí (I)
— it is aquí está (I)
hero *(film)* el galán, *pl.* los galanes (10)
heroine la heroína (10)
hers el suyo, la suya, los suyos, las suyas (7)
hi! ¡hola! (I)
to **hide** esconder(se) (10)
high-heeled shoes los zapatos de tacón alto (I, 3)
highway la carretera (8)
hiking: to go — dar una caminata (14)
hill la colina (14)
him *dir. obj. pron.* lo; *ind. obj. pron.* le (I)
his *adj.* su, sus (I); suyo, -a (7); *pron.* el suyo, la suya, los suyos, las suyas (7)
historic(al) histórico, -a (8)
history la historia (1)
hobby el pasatiempo (I)
hockey el hockey (4)
— puck el disco (de hockey) (4)
— stick el palo (de hockey) (4)
holiday el día de fiesta (6)
home la casa (I)
— shopping show el programa de compras (10)
homework la tarea (I)
horrible horrible (I)
horror el horror (4)
— movie la película de terror (I)
horse el caballo (I, 10)
to ride —back montar a caballo (10)
hospital el hospital (I)
hot *(flavor)* picante (I)
to be — *(person)* tener calor (I)
it's — out hace calor (I)
hot dog el perro caliente (13)
hotel el hotel (I)
— room la habitación, *pl.* las habitaciones (12)
house la casa (I)
— special la especialidad de la casa (I)
household chore el quehacer de la casa (I)
¡how! qué + *adj.* (I)
how? ¿cómo? (I)
— are you? ¿cómo estás /está (Ud.)? (I)
— long has it been since . . . ¿cuánto (tiempo) hace que . . . ? (I)
— many? ¿cuántos, -as? (I)
— much? ¿cuánto? (I)
— old is . . . ? cuántos años tiene . . . ? (I)
—'s it going? ¿qué tal? (I)
— is...? ¿qué tal es...? (10)
to **hug** abrazarse (6)
human being el ser humano (11)
hundred cien; ciento (I)
hungry: to be — tener hambre (I)
hurricane el huracán, *pl.* los huracanes (10)
to **hurt** doler *(o → ue);* lastimarse + *part of body* (I)
husband el esposo (6)

I yo (I)
ice el hielo (4)
to — skate patinar sobre hielo (4)
ice cream el helado (I)
— shop la heladería (8)
iced tea el té helado (I)
identification la identificación (7)
— card la carnet de identidad (7)
if si (I)
ill enfermo, -a (I)
to feel — sentirse *(e → ie)* mal (I)
to make — hacer daño a (13)
illness la enfermedad (9)
impatient impaciente (I)
impolite maleducado, -a (5)
in en (I)
— order to para + *inf.* (I)
to **include** incluir (12)
Independence Day el Día de la Independencia (6)
to **indicate** indicar (8)
indigenous indígena (12)
inexpensive barato, -a (I)
— lodging la pensión, *pl.* las pensiones (12)
infection la infección, *pl.* las infecciones (9)
information la información (10)
ingredient el ingrediente (I, 13)
injection la inyección, *pl.* las inyecciones (9)
to give an — poner una inyección (9)
insect el insecto (9)
— bite la picadura (de insecto) (9)
— repellent el repelente (9)
insecticide el insecticida (9)
to **inspect** registrar (12)
instrument el instrumento (2)
intelligent inteligente (I)
interest: place of — el lugar de interés (I)
to **interest** interesar (I)
interesting interesante (I)
international internacional (10)
intersection el cruce (8)
interview la entrevista (10)
to **introduce** presentar (I)
to **investigate** investigar (10)
invitation la invitación, *pl.* las invitaciones (I, 6)
to **invite** invitar (I, 6)
involved: to be — in dedicarse (a) (11)
it *dir. obj.* lo (I)

jacket la chaqueta (I)
jaguar el jaguar (I)
January enero (I)
jeans los jeans (I)
to **jet ski** hacer moto acuática (14)
jet skiing la moto acuática (14)
jewelry las joyas (I)
jigsaw puzzle el rompecabezas (4)
to **jog** correr (4)
judge el / la juez, *pl.* los / las jueces (11)
juice el jugo (I)
orange — el jugo de naranja (I)
July julio (I)
to **jump (rope)** saltar (a la cuerda) (5)
— rope la cuerda (5)
June junio (I)

to **keep** guardar (3)
key la llave (7)
—chain el llavero (7)
to **kill** matar (10)
kilometer el kilómetro (8)
kind *adj.* amable; la clase (I)

kindergarten el kindergarten (5)
kindling los palitos (14)
to **kiss** besarse (6)
kitchen la cocina (I)
knee la rodilla (9)
knife el cuchillo (I)
to **know** conocer *(c → zc)* (I, 1); saber (I, 4)
to **— how** saber (I, 4)

lab(oratory) el laboratorio (1)
laborer el obrero, la obrera (11)
lacking: to be — faltar a (I)
ladies' wear la ropa para damas (8)
lake el lago (I)
lamp la lámpara (I)
to **land** aterrizar (12)
landslide el derrumbe (10)
language el idioma (1)
large grande (I, 3)
last pasado, -a (I); último, -a (4)
— night anoche (I)
to **last** durar (I)
late tarde (I)
see you —r hasta luego (I)
laundry hamper el cesto de la ropa sucia (3)
laundry room el lavadero (I)
lawn el césped (I)
to mow the — cortar el césped (I)
lawyer el abogado, la abogada (11)
lazy perezoso, -a (I)
leaf hoja (14)
league la liga (4)
to **learn** aprender (I)
least el / la / los / las menos + *adj.* (I)
at — por lo menos (2)
leather el cuero (I)
(made of) — de cuero (I)
to **leave** salir (I)
left izquierdo, -a (I)
to the — (of) a la izquierda (de) (I)
leg la pierna (I)
lemon el limón, *pl.* los limones (13)
lemonade la limonada (I)
to **lend** prestar (4)
lenses: contact — los lentes de contacto (7)
less menos (I)
more or — más o menos (I)
lesson la lección, *pl.* las lecciones (1)
letter la carta (I)
lettuce la lechuga (I)
library la biblioteca (I)
to **lie** mentir *(e → ie)* (5)
life la vida (I)
to **lift** levantar (4)
light *(color)* claro, -a (3); *(minor)* leve (9); *(weight)* ligero, -a (14)
light la luz, *pl.* las luces (I)
— bulb el bombillo (7)
traffic — el semáforo (8)
to **light** encender *(e → ie)* (6)
to **like** gustar a (I)
I'd (you'd) — quisiera(s); me (te) gustaría (I)
likewise igualmente (I)
lime el limón, *pl.* los limones (13)
line: to — up hacer fila (1)
lips los labios (8)
lipstick el lápiz (*pl.* los lápices) de labios (8)
to **listen (to)** escuchar (I)
literary literario, -a (2)
lit(erature) la literatura (1)
little pequeño, -a (I)
a — un poco (de) (I)
to **live** vivir (I)
living: to earn a — ganarse la vida (11)
living room la sala (I)
loafer el mocasín, *pl.* los mocasines (3)
local local (10)
located: to be — quedar (I)
locker el armario (1)
lodging: inexpensive — la pensión, *pl.* las pensiones (12)
long largo, -a (I)
to **look (at)** mirar (I)
to — for buscar (I)
loose *(clothing)* flojo, -a (3)
to **lose** perder *(e → ie)* (4)
lot: a — of mucho, -a (I)
love: to fall in — (with) enamorarse (de) (10)
to **love** encantar (I)
loving cariñoso, -a (I)
luckily por suerte (1)
lunch el almuerzo (I)
for — en el almuerzo (I)
luxury el lujo (7)

ma'am señora (I)
made hecho, -a (I, 13)
it's — of... es de... (3)
— of de + *material* (I)
what's (it) — of ? de qué es...? (3)
magazine la revista (I)
to **mail** enviar (I)
mailbox el buzón, *pl.* los buzones (8)
main principal (10)
to **make** hacer (I)
make-up el maquillaje (8)
to put on — maquillarse (8)
mall el centro comercial (I)
man el hombre (I)
many muchos, -as (I)
as — as tantos, -as + *noun* + como (3)
map el mapa (1)
March marzo (I)
market el mercado (12)
marker el marcador (I)
married (to) casado, -a (con) (6)
to get — (to) casarse (con) (6)
martial arts las artes marciales (2)
match *(game)* el partido (I); el fósforo (14)
mathematics las matemáticas (I)
matter: what's the —? ¿qué pasa? (I)
May mayo (I)
mayonnaise la mayonesa (13)
me *obj. pron.* me; *after prep.* mí (I)
meal la comida (I)
mechanic el mecánico, la mecánica (11)
medical test el análisis, *pl.* los análisis (9)
medicine la medicina (9)
medium *(in sizes)* mediano, -a (3)
to **meet** encontrarse *(o → ue)* (6)
I'd like you to — te presento a... (I)
pleased to — you mucho gusto; encantado, -a (I)
member el miembro (2)
to be a — of ser miembro de (2)
men's wear la ropa para caballeros (8)
menu el menú (I)
merry-go-round el carrusel (5)
messy desordenado, -a (I)
metal el metal (I)
(made of) — de metal (I)
meter *(measurement)* el metro (8)
microwave oven el microondas (7)
midnight la medianoche (I)
mild *(flavor)* no picante (I)
mile la milla (8)
milk la leche (I)

mine el mío, la mía, los míos, las mías (7)
minor leve (9)
minute el minuto (I)
mirror el espejo (I)
mischievous travieso, -a (5)
miss (la) señorita (I)
miss: to be —ing faltar a (I)
to **mix** mezclar (13)
modern moderno, -a (I)
Monday lunes (I)
  on — el lunes (I)
money el dinero (I)
monster el monstruo (10)
month el mes (I)
monument el monumento (I)
mood: in a good / bad — de buen / mal humor (2)
moon la Luna (11)
more más (I)
  — or less más o menos (I)
morning la mañana (I)
  good — buenos días (I)
  in the — por la mañana (I)
mosquito el mosquito (9)
most: the — el / la / los / las más + *adj.* (I)
mother la madre (I)
  —'s Day el Día de la Madre (6)
mountain la montaña (I)
  to go — climbing escalar montañas (14)
mouth la boca (I)
movie la película (I)
  —s el cine (I)
  — theater el cine (I)
  to show a — dar una película (I)
to **mow the lawn** cortar el césped (I)
Mr. (el) señor (I)
Mrs. (la) señora (I)
much mucho, -a (I)
  as — as tanto, -a + *noun* + como (3)
  how —? ¿cuánto? (I)
muffler la bufanda (I)
muscle el músculo (9)
museum el museo (I)
mushroom el champiñón, *pl.* los champiñones (13)
music la música (I)
  — program el programa musical (I)
  — video el video musical (4)
musical musical (I)
musician el músico, la música (11)
mustard la mostaza (13)
my mi, mis (I); mío, -a (7)
myself (yo) mismo, -a (7)

nail *see* **fingernail**
name el nombre (I)
  my — is me llamo (I)
  what's your —? ¿cómo te llamas? (I)
named: to be — llamarse (I)
napkin la servilleta (I)
national nacional (14)
native *adj.* indígena (12)
nature la naturaleza (12)
naughty travieso, -a (5)
near cerca (de) (I)
neat ordenado, -a (I)
necessary: it's — to hay que + *inf.* (I, 2); es necesario (2)
necessity la necesidad (7)
neck el cuello (I)
necklace el collar (I, 7)
necktie la corbata (I, 3)
to **need** necesitar (I)
neighbor el vecino, la vecina (5)
neither . . . nor ni . . . ni (I)
nephew el sobrino (6)
never nunca (I)
new nuevo, -a (I)
  — Year's Day el Año Nuevo (6)
  — Year's Eve el fin de año (6)
news las noticias (I)
newspaper el periódico (I, 2)
newsstand el quiosco (de periódicos) (8)
next próximo, -a (1)
  — to al lado (de) (I)
nice amable; simpático, -a (I)
niece la sobrina (6)
night la noche (I)
  at — de la noche (I)
  good — buenas noches (I)
  last — anoche (I)
  — table la mesa de noche (7)
nine nueve (I)
  — hundred novecientos (I)
nineteen diecinueve (I)
ninety noventa (I)
no no (I)
  — longer ya no (I)
nobody, no one nadie (I)
nonallergenic antialérgico, -a (9)
nonstop sin escala (12)
noon el mediodía (I)
nor: neither . . . — ni . . . ni (I)
nose la nariz (I)
not no (I)
  — anymore ya no (I)
  — at all de ninguna manera (I)
  — yet todavía no (I)
notebook el cuaderno (I)
nothing nada (I)
nourishment la alimentación (13)
novel la novela (11)
November noviembre (I)
now ahora (I)
nowhere ninguna parte (I)
number el número (I)
  phone — el número de teléfono (I)
nurse el enfermero, la enfermera (9)
  —'s office la enfermería (I)
nylon el nilón (3)

obedient obediente (5)
to **obey** obedecer *(c → zc)* (5)
to **obtain** conseguir *(e → i)* (12)
to **occur** ocurrir (10)
ocean el océano (I, 11)
October octubre (I)
of de (I)
  — course claro que sí (I); por supuesto (I, 11)
office la oficina (1)
  telephone — la oficina telefónica (12)
  tourist — la oficina de turismo (12)
often a menudo (I)
oil el aceite (13)
ok bueno (I)
old viejo -a; antiguo, -a (I)
  how — is . . . ? ¿cuántos años tiene . . . ? (I)
older mayor (I)
omelet *(Spain)* la tortilla española (13)
on en; sobre (I)
  — the dot en punto (I)
  — time puntualmente (I)
  — top (of) encima (de) (I)
once una vez (I)
one uno (un), una (I); *(a person)* uno (2)
  it's — o'clock es la una (I)
  —-way sólo de ida (12)
onion la cebolla (I)
only sólo (I)
  — child el hijo único, la hija única (I)
to **open** abrir (I)
operation la operación, *pl.* las operaciones (9)

opposite enfrente (de) (I)
or o (I)
not . . . — ni . . . ni (I)
orange anaranjado, -a; la naranja (I)
— juice el jugo de naranja (I)
orchestra la orquesta (2)
order: in — to para + *inf.* (I)
to **order** pedir *(e → i)* (I)
other otro, -a (I)
ouch! ¡ay! (I)
ought to deber (I)
our nuestro, -a (I)
ours el nuestro, la nuestra, los nuestros, las nuestras (7)
outdoors al aire libre (14)
outgoing sociable (I)
oven el horno (7)
over: all — por todas partes (3)
owl el búho (14)
own propio, -a (7)
oxygen el oxígeno (14)

to **pack** hacer la maleta (12)
paella la paella (13)
page la página (1)
painter el pintor, la pintora (11)
palace el palacio (12)
pants los pantalones (I)
pantyhose las pantimedias (I)
paper el papel (I)
— clip el sujetapapeles, *pl.* los sujetapapeles (1)
sheet of — la hoja de papel (I)
parade el desfile (4)
to **pardon** perdonar (8)
— me perdone (Ud.) (8)
parents los padres (I)
park el parque (I)
amusement — el parque de diversiones (I)
part: to be a — of formar parte de (I)
part *(film, play)* el papel (10)
to play the — (of) hacer el papel (de) (10)
to **participate (in)** participar (en) (2)
party la fiesta (I)
birthday — la fiesta de cumpleaños (I, 6)
costume — la fiesta de disfraces (I, 4)
New Year's Eve — la fiesta de fin de año (I, 6)
surprise — la fiesta de sorpresa (I, 6)
to **pass** pasar (I)
passenger el pasajero, la pasajera (12)
passport el pasaporte (I)
past:
half- — y media (I)
quarter — y cuarto (I)
pastime el pasatiempo (I)
pastry el pastel (I)
path el sendero (14)
patient *adj.* paciente (I)
to **pay** pagar (I)
pea el guisante (I)
peace la paz (11)
peach el durazno (13)
pen el bolígrafo (I)
pencil el lápiz, *pl.* los lápices (I)
— sharpener el sacapuntas, *pl.* los sacapuntas (1)
people la gente (I)
pepper la pimienta (I)
green — el pimiento verde (13)
stuffed — el chile relleno (I)
peppery picante (I)
perfume el perfume (8)
period la hora (I)
to **permit** permitir (1)
it's —ted se permite (8)
person la persona (I)
a — uno (2)
personal personal (I)
phone el teléfono (I)
on the — por teléfono (I)
pay — el teléfono público (8)
— book la guía telefónica (I)
— number el número de teléfono (I)
photo la foto (I)
photography la fotografía (10)
physical education la educación física (I)
physician el médico, la médica (I)
piano el piano (2)
to **pick up** recoger (I, 14)
picnic el picnic (4)
to have a — hacer un picnic (4)
picture el cuadro (I)
picturesque pintoresco, -a (12)
pie la tarta (13)
pill la pastilla (9)
pilot el/la piloto (12)
pineapple la piña (13)
pink rosado, -a (I)
pistol la pistola (5)
to **pitch a tent** poner una tienda (14)
place el lugar (I)
— of interest el lugar de interés (I)
to **place** poner (I)
plaid a cuadros (3)
plain liso, -a (3)
to **plan** pensar + *inf.* (I); planear (12)
plane el avión, *pl.* los aviones (12)
planet el planeta (11)
plant la planta (I, 14)
plastic el plástico (I, 3)
(made of) — de plástico (I)
plate el plato (I)
play la obra de teatro (4)
to **play** jugar *(u → ue)* (I)
to — the part (of) hacer el papel (de) (10)
player el jugador, la jugadora (4)
playground el patio de recreo (5)
pleased to meet you mucho gusto; encantado, -a (I)
plot el argumento (10)
pocket el bolsillo (3)
— folder la carpeta (I)
to **point out** indicar (8)
poisonous venenoso, -a (14)
police la policía (I)
— officer el / la policía (10)
— station la estación de policía (I)
polish: nail — el esmalte de uñas (8)
polite (bien) educado, -a (5)
politician el político, la política (11)
politics la política (11)
pollen el polen (9)
to **pollute** contaminar (11)
polluted contaminado, -a (I, 14)
pool la piscina (I)
pork el cerdo (13)
possession la posesión, *pl.* las posesiones (7)
post card la tarjeta postal (I)
poster el cartel (I)
post office el correo (I)
pot la olla (14)
potato la papa (I)
baked — la papa al horno (I)
French-fried — la papa frita (I)
practical práctico, -a (I)
to **practice** practicar (I)
to **prefer** preferir *(e → ie);* gustar más (I)
to **prescribe** recetar (9)
prescription la receta (9)
to **prepare** preparar (I)
pretty bonito, -a (I)
principal *(school)* el director, la directora (1); *adj.* principal (10)
problem el problema (1)
profession la profesión, *pl.* las profesiones (11)
program el programa (I)

to **prohibit** prohibir (1)
it's —ed se prohibe (1)
projector el proyector (1)
to **protect (oneself)** proteger(se) *(g → j)* (I, 9)
protein la proteína (13)
public público, -a (8)
puck el disco (de hockey) (4)
pumpkin la calabaza (13)
pure puro, -a (I)
purple morado, -a (I)
purse el bolso (3)
to **put** poner (I)
to — away guardar (3)
to — on *(clothes)* ponerse (8); *(make-up)* maquillarse (8)
pyramid la pirámide (I)

quarter cuarto, -a (I)
— past y cuarto (I)
quesadilla la quesadilla (I)
question la pregunta (1)
to ask a — hacer una pregunta (1)
quiet callado, -a (I)
quite bastante (4)
quiz la prueba (1)

racket: tennis — la raqueta de tenis (4)
radio *(set)* el radio (7)
raft la balsa (14)
to go —ing navegar en balsa (14)
rain la lluvia (I)
to **rain** llover *(o → ue)* (I)
it's —ing llueve (I)
raincoat el impermeable (I)
rain forest la selva tropical (I)
rather bastante (I)
razor la máquina de afeitar (8)
reaction la reacción, *pl.* las reacciones (9)
to **read** leer (I)
real real (I)
realistic realista (I)
really? ¿de veras?; ¡no me digas! (I)
to **receive** recibir (I)
recipe la receta (13)
to **recommend** recomendar *(e → ie)* (12)
to **recycle** reciclar (I, 11)
recycling center el centro de reciclaje (I)
red rojo, -a (I)
—-haired pelirrojo, -a (I)
to **reduce** reducir *(c → zc)* (I, 11)
refrigerator el refrigerador (I)
relative el pariente, la parienta (I, 6)
to **remember** recordar *(o → ue)* (5)
remote control el control remoto (7)
to **repair** reparar (7)
repellent el repelente (9)
report el informe (1)
reservation la reservación, *pl.* las reservaciones (12)
to **rest** descansar (I)
restaurant el restaurante (I)
restroom los servicios (8)
to **return** regresar; devolver *(o → ue)* (I)
review (of) el comentario (sobre) (10)
to **review** repasar (1)
rice el arroz (I)
to **ride:**
to — a bike montar en bicicleta (4)
to — horseback montar a caballo (10)
right derecho, -a (I)
to be — tener razón (I)
—? ¿verdad? (I)
— away en seguida (I)
to the — (of) a la derecha (de) (I)
ring el anillo (7)
river el río (11)
roasted asado, -a (13)
to **rob** robar (10)
robot el robot, *pl.* los robots (5)
rock la piedra (14); *(music)* la música rock (4)
role el papel (10)
to play the — (of) hacer el papel (de) (10)
romantic movie la película romántica (I)
room el cuarto (I); *(hotel)* la habitación, las habitaciones (12)
rope la cuerda (5)
to jump — saltar a la cuerda (5)
round redondo, -a (I)
—-trip ticket el boleto de ida y vuelta (12)
to **row** pasear en bote (I)
rowboat el bote (I)
rude maleducado, -a (5)
ruins las ruinas (I)
ruler la regla (I)
to **run** correr (4)
sad triste (I)
sail la vela (14)
salad la ensalada (I)
fruit — la ensalada de frutas (13)
— bar el bufet de ensaladas (1)
— dressing la salsa (13)
sale la liquidación, *pl.* las liquidaciones (3)
to be for — se vende (8)
to be on — estar en liquidación (3)
salesperson el vendedor, la vendedora (3)
salt la sal (I)
salty salado, -a (13)
same mismo, -a (2)
it's all the — (to me) (me) da igual (3)
the — thing lo mismo (I)
sandbox el cajón, *pl.* los cajones de arena (5)
sandwich el sandwich (I); *(Spanish-style)* el bocadillo (13)
Saturday sábado (I)
on — el sábado (I)
sauce la salsa (I)
saucer el platillo (I)
sausage el chorizo (13)
to **save** conservar (I, 7); ahorrar (7)
sax(ophone) el saxofón, *pl.* los saxofones (2)
to **say** decir (I)
how do you — . . . ? ¿cómo se dice . . . ? (I)
it is said . . . se dice . . . (I)
to — good-by (to) despedirse *(e → i)* (de) (6)
to — hello decirse "¡Hola!" (6)
you don't — ! ¡no me digas! (I)
to **scare** dar miedo a (I)
scarf la bufanda (I); el pañuelo (3)
scene la escena (10)
schedule el horario (I)
school la escuela (I); *adj.* escolar (1)
after — después de las clases (I)
elementary — la escuela primaria (5)
science las ciencias (I)
— fiction la ciencia ficción (I)
scientist el científico, la científica (10)
to **score (a goal)** meter (un gol) (4)
screen la pantalla (11)
big — TV la pantalla gigante (11)

script el guión, *pl.* los guiones (10)
sea el mar (I)
seafood los mariscos (9)
to **search** *(baggage)* registrar (12)
season la estación, *pl.* las estaciones (I)
seat el asiento (1)
seatbelt el cinturón, *pl.* los cinturones de seguridad (12)
second segundo, -a (I)
secretary el secretario, la secretaria (11)
section la sección, *pl.* las secciones (8)
security system el sistema de seguridad (11)
to **see** ver (I)
let's — a ver (I)
to — each other verse (6)
seesaw el sube y baja (5)
to **sell** vender (I)
semester el semestre (I)
to **send** enviar (I)
sensationalistic sensacionalista (10)
to **separate** separar (I, 11)
separated (from) separado, -a (de) (6)
September septiembre (I)
serious serio, -a (I)
to **serve** servir *(e → i)* (I)
to **set** poner (I)
— the table poner la mesa (I)
seven siete (I)
— hundred setecientos (I)
seventeen diecisiete (I)
seventh séptimo, -a (I)
seventy setenta (I)
to **sew** coser (14)
shade la sombra (14)
to **shake hands** darse la mano (6)
shampoo el champú (I)
sharp en punto (I)
sharpener: pencil — el sacapuntas (1)
to **shave** afeitarse (8)
shaving cream la crema de afeitar (8)
she ella (I)
shelf el estante (7)
shirt la camisa (I)
T- — la camiseta (I)
shoe el zapato (I)
high-heeled —s los zapatos de tacón alto (I)
— store la zapatería (I)
to **shoot fireworks** lanzar fuegos artificiales (6)
to **shop** hacer las compras (8)
shopping:
to go — ir de compras (I)
— center el centro comercial (I)
short *(height)* bajo, -a; *(length)* corto, -a (I)
shorts los pantalones cortos (I)
shot la inyección, *pl.* las inyecciones (9)
to give a — poner una inyección (9)
should deber + *inf.* (I)
show el programa (I)
game — el programa de concursos (10)
home shopping — el programa de compras (10)
to **show** *movie or TV program* dar (I); mostrar *(o → ue)* (7); indicar (8)
shower: to take a — ducharse (2)
shrimp el camarón, *pl.* los camarones (13)
shy tímido, -a (5)
sick enfermo, -a (I)
to feel — sentirse *(e → ie)* mal (I)
silly tonto, -a (I)
silver la plata (7)
(made of) — de plata (7)
simple sencillo, -a (3)
since desde (que + *verb*) (6)
it's been *(time)* — hace + *(time)* + que (I)
to **sing** cantar (I, 2)
singer el / la cantante (11)
single *(unmarried)* soltero, -a (6); *(room)* individual (12)
sink el fregadero (7)
sir señor (I)
sister la hermana (I)
sister-in-law la cuñada (6)
sitcom la comedia (I)
six seis (I)
— hundred seiscientos (I)
sixteen dieciséis (I)
sixth sexto, -a (I)
sixty sesenta (I)
size el tamaño (3); *(clothing)* la talla (3); *(shoe)* el número (de zapatos) (3)
skate el patín, *pl.* los patines (4)
to **skate** patinar (I)
to ice — patinar sobre hielo (4)
ski el esquí, *pl.* los esquíes (4)
— cap el gorro (I)
to **ski** esquiar (I)
to **skin-dive** bucear (I)
skirt la falda (I)
to **sleep** dormir *(o → ue)* (I)
sleeping bag el saco de dormir (14)
sleepy: to be — tener sueño (I)
sleeve la manga (3)
slide *(photograph)* la diapositiva (1); *(playground)* el tobogán, *pl.* los toboganes (5)
small pequeño, -a (I)
smoke detector el detector de humo (7)
snack *(afternoon)* la merienda (I)
for a — de merienda (I)
snake la serpiente (I, 14)
sneakers los tenis (I)
to **sneeze** estornudar (9)
snow la nieve (I)
to **snow** nevar *(e → ie)* (I)
it's —ing nieva (I)
soap el jabón (I)
— opera la telenovela (I)
soccer el fútbol (I)
social studies las ciencias sociales (I)
sock el calcetín, *pl.* los calcetines (I)
sofa el sofá (I)
soft drink el refresco (I)
solar solar (11)
sold: to be — venderse (8)
some unos, unas (I); alguno (algún), -a (1)
someone, somebody alguien (I, 3)
something algo (I)
— else algo más (I)
sometimes a veces (I); de vez en cuando (7)
son el hijo (I)
—s; —s and daughters los hijos (I)
song la canción, *pl.* las canciones (2)
sorry: I'm — lo siento (I)
to **sort** separar (I)
so-so así, así; regular (I)
soup la sopa (I)
sour agrio, -a (13)
souvenir el recuerdo (I)
space el espacio (11)
— heater el calentador (7)
Spanish español, -a; *(language)* el español (I)

special especial (6)
  daily — el plato del día (I)
  — effects los efectos especiales (10)
spell: how do you — . . . ? ¿cómo se escribe . . . ? (I)
to **spend** gastar (8)
spicy picante (I)
spider la araña (9)
spinach las espinacas (13)
spine *(on plant)* la espina (14)
spoiled *(child)* consentido, -a (5)
spoken: is — se habla (8)
spoon la cuchara (I)
sports los deportes (I)
  — program el programa deportivo (I)
spring la primavera (I)
square cuadrado, -a (I)
squirrel la ardilla (14)
stadium el estadio (I)
stage el escenario (1)
stairs la escalera (8)
stamp el sello (I)
to **stand** soportar (4)
  to — in line hacer fila (1)
stapler la grapadora (1)
to **start** empezar *(e → ie)* (I)
station la estación, *pl.* las estaciones (I)
to **stay** quedarse (I)
  to — in bed quedarse en la cama (I)
  to — healthy mantenerse sano, -a (13)
steak el bistec (I)
stereo el equipo de sonido (I)
steward, stewardess el / la auxiliar de vuelo (12)
stewed guisado, -a (13)
still todavía (I)
sting *(insect)* la picadura (9)
to **sting** *(insect)* picar (9)
stingy tacaño, -a (I)
to **stir** revolver *(o → ue)* (13)
to **stitch** *(surgically)* hacer puntadas (9)
stitches las puntadas (9)
stomach el estómago (I)
  —ache el dolor de estómago (I)
stone la piedra (14)
stopover la escala (12)
stop sign la señal de alto (8)
store la tienda (I)
  clothing — la tienda de ropa (I)
  department — el almacén, *pl.* los almacenes (I)
  discount — la tienda de descuentos (I)
storm la tormenta (10)
story *(of a building)* el piso (I)
stove la estufa (I)
strawberry la fresa (13)
street la calle (I)
striped a rayas (3)
strong fuerte (9)
student el / la estudiante (I)
  — council el consejo estudiantil (2)
to **study** estudiar (I)
stuffed animal el animal de peluche (5)
subject *(in school)* la materia (1)
subway el metro (I)
  — station la estación del metro (I)
successful: to be — tener éxito (10)
sufficient suficiente (7)
sugar el azúcar (I)
to **suggest** sugerir *(e → ie)* (13)
suit el traje (I, 3)
  bathing — el traje de baño (I)
suitcase la maleta (I, 12)
summer el verano (I)
sun el sol (I)
to **sunbathe** tomar el sol (I)
Sunday domingo (I)
  on — el domingo (I)
sunglasses los anteojos de sol (I, 7)
sunny: it's — hace sol (I)
sunrise el amanecer (14)
sunset el atardecer (14)
suntan lotion el bronceador (I)
supermarket el supermercado (I)
to **surf** hacer surf (14)
surfboard la tabla (de surf) (14)
surprise party la fiesta de sorpresa (I, 6)
sweater el suéter (I)
  turtleneck — el suéter de cuello alto (3)
sweatshirt la sudadera (I)
sweatsuit el chandal (3)
sweet dulce (13)
to **swim** nadar (I)
swimming pool la piscina (I)
swing el columpio (5)
symptom el síntoma (9)
synthetic sintético, -a (3)
system el sistema (11)

table la mesa (I)
  to clear the — quitar la mesa (I)
  night — la mesa de noche (7)
  to set the — poner la mesa (I)
tablecloth el mantel (I)
taco el taco (I)
to **take** llevar; sacar; tomar (I)
  to — a bath bañarse (2)
  to — off *(clothes, make-up, etc.)* quitarse (2); *(aircraft)* despegar (12)
  to — out sacar (I)
  to — pictures sacar fotos (I)
  to — a shower ducharse (2)
  to — a walk ir a pasear (I)
to **talk** hablar (I)
  to — to each other hablarse (6)
talk show el programa de entrevistas (I)
tall alto, -a (I)
tape player el tocacintas, *pl.* los tocacintas (7)
tape recorder la grabadora (I)
to **taste** probar *(o → ue)* (I)
tasteless soso, -a (13)
tasty sabroso, -a (I)
taxi el taxi (I)
tea el té (I)
  iced — el té helado (I)
to **teach** enseñar (I)
teacher el profesor, la profesora (I)
team el equipo (2)
technican el técnico, la técnica (11)
technology la tecnología (11)
teddy bear el oso de peluche (5)
teeth las muelas (I); los dientes (2)
telephone el teléfono (I); *see also* **phone**
  — office la oficina telefónica (12)
  video — el teléfono con video (11)
television la tele(visión) (I)
  — set el televisor (7)
  to watch — ver la tele(visión) (I)
to **tell** decir (5)
temple el templo (I)
ten diez (I)
tennis el tenis (I)
  — racket la raqueta de tenis (4)
tent la tienda (de acampar) (14)
  to pitch a — poner una tienda (14)
terrible terrible (I)
test el examen, *pl.* los exámenes (1)
  medical — el análisis, *pl.* los análisis (9)
Thanksgiving el Día de (Acción de) Gracias (6)
thank you gracias (I)

that que (I); ese, esa; (I, 3); aquel, aquella (3)
isn't — so? ¿verdad?(I)
— one ése, ésa, (I, 3); aquél, aquélla (3)
—'s too bad! ¡qué lástima! (I)
—'s why por eso (I)
the el, la, los, las (I)
theater *(movie)* el cine; el teatro (I)
their su, sus (I); suyo, -a (7)
theirs el suyo, la suya, los suyos, las suyas (7)
them *dir. obj. pron.* los, las; *after prep.* ellos, ellas; *ind. obj. pron.* les (I)
then luego (I)
there allí (I)
— is / are hay (I)
— it is allí está (I)
— used to be había (5)
— was / were había (5); hubo (10)
— will be habrá (11)
therefore por eso (I)
these estos, -as (I, 3); *pron.* éstos, -as (3)
they ellos, ellas (I)
thief el ladrón, *pl.* los ladrones; la ladrona (10)
thing la cosa (I)
to **think** creer; pensar *(e → ie)* (I); parecer (que) (7)
I (don't) — so creo que sí (no) (I)
to — about pensar en (I)
third tercer, -a (I)
thirsty: to be — tener sed (I)
thirteen trece (I)
thirty treinta (I)
this este, esta (I, 3)
— one éste, ésta (3)
thorn la espina (14)
those esos, -as (I, 3); aquellos, -as (3); *pron.* ésos, -as; aquéllos, -as (3)
thousand mil (I)
threat la amenaza (I)
three tres (I)
— hundred trescientos (I)
—-ring binder la carpeta de argollas (I)
throat la garganta (I)
sore — el dolor de garganta (I)
— lozenges las pastillas para la garganta (I)
through por (8)
to **throw out** echar (11)
Thursday jueves (I)
on — el jueves (I)
ticket el boleto (12)
tidy ordenado, -a (I)
tie la corbata (I, 3)
to **tie** *(in scoring)* empatar (4)
tiger el tigre (I)
tight *(clothing)* apretado, -a (3)
time la hora; el tiempo; la vez (I)
at the same — a la vez (I)
at —s a veces (I)
at what — ¿a qué hora ? (I)
to have a good / bad — pasarlo bien / mal (I, 4)
many —s muchas veces (I)
on — puntualmente (I)
what — is it? ¿qué hora es? (I)
tired cansado, -a (I)
to a (I)
in order — para + *inf.* (I)
toast el pan tostado (I)
toaster el tostador (7)
today hoy (I)
not — hoy no (I)
toe el dedo del pie (I)
to **tolerate** soportar (4)
tomato el tomate (I)
— soup la sopa de tomate (I)
tomorrow mañana (I)
too también (I); demasiado (I)
toothache el dolor de muelas (I)
toothbrush el cepillo de dientes (8)
toothpaste la pasta dentífrica (I)
top: on — of encima de (I)
torn roto, -a (14)
tortilla la tortilla (I)
tourist el / la turista (12)
— office la oficina de turismo (12)
town el pueblo (12)
— square la plaza (I)
toy el juguete (5); *adj.* de juguete (5)
traffic el tráfico (11)
— light el semáforo (8)
train el tren (I)
— station la estación del tren (I)
transportation el transporte (8)
to **travel** viajar (12)
travel agency la agencia de viajes (12)
— agent el/la agente de viajes (12)
traveler el viajero, la viajera (12)
—'s check el cheque de viajero (12)
tree el árbol (I, 14)
tricycle el triciclo (5)
to ride a — montar en triciclo (5)
trip el viaje (12)
short — la excursión, *pl.* las excursiones (12)
truck el camión, *pl.* los camiones (5)
trumpet la trompeta (2)
truth la verdad (5)
to **try** probar *(o → ue)* (I)
to — on probarse *(o→ ue)* (3)
T-shirt la camiseta (I)
Tuesday martes (I)
on — el martes (I)
turkey el pavo (6)
to **turn** doblar (8)
to — off apagar (I, 7)
to — on encender *(e → ie)* (7)
turnover la empanada (13)
turtle la tortuga (5)
—neck (sweater) el suéter de cuello alto (3)
tutor el tutor, la tutora (2)
twelve doce (I)
twenty veinte (I)
twice dos veces (I)
twig el palito (14)
twin el gemelo, la gemela (I)
two dos (I)
— hundred doscientos (I)
type la clase (I)
typical típico, -a (I, 10)

ugly feo, -a (I)
umbrella el paraguas (I)
uncle el tío (I)
uncomfortable incómodo, -a (I)
under(neath) debajo de (I)
to **unfasten** desabrocharse (12)
unfriendly antipático, -a (I)
university la universidad (11)
unmarried soltero, -a (6)
to **unpack** deshacer la maleta (12)
unpleasant antipático, -a (I)
until hasta (I)
to **upset** *(one's stomach)* hacer daño a (13)
us *obj. pron.* nos; *after prep.* nosotros, -as (I)
to **use** usar (I)
usually generalmente (I)

vacation las vacaciones (I)
to go on — ir de vacaciones (I)
to **vacuum** pasar la aspiradora (I)
vacuum cleaner la aspiradora (I)
Valentine's Day el Día de los Enamorados (6)
valley el valle (14)

VCR la videocasetera (I)
vegetable la verdura (I)
— **soup** la sopa de verduras (I)
very muy (I)
vest el chaleco (3)
veterinarian el veterinario, la veterinaria (11)
victim la víctima (10)
video el video (4)
— **game** el videojuego (I)
vinegar el vinagre (13)
violence la violencia (10)
violent violento, -a (10)
violin el violín, *pl.* los violines (2)
virus el virus (9)
to **visit** visitar (I)
vitamin la vitamina (13)
volleyball el vóleibol (I)
to **volunteer** trabajar como voluntario (2)
to **vomit** vomitar (9)
voyage el viaje (12)

waiter, waitress el camarero, la camarera (I)
to **wake up** despertarse *(e → ie)* (2)
to **walk** caminar (5)
walking a pie (I)
wall la pared (1)
wallet la cartera (3)
to **want** querer *(e → ie)* (I)
war la guerra (11)
to **wash** lavar (I)
— **one's face, hair, etc.** lavarse la cara, el pelo, etc. (2)
washer:
clothes — la lavadora (7)
dish— el lavaplatos (7)
to **waste** gastar (11)
watch el reloj (pulsera) (I, 7)
to **watch** ver (I)
water el agua *f.* (I)
— **pistol** la pistola de agua (5)
to — ski hacer esquí acuático (14)
— **skiing** el esquí acuático (14)
waterfall las cataratas (I)
watermelon la sandía (13)
we nosotros, -as (I)
to **wear** llevar (I); usar (3)
weather el tiempo (I)
the — is nice (bad) hace buen (mal) tiempo (I)
— **forecast** el pronóstico del tiempo (I)
what's the — like? ¿qué tiempo hace? (I)

wedding la boda (6)
— **anniversary** el aniversario (de boda) (6)
Wednesday miércoles (I)
on — el miércoles (I)
week la semana (I)
weekend el fin de semana (I)
weights las pesas (4)
to lift — levantar pesas (4)
welcome: you're — de nada (I)
well bien (I); *(to indicate pause)* pues (I)
well-mannered (bien) educado, -a (5)
western la película del oeste (I)
wet mojado, -a (14)
whale la ballena (I, 14)
what ¿qué? (I); lo que (3)
wheelchair la silla de ruedas (9)
when ¿cuándo?; cuando (I)
where? ¿dónde?; donde (I)
from —? ¿de dónde? (I)
(to) —? ¿adónde? (I)
whether si (I)
while mientras (8)
white blanco, -a (I)
in black and — en blanco y negro (I)
who? whom? ¿quién(es)? (I)
why ¿por qué? (I)
that's — por eso (I)
wife la esposa (6)
wild *(animal)* salvaje (14); *(plant)* silvestre (14)
to **win** ganar (4)
wind el viento (I)
window la ventana (I); *(plane)* la ventanilla (12)
to **windsurf** hacer surf de vela (14)
winter el invierno (I)
with con (I)
— **me** conmigo (I)
— **you** contigo (I)
to **withdraw** *(money)* sacar (I)
without sin (2)
wolf el lobo, la loba (I, 14)
woman la mujer (I)
young — la joven (I)
wonderful fantástico; ¡genial! (I)
wood la madera (I)
(made of) — de madera (I)
woods el bosque (11)
wool la lana (3)
to **work** trabajar (I); *(machines)* funcionar (7)
worse peor (I)
worst el / la (los / las) peor(es) (I)

worthwhile: it's (not) — (no) vale la pena (I)
wow! ¡vaya! (I)
wrist la muñeca (9)
—**watch** el reloj pulsera (I, 7)
to **write** escribir (I, 1)
to — to each other escribirse (6)
writer el escritor, la escritora (11)
wrong:
to be — no tener razón (I)
what's —? ¿qué tienes? (I)

X-ray la radiografía (9)
to take an — sacar una radiografía (9)

year el año (I)
to be . . . —s old tener . . . años (I)
New —'s Day el Año Nuevo (6)
New —'s Eve el fin de año (6)
New —'s Eve party la fiesta de fin de año (I)
yearbook el anuario (2)
yellow amarillo, -a (I)
yes sí (I)
yesterday ayer (I)
you *fam.* tú ; *formal* usted (Ud.); *pl.* ustedes (Uds.); *dir. obj. pron.* lo, la, los, las; *fam. dir. obj. pron.* te; *ind. obj. pron.* le, les; *fam. after prep.* ti (I)
young *adj.* joven (I)
—**er** menor, *pl.* menores (I)
— **lady** la joven (I)
— **man** el joven (I)
— **people** los jóvenes (I)
your tu, tus *fam.*; su, sus *formal & pl.* (I); tuyo, -a; suyo, -a (7)
yours *fam.* el tuyo, la tuya, los tuyos, las tuyas; *formal & pl.* el suyo, la suya, los suyos, las suyas (7)
yuck! ¡qué asco! (I)

zero cero (I)
zipper la cremallera (3)
zoo el zoológico (I)

Más práctica y tarea

Aquí tienes una oportunidad adicional de practicar el vocabulario y la gramática de *PASO A PASO 2.* Escribe todas tus respuestas en una hoja aparte.

PASODOBLE

¿Qué tiempo hace? y El mundo hispano (páginas 2–4)

1 **El clima y los meses** Escoge la letra de la respuesta apropiada.

1. Septiembre, octubre y noviembre son los meses de ___.
a. invierno **b.** otoño **c.** verano

2. En Puerto Rico, generalmente ___.
a. hace frío **b.** nieva **c.** hace sol

3. Cuando la temperatura es de 76°F debes llevar ___.
a. los anteojos de sol **b.** una bufanda **c.** un abrigo

4. En invierno en las montañas ___.
a. hace calor **b.** llueve mucho **c.** nieva

5. Marzo, abril y mayo son los meses de ___.
a. otoño **b.** Colombia **c.** primavera

6. ¿Cuál de estos países es una isla?
a. Cuba **b.** México **c.** Nicaragua

(Do Practice Workbook PD-1 and PD-2.)

Características, actividades y el verbo *gustar* (páginas 5–16)

1 **Los fines de semana** ¿Qué les gusta hacer a estas personas los fines de semana? Completa cada frase con la forma apropiada del verbo en el presente.

Ud. ___ música. (escuchar) *escucha*

1. Elena y Marta ___ ropa. (comprar)
2. Yo ___ en el parque. (patinar)
3. Tú ___ fotos. (sacar)
4. Clara, Pepe y yo ___ vóleibol. (jugar)
5. Uds. ___ la tarea. (hacer)
6. Los hermanos ___ la casa. (arreglar)
7. La señora Guzmán ___ de compras. (ir)
8. Alejandro ___ hamburguesas. (comer)
9. Yo ___ al parque. (ir)

10. Eduardo y María ___ los muebles. (sacudir)
11. Nosotros ___ videos. (ver)
12. El señor Lugones ___ en bote. (pasear)
13. Tú ___ libros. (leer)
14. Mi familia y yo ___ en el campo. (vivir)

2 **¿Cómo son?** Escoge la palabra apropiada del recuadro *(box)* para cada frase. Sigue el ejemplo.

A Juana le gusta esquiar y hacer cosas nuevas.
Es atrevida.

artísticos	deportista	simpática
atrevida	generoso	trabajadora
calladas	perezosa	

1. A Ramón le gusta jugar béisbol y fútbol americano.
2. Los sábados Julia limpia la casa y hace toda su tarea.
3. A Samuel y a Teresa les gusta dibujar e ir a los museos de arte.
4. A Esperanza sólo le gusta ver la tele.
5. Pedro siempre ayuda a las personas viejas.
6. Gloria y Rebeca prefieren no decir nada en clase.
7. Susi es la persona más popular de la clase.

3 **¿Qué les gusta hacer?** Escoge la frase apropiada del recuadro para describir a estas personas. Sigue el ejemplo.

Josefina va al centro comercial.
A ella le gusta ir de compras.

A ella le gusta comer.	A ustedes les gusta comprar ropa.
A nosotros nos gusta nadar.	A ti te gusta leer.
A ellos les gusta hacer ejercicio.	A mí me gusta cocinar.
A mí me gusta hablar.	A él le gusta escribir cartas.

1. Luis y Toño van al gimnasio.
2. Ceci compra fruta, pan y queso.
3. El señor Castillo va al correo.
4. Tú sacas libros de la biblioteca.
5. Yo hablo mucho por teléfono con mis amigos.
6. Mi amigo y yo vamos a la piscina.
7. Yo preparo postres deliciosos.
8. ¡Tú y Elisa tienen 30 camisetas!

4 **¿Qué hicieron *(What did they do)* anoche**? Escribe lo que hicieron anoche tus amigos. Escoge el verbo apropiado en el pretérito. Sigue el ejemplo.

—Benjamín, *¿lavaste* tú los platos? (lavé/lavaste)
—No, *estudié* matemáticas. (estudié/estudio)

1. —¿___ tú y David el bistec? (Cocinamos/Cocinaron)
   —No, nosotros ___ por teléfono. (hablaron/hablamos)
2. —¿___ Anita al zoológico? (Fue/Fui)
   —No, ella ___ en la piscina. (nadó/nadé)
3. —¿___ Esteban y Miguel con sus amigos? (Salen/Salieron)
   —No, los ___ por teléfono. (llamó/llamaron)
4. —¿___ tú el fútbol? (Practicaron/Practicaste)
   —No. Yo ___ fútbol americano. (jugué/jugó)
5. —¿___ Uds. paella? (Comimos/Comieron)
   —No. Nosotros ___ limonada. (bebimos/bebieron)

(Do Practice Workbook PD-3, PD-4, PD-5, PD-6, PD-7, and PD-8.)

Las vacaciones y la casa (páginas 17–25)

1 **Las vacaciones** Estas personas preguntan y hablan sobre sus vacaciones. Escribe lo que hacen. Sigue el ejemplo.

¿Qué prefiere ver Fernando? (la selva)
Prefiere ver la selva.

1. ¿Qué prefiere hacer Beatriz? (tomar el sol)
2. ¿Adónde puedes ir tú? (a Ecuador)
3. ¿Qué podemos hacer nosotros? (esquiar)
4. ¿Qué piensan hacer ustedes? (visitar las ruinas aztecas)
5. ¿Qué quieren hacer los turistas? (comprar recuerdos)

2 **¿Cómo es tu casa?** Escoge la letra de la respuesta apropiada.

1. En nuestro patio hay ___ y plantas.
   a. cuartos **b.** flores **c.** teles
2. Veo la tele con mis amigos en ___ .
   a. la sala de estar **b.** el patio **c.** la ventana
3. Nuestra ___ está cerca del centro comercial.
   a. puerta **b.** casa **c.** mesa
4. Sus vestidos nuevos están en el ___.
   a. guardarropa **b.** videocasetera **c.** escritorio

(Do Practice Workbook PD-9 and PD-10.)

Aquí tienes una oportunidad adicional de practicar el vocabulario y la gramática. Escribe todas tus respuestas en una hoja aparte.

Capítulo 1

Vocabulario para conversar (páginas 30–33)

1 **En la escuela** Las clases terminan y algunos estudiantes conversan sobre la escuela. Completa cada frase con la palabra apropiada del recuadro *(box)*.

el armario	buenas notas	geometría	páginas
el bolso	la computadora	el laboratorio	el reloj

1. Son las 14:00 P.M., pero en ___ de la escuela son las 13:45 P.M.
2. En ___ practicamos la química.
3. María no lleva todos sus libros a casa. Los pone en ___.
4. Necesito ___ para escribir mi tarea.
5. Ellos sacaron ___ en todas las materias.
6. Tú llevas los libros a casa en ____.
7. No puedo leer este libro en un día. ¡Hay 200 ___!
8. ¿Ya estudiaron para el examen de ___?

2 **Las clases** Julio y sus amigos conversan sobre sus clases. Completa cada frase con la palabra apropiada.

1. Estudiamos los animales en la clase de ___.
2. Repasamos las ciudades de los países en la clase de ___.
3. Aprendemos sobre el pasado en la clase de ___.
4. Mi profesora de ___ es de París.
5. Hay muchas ___ en tu libro.
6. La ___ de México es de tres colores: verde, blanco y rojo.

3 **¿Qué haces en tus clases?** Luis y Juan le dicen a su prima lo que hacen en su escuela. Escribe frases en el presente con la información de abajo *(below)*.

1. Luis/hacer/su informe de química todos los jueves
2. yo/leer/mi composición de francés
3. nosotros/repasar/las lecciones todas las tardes
4. mi amiga Julia/estudiar/para el examen de geometría

(Do Practice Workbook 1-1 and 1-2.)

Vocabulario para conversar (páginas 34–37)

1 **¿En dónde?** Completa cada frase con la expresión apropiada.

1. Los estudiantes pueden comer en la ___ de la escuela.
2. En el ___ hay muchas verduras.
3. Cuando el director quiere hablar con los estudiantes, todos van al ___.
4. El ___ de todos los países está en la sala de clases.

2 **Mis clases** Escoge la palabra apropiada para cada frase.

1. Los padres de Pedro conocen al ___ de la escuela. (libro/consejero)
2. La oficina del ___ está al lado de mi sala de clases. (director/asiento)
3. Las clases de alemán son más interesantes cuando hay___. (sacapuntas/diapositivas)
4. Los estudiantes hacen ___ en la cafetería escolar. (fila/materia)

(Do Practice Workbook 1-3 and 1-4.)

Gramática en contexto (páginas 42–49)

El verbo *salir* (páginas 43–44)

1 **¿Cuándo?** Ricardo y su familia van a visitar mañana a la abuela. Su mamá y él conversan sobre el horario de cada persona. Completa el siguiente diálogo con la forma apropiada del presente del verbo *salir.*

—Ricardo, ¿a qué hora _1_ mañana de la escuela?
—_2_ a las dos de la tarde, porque tengo examen de geometría.
—Y tu hermana, ¿a qué hora _3_?
—No sé. Creo que ella y sus compañeros _4_ de la clase de álgebra a las 2:30 de la tarde.
—Mmm…
—Papá _5_ de la oficina a las 3:30 mañana.
—Si nosotros _6_ de casa a las tres, podemos llegar a su oficina a las 3:30.
—Entonces vamos a llegar a casa de la abuela a las 4:00 de la tarde.

(Do Practice Workbook 1-5.)

La forma comparativa: *tan…como* (páginas 44–45)

2 **¿Cómo son?** Unos estudiantes comparan las cosas y las personas de su escuela. Completa las frases con *tan* + adjetivo + *como.*

1. La literatura es ___ la historia. (interesante)
2. La geografía es ___ el álgebra. (fácil)
3. La oficina del director es ___ la sala de clases. (grande)
4. El profesor de alemán es ___ la profesora de francés. (simpático)

(Do Practice Workbook 1-6.)

Repaso: La forma superlativa (página 45)

3 **La mejor** Unos estudiantes comparan las materias que les gustan. Completa las frases con la forma superlativa del adjetivo.

1. La historia es ___ de todas las materias. (aburrida)
2. El examen de álgebra va a ser ___ de todos los exámenes. (difícil)
3. La química es ____ materia ___ de todas. (interesante)
4. La clase de biología es ___ de todas. (mejor)

(Do Practice Workbook 1-7.)

Repaso: El complemento directo: los pronombres *lo, la, los, las* (página 46)

4 **La escuela empieza.** Los padres de Roberto y María quieren ayudarlos. Completa las frases con los pronombres de complemento directo.

1. —¿Escribiste la composición de literatura?
   —Sí, ___ escribí ayer.
2. —¿Ya hizo tu hermano los ejercicios de geometría?
   —No, todavía no ___ hizo.
3. —¿Estudiaron las cuatro páginas de historia?
   —Sí, ___ estudiamos hoy por la mañana.
4. —¿Traes sacapuntas?
   —No, no ___ traigo.
5. —¿Repasó tu hermano la lección de francés?
   —Sí, ___ repasó con su amigo.
6. —¿Tienes los sujetapapeles en tu mochila?
   —No, no ___ tengo.

(Do Practice Workbook 1-8.)

Repaso: Los verbos *tener* y *traer* / El verbo *conocer* (páginas 47–49)

5 **Nuestras materias** Completa cada frase con el presente del verbo.

1. ¿___ tú clases de francés? (tener)
2. Ustedes ___ muchos libros en la mochila. (traer)
3. Nosotros ___ al profesor de historia. (conocer)
4. Ustedes ___ tarea de álgebra. (tener)
5. Yo ___ mi composición de literatura. (traer)
6. Ella ___ Barcelona. (conocer)
7. Ustedes ___ el examen de geometría mañana. (tener)
8. Él ___ el libro sobre la historia del reloj. (traer)

(Do Practice Workbook 1-9 and 1-10.)

Capítulo 2

Vocabulario para conversar (páginas 62–65)

1 **Pati y sus amigos van a una fiesta.** Completa cada frase con la expresión apropiada del recuadro.

a la misma hora	antes de	después de	se cepilla
acostarse	de mal humor	por lo menos	se viste

1. Luis quiere bañarse ___ ir a la fiesta.
2. Pati ___ el pelo.
3. Luis ___ antes de peinarse.
4. Pati y Melisa llegan ___ a la fiesta. Llegan temprano.
5. Luis llega ___ una hora.
6. Pati está ___.
7. Luis baila con Pati. ___ él sabe bailar muy bien.
8. Melisa está cansada y quiere ___ temprano.

2 **Después de la fiesta** Completa cada frase con la expresión apropiada del recuadro. Puedes usar cada una más de una vez.

antes de	hay que	según
después de	mismo	sin

—Ya es tarde. _1_ salir, _2_ llamar a un taxi. ¿Dónde está Luis?
—No lo sé. Podemos llamar al _3_ taxi que tomamos antes.
—_4_ el señor del taxi, él está muy ocupado esta noche.
—Voy a llamar a otro _5_ ponerme el suéter.
—¡Un momento! ¡No podemos irnos _6_ Luis!

(Do Practice Workbook 2-1 and 2-2.)

Vocabulario para conversar (páginas 66–69)

1 **Después de las clases** Completa cada frase con la expresión más apropiada del recuadro.

~~cuidar niños~~	~~participar~~	~~ser miembro~~
ganar	repartir	trabajar como voluntario

1. A mí me gusta ayudar a los niños. Por eso voy a ___ por las tardes.
2. Para ___ los periódicos, prefiero montar en bicicleta.
3. Me gusta hablar con otros estudiantes. Voy a ___ del club de estudiantes.
4. Canto muy bien. Me gustaría ___ en el coro de la escuela.
5. Yo quiero ___ en mi comunidad.
6. Me interesan las computadoras. Voy a ___ mucho dinero.

2 **Actividades extracurriculares** Completa cada frase con las palabras más apropiadas.

1. Los estudiantes cantan en ___. (el coro/la orquesta)
2. Lin prefiere tocar ___, un instrumento de metal grande. (el saxofón/el piano)
3. Consuelo aprende a tocar ___, un instrumento pequeño de madera. (el tambor/el violín)
4. A Vera y a Carlos les gustan los deportes y por eso practican ___. (las canciones/las artes marciales)
5. Nos gusta escribir para ___ de la escuela. (el contrabajo/el periódico)
6. Antes de terminar el año escolar, algunos estudiantes preparan ___. (las clases/el anuario)

(Do Practice Workbook 2-3 and 2-4.)

Gramática en contexto (páginas 74–81)

Los verbos reflexivos (páginas 75–77)

1 **Por la mañana** Pilar y sus amigos hablan sobre lo que hacen antes de ir a la escuela. Completa cada frase con el presente del verbo apropiado.

—Pilar, por la mañana, ¿a qué hora _1_ (dormirse/levantarse) tú?
—A las 6:45. Si duermo bien, _2_ (tocar/levantarse) de buen humor.
—Yo también, pero mi hermano no. Él _3_ (levantarse/correr) de mal humor. Luego, _4_ (depender/lavarse) la cara porque no le gusta _5_ (subir/bañarse) por la mañana.
—A todos en mi familia, nos gusta _6_ (ducharse/abrir) por las mañanas. Tengo el pelo corto, y me gusta _7_ (vestirse/lavarse) el pelo casi todos los días.
—Después de desayunar, yo _8_ (peinarse/cepillarse) los dientes. Llego a la escuela a las 7:45.

2 **¿Cuándo lo haces?** Completa las frases con el presente del verbo.

1. —Julio, ¿cuándo ___? (cepillarse los dientes)
   —Yo ___ después de comer.
2. —Ustedes, ¿cómo ___ para ir a la escuela? (vestirse)
   —Nosotros ___ de pantalones y camiseta.
3. —¿A qué hora ___ ustedes? (levantarse)
   —Nosotros ___ todos los días a la misma hora.

(Do Practice Workbook 2-5 and 2-6.)

Repaso: Verbos con los cambios *o → ue, e → ie* y *e → i* (páginas 78–79)

3 **¿Qué suelen hacer?** Escribe frases en el presente con la información de abajo.

1. ¿a qué hora/acostarse/tus hermanos?
2. ellos/acostarse temprano
3. ¿a qué hora/despertarse/Elisa?
4. ella/despertarse/a las 6:30 de la mañana
5. nosotros/vestirse/antes de desayunar

(Do Practice Workbook 2-7 and 2-8.)

Antes *de / después de* + infinitivo (páginas 80–81)

4 **¿Cuándo lo haces?** Escribe frases en el presente con la expresión *antes de* o *después de.*

1. Se cepilla los dientes ___ la cena.
2. Él se ducha ___ peinarse.
3. Tú vas a la piscina ___ salir de clases.
4. Ella hace la cama ___ levantarse.
5. Yo hago la tarea ___ acostarme.

5 **Vacaciones en Puerto Rico** Elena escribe una carta a Juan. Completa cada frase con la expresión apropiada del recuadro.

antes de	después de	me baño	se acuestan
antes de regresar	después de pasear	me despierto	se levantan

Querido Juan:

Estoy en Puerto Rico. Todos los días _1_ temprano sin despertador. Me gusta practicar las artes marciales _2_ desayunar. Luego yo _3_. Mis hermanos _4_ muy tarde, porque todas las noches _5_ muy tarde. _6_ desayunar, vamos a pasear en bote. _7_ vamos a escuchar una banda. ¡Me gusta mucho la música de Puerto Rico! Vamos a ir a San Juan _8_ a casa.

Hasta luego,
Elena

(Do Practice Workbook 2-9 and 2-10.)

CAPÍTULO 3

Vocabulario para conversar (páginas 94–97)

1 **¿Qué ropa te gusta?** Escoge la letra de la respuesta apropiada.

1. Me gusta ponerme ___ en el cuello.
a. un pañuelo **b.** un zapato **c.** un chandal
2. Quiero comprar ___ para este invierno.
a. una zanahoria **b.** unos anteojos **c.** unos botines
3. Pon el dinero en ___.
a. la moda **b.** la cartera **c.** los zapatos
4. Si tienes frío, lleva ___.
a. el chaquetón **b.** el nilón **c.** el plástico
5. Alejandro, los pantalones te quedan grandes. Usa ___.
a. un zapato **b.** un cinturón **c.** una tela
6. Prefiero la ropa de ___ porque es más cómoda.
a. traje **b.** tacón alto **c.** algodón
7. Los pantalones ___ están de moda.
a. a cuadros **b.** de bolso **c.** de manga corta
8. Me duelen los pies, por eso prefiero usar ___.
a. mocasines **b.** zapatos de tacón alto **c.** un suéter de cuello alto

(Do Practice Workbook 3-1 and 3-2.)

Vocabulario para conversar (páginas 98–103)

1 **En la tienda de ropa** ¿Qué necesita Pepe? ¿A quién busca? Escribe las palabras apropiadas para cada frase.

La mujer que vende la ropa. *la vendedora*

1. Son redondos y pequeños. Los usamos para cerrar una camisa.
2. La usamos para cerrar una falda. Puede ser de plástico o de metal.
3. Quiere pagar con esto. Es de papel y tiene que escribir su nombre.
4. Va a comprar zapatos. Necesita saber esto para ver si le quedan bien.
5. Prefiere estar en casa y mirar esto para escoger la ropa.
6. Cuando la ropa cuesta menos.
7. Para comprar la ropa que le queda necesita saber esto.
8. El hombre que recibe el dinero que paga Pepe.
9. No es ni dinero ni cheque, pero la puedes usar para comprar cosas.

2 **De compras** Ana y Raúl quieren comprar ropa y zapatos. Completa cada frase con la palabra más apropiada.

1. Los pantalones son grandes para Raúl. Le quedan ___. (pequeños/flojos)
2. El traje es muy pequeño para Ana. Le queda ___. (apretado/de moda)
3. Por eso, Ana necesita una ___ más grande. (lana/talla)
4. Raúl prefiere las camisas de ___ larga. (oscura/manga)
5. A Raúl le gustan las camisas de ___. (algodón/tacón alto)
6. También le gusta llevar ___ con los trajes. (corbata/chandal)
7. A Ana no le gustan los colores oscuros; ella prefiere los colores ___. (claros/apretados)
8. Ellos quieren suéteres de ___ porque hace frío. (lona/lana)
9. Ana prefiere el suéter ___. (de cuello alto/de tacón alto)
10. Raúl va a comprar una corbata ___. (a rayas/en efectivo)

(Do Practice Workbook 3-3 and 3-4.)

Gramática en contexto (páginas 108–115)

Repaso: El pretérito de los verbos regulares (páginas 109–111)

1 **¿Qué compraron?** Ana y Raúl conversan con sus amigos sobre las cosas que compraron. Completa cada frase con el pretérito del verbo.

1. Raúl ___ pantalones. (buscar)
2. Nosotros ___ suéteres de lana. (escoger)
3. Y ustedes, ¿qué ___? (comprar)
4. Ellos ___ con tarjeta de crédito. (pagar)
5. Ella ___ la cartera en el bolso. (guardar)
6. Tú ___ los zapatos. (buscar)
7. Yo ___ una talla más grande. (pedir)
8. ¿Cuánto ___ el traje? (costar)
9. ¿___ ustedes los mocasines? (encontrar)
10. Yo ___ un chandal de algodón. (buscar)
11. Y tú, ¿ ___ el chaquetón? (devolver)
12. Ellos ___ la ropa en su guardarropa. (colgar)

2 **¿Qué hicieron?** Escribe frases en el pretérito con la información de abajo.

1. ellos/acostarse/temprano
2. nosotros/subir/la montaña
3. tú/montar/en bicicleta
4. ella/ver/la tele
5. tú/vivir/con tus abuelos

(Do Practice Workbook 3-5, 3-6, and 3-7.)

Adjetivos y pronombres demostrativos (páginas 112–114)

3 **Leo y sus hermanos van a ir a una fiesta.** Completa cada frase con las formas apropiadas de los adjetivos y pronombres demostrativos. Por ejemplo:

—¿Te gustan ___ botines? (este) —¿Te gustan estos botines?
—No, prefiero ___. (ese) —No, prefiero ésos.

1. —¿Te gusta ___ pañuelo? (este)
   —No, prefiero ___. (aquel)
2. —¿Te gustan ___ mocasines? (aquel)
   — No, prefiero ___. (este)
3. —¿Te gusta ___ chaleco? (este)
   —No, prefiero ___. (aquel)
4. —¿Te gusta ___ bolso? (aquel)
   —No, prefiero ___. (este)
5. —¿Te gusta ___ corbata? (ese)
   —No, prefiero ___. (aquel)
6. —¿Te gusta ___ cinturón? (este)
   —No, prefiero ___. (aquel)
7. —¿Te gustan ___ mocasines? (aquel)
   —No, prefiero ___. (este)

(Do Practice Workbook 3-8 and 3-9.)

Los comparativos: *tanto(a)...como* (páginas 114–115)

4 **En la fiesta** Unos amigos conversan. Completa cada frase con la expresión *tan...como* o *tanto(a)/tantos(as)...como.*

Julia reparte ___ periódicos ___ Clara.
Julia reparte tantos periódicos como Clara.

1. María es ___ elegante ___ Susi.
2. Pedro tiene ___ amigos ___ Luisa.
3. La otra orquesta es ___ grande ___ ésta.
4. Isabel tiene ___ tarjetas de crédito ___ Raquel.
5. Esa música es ___ fascinante ___ aquélla.
6. Estos zapatos son ___ cómodos ___ ésos.
7. Lalo tiene ___ gorras ___ Carlos.
8. Meche canta ___ bien ___ Gloria Estefan.
9. Ese chaquetón es ___ caro ___ aquél.
10. Este estudiante es ___ inteligente ___ ése.
11. José toca ___ instrumentos musicales ___ Benjamín.
12. Felipe comió ___ tacos ___ Mariana.

(Do Practice Workbook 3-10.)

Capítulo 4

Vocabulario para conversar (páginas 128–133)

1 **El campeonato** En la escuela los estudiantes se preparan para participar en un campeonato. Completa las frases con las palabras apropiadas.

1. —Vamos al parque a jugar fútbol.
   —Sí, ahora traigo ___. (el balón/el patín)
2. —El sábado tenemos ___ de fútbol. (el sacapuntas/el partido)
   —Tenemos que ___. (lavar/ganar)
3. —Paco ___ en el partido de ayer. (metió un gol/compró una camisa)
   —Y su equipo ___. (prestó/ganó)
4. —Yo prefiero ___ sobre hielo. (levantar/patinar)
   —Y, ¿tienes ___? (bolos/patines)
5. —Sí, tengo patines porque juego ___ en la escuela. (fútbol/hockey)
   —¡Vaya! ¿Juegas con el equipo de la escuela?
6. —¿Me prestas el bate?
   —Ah, ¿juegas ___? (hockey/béisbol)
7. —Me duelen los brazos.
   —Porque ___ por mucho tiempo. (levantaste pesas/corriste)
8. —Vamos a jugar tenis.
   —Lo siento. No tengo ___. (bate/raqueta)

2 **¿Qué hacen?** Los estudiantes que no participan en el campeonato hacen otras cosas. Escribe frases con la información de abajo.

1. María/montar en bicicleta
2. los estudiantes/correr/en el parque
3. la jugadora de golf/jugar/en el campo de golf
4. nosotros/jugar/bolos
5. tú/usar/el casco en el partido de hockey
6. ustedes/patinar sobre hielo
7. yo/pedir prestado/un guante
8. usted/prestar/sus esquíes a un amigo

(Do Practice Workbook 4-1 and 4-2.)

Vocabulario para conversar (páginas 134–139)

1 **Después del campeonato** Los estudiantes preparan una fiesta. Completa cada frase con la expresión apropiada del recuadro.

un desfile	una exposición	lo pasan bien	una obra de teatro
disfraces	hacer un picnic	música rock	videos musicales

1. Casi todos dicen que en una fiesta de ___ se divierten bastante.
2. Susana prefiere ___ en el campo.
3. Hay ___ para los campeones de béisbol en el centro.
4. Martín piensa hacer ___ con algunos actores.
5. Algunos ___ en un concierto.
6. Otros prefieren un grupo de ___.
7. Pilar y Pedro quieren hacer ___ con fotos del campeonato.
8. Julio quiere traer ___ para la fiesta.

(Do Practice Workbook 4-3 and 4-4.)

Gramática en contexto (páginas 144–149)

El pretérito del verbo *ser* (páginas 145–146)

1 **¿Cómo fue?** Completa cada frase con el pretérito del verbo *ser.*

1. El campeonato de vóleibol del año pasado ___ el mejor.
2. Tú ___ miembro de la liga de béisbol.
3. Nosotros ___ los mejores jugadores el año pasado.
4. Ustedes ___ campeones hace dos años.
5. Ustedes ___ voluntarios para dar la fiesta escolar.
6. Yo ___ estudiante de la profesora Mendoza.

(Do Practice Workbook 4-5 and 4-6.)

El pretérito de los verbos *hacer* y *poder* (páginas 146–147)

2 **¿Qué hicieron?** Completa cada frase con el pretérito del verbo *hacer* o *poder.*

1. Yo ___ la tarea.
2. Nosotros no ___ ver el campeonato.
3. Ellos ___ la cena.
4. Tú ___ ver el campeonato en la televisión.
5. Ustedes ___ un rompecabezas.
6. Ella ___ ir al concierto de música rock.
7. Nosotros ___ un cartel para la exposición.
8. Mis primos ___ jugar damas.

3 **En el periódico** Pilar escribió sobre el campeonato para el periódico de la escuela. Completa cada frase con el verbo apropiado del pretérito del recuadro.

fueron	hice	hizo	pudieron	pudiste
fui	hicieron	pude	pudimos	tuvieron

LOS DEPORTES
El sábado pasado yo __1__ al campeonato de deportes de la escuela. No todos __2__ tiempo de ir a los partidos. Algunos compañeros no __3__ ir, porque tenían exámenes. Pero, ¡todos fueron a la fiesta de disfraces! Nadie se aburrió.

Los partidos __4__ muy interesantes. __5__ muy buen tiempo.

Yo __6__ sacar muchas fotos bastante divertidas. Luego yo __7__ una exposición de las fotos. Si tú no __8__ verla durante la fiesta, la puedes ver el viernes en la cafetería de la escuela.

A los miembros del equipo de béisbol les __9__ un desfile. Todos nosotros __10__ ver el desfile antes de ir a la fiesta.

¡Todos lo pasamos bien!

(Do Practice Workbook 4-7 and 4-8.)

Repaso: El verbo *saber* (páginas 148–149)

4 ***¿Saber* o *conocer?*** Completa cada frase con el verbo apropiado. Usa el presente del verbo.

1. José no ___ dónde está el rompecabezas. (saber/conocer)
2. Yo no ___ jugar golf. (saber/conocer)
3. Nosotros ___ a los actores de esa obra de teatro. (saber/conocer)
4. Tú no ___ al entrenador. (saber/conocer)
5. Uds. ___ jugar tenis. (saber/conocer)

(Do Practice Workbook 4-9.)

El pretérito de los verbos reflexivos (página 149)

5 **¿Qué hicieron ayer?** Escribe frases completas con la información de abajo. Usa el pretérito de los verbo reflexivos.

1. nosotros/levantarse/ayer a las siete de la mañana
2. el jugador de hockey/probarse/el casco nuevo
3. tú/aburrirse/en el entrenamiento
4. yo/quedarse/en casa a ver el partido
5. ellos/lastimarse/en el partido de fútbol americano
6. nosotros/ducharse/después del entrenamiento

(Do Practice Workbook 4-10.)

Capítulo 5

Vocabulario para conversar (páginas 162–165)

1 **Cuando era niña** La abuela de Lupita escribe una carta sobre lo que ella hacía cuando era niña. Completa cada frase con la expresión apropiada del recuadro.

a la cuerda	los bloques	niña	de peluche	tren
bien educada	las muñecas	los peces	tortuga	triciclo

Querida Lupita:

Cuando yo era _1_ , me gustaba jugar con _2_, y saltar _3_. Tenía muchos animales _4_. Creo que era obediente. Mi mamá me decía que tenía que ser _5_. En la casa también teníamos animales. Me gustaba mirar _6_ y jugar con la _7_. Me gustaba montar en bicicleta y a mi hermano le gustaba montar en _8_. A veces él jugaba con su _9_. También nos gustaba hacer casas con _10_. Tú y tu hermano, ¿son obedientes?

(Do Practice Workbook 5-1 and 5-2.)

Vocabulario para conversar (páginas 166–169)

1 **Yo también** Lupita también le escribe a su abuela una carta sobre lo que ella hacía cuando era niña. Completa cada frase con la expresión apropiada del recuadro.

cajón de arena	dinosaurio	osos
camiones	juguetes	patio de recreo

Querida abuelita:

Cuando yo era niña, me gustaba jugar con toda clase de _1_. Mi animal favorito era un _2_ de juguete. Yo también coleccionaba _3_ de peluche. A mí me gusta jugar con mi hermano pequeño. A él le gustaría tener un coche como Papá. Por eso, él juega con sus _4_. Es divertido ir con él al _5_. A él le gusta jugar en el _6_. ¡Claro que sí somos muy obedientes!

2 **En el patio de recreo** Después de las clases, algunos estudiantes cuidan niños. Escribe la letra de la respuesta apropiada.

1. En ___ sólo pueden jugar dos niños.
   a. el robot **b.** el sube y baja **c.** el triciclo
2. En el patio de recreo de la escuela tenemos ___.
   a. un carrusel **b.** un bloque **c.** un oso de peluche
3. Nos gustaba poner agua en ___.
   a. la cuerda **b.** las pistolas de agua **c.** el columpio
4. De pequeña, mi hermana no obedecía a mis padres. Ella era ___.
   a. desobediente **b.** grande **c.** alta
5. A mi abuelo le gustaba ___ tarjetas de animales.
   a. montar en triciclo **b.** saltar a la cuerda **c.** coleccionar
6. En la guardería infantil me ___. Era travieso.
   a. portaba mal **b.** bañaba **c.** lloraba

(Do Practice Workbook 5-3 and 5-4.)

Gramática en contexto (páginas 174–181)

El imperfecto de los verbos que terminan en *-ar* (páginas 175–176)

1 **¿Cómo te portabas?** Escribe frases en el imperfecto con la información de abajo.

1. tú/cantar/en el coro de la escuela
2. yo/portarse bien/los fines de semana
3. mi padre/tocar/un instrumento musical cuando era niño
4. nosotros/usar/pantalones de tela sintética
5. mis hermanos/tomar/el autobús para ir a la escuela
6. ustedes/tocar/en la orquesta

(Do Practice Workbook 5-5.)

El imperfecto de los verbos que terminan en *-er* e *-ir* (páginas 177–178)

2 **¿Qué hacían?** Completa las frases con el imperfecto del verbo.

1. Él ___ hacer los crucigramas. (saber)
2. Nosotros ___ con los abuelos en el campo. (vivir)
3. Ellos ___ en las fiestas escolares. (divertirse)
4. Tú ___ muchos dulces. (comer)
5. Yo ___ a mi abuela su muñeca. (pedir)
6. Ellos ___ leer muy bien. (poder)
7. Ustedes ___ al árbol. (subir)
8. Ella ___ muñecas de papel. (hacer)

(Do Practice Workbook 5-6 and 5-7.)

El imperfecto de los verbos *ir* y *ser* (páginas 179–180)

3 ***¿Ir o ser?*** Completa cada frase con el imperfecto del verbo *ir* o del verbo *ser*.

1. A veces Margarita ___ al centro comercial.
2. Ustedes ___ muy pequeños, cuando llegó el tío Mario de Perú.
3. Tú ___ a la escuela a las siete todas las mañanas.
4. Mi hermana ___ muy obediente cuando ___ pequeña.
5. Cuando mis abuelos ___ niños, ___ a la escuela a pie.
6. Él ___ al parque todos los días para jugar fútbol americano.
7. Un niño en mi clase ___ muy maleducado.
8. Mis primos ___ al gimnasio cerca de casa.
9. Nosotros ___ muy traviesos.
10. Ellas ___ al cine todos los sábados.
11. Usted ___ a menudo al restaurante mexicano.
12. Yo ___ impaciente, pero ahora soy muy paciente.

4 **Cuando éramos niños...** Completa cada frase con el imperfecto del verbo.

1. Muchas veces, la gente ___ largas distancias para ir a la escuela. (caminar)
2. Generalmente, yo ___ la mesa antes de comer. (poner)
3. A menudo nosotros ___ que lavar los platos. (tener)
4. A mi hermana siempre le ___ hacer picnics en el campo. (gustar)
5. Y tus amigos, ¿qué ___? (hacer)
6. Ustedes ___ en la orquesta escolar. (tocar)
7. Todos los días, ellos ___ con los vecinos. (jugar)
8. Nicolás nunca ___ patinar solo. (querer)
9. ¿Ud. ___ limonada cuando era niño? (tomar)
10. Tú ___ a la cuerda con tus amigos. (saltar)

5 **Lo que hacíamos** Completa cada frase con el imperfecto del verbo que mejor corresponda.

hacer	montar	pelearse
mentir	obedecer	tener

1. Nosotros ___ en triciclo cuando éramos pequeños.
2. Algunas veces mi prima ___ cuando era niña. Era muy traviesa.
3. Nosotros siempre ___ a nuestros padres.
4. Ellos ___ que hacer la tarea antes de jugar.
5. A veces mis hermanos ___, pero ahora son amigos.
6. ¿Qué ___ tú de pequeño?

(Do Practice Workbook 5-8 and 5-9.)

Capítulo 6

Vocabulario para conversar (páginas 194–197)

1 **El cumpleaños** Hay una reunión familiar para celebrar el cumpleaños del abuelo. Completa cada frase con la expresión apropiada del recuadro.

especial	invitó	regalan	separados
está soltero	un pastel	se abrazan	velas

1. La abuela ___ a toda la familia a la fiesta de cumpleaños.
2. Es una celebración ___ para el abuelo.
3. Todos ___ cuando llegan.
4. Mamá trajo ___ a la reunión.
5. Mi hermano puso en el pastel 85 ___.
6. El tío Alex todavía ___. Llega solo.
7. Mis primos le ___ al abuelo una videocasetera.
8. Mis tíos están ___; ya no viven en la misma casa.

2 **En las celebraciones** Escoge la(s) palabra(s) apropiada(s) del recuadro para cada definición.

bisabuelo	cuñado	despedirse	familiar	invitar
boda	darse la mano	estar muerto	graduación	sobrina

1. Celebramos esto después de terminar la escuela secundaria.
2. Cuando dos personas quieren casarse, celebran esto.
3. Cuando te presentan a alguien, generalmente hay que hacer esto.
4. Cuando dices "Adiós."
5. El esposo de tu hermana.
6. La hija de tu hermano.
7. El papá de tu abuelo.
8. Que es de la familia.
9. Lo que haces cuando quieres dar una fiesta.
10. Cuando una persona ya no vive.

(Do Practice Workbook 6-1 and 6-2.)

Vocabulario para conversar (páginas 198–203)

1 **¿Cómo lo celebras?** Escribe la palabra apropiada para completar la frase.

1. El ___ se celebra el segundo domingo de mayo. (Día de la Madre/cumpleaños)
2. El 4 de julio se celebra el ___. (Año Nuevo/Día de la Independencia)
3. Quiero saber a qué hora empieza la fiesta. ¿Dónde está ___? (la vela/la invitación)
4. Los ___ siempre son divertidos si hay música buena. (bailes/muñecos)
5. El 4 de julio lanzan muchos ___. (animales de peluche/fuegos artificiales)

(Do Practice Workbook 6-3 and 6-4.)

Gramática en contexto (páginas 208–213)

El pretérito de los verbos con el cambio *e* → *i* (páginas 209–211)

1 **Una fiesta de sorpresa** Completa cada frase con la forma apropiada del pretérito del verbo *pedir.*

1. Nosotros les ___ música para bailar.
2. Tú ___ comida para tu fiesta.
3. Ellos ___ unos carteles.
4. Yo ___ pasteles.
5. Ella ___ un regalo de Luis.
6. Ustedes ___ limonadas.

(Do Practice Workbook 6-5, 6-6, and 6-7.)

El pretérito del verbo *dar* (páginas 211–212)

2 **¿Qué le diste?** Completa cada frase con la forma apropiada del pretérito del verbo *dar.*

1. Mis padres me ___ una bicicleta para mi cumpleaños.
2. Pilar le ___ una invitación a Ramón.
3. Ellos nos ___ pastel y sandwiches en su fiesta.
4. Nosotros ___ una fiesta de sorpresa. ¡Qué divertido!
5. Ustedes ___ una fiesta para celebrar su aniversario.
6. Yo le ___ un regalo a mi amiga.

(Do Practice Workbook 6-8.)

Otros usos del imperfecto (página 212)

3 **Antes...** Completa cada frase con el imperfecto del verbo que mejor corresponda.

celebrar	haber	ser	tener
charlar	llegar	servir	vivir

Cuando ellos *tenían* la fiesta, *había* mucha gente.

1. La casa de campo ___ muy grande.
2. Mis abuelos ___ el aniversario de su boda cada año.
3. Mi tía ___ una espléndida cena.
4. Los parientes ___ a felicitar a los abuelos.
5. Todos nosotros ___ hasta muy tarde en la fiesta.
6. Todavía ___ gente en la fiesta a las dos de la mañana.
7. Yo ___ tres años cuando me regalaron un perrito.
8. Mi amigo y yo ___ en la misma calle cuando éramos pequeños.

(Do Practice Workbook 6-9.)

Los verbos reflexivos recíprocos (página 213)

4 **¿Qué se hacen?** Juanita charla con Luis sobre lo que hacen en su país en las fiestas. Completa cada frase con el presente del verbo reflexivo recíproco.

1. Cuando llegamos a una fiesta, nosotros ___. (abrazarse)
2. Todos los parientes ___. (saludarse)
3. Si no podemos ir a una fiesta, ___ por teléfono. (hablarse)
4. Los primos y los cuñados ___ para dar las fiestas. (ayudarse)
5. Nosotros casi nunca ___. (pelearse)
6. Algunas veces ___ cuando no nos podemos ver. (escribirse)

5 **¡Más práctica!** Escribe frases en el pretérito o en el imperfecto, según corresponda, con la siguiente información.

yo/lastimarse/una pierna en un partido de básquetbol (ayer)
Yo me lastimé una pierna en un partido de básquetbol.

1. nosotros/encontrarse/con nuestros primos en la fiesta de sorpresa (ayer)
2. ustedes/charlar/sobre la celebración del Día de los Enamorados (antes)
3. yo/felicitar/a mis abuelos en su aniversario de boda (ayer)
4. mi primo/graduarse (ayer)
5. tú/enviar/ una invitación a tu amiga cada año (antes)
6. su mamá siempre/encender/las velas del pastel (antes)

(Do Practice Workbook 6-10.)

Capítulo 7

Vocabulario para conversar (páginas 226–229)

1 **¿Sabes qué cosa es?** Escoge la expresión apropiada del recuadro para cada frase.

el anillo	las llaves	el secador de pelo
el carnet de identidad	el oro	el televisor
el collar	el peine	el tocacintas
los lentes de contacto		

1. Lo pones en el cuello.
2. Lo pones en el dedo.
3. Puedes ver tus programas favoritos en esto.
4. Lo usas para secarte el pelo.
5. Con ellas, abres las puertas de tu casa.
6. Puedes usar esto para escuchar música.
7. Los usas para ver mejor.
8. Te peinas con esto todos los días.
9. Es una tarjeta que dice quién eres.
10. Un metal muy caro y de color amarillo.

2 **¿Qué cosa es?** Completa cada frase con la palabra que mejor corresponda.

1. —¿De qué es tu anillo?
   —Mi anillo es de ___. (plata/cuero)
2. —¿Tienes ___ en tu cuarto? (televisor/arroz)
   —Sí. Hace muchos años que lo tengo.
3. —¿Puedes escuchar música en tu cuarto?
   —¡Claro! Tengo un ___ que me regaló mi hermano. (llavero/radio)
4. —¿Qué llevas en el cuello?
   —Es mi ___ de plata. (pulsera/collar)
5. —¿No puedes ver bien?
   —No, necesito ___. (anillos/anteojos)
6. —No puedo abrir la puerta.
   —¿Dónde dejaste tu ___? (llave/moneda)

(Do Practice Workbook 7-1 and 7-2.)

Vocabulario para conversar (páginas 230–235)

1 **¿Para qué los usamos?** Pedro le explica a su hermana pequeña para qué usamos las cosas de la casa. Escoge la letra de la respuesta apropiada.

1. Necesitamos ___ en caso de incendio.
a. despertador **b.** reloj **c.** extinguidor de incendios

2. Lavamos los platos en el ___.
a. control remoto **b.** cuarto **c.** fregadero

3. En invierno usamos la ___.
a. calefacción central **b.** moneda **c.** cadena

4. Puedes poner tus cosas en el ___.
a. estante **b.** calentador **c.** tocacintas

5. Cuando hace calor, puedes usar el ___.
a. detector de incendios **b.** ventilador **c.** fregadero

6. Por la noche enciendes el ___ para ver mejor.
a. microondas **b.** incendio **c.** bombillo

7. Si la ropa está sucia, la lavas en la ___.
a. lavadora **b.** mesa de noche **c.** pila

8. Usamos el ___ en el verano.
a. calentador **b.** aire acondicionado **c.** llavero

(Do Practice Workbook 7-3 and 7-4.)

Gramática en contexto (páginas 240–247)

Los adjetivos posesivos (páginas 241–242)

1 **Anuncios por la radio** Pedro escucha algunos anuncios por la radio. Completa cada frase con el adjetivo posesivo apropiado. Sigue el ejemplo.

"Nosotros pensamos que *nuestro* programa de radio ¡es el mejor! Usted no puede escuchar tan buenas noticias como las nuestras por _1_ tele."

"De noche, tú puedes usar _2_ linterna. Compra las linternas Luz."

"¡Qué voy a hacer! _3_ lavadora ya no funciona."

"Luis compró zapatos muy buenos. _4_ zapatos son de nuestra tienda El Calzado Elegante."

2 Ahora usa el adjetivo posesivo apropiado después del objeto.

"Nosotros pensamos que el programa de radio _1_ ¡es el mejor! Usted no puede escuchar tan buenas noticias como las nuestras en la tele _2_."

"De noche, tú puedes usar la linterna _3_. Compra las linternas Luz."

"¡Qué voy a hacer! La lavadora _4_ ya no funciona."

"Luis compró zapatos muy buenos. Los zapatos _5_ son de nuestra tienda El Calzado Elegante."

(Do Practice Workbook 7-5.)

Los pronombres posesivos (páginas 243–245)

3 **¡Es mío!** Completa cada frase con el pronombre posesivo apropiado. Sigue el ejemplo.

—¿De quién es este tocacintas?
—Es _*mío*_. (de mí)

—¿De quién son estas monedas?
—Son __1__. (de ellos)
—¿De quién es este tostador?
—Es __2__. (de ti)
—¿De quién es este reloj pulsera?
—Es __3__. (de ella)
—¿De quién es esta lavadora?
—Es __4__. (de nosotros)
—¿De quién son estas llaves?
—Son __5__. (de usted)

4 **Tienes las tuyas.** Completa cada frase con el pronombre posesivo apropiado. Sigue el ejemplo.

—¿Dónde está el secador de pelo de Luis?
—El _*suyo*_ está en su cuarto.

—No encuentro nuestras monedas.
—Aquí están las __1__.
—Éste es mi llavero, ¿verdad?
—Sí, el __2__ es negro. El mío es marrón.
—Ésta es la pulsera de mamá, ¿verdad?
—No, la __3__ es de oro.
—Estas cadenas de oro son mías, ¿verdad?
—¡No, las __4__ son pequeñas!

(Do Practice Workbook 7-6 and 7-7.)

Repaso: Los usos del verbo *ser* (páginas 246–247)

5 **Mi amigo es de Buenos Aires.** Luis escribe una carta a su amigo en Buenos Aires. Completa las frases con el presente del verbo *ser.*

Querido Juan:

Mi escuela __1__ muy grande. Mis amigos __2__ muy divertidos y jugamos hockey todos los sábados. El próximo partido __3__ el sábado. Yo __4__ tan atrevido como ellos. Nosotros __5__ buenos amigos. Pero tú, ¡__6__ mi mejor amigo!

Un abrazo,
Luis

(Do Practice Workbook 7-8.)

Capítulo 8

Vocabulario para conversar (páginas 260–265)

1 **¿Dónde queda?** Elena y su prima van en coche al centro. Completa cada frase con la palabra apropiada del recuadro.

buzón	hacer las compras	la pescadería
el cruce	una heladería	semáforo
la dirección	la panadería	la verdulería

—Hace calor. ¿Por qué no compramos un helado?
—Mmm… ¡Buena idea! ¿Dónde hay _1_?
—Tenemos que pasar _2_ de las calles Cinco y Sol.
—¡Ah! Queda cerca del _3_ donde enviamos las cartas.
—Podemos enviar la carta que escribiste ayer. ¿Ya escribiste _4_ en la carta?
—Sí, ya lo hice. ¡Cuidado! La luz del _5_ está roja.
—Mira, allí podemos comprar pan.
—Sí, en _6_. Ahora la luz está verde.
—No hay nada en el refrigerador. Tenemos que _7_.
—Vamos a comprar algunas verduras en _8_.
—Yo quiero comer pescado. Vamos también a _9_.
—¡Lo vamos a pasar bien! Ya llegamos a la heladería…

2 **¡Vamos al cine en el centro!** Más tarde, Elena y su prima quieren ir al cine. Completa cada frase con la palabra que mejor corresponda.

—Hay una película muy buena. Vamos al _1_. (centro/semáforo)
—¿Vamos al cine que está cerca de _2_? (la estación de bomberos/la dirección)
—No, el que está al lado de donde venden flores.
—¡Ah! _3_ de la amiga de tu mamá, ¿verdad? (La carretera/La floristería)
—Sí, ésa es. Pero creo que mi papá va a necesitar el coche.
—Entonces vamos a usar _4_. (el transporte público/el teléfono público)
—Sí, está bien. ¿Sabes? No sé a qué hora empieza la película.
—Vamos a comprar un periódico en _5_. (el quiosco/el buzón)
—¿Dónde hay uno cerca?
—Hay uno a 300 _6_ de aquí. (kilómetros/metros)

(Do Practice Workbook 8-1 and 8-2.)

Vocabulario para conversar (páginas 266–271)

1 **En el almacén** Leo y Lola van de compras. Completa cada frase con la palabra apropiada del recuadro.

al fondo	crema de afeitar	seda dental
la caja	la escalera mecánica	te pones
pasta dentífrica	mientras	una venda

1. Los servicios no están aquí, están ___.
2. ¿Por qué no ___ ese chaquetón para ver si te gusta?
3. Yo voy a ver las faldas ___ tú ves los chandales.
4. Si te vas a afeitar, ¿por qué no compras ___?
5. No me cepillé los dientes porque no tengo ___.
6. ¿Por qué no compras un cepillo de dientes y también ___?
7. Estoy cansada. Vamos a subir al tercer piso por ___.
8. Vamos a pagar las compras. ¿Dónde está ___?
9. ¡Ay! Me lastimé el pie. ¿Por qué no compras ___?

(Do Practice Workbook 8-3 and 8-4.)

Gramática en contexto (páginas 276–283)

Repaso: Los usos de *estar* (página 277)

1 **¿Dónde está?** Escribe frases con la información de abajo. Usa el presente del verbo *estar.*

el mostrador/estar/en el primer piso
El mostrador está en el primer piso.

1. la ropa/estar/limpia
2. nosotros/estar/al fondo, en la sección de ropa para niños
3. yo/estar/comprando desodorante y crema de afeitar
4. tú/estar/al lado del ascensor
5. las joyas/estar/en ese mostrador
6. ustedes/estar/en la sección de ropa para caballeros

(Do Practice Workbook 8-5.)

Repaso: El presente progresivo (páginas 278–280)

¿Quién está haciéndolo? Escribe frases en el presente progresivo y usa *lo, la, los* o *las* después del verbo. Sigue el ejemplo.

nosotros/cruzar la calle
Nosotros estamos cruzándola.

1. usted/comprar los sombreros
2. yo/colgar las corbatas
3. Mamá/bañar al niño
4. ustedes/buscar la seda dental

(Do Practice Workbook 8-6 and 8-7.)

Construcciones negativas (páginas 280–281)

3 **Alguien compró esmalte de uñas.** Completa cada frase con la palabra apropiada del recuadro.

algo	alguna	ningún	nunca
alguien	nada	ninguna	siempre
algún	nadie	ninguno	tampoco

—¿ 1 te afeitas por la noche?
—No, 2 me afeito por la noche.
—¿Tiene 3 una venda?
—No, 4 tiene una.
—¿Te gusta 5 de esas pulseras?
—No, no me gusta 6 .
—Quiero regalarte 7 para tu cumpleaños.
—No, no necesitas regalarme 8 . Gracias.
—A Luisa no le gusta usar esmalte de uñas.
—A María 9 le gusta usar esmalte de uñas.
—¿Encontraste 10 perfume?
—No, no encontré 11 perfume. No me gusta 12 .

(Do Practice Workbook 8-8.)

El *se* impersonal (páginas 282–283)

4 **Se venden perfumes.** Escribe frases usando el *se* impersonal con la información de abajo. Sigue el ejemplo.

vender regalos de toda clase
Aquí se venden regalos de toda clase.

1. permitir tocar el piano hasta las 10:00 de la noche
2. celebrar muchas fiestas
3. tocar sólo música rock
4. hacer llaves

(Do Practice Workbook 8-9.)

Capítulo 9

Vocabulario para conversar (páginas 296–299)

1 **La opción correcta** Escoge la(s) palabra(s) que mejor complete(n) cada frase.

1. Creo que (me rompí/tuve) la muñeca.
2. No puedo caminar y por eso necesito (puntadas/una silla de ruedas).
3. Él tuvo un accidente y le tienen que poner (sangre/músculo).
4. Me rompí el (tobillo/codo) y tengo que llevar un yeso en el brazo.
5. (Me corté/Me quemé) la mano y por eso necesito puntadas.

2 **La respuesta correcta** Completa cada frase con la palabra más apropiada del recuadro.

ambulancia	frenillos	radiografía
enfermero	medicinas	yeso

1. A los niños no les gusta tomar las ___.
2. La ___ me llevó al hospital.
3. El ___ me puso la inyección.
4. Me rompí la muñeca, y fue necesario ponerme un ___.
5. De niña, tenía que llevar ___ en los dientes.

(Do Practice Workbook 9-1 and 9-2.)

Vocabulario para conversar (páginas 300–305)

1 **Definiciones** Aquí hay una lista de palabras y una lista de definiciones. Empareja *(Match)* cada palabra con su definición.

1. pastilla	a. Medicina en forma líquida.
2. jarabe	b. La necesitas cuando quieres comprar medicina.
3. estornudar	c. Usas esto si no te gustan los insectos.
4. picar	d. Cuando tienes un resfriado y dices “¡Achís!”
5. receta	e. Los mosquitos hacen esto.
6. insecticida	f. Medicina en forma de tableta.

(Do Practice Workbook 9-3 and 9-4.)

Gramática en contexto (páginas 310–317)

El imperfecto progresivo (páginas 311–312)

1 **¿Qué estaba pasando?** Completa cada frase usando el imperfecto progresivo del verbo.

1. Cuando entré en la sala de clases, mis compañeros ya (prepararse) para salir.
2. Cuando mi madre entró en el hospital, la enfermera (ponerme) una inyección.
3. Cuando llegó a su casa, el niño ya (sentirse) mal.
4. Cuando te caíste ayer, nosotros (mirar) el partido.
5. Cuando fuimos a ver al médico, tú ya (toser) mucho.
6. Cuando el abuelo llamó, mi padre (descansar) en su dormitorio.

(Do Practice Workbook 9-5.)

El uso del pretérito y del imperfecto progresivo (página 313)

2 **Cuando . . .** Escribe cada frase usando las formas correctas del pretérito o del imperfecto progresivo de los verbos.

1. Cuando Mario (entrar), el señor López (hablar) por teléfono.
2. Cuando la enfermera (salir), el médico (hablar) con los pacientes.
3. Cuando Susana (comprar) la medicina, su mamá ya (sentirse) mejor.
4. Cuando mi hermano (caerse), yo (dormir).

(Do Practice Workbook 9-6.)

El pretérito de *caerse, creer* y *leer* (páginas 314–315)

3 **¿Cómo . . . ?** Aquí hay grupos de palabras que no están en orden. Escribe frases completas al ordenar las palabras correctamente y cambiar los verbos al pretérito.

1. caerse / en / Mateo / la ducha
2. libros / dos / anoche / yo / leer
3. amigos / mis / creerme / no
4. del / caerse / yo / árbol
5. leer / la / nosotros / receta

(Do Practice Workbook 9-7.)

MÁS PRÁCTICA Y TAREA

El pretérito del verbo *poner* (páginas 316–317)

4 **Se pone . . .** Completa las frases usando el pretérito del verbo *poner*.

1. El médico me ___ una inyección.
2. ¿Dónde ___ tú el repelente?
3. A ver, ¿dónde ___ yo la receta?
4. Nosotros ___ las muletas en la ambulancia.
5. Los jugadores se ___ los uniformes y los cascos.

(Do Practice Workbook 9-8 and 9-9.)

CAPÍTULO 10

Vocabulario para conversar (páginas 330–335)

1 **La sopa de letras** Pon los siguientes grupos de letras en orden correcto para formar palabras del vocabulario.

1. r m n c i e
2. n e c a s e
3. s n o g u i e
4. u a c r a t
5. o t n e m u g r a
6. s o e j r e p a n

2 **La respuesta correcta** Completa cada frase con la palabra apropiada.

1. No puedo entender el ___ de esa película. (argumento/papel)
2. Los ___ especiales de esa película son muy buenos. (ladrones/efectos)
3. El ___ está investigando quién es el ladrón. (criminal/detective)
4. Una actriz muy famosa hace el ___ de la científica. (papel/guión)

3 **¿Qué hacen?** Completa cada frase con una palabra relacionada con la segunda parte de cada grupo. Sigue el ejemplo.

El policía arresta. El criminal <u>*mata*</u>.

1. El detective investiga. El ladrón ___.
2. La directora dirige. La actriz ___.
3. Él hace el papel del galán. Ella hace el papel de ___.

(Do Practice Workbook 10-1 and 10-2.)

Vocabulario para conversar (páginas 336–339)

1 **Definiciones** Aquí hay una lista de palabras y una lista de definiciones. Empareja cada palabra con su definición.

1. entrevista
2. locutora
3. fracaso
4. tormenta
5. huracán

a. Viento muy violento.
b. Un programa que no tiene éxito es esto.
c. Cuando llueve muchísimo.
d. Cuando el locutor le hace preguntas a alguien.
e. La persona que habla en un programa de televisión.

❷ La mejor opción Completa cada frase con la palabra más apropiada.

comentarios	destruyó	locutor	terremotos	tormenta

1. La erupción del volcán ___ todo.
2. Vinieron expertos para hacer ___ sobre la situación.
3. En lugares donde hay muchos ___, no se debe tener edificios muy altos.
4. El ___ leyó las noticias sobre el derrumbe.
5. La ___ causó muchos problemas en mi ciudad.

(Do Practice Workbook 10-3 and 10-4.)

Gramática en contexto (páginas 344–351)

El pretérito y el imperfecto 1 (páginas 345–346)

❶ ¿Qué hora...? Para cada frase escribe el imperfecto del primer verbo en paréntesis y el pretérito del segundo. Usa las formas correctas de los verbos.

1. ___ (ser) las ocho cuando Antonio ___ (llegar).
2. ___ (ser) la una cuando el criminal ___ (matar) a la víctima.
3. ¿Qué hora ___ (ser) cuando el ladrón ___ (entrar) en la casa?
4. ___ (ser) la medianoche cuando el policía ___ (arrestar) a la ladrona.

(Do Practice Workbook 10-5.)

El pretérito y el imperfecto 2 (páginas 346–347)

❷ ¿Por qué? Cambia los verbos en cada frase al pretérito o al imperfecto, según corresponda.

1. Lloro porque estoy triste.
2. Vamos a la cafetería porque tenemos hambre.
3. Él duerme porque está cansado.
4. Me llamas porque quieres verme.

(Do Practice Workbook 10-6 and 10-7.)

El pretérito y el imperfecto 3 (páginas 348–349)

3 **¿Qué estabas haciendo?** Cambia las frases al tiempo pasado. Sigue el ejemplo.

Jorge almuerza. Suena el timbre.
Jorge estaba almorzando cuando sonó el timbre.

1. La niña camina. Se cae.
2. El criminal se esconde. El policía lo encuentra.
3. Me baño. Hay un terremoto.
4. Vemos el programa de concursos. Alguien grita.

(Do Practice Workbook 10-8.)

El pretérito del verbo *decir* (página 350)

4 **¿Qué dijiste?** Cambia el verbo *decir* en estas frases al pretérito.

1. Yo no digo eso.
2. Decimos nuestros nombres.
3. ¿Qué dice el criminal?
4. Y ustedes, ¿por qué dicen que no?

(Do Practice Workbook 10-9.)

CAPÍTULO 11

Vocabulario para conversar (páginas 364–369)

1 **¿A qué me dedico?** Completa cada frase con la palabra apropiada del recuadro.

cantante	deportista	escritora	mecánico	veterinario

1. Me dedico a reparar coches. Soy ___.
2. Doy conciertos y mis discos compactos son populares. Soy ___.
3. Cuido la salud de los animales. Soy ___.
4. Mis libros se leen por todas partes. Soy ___.
5. Soy entrenadora y me gustan los deportes. Soy ___.

2 **¿Qué sabes hacer?** Lee cada frase y decide a qué profesión se refiere *(is referred to)*.

1. Generalmente esta persona trabaja sola. Necesita silencio para escribir.
2. Esta persona contesta teléfonos y ayuda a otros en la oficina.
3. Esta persona sabe bailar bien.
4. Esta persona escucha a los abogados antes de tomar una decisión.
5. Esta persona sabe mucho sobre los coches.

(Do Practice Workbook 11-1 and 11-2.)

Vocabulario para conversar (páginas 370–373)

1 **Definiciones** Empareja cada palabra con su definición.

1. botella	**a.** conflicto entre dos grupos
2. guerra	**b.** donde hay muchos árboles
3. océano	**c.** la vemos de noche
4. la Luna	**d.** donde viven los peces
5. bosque	**e.** generalmente es de vidrio o de plástico

2 **La opción correcta** Completa cada frase con la expresión apropiada.

1. Para proteger una casa, se necesita (una pantalla gigante/un sistema de seguridad).
2. Es necesario reciclar (el espacio/el vidrio).
3. Algo que todos los países deben buscar es (la paz/la guerra).
4. (La Luna/La Tierra) es un planeta.
5. Tenemos que proteger (el medio ambiente/el tráfico).

(Do Practice Workbook 11-3 and 11-4.)

Gramática en contexto (páginas 378–383)

El futuro (páginas 379–381)

1 **¿Qué pasará?** Cambia las palabras subrayadas *(underlined)* al tiempo futuro del verbo en infinitivo.

1. En el año 2050, voy a trabajar en una oficina en la Luna.
2. Voy a vivir en una casa con calefacción solar.
3. Mi familia va a ver la tele en una pantalla gigante.
4. Mis amigos y yo vamos a hablar usando el teléfono con video.
5. Todos vamos a reducir la basura.

(Do Practice Workbook 11-5 and 11-6.)

El futuro: continuación (páginas 381–382)

2 **¿Qué harán?** Cambia cada verbo subrayado al tiempo futuro.

1. ¿Hay mucha gente allí?
2. Tenemos que reciclar los periódicos.
3. El ser humano puede ir a muchos planetas.
4. No hay más guerras.
5. Todos pueden ver la televisión en una pantalla gigante.
6. Tú eres astronauta.
7. Nosotros sabemos qué hacer.
8. Ustedes hacen informes.

3 **En el futuro** Usa el futuro del verbo entre paréntesis para completar cada frase.

1. Si es posible, yo (ir) contigo.
2. Ella (tener) un secretario.
3. Nosotros (explorar) nuevos planetas.
4. Los astronautas (visitar) otras galaxias.
5. Tú (seguir) con la protección del medio ambiente.
6. Los mecánicos (reparar) mi coche.
7. Ustedes (poder) visitarme mañana.
8. Él (participar) en el consejo estudiantil.

(Do Practice Workbook 11-7, 11-8, and 11-9.)

CAPÍTULO 12

Vocabulario para conversar (páginas 396–401)

1 **Antónimos** Escribe la palabra o frase que sea lo contrario de las siguientes expresiones.

1. despegar
2. abrocharse
3. deshacer la maleta
4. sólo de ida
5. con destino a

2 **La respuesta correcta** Completa cada frase con la(s) palabra(s) apropiada(s) del recuadro.

abróchense los cinturones	facturar
aterrizar	hacer la maleta
con destino a	la terminal de equipaje

1. El avión ___ Montevideo sale en una hora.
2. Mañana voy a viajar. Esta noche tengo que ___.
3. Atención pasajeros, vamos a despegar ahora. Por favor, ___.
4. El avión no pudo ___ porque hacía mal tiempo.
5. Tienes que ___ la maleta. Es muy grande.
6. ¿Puede decirme dónde está ___? Necesito buscar mi maleta.

3 **Definiciones** Empareja cada palabra con su definición.

1. aduana	a. Donde te registran las maletas cuando llegas de otro país.
2. puerta	b. Pones tus cosas en esto cuando viajas.
3. maleta	c. Ayuda a los pasajeros en el avión.
4. auxiliar de vuelo	d. Lo compras si quieres viajar.
5. boleto	e. Pasas por aquí para entrar en el avión.

(Do Practice Workbook 12-1 and 12-2.)

Vocabulario para conversar (páginas 402–405)

1 **La opción correcta** Completa cada frase con la expresión apropiada.

1. Si necesitas dinero de otro país, puedes ir a una (casa de cambio/oficina de turismo).
2. En (una habitación doble/una guía) pueden dormir dos personas.
3. (La pensión/La habitación individual) es un lugar donde se puede dormir por poco dinero.
4. Cuando viajo, me gusta comprar (artesanías/pueblos).
5. El mercado de ese pueblo es muy (a mano/pintoresco).

(Do Practice Workbook 12-3 and 12-4.)

Gramática en contexto (páginas 410–415)

Repaso: Mandatos afirmativos con *tú* (páginas 411–412)

1 **Haz esto.** Completa cada frase usando el mandato afirmativo del verbo.

1. Cristóbal, ___ (facturar) tu maleta.
2. ___ (escribir) tarjetas postales.
3. ___ (ir) con Nicolás a la terminal.
4. ___ (tener) cuidado con tus maletas.
5. ___ (decir) siempre la verdad.

(Do Practice Workbook 12-5 and 12-6.)

Los mandatos negativos con *tú* (páginas 412–413)

2 **No lo hagas.** Cambia las palabras subrayadas a mandatos negativos con *tú*.

1. Enciende la radio.
2. Habla por teléfono ahora.
3. Cierra la puerta.
4. Sigue a la guía.
5. Pide ayuda para hacer tu tarea.
6. Echa los periódicos viejos en la basura.
7. Usa las manos para comer.
8. Come chocolate antes del almuerzo.
9. Pierde tu cuaderno.
10. Sube al árbol.

(Do Practice Workbook 12-7.)

Los mandatos negativos: continuación (páginas 414–415)

3 **No lo hagan.** Cambia estas frases usando mandatos negativos con *tú.* Sigue el ejemplo.

Antonio quiere tocar la guitarra.
Antonio, no toques la guitarra.

1. Juan quiere poner su boleto en el asiento.
2. Felipe quiere hacer su maleta ahora.
3. Mariel quiere ir al mercado.
4. Luisa quiere cruzar la plaza.
5. Patricio quiere llegar tarde a la reunión.
6. Cecilia quiere jugar en el parque.
7. Silvia quiere ir sola al mercado.
8. Andrés quiere ser atrevido.
9. Armando quiere decir lo que piensa.
10. Soledad quiere traer al perro.

(Do Practice Workbook 12-8 and 12-9.)

CAPÍTULO 13

Vocabulario para conversar (páginas 428–433)

1 **Definiciones** Completa cada frase con la palabra apropiada.

1. El ___ es una fruta amarilla que se usa en las comidas y en las bebidas.
2. A mucha gente le gustan las hamburguesas a la ___.
3. Me gusta poner vinagre y ___ a la ensalada.
4. Hay demasiada sal en esta sopa. Está muy ___.
5. Su madre hace sus pasteles al ___.

2 **La diferencia** Escoge la palabra en cada grupo que no vaya con las otras.

1. espárrago / espinacas / salsa
2. champiñón / piña / durazno
3. a la parrilla / dulce / al horno
4. agrio / amargo / cerdo
5. aceite / salado / soso
6. mostaza / mayonesa / barbacoa

(Do Practice Workbook 13-1 and 13-2.)

Vocabulario para conversar (páginas 434–438)

1 **De un color diferente** Escoge la comida que sea de un color diferente en cada grupo.

1. ajo, camarón, azúcar
2. fresa, mostaza, limón
3. cereza, tomate, huevo
4. pepino, espinaca, mayonesa
5. calabaza, melón, sandía

2 **Vamos a comer.** Completa cada frase con la expresión apropiada del recuadro. Van a sobrar dos palabras *(two words will be left over)*.

amargo	paella
calabaza	relleno
hierve	tortilla española

1. En los Estados Unidos, esta fruta se usa para hacer muchas cosas en octubre y noviembre. Es la ___.
2. La parte interior de la empanada se llama el ___.
3. Para hacer una ___ hay que usar muchos huevos.
4. Para preparar sopa, primero ___ el agua.

(Do Practice Workbook 13-3 and 13-4.)

Gramática en contexto (páginas 442–447)

Repaso: Mandatos negativos (página 443)

1 **No lo hagas.** Escribe mandatos negativos con *tú* con las siguientes frases. Sigue el ejemplo.

comer muchas papas fritas
No comas muchas papas fritas.

1. portarse mal
2. levantarse tarde
3. salir a la calle por la noche
4. beber otra limonada

(Do Practice Workbook 13-5.)

El subjuntivo (páginas 443–447)

2 **En un restaurante** Completa el siguiente diálogo entre un camarero y un cliente, cambiando los infinitivos en paréntesis al subjuntivo.

CAMARERO:	Buenas tardes. ¿Qué desea?
CLIENTE:	Necesito que me __1__ (traer) agua, por favor.
CAMARERO:	Bien. ¿Quiere que le __2__ (mostrar) el menú?
CLIENTE:	No, prefiero que me __3__ (recomendar) algo.
CAMARERO:	El cerdo es nuestra especialidad. ¿Quiere que le __4__ (servir) eso?
CLIENTE:	Sí, por favor.
CAMARERO:	¿Y cómo quiere que nosotros lo __5__ (preparar)?
CLIENTE:	Prefiero que lo __6__ (cocinar) al horno.

3 **Recomiendo que . . .** Escoge el verbo más apropiado del recuadro para cada frase y cámbialo al subjuntivo.

beber	cruzar	hervir	probar
comer	hablar	pedir	vivir

1. Sugiero que tú ___ más jugo de naranja.
2. Recomiendo que ustedes ___ la comida de ese restaurante.
3. Es necesario que Matilde ___ el agua para hacer huevos duros.
4. Sugiero que tú ___ más cerca de la escuela.
5. No quiero que ella ___ la calle sola.
6. Es necesario que usted ___ más frutas y verduras.
7. Recomiendo que ustedes ___ con un médico sobre una dieta práctica.
8. Sugiero que nosotros les ___ ayuda a nuestros amigos para organizar la fiesta.

(Do Practice Workbook 13-6, 13-7, 13-8, 13-9, and 13-10.)

CAPÍTULO 14

Vocabulario para conversar (páginas 460–465)

1 **Lo contrario** Escoge la expresión más apropiada del recuadro para cada frase.

colina	caminata	ligera	mojada	sombra

1. Esta hoja está seca, pero ésa está ___.
2. Esa piedra es pesada, pero la otra es ___.
3. Podemos poner la tienda de acampar en el valle o en la ___.
4. En el sol hace calor, en la ___ hace frío.
5. Ustedes pueden descansar mientras nosotros vamos a dar una ___.

2 **Sopa de letras** Pon los siguientes grupos de letras en orden correcto para formar palabras.

1. l i o a t p
2. m o r s a b
3. a s a p i r o m
4. d e e n o r s
5. l a s t a r a b e
6. n e m o t a p c m a
7. ó f s l i
8. ó f s f o o r

3 **Definiciones** Escribe la palabra que corresponda a cada definición.

1. Es por donde vas si quieres hacer una caminata.
2. Lo necesitas para abrir comida enlatada.
3. Un insecto bonito y de colores.
4. Madera que se usa para hacer fuegos.
5. Se usa para encender el fuego.

(Do Practice Workbook 14-1 and 14-2.)

Vocabulario para conversar (páginas 466–470)

1 **La mejor opción** Escoge la(s) palabra(s) apropiada(s) para completar cada frase.

1. El animal más grande de la selva es el (elefante/gorila).
2. El (gorila/coyote) tiene muchas características similares al ser humano.
3. (Dar caminatas/Navegar en balsa) es una actividad bastante peligrosa.
4. Entre el día y la noche, está (el atardecer/la espina).
5. Ese lago es perfecto para (escalar montañas/hacer esquí acuático).
6. Los (animales salvajes/fósiles) viven en el parque nacional.

2 **¿Dónde?** Decide si las siguientes frases se refieren a un desierto, a un parque nacional o al mar.

1. ¡Mira, una ardilla!
2. Esa ballena es enorme.
3. Aquí sólo hay piedras y hace muchísimo calor.
4. Pongamos la tienda al lado de esos árboles.
5. Ya me aburrí de hacer surf.
6. No toques ese cacto. Tiene muchas espinas.
7. Allí hay unos venados.

(Do Practice Workbook 14-3 and 14-4.)

Gramática en contexto (páginas 474–479)

El subjuntivo de ciertos verbos irregulares (página 475)

1 **Quiero que . . .** Usa la expresión *Quiero que* para cambiar las siguientes frases a la forma subjuntiva. Sigue el ejemplo.

Antonio tiene cuidado de los animales.
Quiero que Antonio tenga cuidado de los animales.

1. Wilfredo y Dolores buscan leña.
2. Cándida pone la tienda.
3. José escala montañas.
4. Sergio navega en balsa hoy.
5. Laura y yo damos una caminata.

(Do Practice Workbook 14-5 and 14-6.)

El subjuntivo de los verbos *ir* y *ser* (página 476)

2 **Quiere que . . .** Completa cada frase con el subjuntivo del verbo *ir* o *ser.*

1. Ellos quieren que yo ___ al desierto contigo.
2. ¿Por qué no quiere usted que nosotros ___ a San Antonio?
3. Tino le sugiere a Julia que ella ___ más prudente cuando hace esquí acuático.
4. Javier quiere que Micaela y Carmen ___ menos traviesas.

(Do Practice Workbook 14-7 and 14-8.)

El subjuntivo con expresiones impersonales (páginas 477–478)

3 **Es necesario que . . .** Escribe frases completas usando la forma subjuntiva con expresiones impersonales.

1. es mejor que / Josefina y Eugenio / no escalar esa montaña
2. es necesario que / Francisco / recoger la leña
3. es importante que / Patricia y yo / aprender a navegar en canoa
4. es mejor que / Beatriz / llevar un saco de dormir al campamento
5. es necesario que / todos / divertirse en la fiesta

(Do Practice Workbook 14-9 and 14-10.)

Examen cumulativo

A. Below you will find a series of sentences, each with four possible choices selected from the vocabulary of *PASO A PASO 2.* On a separate sheet of paper, write the letter of the item that best completes the statement or answers the question.

1. Una materia que me gusta es ___ .
   a. la química — c. la prueba
   b. la grapadora — d. la bandera

2. Me gusta cantar. Voy a participar en ___ .
   a. la orquesta — c. el coro
   b. la banda — d. el anuario

3. Quisiera tener una camisa blanca de ___ corta.
   a. bufanda — c. manga
   b. gorra — d. lana

4. Para montar en bicicleta necesito mi ___ .
   a. guante — c. casco
   b. pelota — d. palo

5. ___ es un juguete que les gusta a los niños.
   a. El camión — c. El pájaro
   b. La canoa — d. La tortuga

6. El esposo de mi hermana es mi ___ .
   a. bisabuelo — c. nieto
   b. cuñado — d. sobrino

7. Si no tienes tu ____, no puedes entrar en tu casa.
   a. llavero — c. llave
   b. peine — d. pulsera

8. Estoy buscando ____ para comprar una revista.
   a. el semáforo — c. el buzón
   b. el quiosco — d. la carretera

9. Me rompí la pierna y necesito ____ para ayudarme a caminar.
   a. muletas — c. calamina
   b. jarabe — d. frenillos

10. En el campo hay animales como ___ .
    a. los directores — c. los monstruos
    b. los caballos — d. las víctimas

11. Me gusta mucho la ____ porque quiero ser presidente.
    a. política c. novela
    b. juez d. pantalla

12. Vamos a hacer ____ en Buenos Aires.
    a. aduana c. habitación
    b. escala d. maleta

13. El ____ es una comida buena en el invierno.
    a. grasoso c. relleno
    b. ingrediente d. guisado

14. En los árboles se ven ___ .
    a. las balsas c. los búhos
    b. las ranas d. las velas

15. Necesito un sacapuntas. ¿Tienes uno?
    a. Sí. ¿Vas al bufet de ensaladas? c. Sí. ¿Vas a escribir un informe?
    b. Por suerte tengo sujetapapeles. d. No, no me gusta la química.

16. Soy miembro de muchos clubes. Me gustan ___ .
    a. estar de moda c. los animales de peluche
    b. las actividades extracurriculares d. los fuegos artificiales

17. ¿De qué son los pantalones?
    a. Son de plata. c. Uso el tamaño mediano.
    b. Son de algodón. d. Están en liquidación.

18. Necesitamos una diversión nueva.
    a. ¡Juguemos ajedrez! c. Lo pasamos muy bien anoche.
    b. Voy a meter un gol esta noche. d. ¿Dónde están los palos?

19. Los niños quieren jugar hoy. ¿Qué pueden hacer?
    a. Te gustaban las materias. c. Pueden ir a la escuela primaria.
    b. Son maleducados. d. Pueden ir al patio de recreo.

20. No tenemos nada que hacer en octubre.
    a. ¡Pero hay el Día de la Raza! c. ¡Pero hay el Día de Gracias!
    b. ¡Pero hay el Día de los Enamorados! d. ¡Pero hay el Día del Padre!

21. Tenemos una emergencia. ¿Dónde está ___?
    a. el estante c. la secadora
    b. el extinguidor de incendios d. los aretes

22. ¿Dónde está la sección de ropa para niños?
    a. Tiene que subir por la escalera. c. No hay mostradores por aquí.
    b. En la estación de bomberos. d. No haces las compras hoy.

23. En el verano tengo muchos resfriados y yo ___ .
   a. estornudo mucho
   b. necesito más polvo
   c. saco una radiografía
   d. necesito muletas

24. Hay mucha información sensacionalista, ¿no?
   a. Sí. Fue un fracaso total.
   b. Sí, me gustan las entrevistas.
   c. Es porque el actor no tiene éxito.
   d. Sí. Todo es exagerado a veces.

25. ¿Es importante tener una buena educación?
   a. Sí. Es una ventaja.
   b. Es bueno explorar el planeta.
   c. Debes echar basura.
   d. Sí. Me dedico a no contaminar.

26. Voy a hacer una excursión a México.
   a. ¿Te gusta regatear?
   b. Ah, quieres ser guía.
   c. Hablas con los aduaneros.
   d. ¿Necesitas un pasaporte?

27. Sirven postres buenos en este restaurante. Debes probarlos.
   a. Me gustan los bocadillos.
   b. Los champiñones son buenos.
   c. ¿Qué sugieres que yo pida?
   d. Quiero hacer una barbacoa.

28. ¿Quieres ir de camping conmigo?
   a. Sí, me gustan las artes marciales.
   b. No me gusta ir de compras.
   c. Hay que sacar una radiografía.
   d. Sí, me gusta dar caminatas.

B. In the following paragraph, the family of twins Emilia and Estefanía talk about the girls. Below the paragraph are four possible answers for each blank. Select the most appropriate choice and mark its letter on a separate sheet of paper.

Emilia leía __1__ su gemela Estefanía. Las dos __2__ muy inteligentes. Ellas se leían frecuentemente y __3__ a comprender las novelas. También en nuestra casa había muchas discusiones sobre la literatura. El mes pasado, cuando ellas __4__ 15 años, la familia __5__ una celebración para __6__. Esa noche, todos nosotros __7__ a la librería. Allí les __8__ novelas de tres de sus escritores favoritos. Creo que un día en el futuro todos __9__ sobre las tres novelas.

1. a. tan como
   b. tanto como
   c. tanta como
   d. tantos como

2. a. eran
   b. fueron
   c. estuvieron
   d. estaban

6. a. sus
   b. suyas
   c. su
   d. ellas

7. a. tuvimos
   b. fuimos
   c. pudimos
   d. hicimos

3. a. se ayudaban
   b. se ayudaron
   c. se estaban ayudando
   d. se ayudarán

4. a. tuvieron
   b. tenían
   c. estaban
   d. estuvieron

5. a. tuvieron
   b. tuvo
   c. tenían
   d. ellas

8. a. dijimos
   b. dimos
   c. dijeron
   d. dieron

9. a. hablamos
   b. hablaremos
   c. hablaron
   d. hablaban

C. Below are two passages. In the first passage, Pablo writes about his memories of childhood. In the second passage, a father writes to his son about the responsibilities of adulthood. On a separate sheet of paper, write the correct form of the word in parentheses to complete each sentence.

Yo _1_ (ser) un niño contento. También yo _2_ (tener) muchos amigos diferentes. Es decir, nosotros _3_ (hacer) muchas actividades en grupo y _4_ (divertirse) mucho. Tengo unos recuerdos espléndidos de un día de octubre cuando _5_ (llegar) a jugar unos amigos _6_ (mío). Yo los consideraba los muchachos _7_ (más popular) del pueblo. Ese día yo _8_ (levantarse) temprano y todos nosotros _9_ (salir) a jugar y a subir colinas. Lo _10_ (pasar) muy bien. ¡Qué recuerdos _11_ (magnífico) tengo de mis amigos y de nuestras actividades!

Hijo, para ser un adulto responsable, recomiendo que tú _1_ (tener) un buen trabajo que te guste. Además, recuerda lo que siempre te digo: "_2_ (salir) con personas buenas, _3_ (ser) bien educado con todos y no _4_ (hablar) mal de otros." También sugiero que tú y tus hermanos _5_ (ayudarse) y que no _6_ (pelearse). Y si tienes un amigo bueno, tú _7_ (estar) contento.

EXAMEN CUMULATIVO

Índice

In almost all cases, structures are first presented in the *Vocabulario para conversar,* where they are practiced lexically in conversational contexts. They are explained later, usually in the *Gramática en contexto* section of that chapter. Light-face numbers refer to pages where structures are initially presented or, after explanation, where student reminders occur. Bold-face numbers refer to pages where structures are explained or otherwise highlighted.

a personal 5, **48**
accents:
  in commands with object pronouns **411**
  in demonstrative pronouns **112-113**
  in progressive tenses with object pronouns **278, 312**
adjectives:
  agreement 5, 24
  colors used as nouns 5
  comparative 31, **42-43, 44,** 108, **114**
  demonstrative 14, 33, **112-113**
  with **estar 277**
  nominalization of **96**
  possessive 8-9, **241**
  with **ser** 5, **246**
  superlative 4, **45**
adverbs as cue to imperfect **175**
affirmative words **280**
-ar verbs 7, 12
  future **378-379**
  imperfect 163, 167, **174-175**
  present participle **276-277, 278**
  preterite **108-109, 144**
  spelling-changing **108, 110, 445**
  subjunctive **442-445**
articles:
  definite 24
    in nominalization of adjectives **96**
    omission of, following **ser 243**
    with parts of the body **75**
    with possessive pronouns 227, **240, 243**
  indefinite 22
    used as pronoun 63, 97

caerse 297, **314**
  preterite 297, **310, 314**
  subjunctive **475**
-cer /-cir verbs 35, **48,** 167
commands (familiar):
  irregular 403, **411, 414**
  negative 403, **410, 412, 414,** 442, 443, **444, 475**
  used with object pronouns 411
commands (polite) 261
como *see* comparison
comparison 31, **42-43, 44,** 96, 108, **114**
conocer 35, **48,** 167
  vs. **saber 148**
creer, preterite of **314**

dar 211
  preterite **208, 211**
dates 5
  months 2-22
  seasons 3, 22
de:
  possessive **241,** 246
  in superlative constructions **45**
  use of with materials 95, 240, 246
  used with **vestirse** 211
decir 20, 246
  preterite **344, 350**
  subjunctive **475**
  tú commands **411, 414**
direct object **46, 48;** *see also* pronouns

-er verbs 12
  future **378-379**
  imperfect 163, 167, **174-175, 177**
  present participle **276, 278**
  preterite **108-109**
  stem-changing 22, **74, 78, 110, 208-209, 276, 278, 412, 444**
  subjunctive **442-444**
estar 4, 195, **276-277**
  preterite 135
  use of in imperfect progressive **310-311, 313, 348**
  use of in present progressive **276-277, 278**
  vs. **ser 277**

future 371, **378-379, 381**
  implied **379**
  with **ir a** 14-15, 17, **379**
  after **si** clauses **381**
-ger verbs 99, 301
gustar 7, 8-9, 10-11, 23, 101, 163

haber:
  future 371, **381**
  imperfect **177**
  preterite 337
hacer 12
  future **381**
  preterite **144, 146,** 350
  subjunctive 435, 461, **474-475**
  tú commands **411, 414**
hay que 63

imperfect:
  -ar verbs 163, 167, **174-175**
  -er / ir verbs 163, 167, **174, 177**
  irregular 163, **174, 179**
  vs. preterite **175, 344-345, 346, 348**
  progressive **310-311, 313, 348**
  uses of **175, 212**
indirect object *see* pronouns
infinitive:
  with object pronouns **75**
  after prepositions 22, 63, **80**
  of reflexive verbs **75,** 201
  vs. subjunctive **474, 477**
interrogatives 5, 280
ir 7
  with future meaning 14-15, 17, **379**
  imperfect 163, **174, 179**
  preterite **144-145**
  subjunctive **476**
  tú commands 403, **411, 414**
-ir verbs:
  future **378-379**
  imperfect 163, 167, **174, 177**
  present participle **276, 278**
  preterite **108-109**
  stem-changing **74, 78, 208-209, 276, 278, 412, 444**
  subjunctive **444**

leer, preterite of **314**
lo que 99

negative 8-9, 11, 19
commands 403, **410, 412, 414,** 443, **444,** 475
words **276, 280**
nouns:
adjectives used as 5, 96
comparison of **114**
omission of 96, 97
numbers 5
in telling age 7
in telling time 14-15

para 22
parecer 227
personal **a** 5, **48, 210**
poder 2-3, 17, 22, **74, 78**
future **378, 381**
preterite **146,** 350
poner:
preterite 297, **316**
subjunctive 461, **475**
tú commands **411, 414**
por 261, 297
possession:
adjectives 8-9, **241**
pronouns 227, **240, 243**
use of **de 241,** 246
present *see* individual verb listings
used to imply future **379**
present progressive **276-277, 278**
preterite 16
of **-ar** verbs **108-109, 144**
of **-er/-ir** verbs **108-109, 144**
of **-ir** stem-changing verbs **208-209**
irregular, *see* individual verb listings
of reflexive verbs **149**
of spelling-changing verbs **108, 110,** 337
vs. imperfect **175, 344-345, 346, 348**
vs. imperfect progressive **310, 313, 348**
pronouns:
demonstrative **112-113**
direct object 7, **46**
indirect object 7, 8-9, **75,** 101, 210
pronouns *(cont'd.)*
object, used with commands 411
object, used with infinitive **75**
object, used with progressive tenses **278, 312**
possessive 227, **240, 243**
prepositional, used for clarity 7-11, 210, 227
reflexive 62-63, **74-75, 149,** 201, **213, 278**
subject, used with imperfect **175**

que:
not omittable 148
use of in comparatives **43-44**
use of with subjunctive 435, **442-443, 474**
querer 6-7, 17, **74**

reflexive verbs 62-63, **74-75, 149,** 201
infinitive of **75,** 201
in present progressive **278**
preterite **149**
reciprocal use of 199, **213**

saber 135, **148,** 262
vs. **conocer 148**
future **381**
salir **42-43**
subjunctive **475**
se, impersonal 35, 267, **276, 282**
ser 4, 7
vs. **estar 277**
imperfect 163, **179**
preterite 135, **144-145**
subjunctive **476**
tú commands **410-411, 414**
used with possessive pronouns **243**
uses of **240, 246**
spelling-changing verbs *see* verbs
stem-changing verbs *see* verbs
subjunctive 435, **442-445**
formation **442-445**
vs. indicative **443, 474**
subjunctive *(cont'd.)*
vs. infinitive **474, 477**
irregular, *see* individual verb listings
of stem-changing **-ir** verbs 435, **444**
with impersonal expressions **474, 477**
with verbs of asking / telling / recommending **442-443**
superlative 4, **45**

tan . . . como 31, **42-43, 44**
tanto . . . como 108, **114**
tener 6-7, **47**
future 371, **378, 381**
preterite 129, **144, 146,** 350
subjunctive **475**
tú commands 403, **411, 414**
time telling 14-15
traer 47, 314
subjunctive **475**
tú commands **414**

-uir verbs 337, 403
preterite 337

ver, imperfect of **177**
verbs:
irregular *see* individual listings
regular *see* **-ar, -er/-ir**
spelling-changing 99, **108, 110,** 301, **414, 445,** 461, 472
stem-changing:
e → i 78, 208-209, 276, 278, 412, 444
e → ie 22, **74, 78, 110, 412,** 435, **444**
o → ue 22, **74, 78, 110, 276, 278, 412, 444**
see also **poder, querer**
see also infinitive, reflexive, and individual tenses and moods

weather expressions 2-3, 22, 345

ACKNOWLEDGMENTS

Illustrations Mapping Specialists Limited: pp. **XII-XV;** Iskra Johnson: pp. **8-9;** Elizabeth Wolf: pp. **10-11;** Scott Snow: p. **17;** Susan Aiello: pp. **75, 86, 210-211, 438, 484;** Kevin Bapp: pp. **42-43;** Andrea Barrett: pp. **162-166, 169-171, 176, 189, 216-217;** Robert Burger: pp. **337, 345-346;** John Ceballos: pp. **418-419;** Rick Clubb pp. **194-201, 203, 208, 210, 212, 221, 276, 364-367, 369, 380, 384, 391;** Guy Crittenden: pp. **480-481;** Lane Dupont: pp. **62-63, 65-69, 71, 76-77, 80, 89, 245;** John Edens: p. **174;** George Eisner: pp. **344, 354, 356, 406;** Susan Greenstein: pp. **448, 454;** Doug Henry: p. **310;** Robin Hotchkiss: pp. **348-349;** Andy Lendway: pp. **215, 296-302, 304-306, 312, 315-316, 318, 325, 446;** Jude Maceren: pp. **451-452;** Peg Magovern: pp. **282, 311, 410, 417;** James Mellett: pp. **128-141, 145, 147, 157, 281, 390, 442;** Steve Musgrave pp. **351, 355, 387, 444, 484;** Andy Myer: pp. **52-53, 152-153, 320-321;** Ortelius Design: p. **286;** Julie Pace: pp. **94-105, 112, 114-115, 122-123;** Leif Peng: pp. **396-398, 401-403, 423, 474;** Donna Perrone: pp. **222-223;** Bob Shein: p. **485;** Ken Smith: pp. **64, 68;** Scott Snow: pp. **322-323, 449;** Jim Starr: pp. **30-37, 44-46, 48-49, 51, 56-57, 116, 357, 370-373, 388, 391, 428-437, 439, 446-447, 455;** Richard Stergulz: pp. **460-469, 470, 476, 484, 487;** Joe Scrofani: pp. **260-269, 271, 272-273, 278-279, 281, 283, 291;** Rod Vass: pp. **226-235, 237, 242-244, 255, 330-333, 335-336, 338-339, 350;** Gary Yealdhall: pp. **50, 182-183, 240;** John Zielinsky: p. **108**

Photography **Front Cover:** Haroldo Castro/FPG International; **Back Cover, II:** F. Catala-Roca, Barcelona; **V, VIII** (t), **7, 20** (b), **29** (b), **38** (inset), **80, 181, 225** (t), **238** (b), **313, 392-393, 440, 450, 472-473:** Robert Frerck/Odyssey/Chicago; **IV, 47, 72, 120** (br), **121** (t), **124-125, 126** (b), **137** (l), **179, 202** (l), **284** (b), **394** (b), **412-413, 431:** Robert Fried; **2** (l), **87** (tl), **93** (t), **106-107, 113** (t), **120** (t), **309** (t), **363, 406** (t), **407, 421** (t), **426:** David R. Frazier Photolibrary; **38, 41** (b), **50, 55, 60** (b), **72, 120** (br), **121** (t), **126** (b), **137** (l), **167, 187** (b), **204, 294** (r), **295, 308, 465:** Chip & Rosa Maria de la Cueva Peterson; **8** (b), **23** (tr), **160** (t), **259** (b), **284** (t), **329** (t), **441** (b): Stuart Cohen/The Image Works; **206-207, 401:** Martha Cooper/Viesti Collection; **239, 264** (t): Ric Ergenbright Photography; **158-159, 207** (t), **218-219, 236, 288** (b), **314-315, 458** (b): Joe Viesti/Viesti Collection; **87** (bl), **113** (b), **173, 222-223, 270, 347** (t), **377, 394** (t), **395, 406** (b), **420-421:** Beryl Goldberg; **154** (b), **202** (r), **445:** Mary Altier; **XVI, 61** (b), **79, 93** (b), **116** (t), **118, 127, 259** (t), **341** (t), **420:** Owen Franken; **2** (c), **3, 160** (b), **168, 180, 318** (b): Tony Arruza; **2** (r), **23** (tl): Glenn Randall; **5** (l): Cynthia Lum/Sports Light; **5** (r): Focus on Sports; **6:** Arthur Tilley/FPG International; **16** (t): Yoram Kahana/Shooting Star; **16** (b): Joel Holzman/Shooting Star; **18:** José Luis Martín Mena, courtesy Semana; **19:** Hoviv, courtesy ¡Hola!; **20** (t), **29** (t): Chris Sharp/DDB Stock Photo; **20** (c): DDB Stock Photo; **22-23, 23** (b): Gary Braasch; **24-25:** Jack Parsons; **26-27:** Ken Laffal; **28** (r): Scala/Art Resource, NY, ©ARS, NY; **28** (l), **82** (t): Robert Fried/DDB Stock Photo; **40, 82** (b), **427** (t): Victor Englebert; **41** (t), **73** (b), **120** (bl), **304-305:** Nancy D'Antonio; **51, 60, 126-127, 151, 160** (l, r), **182** (t, c, b), **192, 214** (l, r), **224** (l, t), **258, 259, 294, 318** (t), **362** (br), **426** (t), **459** (t): PhotoDisc; **58-59, 133:** Bob Daemmrich Photography; **60** (t), **130, 208** (r): Tony Freeman/PhotoEdit; **61** (t): PICASSO, Pablo Three Musicians. Fontainebleau summer 1921. Oil on canvas, 6' x 7'3¾" (200.7 x 222.9 cm). The Museum of Modern Art, New York. Mrs. Simon Guggenheim Fund. Photograph © 2000 The Museum of Modern Art, New York; **75, 87** (tr), **378-379:** NASA; **84, 225** (b): Bob Daemmrich/Stock Boston; **86, 87** (br), **217, 362** (b): Richard Lord; **90-91:** Will & Deni McIntyre/Tony Stone Images; **103:** V.O. Press/PhotoEdit; **110:** Suzanne L. Murphy/DDB Stock Photo; **121** (b), **233:** M. Antman/The Image Works; **126** (t), **186:** Cameramann International, Ltd.; **131:** Jacques Halber; **137** (r), **369, 376** (b), **427** (b): Peter Menzel; **139:** Susan Watts/Retna, Ltd.; **142-143:** Bob Schalkwijk/ Art Resource, NY; **144:** Courtesy Foreign Imported Productions & Publishing, Inc.; **148:** Art Gingert/Comstock; **154** (t): Krasner/Trebitz-E.R.S.; **161:** The Metropolitan Museum of Art, The Jules Bache Collection, 1949 (49.7.41); **172, 185** (t): UPI/Corbis-Bettmann; **175:** David J. Sams/Stock Boston; **184:** Courtesy of the Pittsburgh Pirates Baseball Club/Photo by Dave Arrigo; **187** (t): D. Boroughs/The Image Works; **190-191:** Peter Menzel/Material World; **192** (t): ©1994 Fernando Botero/VAGA,NY, courtesy the Marlborough Gallery; **192** (b): Scala/Art Resource, NY; **193:** Chester Dale Collection, ©1995, National Gallery of Art, Washington DC; **207** (b): Ann Trulove/Unicorn Stock Photos; **208** (l): Karen Huntt Mason/Corbis; **209:** Diego Goldberg/Material World; **213:** Allan Landau for ScottForesman, courtesy Mexican Fine Arts Center, Chicago; **218:** Peter Millen/The Image Bank; **219** (inset): Steve Vidler/Leo de Wys; **224:** B. Barbey/Magnum Photos; **238** (t), **252** (artifacts): Lee Boltin Picture Library; **247, 387:** Daniel Aubry/Odyssey/Chicago; **253:** Dana White/PhotoEdit; **256-257:** B. W. Hoffmann/ envision; **258, 317:** Owen Franken/Stock Boston; **264** (b): Collection of the Art Museum of the Americas, OAS, Washington, DC; **264-265:** Tom Gibson/envision; **274-275, 424-425:** Miriam Lefkowitz/envision; **285:** Bibliothèque Nationale, Paris; **288** (t): The Metropolitan Museum of Art, H. O. Havemeyer Collection, Bequest of Mrs. H. O. Havemeyer, 1929; **289:** Courtesy Michael Realty Company, Toledo,OH; **292-293, 376** (t): David Simson/Stock Boston; **294** (l): Alyx Kellington/DDB Stock Photo; **309** (b): M. Rangell/The Image Works; **326-327:** R. Crandall/The Image Works; **328:** Jeffrey J. Foxx; **329** (b), **362** (t): Larry Mangino/The Image Works; **334:** Photofest; **335:** The Kobal Collection; **341** (b): Jack Demuth for ScottForesman; **342-343:** Courtesy Coral Picture Corporation/Radio Caracas Televisión, Venezuela; **347** (b): Stuart Cohen; **360-361:** Monique Salaber/The Image Works; **375** (t): Michael Fogden/Bruce Coleman, Inc.; **377** (inset): Robert Frerck/Tony Stone Images; **382:** William Dyckes; **385:** Courtesy Oscar Bonilla; **386:** Courtesy Universidad Nacional Autónoma de México, Instituto de Ingeniería, Sunrayce '95, Proyecto Tonatiuh; **408-409, 409** (bl): Courtesy Parador de Sigüenza; **409** (br): Courtesy Parador de Zamora; **441** (t): K. Mcglynn/The Image Works; **448:** Lionel Delevingne/Stock Boston; **456-457:** Eric A. Wessman/Viesti Collection; **458** (t): J. Buchardi/Leo de Wys; **375** (b), **459, 470** (b), **477** (r), **482** (l, c): Walt Anderson; **462:** Patti Murray/Animals Animals; **470** (t): Michael Fogden/DRK Photo; **477** (l): José Carrillo/PhotoEdit; **479:** D. Cavagnaro/DRK Photo; **482** (r): Leonard Lee Rue III.